지역사회복지론

김찬우 · 박정민 · 박혜준 공저

THEORIES AND SKILLS FOR COMMUNITY PRACTICE

학지사

머리말

'지역사회복지론' 강의를 20년간 해 왔지만 여전히 학생들이 바뀌면 새롭다. 학생들은 실제 지역사회를 잘 안다고 생각해서 친근한 과목처럼 부담 없이 수강신청을 하지만 첫 시간부터 낯선 용어와 개념을 접하고 나면 학기를 마칠 때까지 이 낯섦이 풀리지 않은 채 어색해하는 듯 보인다. '지역사회 문제해결'이라는 팀별 프로젝트를 통해 본인이 관심 가는 지역과 다른 여러 지역을 비교해 가면서 실천과정들을 정리하여 최종 발표할 때가 되어서야 비로소 '실천모델' '전략과 전술' 등이 조금씩 다가온다고 말하지만, 다른 사회복지 과목 강의들과는 뭔가 다른 낯섦을 간직한 채 졸업하고 지역사회에 진출한다.

현재 많은 대학이나 대학원에서 그렇듯이 본 과목은 사회복지를 전공하지 않은 학생도 상당수 듣고 있다. 실제로 이 책,『지역사회복지론』도 단지 현재나 미래의 사회복지사만을 대상으로 하지는 않는다. 지역사회, community, 공동체 등의 말이 상당히 친숙하지만, 저자들이 봐도 이 책이 그다지 독자 친화적인 내용으로 채워지지는 않았다. 늘 현장에 있는 사회복지사들은 이 과목이 현장 반영이 특히 잘 안 된다고 불만이며, 사회복지 실천과 정책을 전공하는 연구자들은 과목의 체계가 너무 엉성하다며 비판 아닌 비판을 하는 과목이다.

지역사회복지론은 1960년대 사회복지 과목 중 하나였던 '지역사회조직론(community organization)'에서 출발하고, 1970년대부터 본격적으로 주요 과목으로 자리 잡았으며, 이후 1990년대 후반부터 사회복지사 제도 변화 및 교육과정의 개편으로 이제는 전공선택이지만 필수 같은 과목이 되었다. 교과목은 그대로 존재해 왔지만 그동안 지역사회의 존재 양태가 변해 왔고, 그 속에서 이루어지는 관계 양상이 달라졌으며, 무엇보다 물리적 공간 중심의 지역사회가 온라인을 기본으로 하는 사회연계망(social network) 중심으로 크게 바뀌었다. 옆에 앉아 있는 친구나 동료, 이웃보다 가상 네트워크 속의 누군가를 찾아서 정보, 지식, 행동양식에 도움을 받는 시대가 되었다. 그러다 보니 가까이 있으면서도 여전히 '지역사회'는 다가가기 어려운 개념이 되고 있다.

이러한 상황에서 또 새로운 교재를 낸다는 것은 어려운 도전이 된다. 다만 세 명의 저자 중에 이번에는 현장 상황을 오래 접해 온 저자도 참여하면서 가능한 한 최근 현장 상황을 반영하도록 노력하였다. 또한 사회복지학 과목으로서 기존의 이론과 모델에 기초하여 다양한 사례도 참고하였다.

대략적인 구성을 보면, 제1장과 제2장에서는 지역사회 및 지역사회복지, 지역사회복지실천 등에 대한 개념들을 사례와 더불어 정리해 보았다. 제3, 4, 5장에서는 대부분의 지역사회복지론 교재에서도 다루는 이론 및 실천모델, 실천과정을 독자에게 보다 더 다가갈 수 있게 정리하여 집필하였다. 제6장부터 제9장까지는 현장에서 활용되거나 고려해 볼 수 있는 지역사회복지실천에 필요한 기술 관련 내용을 수록하였다. 제10장부터는 최근의 현장에서 주목받고 있거나 쟁점이 되고 있는 주제를 중심으로 공공 부문과 민간부문의 다양한 노력을 담고자 하였다. 지역사회보장협의체, 지역사회 돌봄, 사회적 경제 및 지역화폐 등이 그러한 주제들이다.

이 책을 집필하면서 여전히 지역사회복지의 이론과 현장을 접목하고 그 내용을 독자에게 전달하는 것이 얼마나 도전적 과제인가를 저자 모두 실감하였다. 하지만 지역사회가 오늘날 고민하고 있는 모든 사회복지 분야의 기본 플랫폼(platform)이 되고 있다는 점도 새삼 깨달을 수 있는 기회가 되었다. 이 책은 기본적으로 사회정의, 옹호, 문화 다양성 및 소수자에 대한 권리 보장 등의 기본적 사회복지의 가치를 전제로 작성되었다. 이 책을 읽는 학생 및 동료가 지역사회라는 기본 플랫폼 위에 다양한 앱(application)을 나름대로 개발하여 복지실천 및 정책개발에 일조한다면 저자들에게는 더없는 영광이 될 것으로 생각된다.

마지막으로, 이 책의 일부 내용은 이제는 절판된 백종만, 감정기, 김찬우의 『지역사회복지론』(2판, 2015, 나남출판사)에서 기초하고 있다. 이 책이 새롭게 나올 수 있게 큰 도움을 주신 백종만, 감정기 두 분의 명예 교수님께 감사를 드린다. 또한 책의 마무리에 많은 도움을 주신 학지사 관계자분들에게도 감사를 드린다.

2025년 3월

저자 일동

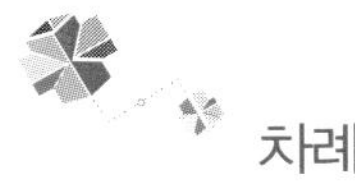

차례

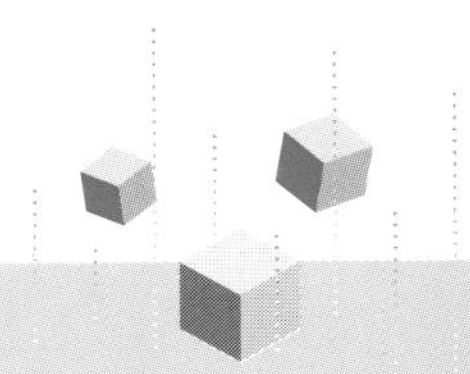

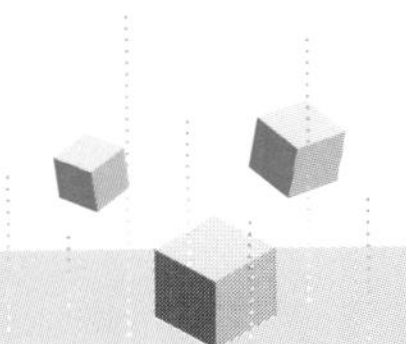

제**1**장

지역사회 개념의 이해

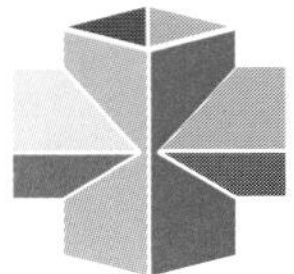

이 장에서는 사회복지학에서 다루는 지역사회복지를 이해하기 위해 우선 '지역사회'의 개념을 다양한 시각에서 살펴본다. 지역사회에 대한 논의는 여러 학문 분야에서 논의되고 있으나 이 책에서는 사회복지의 관점에 기반하여 지역사회의 개념에 대한 이론적 · 실천적 접근을 다룬다. 지역사회에 대한 전통적 접근과 이론적 접근들을 기술하였고, 지역사회의 변화 및 실천과 관련된 개념들 그리고 실제 연구나 정책에 사용되는 측정 수단들을 소개하였다. 또한 지역사회의 개념에 대한 이해와 논의를 돕고자 구체적인 사례들을 제시하였다.

1. 사전적 · 법제도적 접근

지역사회복지를 논의하기 위해 먼저 '지역사회'의 개념을 이해할 필요가 있다. 표준국어대사전에 의하면 지역(地域)은 '일정하게 구획된 어느 범위의 토지 또는 전체 사회를 어떤 특징으로 나눈 일정한 공간 영역(예: 도시지역)'을 가리킨다. 지역사회(地域社會)는 '한 지역의 일정한 범위 안에서 지연(地緣)에 따라 자연스럽게 이루어진 생활공동체'이며, 유사어로 지역공동체(地域共同體)가 있다. 즉, 지역사회는 일정한 지리적 영역에 기반하여 생활하는 사람들로 구성된 집단이라고 정의할 수 있다.

사회복지 관련 법령에서도 지역공동체로서의 지역사회 개념을 사용한다. 우리나라 사회복지 및 사회보장제도 관련 법률을 총체적으로 지휘하는 기본법인 「사회보장기본법」은 광역시 · 도 및 시 · 군 · 구가 사회보장에 관한 지역계획을 수립 · 시행하여야 한다고 정하고 있다. 관련 각종 사회복지서비스 분야에 관한 입법들의 기본법이라 할 수 있는 「사회복지사업법」은 2003년 개정 시 '지역사회복지체계의 구축'을 추가하면서 지방자치단체의 사회복지계획과 실행을 강조하였고, 제2조에서는 '지역사회복지'란 주민의 복지 증진과 삶의 질 향상을 위하여 지역사회 차원에서 전개하는 사회복지를 말한다고 규정한다. 「사회보장급여의 이용 · 제공 및 수급권자 발굴에 관한 법률」 역시 지역사회를 지방자치단체와 동의어로 사용한다. 따라서 사회복지의 주요 법제들이 의미하는 지역사회는 지리적 영역을 공유하는 공동체를 가리킨다.

한편, 현대사회에서는 생활하는 지역이 달라도 공동의 생활양식과 가치, 긴밀한 관계 형성이 가능하므로 지리적 영역의 공유에 얽매이지 않고 지역사회 개념을 적용하려는 접근도 있다. 이러한 시각은 흔히 지역사회로 번역되어 온 영어 '커뮤니티(community)'가 다의적이고 지리적 공유를 전제하지 않은 공동체를 가리킨다는 사실과도 연관된다. 커뮤니티라고 하면 마을, 거리, 건물과 상점, 도로와 골목길, 학교 등을 포함하는 물리적 장소에 초점을 맞출 수도 있고, 가족과 친구, 이웃, 교회 · 성당 · 사찰의 참석자, 동호회 등 사람과의 관계에 초점을 맞출 수도 있다. 그러다 보니 커뮤니티복지론의 전문가 하드캐슬(Hardcastle et al., 1997)조차 커뮤니티보다 규정하기 까다로운 개념을 찾기 어렵다고 하였다.

『메리엄-웹스터 사전(The Merriam-Webster Dictionary)』에 의하면 커뮤니티는 일정한 영역에 살면서 공통의 이해를 가진 사람들을 가리키기도 하고, 지리적 영역의 공유와 무관하게 공통의 이해를 가진 사람들의 집단을 가리키기도 한다. 지역은 자연스럽게 역사, 자연환경, 산업기반, 편의시설, 인구학적 특성 등을 공유한다. 그리고 공통의 이해는 공유하는 관심이나 인구사회적 특성(예: 인종, 문화, 언어, 종교, 계층 등)을 가리킨다. 많은 경우 이 두 특성이 혼합되어 나타나는 경향이 있어서 흔히 커뮤니티는 지리적 공간을 공유하고 공통의 관심과 인구사회적 특성을 가진 사람들이나 그 지역을 지칭하였다.

철학자 갈리(W. B. Gallie)는 '논란이 될 수밖에 없는 개념(essentially contested concept)'에 대해 언급한 바 있다. 인문사회과학 분야에서는 개념을 통해 파악하고자 하는 현실이 포괄적이고 복잡하며 모호한 것이 많다. 이러한 대상의 개념 정의를 시도할 때 어쩔 수 없이 말하는 사람의 해당 현실에 대한 평가하는 시각이 반영된다. 평가하는 시각이 다르면 타인이 제시한 개념 정의, 현실에 대한 설명과 해석에 동의하기 어렵고 따라서 개념에 대한 합의 도출도 기대하기 어려워진다. 커뮤니티도 그러한 사례라 할 수 있겠다.

지역사회나 커뮤니티를 이해하고 활성화하는 것은 19세기 후반 이래 사회복지실천의 중요한 부분이었다. 산업화와 도시화가 급속하게 진행되던 시기에 여러 분야의 학자들이 산업화와 도시화가 인간행동에 미치는 영향을 탐구하였다. 사회사업가들은 개인과 가족의 안녕에 사회환경이 중요하다는 것을 인식하고, 빈곤층과 이민자들의 열악한 상황을 지역사회 차원에서 개선하고 또 정책의 변화를 추구하는 노력을 하였다. 커뮤니티에 대한 단일하고 포괄적인 정의를 찾기는 어려운데, 무엇보다 커뮤니티의 형태가 매우 다양하고 이들에 대한 접근 방식 역시 매우 다양하기 때문이다. 그럼에도 흔히 커뮤니티는 공통의 가치, 신념, 행동 규범, 관심사 또는 목표를 공유하는 개인이나 기관들 간의 관계나 연결로 이해된다. 또한 그 구성원 간에 상호 교류와 집단적 정체성을 발전시키며 서로에게 영향을 미치는 것으로 여겨진다. 구성원 간의 관계와 연결은 물리적 위치(예: 동네, 지역, 국가) 또는 공통된 관심이나 정체성(예: 친척관계, 인종, 종교, 직업, 정치적 목표)을 기반으로 만들어질 수 있고, 개인들은 소속감과 충성도가 다른 여러 커뮤니티에 속할 수 있다.

2. 전통적 개념

근대 산업사회가 도래하기 전, 대부분의 사람은 일정한 지역 내에서 생활하고, 지리적 이동성은 낮으며, 사회문화적 동질성은 높았다. 이러한 상황에서 지역사회는 공동체였고, 지역공동체와 공동체는 동의어였다. 커뮤니티는 지역사회이면서 공동체였던 것이다. 그래서 커뮤니티는 흔히 지리적 공간을 공유하고 공동의 관심과 사회적 특성을 가진 사람들 또는 그 지역을 지칭한다.

1) 공간 · 지역 중심의 접근과 사회관계-기능 중심의 접근

현대사회에서 커뮤니티의 개념에 대한 접근은 크게 두 가지로 구분할 수 있다. 하나는 지리적 공간을 공유하고 밀접한 상호작용을 하는 사람들의 집단으로 보는 것이고, 또 하나는 공간의 공유를 강조하지 않고 공동의 관심과 이해 그리고 기능을 함께 하는 사람들의 집단으로 보는 것이다.

많은 학자가 커뮤니티와 지역사회의 개념정의와 유형화를 시도해 왔는데, 커뮤니티에 관한 이론적 논의의 원조는 퇴니스(Tönnis)의 게마인샤프트와 게젤샤프트의 구분일 것이다. 게마인샤프트는 공동사회, 즉 개인의 의지나 선택과 무관하고 정서적 관계와 친밀한 유대가 특징인 자연발생적 집단을, 게젤샤프트는 이익사회, 즉 이해타산에 기반하거나 현대사회에서 공동의 목적을 달성하기 위해 형성된 결사체를 가리킨다. 전자는 전통적인 지역공동체와, 후자는 지역에 얽매이지 않은 커뮤니티 개념과 밀접한 연관을 가진다.

같은 맥락에서 한 지역에서 밀접한 상호작용을 하는 사람들의 집단인 지리적 커뮤니티와 공동의 관심과 기능을 가진 사람들의 집단인 기능적 커뮤니티를 구분하거나, 지역기반 커뮤니티와 사회관계기반 커뮤니티를 구분하기도 한다. 커뮤니티를 지역사회로 바꾸어 사용하여 기능적 지역사회나 사회관계기반 지역사회로 표현하기도 하는데, 이때 용어의 개념에 대한 사전적 정의와 함께 조작적 정의가 필요하게 된다.

로스(Ross, 1967)는 지리적 커뮤니티(geographical community)를 지리적 공간을 공유하며 밀접한 상호작용을 하는 사람들의 집단으로, 기능적 커뮤니티(functional community)를 공동의 관심과 기능을 함께 하는 사람들의 집단으로 구분하였다. 푸디풋(Puddifoot, 1995) 역시 지역기반 커뮤니티(territorial/locality-based community)와 사회관계기반 커뮤니티(network/relationship-based community)를 구분하였다. 지역 또는 영토기반 커뮤니티 개념은 인간의 필수적 욕구 충족 단위이자 사회적 상호작용의 공간 그리고 집단정체성의 기본단위로서 지역의 역할을 강조한다. 펠린(Fellin, 1995)은 커뮤니티가 생활권의 기능을 수행하는 지리적 공간 단위라고 하면서도, 뚜렷한 지리적 경계가 부재하더라도 공통의 기능과 문화 또는 이해를 가진 공동체를 커뮤니티라고 할 수 있다고 하였다. 그는 커뮤니티의 개념을 다음의 세 가지 특성 중 적어도 하나 이상 갖는 사회적 단위로 정의하였다. 즉, 주민의 생존에 필요한 욕구를 충족시킬 수 있는 기능을 가진 지리적 공간, 의식과 규범과 행동을 포함하여 구조화된 상호작용, 공동의 정체성을 가진 상징적 단위이다.

2) 커뮤니티와 지역사회의 기본 요소

일찍이 사회학자 힐러리(George Hillery Jr., 1955)는 문헌고찰을 통해 커뮤니티의 개념이 연구에 따라 집단(group), 과정(process), 사회체계(social system), 지리적 공간(geographic place), 공통의 생활양식(common lifestyle), 지역의 자립성(local self-sufficiency) 등 매우 다양한 특성을 포괄하고 있으며, 모든 개념정의에 공통되었던 것은 커뮤니티가 일군의 사람들로 구성되어 있다는 점 뿐이었다고 밝혔다.

커뮤니티와 지역사회의 개념정의에 관한 백가쟁명에도 불구하고, 대표적인 기본요소로 자주 꼽히는 것은 지리적 영역(territory), 사회적 상호작용(social interactions), 유대감(common ties)이다. 같은 지역에 살면서, 구성원 간 상호작용이 있고, 정서적 유대를 가지면서, 소속감과 결속력이 있을 때 커뮤니티 또는 지역사회의 특성이 잘 드러나는 것으로 여겨지는 것이다.

먼저, 지리적 영역은 커뮤니티와 지역사회 개념을 등치하게 하는 주요 요소인데, 그 범위가 가변적이다. 흔히 마을이나 동네 또는 행정구역을 기준으로 읍·면·동을 많이 떠올리고, 더 넓게는 시·군·구 차원을 고려할 수도 있다. 그런데 지리적 영역의 범위는 지역 내 구성원 간에 상호작용이 가능한지 여부와 밀접한 관련을 맺는다. 최근 몇 년간 확산되었던 마을만들기 사업에서와 같이 '마을'이 기초적이고 대표적인 지역사회로 여겨지는 이유는 구성원들이 일상생활을 영위하는 물리적 공간과 사회적 환경이 비슷하고 직접적인 상호작용이 용이하여 유대감과 소속감이 발달할 수 있기 때문이라 할 수 있다.

다음으로, 구성원의 상호작용과 유대감은 커뮤니티나 지역사회를 공동체로 간주할 수 있게 하는 핵심 요소이다. 특히 지역사회의 문제를 해결하고 지역사회 역량의 강화를 추구할 때 구성원들이 참여하는 것, 구성원 간 의사소통과 참여적 상호작용을 하는 것, 지역사회 내 구성원들이나 조직 사이에 협력과 연계를 이루는 것은 매우 중요하다. 더 구체적으로 구성원의 참여가 수동적인지 자발적인지, 주요 의사결정 과정이 소수에 의해 이루어지고 독단적인지 아니면 다수의 참여에 기반하는지, 구성원 간 소통이 개방적인지 폐쇄적인지, 지역 내 조직 간의 관계는 협력과 연대가 수월한지 아니면 경쟁과 대립이 빈번한지에 따라 지역사회의 문제해결이나 역량강화 여부가 영향을 받을 것이다.

3) 지역사회와 지역공동체

지역공동체(local community)는 동일한 지역을 생활터전으로 하는 구성원들의 집합을 가리킨다. 지역공동체는 자연발생적이고 가장 오래된 공동체이어서 공동체의 전형(archetype)으로 여겨지는 경향이 있다. 이는 커뮤니티와 지역공동체가 흔히 동의어로 간주되는 이유이기도 하다. 지역공동체와 유사하지만 다른 용어로 지리적으로 가까운 인근 지역이나 이웃 사람들을 가리키는 근린지역(neighborhood)이 있다.

커뮤니티는 '공동체'와 연상되는 긍정적 뉘앙스가 빠졌을 때 학술용어로 '지역사회'로 번역될 수 있다는 관점도 있다(황익주 외, 2016: 35-36). 즉, 같은 지역에 살면서 상호작용, 소속감, 결속력, 정서적 유대가 있어야 '공동체'라 불릴 수 있다는 것이다. 한동안 각지에서 번성했던 '마을만들기'에서 '마을'은 주민들이 일상생활을 영위하는 지리적 범위와 같은 공간적 개념에 경제, 환경, 문화 등 사회적 개념을 포함하고, 정서적 유대를 바탕으로 공동체를 이루어 모여 사는 지역사회의 가장 기초적인 집단으로 간주되기도 한다(황익주 외, 2016: 195).

지역사회의 공간적 범위는 가변적이다. 동네, 마을, 구역을 가리키기도 하고, 도시의 동이나 비도시의 면 또는 도시 전체를 포함하기도 한다. 그러나 공간적 범위가 커질수록 해당 지역의 공동체성, 공동의 관심과 특징 및 상호작용의 가능성, 그리고 구성원들의 소속감은 낮아지기 때문에 구성원들이 해당 지역을 자신의 지역사회로 인지할 가능성 또한 작아진다.

중국의 사구(社區)

"중국의 사구(社區)는 '공동체(community)'를 의미하며, 이는 퇴니스(F. Tönnies)의 공동사회(Gemeinschaft)와 유사하다. 퇴니스는 자연적으로 형성된 '공동사회(Gemeinschaft)'가 사회의 도시화와 현대화가 진전됨에 따라 '이익사회(Gesellschaft)'로 대체된다고 주장하였다. 사구 개념은 시카고 도시사회학파와 영국 사회인류학파의 영향을 받으면서 관념적인 퇴니스적 개념으로부터 구체적인 지역성을 가진 생활공동체 개념으로 변화되었는데 동시에 이상적이고 긍정적인 함의를 수반하는 것으로 평가되기도 한다. 사구는 상이한 주체(인구, 사구 내 조직 등)와 공간의 상호작용의 결과이고, 인구와 조직이 사구 공간에서 분포되는 형태는 두 가지 차원에서 사구의 성격을 규정한다. 하나는 주민(능동자) 공동체로 주민의 공식, 비공식 연합체를 포함하고, 다른 하나는 외재적 사회(통제)구조로 정부조직 및 사구 내 정부조직 대리자 등을 포괄한다(김인, 2014).

사구는 사회(社会, society)와 구별하기 위한 커뮤니티(community)의 중문 번역이었으나, 실제로는 근린이나 이전에 있던 주민위원회 관할 지역(小区)을 확대한 행정구역을 지칭한다. 중국정부는 사구를 새로운 형태의 자치모델이라고 하는데 현실적으로는 주민이 생활하는 단위에서 국가 통치를 유지하기 위한 제도적 장치로도 기능한다고 할 수 있다. 이로 인해 중국식 사구는 자연적으로 형성되고 자치의 전통을 가진 서구의 커뮤니티와는 달리 행정형 단위의 특징을 지닌다.

한편, 1950년대부터 1980년대 개혁개방이 본격화되기 전까지 중국의 주택공급은 기본적으로 단위(单位, work unit)를 중심으로 이루어졌다. 단위란 중국 특유의 사회관리제도 조직으로서 국유기업인 직장의 형태이면서 동시에 주거공간, 각종 편의시설 및 복지시설이 공존하는 기업, 당정기관, 교육연구기관 등을 지칭한다. 단위는 1958년 이후 중국 도시공간의 기초단위로 국가의 기초조직이면서 국가를 대표해 자원의 분배와 인원에 대한 관리를 수행하였다는 점에서, 지방정부가 사회통제와 조정을 하는 주요 수단이 되었다(이성호, 이성욱, 2017).

3. 이론적 접근에 따른 지역사회의 이해

지역사회와 커뮤니티에 관한 앞 절에서의 기술을 바탕으로, 이 책에서는 지역사회 개념이 공간 중심의 접근과 기능 중심의 접근을 포괄하는 커뮤니티 개념에 상응한다는 접근을 취한다. 지역사회에 대한 이론적 관점은 하나의 사회체계(social system)로 보는 시각과 갈등의 장(arena of conflict)으로 보는 시각이 대표적이다(Hardcastle, Wenocur, & Powers, 1997). 이들은 사회의 발전과 변화를 설명하는 전통적인 이론인 기능주의 및 갈등주의와 연결된다. 전자는 사회의 안정성과 균형 그리고 사회 구성원과 사회 각 부분들의 상호연관과 협력을 강조하는 기능주의, 후자는 사회 내 집단 간 이해관계의 대립, 불평등, 갈등, 경쟁에 주목하는 갈등주의의 맥락에서 커뮤니티와 지역사회를 바라본다. 이 외에도 지역사회를 이해할 때 그를 구성하는 사람들에 초점을 맞추어 접근할 수도 있다. 이 경우 지역사회에 대한 이해는 구성원의 특성, 특히 인구사회경제적 특성을 파악하는 것에 주목하는 경향이 있고 이는 지역 간 비교나 시간의 흐름에 따른 비교를 할 때도 그러하다.

1) 사회체계로 보는 시각

지역사회는 그 구성원들에게 필요한 기능을 수행하면서 상호연관된 여러 하위 체계의 집합이다. 사회체계로서의 지역사회는 조직이나 단체와 여러 면에서 다른 특징을 지닌다. 커뮤니티는 경계가 불분명하고, 규범과 가치를 공유한다는 특징이 있다. 반면, 조직이나 단체는 공식적인 구조, 소속 여부를 구분할 수 있는 명확한 경계, 분명한 역할과 책임 등의 특징을 가진다.

지역사회에서는 구성원 간의 관계와 상호작용이 반드시 공식적인 규정과 규칙에 의해서가 아니라 상호 신뢰와 사회적 유대감에 기반하여 이루어진다. 그리고 지역사회는 구성원들에게 사회적 지지를 제공하고 소속감을 주는 등 특정 목표를 달성하는 것 이상의 여러 가지 목적과 기능을 수행한다. 한편, 조직은 주로 특정한 목표를 가지고 구성되고 목표를 효율적으로 달성하기 위해 보다 체계화된 방식으로 작동한다. 요약하면, 지역사회와 조직은 모두 사회체계로 볼 수 있지만 그들의 목적, 구조, 작동 방식은 상이하다.

사회체계와 기능주의의 시각에서 지역사회를 설명한 대표적인 학자는 롤랜드 워런이다(Warren, 1978). 그에 의하면 지역사회는 "지역적인 중요성을 갖는 주요 사회 기능을 수행하는 사회 단위 및 체계의 결합"이다. 다시 말해, 지역사회는 사람들이 일상 생활을 영위하는 데 필요한 여러 가지 자원과 활동에 대한 지역적 접근이 가능하게 하는 기능을 가진다. 지역사회는 지역성을 갖지만 엄격한 지리적 경계가 반드시 요구되지는 않는다.

지역사회의 특성은 다음과 같은 네 가지 차원에서 비교될 수 있다. ① 지역적으로 중요한 기능을 수행하기 위해 커뮤니티 외부의 기관과 조직에 얼마나 의존하는지 또는 독립적인지, ② 서비스(상점, 학교, 제조업 등) 제공 대상 지역이 얼마나 일치하는지, ③ 지역에 대한 심리적 일체감이 어느 정도인지, 그리고 ④ 지역 내 기관이나 집단 간 관계의 강도는 어떠한지이다.

지역사회와 그 구성원들이 일상생활을 영위하기 위해 필요한 주요 사회 기능으로는, ① 생산–유통–소비, ② 사회화, ③ 사회적 통제, ④ 사회 활동과 참여, ⑤ 상호 지지를 들 수 있다. 커뮤니티의 조직이나 집단은 이들 중 어떤 사회 기능을 수행하는지 식별될 수 있고, 하나의 조직이 복수의 기능을 제공하기도 한다. 예를 들어, 학교는 사회화의 기능뿐 아니라 사회적 통제, 사회 참여, 상호지지의 기능도 수행한다.

지역사회 내 여러 주체의 활동과 상호작용은 수평적 관계와 수직적 관계를 구분할 수 있다. 수평적 관계에서는 지역의 여러 주체가 비슷한 위계 수준과 영향력을 갖는다. 어떤 학교가 다른 학교, 보건소, 아동보호기관 등과 연계, 협력하는 것은 수평적 관계의 한 예이다. 한편, 수직적 관계에서는 지역의 주체들이 지역 안팎에 있는 위계 수준이 상이한 여러 기관과 관계를 형성한다. 어떤 학교가 시·도교육청, 시·도의회, 보건복지부 등과 협력하거나 주어진 기능을 수행하는 것은 수직적 관계의 한 예이다.

2) 갈등의 장으로 보는 시각

지역사회 내에는 여러 집단이나 기관이 상이한 이해관계를 가지고 그에 따른 갈등이 존재한다. 여러 주체 간의 동의, 협력, 조정만큼 부동의, 갈등, 대립도 흔하다. 이렇게 지역사회에 불가피하게 존재하는 갈등과 대립에 주목할 때, 몇 가지 질문을 통해 지역사회를 이해하고 또 실천적 함의를 추출하는 데 기여할 수 있다(Hardcastle, Wenocur, & Powers, 1997). 그 질문에는 '한 지역사회가 집단적 정체성(collective identity)을 갖는다는 것은 무엇을 의미하는가?' '지역사회 차원의 공동 관심 사안이 있는가, 있다면 그것은 어떻게 결정되는가?' '어떤 문제를 제기하고 그것의 해결을 추구하는 과정에서 누가 영향력을 가지는가?' '지역사회 내 다양한 가치, 목적, 이해의 차이가 있을 수 있는데 이들은 어떻게 지역사회의 주요 결정에 반영되는가?' 등이 해당된다.

지역사회를 갈등의 장으로 보는 시각에서는 사회현상을 바라보는 갈등주의에서 그러한 것처럼 지역사회의 권력과 권력구조에 대한 파악이 중요하다. 권력에 대한 전통적인 정의의 하나는 '공동체에 영향을 미치는 어떤 행동을 취할 때 누군가의 반대가 있어도 자신의 목표와 의지를 실현할 수 있는 가능성'이라는 것이다(Gerth & Mills, 1958). 또한 권력이란 '변화를 이끌어 내는 역량'으로도 정의된다(Baker, 1983). 따라서 권력을 가진 집단과 그렇지 않은 집단을 구분함으로써 지역사회에서 왜 어떤 결정이 이루어지는지 이해할 수 있고 또한 누구를 대상으로 변화를 추구해야 하는지 파악할 수 있다.

사례 살기 좋은 동네

－상황 1의 아파트 단지는 살기 좋은 동네인가? 어떤 기준에서 그러한가?

－상황 2의 아파트 단지는 살기 좋은 동네인가? 어떤 기준에서 그러한가?

〈상황 1〉

우리 집은 한 도시의 아파트 단지에 있다. 이 아파트 단지는 완공된 지 10년이 지난 곳으로, 총 600여 가구가 15층 높이의 건물 13개 동에서 생활하고 있다. 가구별 평형이 33평내지 59평이라는 사실에 더하여 주차장에서 외제 승용차들을 흔히 볼 수 있다는 사실은 이곳이 중산층 주거지임을 단적으로 말해 준다. 단지가 입지하고 있는 곳은 우리 도시판 '강남'으로 간주되는 신개발 지역으로 이례적으로 단독주택 지구 없이 아파트 단지들과 상업서비스 시설 및 학교들만 들어서 있다. 아파트 단지 주변에는 도보로 5~10분 거리에 2개의 대형 할인마트를 포함하여 각종 상업서비스 시설이 입지하고 있는데, 그중에는 도시 최초이자 12개의 상영관을 갖춰 현재까지도 최대 규모를 자랑하는 멀티플렉스 영화관도 포함되어 있다. 또한 우리 도시 기준으로는 우수하다고 꼽히는 사설 학원들이 다수 포진하고 있어 지역주민뿐 아니라 도시 내의 여타 지역에 거주하는 많은 학생이 방과 후에 ○○학원을 찾아온다.

그뿐만 아니라 자동차로 5~10분 거리에는 또 다른 2개의 대형 할인마트, 주요 관공서 및 문화예술시설, 여가활동 시설 및 공간, 그리고 전철역, 버스터미널, 고속도로들의 나들목 등 도시와 외부 사회를 연결하는 주요 교통시설 등이 입지하고 있다. 이러한 주변 편의시설들의 존재 덕택에 입주민의 일상생활은 매우 편리할 뿐더러 아파트 단지 관리사무소에서 제공하는 각종 서비스도 양질의 것들이다. 입주민의 각종 민원사항에 대해 관리사무소 직원들은 신속하고 친절하게 처리해 주고 있으며, 쓰레기 수거 및 제설 작업도 대단히 효율적으로 이루어지고 있다. 경비용역업체 직원들이 겸하고 있는 택배 물품 취급과 출근 시간대의 주차 차량 이동 보조 및 교통정리 서비스도 매우 훌륭하다. 이상에 언급한 양질의 생활여건들이 자연스레 부동산 가격에 반영된 결과인지 우리 아파트 단지는 이 도시에서 매매가와 전세가 모두가 가장 높은 지역이라는 신문 보도가 최근에 나온 바 있다.

〈상황 2〉

우리 가족은 수백 가구 규모의 아파트 단지에서 5년 반이 넘게 생활해 오고 있다. 하지만 아직껏 아파트 단지의 다른 주민과는 최소한의 교류만 하면서 원자화된 일상생활을 영위하고 있다. 아파트 단지에 거주하는 다른 가구 중 우리와 수시로 상호 방문을 하고 음식을 나눠 먹는 관계에 있는 가구는 하나도 없으며, 통성명이나마 한 적 있는 가구도 둘에 불과하다. 그에 더하여 같은 엘리베이터 라인에 사는 사람 중의 일부와 관리사무소 및 경비용역업체 직원들 그리고 단지 내 상가의 슈퍼마켓 주인 정도가 '낯익은 이방인(familiar stranger)'의 관계에 있는 사람들로서, 오가다 마주치면 인사를 교환하는 사이인 사람들의 전부이다. 다른 입주민들과의 교류관계에 관련하여 우리 가족으로 하여금 가장 불편함을 느끼게 하는 대목은, 엘리베이터를 사이에 두고 나란히 거주하는 바로 앞집 사람들과 5년이 지난 지금까지도 상호 방문이나 통성명은 고사하고 오가다 마주칠 때에도 제대로 된 인사말조차 나누지 못하는 서먹한 관계로 남아 있다는 사실이다. 하지만 그렇게 된 이유가 우리가 전세입자이다 보니 이웃들과의 관계에 적극 임하지 않았기 때문만은 아니라고 생각된다. 그도 그럴 것이 이 아파트 단지 내에는 입주민들 간의 친목 도모를 목적으로 한 조직화된 활동들이 거의 존재하지 않는다. 가령 종전에 거주하던 작은 평형의 아파트 단지에서는 엘리베이터 라인 단위로 매월 반상회도 열리고, '주민화합 잔치'라 하여 전체 단지 차원의 행사도 매년 열렸다. 반면, 이 아파트 단지에는 그런 행사들이 전혀 열리지 않는다.

또한 단지 내 '커뮤니티센터' 건물 내에는 '주민대회의실'이라 하여 소강당을 겸하는 공간이 마련되어 있긴 하지만, 거기서 전체 주민 차원의 어떤 행사도 열리는 걸 본 적이 없다. 커뮤니티센터 이외에도 아파트 단지 내에는 건축법상의 요건을 충족시키기 위해 조성된 각종 개방형 커뮤니티 공간 및 시설물들이 존재하지만, 그것들이 과연 입주민들 간의 공동체적 만남을 증진시키기에 걸맞은 입지 및 디자인을 갖추고 있는지는 의심스럽다. 그 결과 단지 내에 있는 다수의 파고라나 미니광장, 어린이놀이터 그리고 배드민턴장 등의 소형 스포츠 공간들은 이웃들 간의 친교 공간으로서의 기능과는 거리가 먼, 대개 한산하기만 한 공간들로 남아 있다(황익주 외, 2016).

4. 실천 관점에서 본 지역사회 관련 개념

지역사회나 커뮤니티의 강화는 지역이나 공동체가 긍정적인 변화를 위한 기회와 우선순위를 식별하고 실천을 통해 그러한 변화를 이끌어 내고 유지하는 능력을 키우는 것과 관련된다. 지역사회복지는 지역사회의 문제해결과 구성원들의 복지 향상을 추구하면서 지역사회의 자생력과 주민들의 문제해결 능력 향상을 강조한다. 다음에서는 지역사회 강화 및 지역사회복지와 직결된 개념인 지역사회 역량, 지역사회 대응력, 지역사회 임파워먼트를 살펴본다.

1) 지역사회 역량과 지역사회 대응력

지역사회 역량(community capacity)은 '특정 지역사회 안에 존재하는 인적 · 조직적 · 사회적 자본의 상호작용으로, 이를 통해 공동의 문제를 해결하고 공동체의 복리를 향상하거나 유지할 수 있는 능력'이라고 정의할 수 있다(Chaskin, 1999). 단순히 개인 역량의 총합이 지역사회 역량이 되지는 않는다. 역량을 구성하는 요소 간의 상호작용이 중요하듯이, 역량을 가진 개인들의 상호작용이 있어야 지역사회 역량의 개발과 강화가 이루어진다.

지역사회 역량 개념은 네 가지 특성을 가진다. ① 공동체 의식, ② 구성원들의 헌신 수준, ③ 문제해결의 방식, 그리고 ④ 자원에의 접근이 그것이다. 지역사회마다 이 네 가지 특성의 수준이 다를 수 있는데, 어떤 목표를 달성하기 위해서는 이들 특성이 일정 수준에 도달할 필요가 있다.

지역사회 역량은 특정한 일을 수행할 수 있는 현재적 그리고 잠재적 능력이나 힘이 지역사회에 있음을 가리킨다. 이러한 능력과 힘은 각종 자원과 서비스의 생산과 분배를 포함하여 지역사회가 수행하는 여러 가지 기능에 영향을 미칠 수 있는데, 지역사회 전체는 물론 그를 구성하는 요소들(개인, 조직과 기관, 비공식모임, 사회적 관계, 물리적 환경)의 안전과 편안함을 높이는 방식으로 지역사회의 강화에 기여하는 것이 기대된다. 지역사회 역량이란 어떤 지역사회가 제대로 작동하게 만드는 요인이기도 하고, 지역사회가 제대로 작동하고 기능하고 있음을 가리킨다고도 할 수 있다.

지역사회 역량을 다음과 같은 두 가지 내용으로 세분화하기도 한다(Goodman et al., 1998). 첫째, 지역 내 사회문제와 보건 관련 문제들을 파악하고 자원을 동원하여 그를 해결할 수 있는 지역사회의 능력이다. 둘째, 사회복지 및 보건 관련 지역사회의 목표 달성을 위해 주민 개개인과 지역사회 전반의 지속적 변화를 이끌어 낼 수 있는 지식, 기술, 그리고 자원동원 체계에 대한 지역사회의 개발 능력이다.

한편, 지역사회 대응력(community competence)은 지역사회의 문제에 대응하기 위한 자원동원 능력에 초점을 맞춘다. 지역사회 대응력이 높으면, ① 지역의 문제와 욕구를 파악하는 데 효과적으로 구성원들의 협조를 이끌어 낼 수 있고, ② 목표의 우선순위를 결정하는 데 지역사회 내 합의를 이끌어 낼 수 있으며, ③ 합의된 목표를 달성하기 위한 절차에 대한 동의를 끌어낼 수 있고, ④ 목표달성을 위한 공동노력이 실현될 수 있는 지역사회라고 할 수 있다(Eng & Parker, 1994).

두 개념은 유사해 보이지만 '지역사회 역량'은 현재 드러나 있는 능력뿐 아니라 잠재적 능력을 포괄하고, '지역사회 대응력'은 현재의 능력과 활동에 초점을 두는 것에서 구분된다는 시각도 있다(Goodman et al., 1998).

지역사회 역량과 지역사회 대응력에 기반한 접근은 둘 다 지역사회가 스스로 문제에 대응하고 해결하는 능력에 초점을 맞춘다는 점에서 공통점을 가진다. 이들 접근은 지역사회의 문제, 결함, 위험요인 등에 주목하는 접근 방식과 차별화되며, 지역사회의 자원과 자산을 제대로 파악하고 평가하는 것을 중시하게 된다(Aday, 1997; Goodman et al., 1998). 지역사회의 역량과 대응력을 강조하는 접근이 가지는 실천적 함의는 지역사회가 갖고 있는 장점과 자원을 찾고 개발하고 연계하는 노력을 중시하면서 지역사회가 가진 한계를 극복하고 문제를 해결하려 한다는 것이다.

2) 지역사회 임파워먼트

임파워먼트의 개념화는 사회적 · 경제적 자원의 분배에 대한 개인의 통제력에 초점을 맞춘 것부터 정치적 영향을 강조하는 것까지 다양하다. 지역사회 전체 또는 구성원의 변화를 추구할 때 임파워먼트의 관련 요인들을 제대로 이해하는 것이 중요하니 이를 좀 더 구체적으로 살펴보겠다.

'임파워먼트'는 개인의 삶에 영향을 미치는 개인적 · 사회적 · 경제적 · 정치적 힘이나 세력을 이해하고 이들에 영향을 미칠 수 있는 능력을 키우는 것을 의미한다(Schulz et al., 1995). 이 개념은 개인, 조직, 지역사회 차원의 분석과 실천에 적용될 수 있다. 개인적 차원에서 임파워먼트는 개인이 자신의 삶과 관련된 결정을 내릴 수 있는 능력인데, 개인 수준의 임파워먼트는 사회적 · 정치적 관계 그리고 자원의 개발과 강화를 통해 지역사회나 공동체의 임파워먼트와 연결될 수 있다.

지역사회 임파워먼트는 지역사회의 주체들이 자신의 문제를 해결하고 필요를 충족시키기 위해 공동의 노력으로 자신들의 기술과 자원을 이끌어 낼 수 있는 지역사회가 되는 것을 가리킨다(Israle et al., 1994). 지역사회 임파워먼트를 위해서 필요한 요소로는, ① 소속감과 집단 정체성, ② 공통의 상징체계, ③ 공유하는 가치나 규범, ④ 구성원 간 상호작용, ⑤ 공유하는 욕구들과 그것을 충족하려는 노력, ⑥ 정서적 유대, 총 여섯 가지 요소가 꼽힌다.

지역사회 임파워먼트는 지역사회 역량(capacity)과 유사성이 있지만, 후자의 개념이 더 폭넓다는 주장이 있다(Goodman et al., 1998). 이는 지역사회 임파워먼트의 기본 요소가 개인적 통제력이든 정치적 영향력이든 다른 구성원으로부터 변화를 이끌어 내거나 어떤 변화에 저항하게 할 수 있는 능력인 지역사회 권력(community power)인데, 이것이 지역사회 역량을 구성하는 한 영역으로 볼 수 있기 때문이다. 지역사회 권력에 대한 분석은 지역 내 자원의 분배가 어떻게 이루어지고 누구에 의해 결정되는지를 분석하여 지역사회 문제의 원인과 해결책을 추구하는 데 활용된다.

지역사회 임파워먼트를 지역사회복지 실천의 기본 요소로 보는 입장에서는 지역사회가 장기적이며 역동적 노력을 통한 임파워먼트 과정을 통해 권력의 재분배가 이루어져 일부 구성원에 의한 권력의 독점이 아니라 여러 구성원이나 집단에게 권력이 공유되는 상태가 될 때 지역사회가 성공적으로 발전할 수 있다고 본다.

한편으로 임파워먼트는 역량강화의 과정과 역량이 강화된 상태인 결과를 동시에 포함하는 개념이기도 하다. 따라서 이 두 개념의 포함관계를 쉽사리 결정하기는 어렵다.

5. 조작적 정의

조작화(operationalization)란 추상적인 개념을 현실세계에서 측정 가능하도록 구체화하는 것을 말한다. 지역사회의 개념을 측정하기 위하여 어떤 접근법과 수단들이 사용되는지 살펴보자.

1) 공간 중심의 접근

먼저, 지리적 영역이나 공간 중심의 조작적 정의와 측정이 있다. 지리적 분석 단위의 예로 정부의 행정구역(jurisdiction), 공간 중심 지역사회의 최소단위로 여겨지는 마을이나 동네와 같은 근린지역(neighborhood), 그리고 연구나 조사 등의 바탕이 되는 자료구성체(data constructs)를 들 수 있다(Williams, 1999).

행정구역은 광역시 · 도, 시 · 군 · 구, 읍 · 면 · 동과 같이 행정기관의 권한이 미치는 일정한 구역을 가리킨다. 이는 행정업무를 위한 산물이지만 지역사회 구성원이 공유하는 지리적 특성을 반영하는 경우가 흔하다. 행정구역은 그를 단위로 각종 자료의 생산과 수집이 많이 이루어지고, 관련 자료에의 접근과 활용이 비교적 용이해서 측정과 분석의 단위로 많이 활용된다.

근린(近隣)지역은 문자 그대로 가까운 곳과 근처의 이웃을 가리키는데, 주민들이 역사, 문화, 민족, 교육 등 여러 가지 특성을 공유하는 공간이다. 행정구역이나 자료구성체가 인위적 산물이라면 근린지역은 주민들의 생활에 기반하는 자연적 산물이다. 같은 행정구역 안에서도 사회적, 문화적으로 구분되는 근린지역이 존재한다는 사실은 이를 지역사회나 커뮤니티의 측정과 분석단위로 사용하는 이유를 잘 보여 준다. 한편, 근린지역은 뚜렷한 경계를 짓기가 쉽지 않고 경계 구분에 따른 규모의 편차가 심할 수 있기 때문에 지역사회의 측정과 분석에 사용하기에 어려움이 따르기도 한다.

자료구성체는 통계청의 통계생산단위, 센서스 구역, 우편번호에 따른 지역 등을 포함한다. 가령, 센서스에서 사용하는 '기초단위구'는 도로, 하천 등 준항구적인 지형지물을 중심으로 경계를 설정하여 획정한 구역으로 인구, 가구, 주택, 사업체 등 통계서비스를 위한 최하 단위구역이고, '집계구'는 기초단위구를 몇 개씩 묶어 일정한 인구규모를 유지하면서 통계적 동질성을 가질 수 있도록 획정한 통계서비스 구역이다. 전국을 단순평균하면 기초단위구는 0.3km^2, 집계구는 1.1km^2, 행정구역(읍 · 면 · 동)은 28km^2 정도의 면적을 가진다. 자료구성체는 해당 지역에 관한 정보수집과 접근이 용이해서 지역사회의 조작적 정의와 측정 수단으로 자주 사용된다.

2) 소속감과 응집력 중심의 접근

다음으로, 지역사회 소속감이나 지역사회 응집력 중심의 조작적 정의와 측정이 있다. 먼저 소속감과 공동체 의식과 관련된 선행연구들을 살펴본다.

두리틀과 맥도날드(Doolittle & MacDonald, 1978)는 40개 문항으로 이루어진 지역사회 소속감 척도를 개발하였다. 그들은 소속감 수준을 구분하기 위해 다음과 같은 다섯 가지 지역사회의 핵심 영역에 주목하였다. 즉, ① 이웃과의 비공식적 상호작용, ② 안전, ③ 사생활 보호와 익명과 같은 도시성, ④ 이웃과의 상호작용에 대한 선호도, ⑤ 동네 일에 참여하고자 하는 의지가 이에 해당한다. 그들의 연구에 의하면 도시성과 이웃과의 상호작용 선호도는 상반되게 나타나고, 안전과 이웃과의 상호작용 선호도는 밀접한 관련이 있으며, 안전하다는 의식이 높아질수록 도시성은 감소하였다.

글린(Glynn, 1986)은 이스라엘 키부츠의 주민들이 미국의 지역주민들보다 더 강한 지역사회 소속감 또는 공동체 의식을 보일 것이라 가설을 세우고 공동체 의식과 관련된 202개의 행동을 식별한 후 그를 바탕으로 120개의 문항을 개발하였다. 주민들이 실제로 드러낸 지역사회 소속감을 가장 잘 예측하는 요인들은, ① 예상되는 지역사회 거주 기간, ② 지역사회에 대한 만족도, ③ 이름을 알고 있는 이웃의 숫자였다. 그의 연구에서 흥미로운 점은 지역사회 소속감이 높을수록 지역사회에 참여하는 능력도 높게 나타났다는 것이고, 또한 구성원들이 이상적으로 생각하는 지역사회 소속감 또는 공동체 의식은 실제로 나타난 소속감과 차이가 있다는 점이다.

리거와 라브라카스(Riger & Lavrakas, 1981)는 동네에 대한 애착을 통해 지역사회 소속감을 연구하였고, 사회적 유대감(social bonding)과 뿌리내림(behavioral rootedness)이라는 요인에 주목하였다. 사회적 유대감 요인에는 이웃을 알아보는지, 동네의 일부라고 느끼는지, 동네 아이들을 몇 명이나 알고 있는지 등의 항목이 포함되었다. 뿌리내림은 해당 지역사회에 거주한 기간, 자가 소유 여부, 지역사회에 거주할 것으로 예상되는 기간 등과 관련이 있다. 이들 항목들을 사용하여 네 집단이 구분될 수 있다. 젊고 이동성 높은 사람들(낮은 유대, 낮은 뿌리), 젊은 사람들(높은 유대, 낮은 뿌리), 고립형 사람들(낮은 유대, 깊은 뿌리), 그리고 자리를 잡은 사람들(높은 유대, 깊은 뿌리)이다. 나이는 지역에 대한 애착을 결정하는 데 주요한 역할을 하였다.

배크랙과 자우트라(Bachrach & Zautra, 1985)는 기존 연구들을 바탕으로 '짧지만 논리적으로 타당해 보이는' 지역사회 또는 공동체 소속감 척도를 개발했다고 보고하였다. 그들의 도구는 다음과 같은 일곱 가지 항목을 포함하였다. ① 공동체에서 집처럼 편하게 느끼는 정도, ② 공동체에 대한 만족도, ③ 공동체의 가치와 신념에 동의하는 정도, ④ 공동체에 속한다고 느끼는 정도, ⑤ 공동체에서 일어나는 일에 대한 관심, ⑥ 자신이 공동체의 중요한 일부라고 느끼는 정도, ⑦ 공동체에 대한 애착이 이에 해당한다. 이 척도는 내적 일관성이 있는 것으로 나타났다(alpha= .76).

이들 연구들이 다양한 특성을 나열하고 있지만 공통적으로 강조하는 것은 이웃 관계, 정주 기간, 앞으로의 거주할 것으로 예상되는 기간, 자가 소유 여부, 지역사회 또는 공동체에 대한 만족도이다.

한편, 이 연구들의 한계로는, ① 제시하는 측정 수단들이 지역사회 소속감이나 공동체 의식에 대한 일관된 개념정의에 기반하지 않고 개발되었다는 점, ② 어떤 경험이나 감정은 다른 요소들보다 소속감이나 공동체 의식에 더 중요할 수 있는데 마치 모든 요소가 동일한 기여를 하는 것으로 가정된다는 점, 그리고 ③ 지역사회나 개인들 간 차이에 주목하다보니 지역사회 소속감이나 공동체 의식 관련 조사 참여자들이 보이는 공통적인 특징에 관한 정보는 부족하다는 점이 지적된다.

그렇다면 지역사회에 대한 소속감 또는 심리적 공동체 의식(psychological sense of community)은 어떻게 정의할 수 있는가? 이 개념은 크게 네 가지 요소로 이루어져 있다(McMillan & Chavis, 1986).

첫째는 '소속감'으로, 자신이 어디에 소속되어 있다는 느낌이나 우리는 함께라는 동류의식을 공유하는 것이다. 이는 소속된 사람들과 소속되지 않은 사람들의 구분, 즉 경계가 있다는 것을 뜻하고, 이러한 경계를 통해 구성원들은 친밀감과 정서적 안정감을 가진다. 경계의 역할은 대개 지역의 단위가 작을수록 강하게 작동한다.

둘째는 '영향력'으로, 이는 구성원들이 지역사회나 공동체에 중요하고 또 반대로 지역사회나 공동체는 구성원들에게 중요하다는 인식이다. 구성원은 자신이 집단에 어떤 영향을 미칠 수 있을 때 집단에 좀 더 관심을 가지게 되며, 한편으로 집단은 구성원들에

영향을 끼칠 수 있어야 응집력을 가진다.

셋째는 '욕구 충족' 역량으로, 구성원들이 살아가는 데 필요한 것들을 지역사회나 공동체에 속함으로써 접근 가능한 자원들을 통해 충족할 수 있다는 인식이다. 이는 개인과 집단의 관계를 강화하고 구성원들의 소속감과 공동체 의식을 유지하기 위해 매우 중요하며, 지역사회를 강화하는 역할을 한다.

넷째는 '정서적 유대'로, 구성원들이 역사, 장소, 경험 등을 함께 경험했거나 그러할 것이라는 믿음이다. 정서적 유대는 구성원들이 자주 교류할수록, 교류의 경험이 긍정적일수록, 중요한 사건을 함께 경험할수록, 투자한 시간과 자원이 많을수록 강하게 나타난다.

지역사회를 정의하는 데 사용되는 또 하나의 개념으로 근린지역응집력(neighborhood cohesion)이 있다. 이는 일반적으로 자신의 동네에 대해 가지는 소속감과 이웃들과의 사회적 연결을 의미한다. 버크너는 지역응집력을 크게 세 가지 영역으로 측정하였다. 이는, ① 지역 내 이웃과의 교류, ② 지역에 소속되어 있다고 느끼는 정도, ③ 지역에 대한 매력과 호감 수준이다(Buckner, 1988). 지역 내 이웃과의 교류는 서로에게 간단한 인사를 건네는 것부터 물건 빌리기나 공동구역 청소 등과 같이 동네 안에서 느끼는 신뢰를 기반으로 서로 돕는 행동을 포함한다. 지역소속감이나 공동체 의식을 형성하는 데 이웃들 간의 신뢰가 중요한 역할을 하며, 또한 주민들이 규범과 가치를 공유하는 것 역시 중요하다. 이웃과 일체감을 느끼는 주민일수록 더 높은 결속력을 보인다. 지역소속감이나 공동체 의식이 강할수록 그 지역에 호감도가 높고, 계속 거주할 의사가 강하며, 그 지역을 개선하고 유지하기 위해 시간과 자원을 투입할 의향도 강화된다.

사례 새별동 율촌마을

- 다음의 글에서 언급된 또는 적용 가능한 지역사회의 분석 단위는 무엇인가?
- 지역사회의 측정과 분석 단위로써 행정구역과 근린지역이 가지는 장단점을 다음의 사례를 통해 구체적으로 이야기해 보자.
- 율촌마을 주민들이 가지는 양가감정의 원천은 무엇일까?

서울특별시 S구 새별동은 해당 구에서 세 번째로 넓은 행정동으로 약 26,000명이 거주하고 있다. 새별동 행정구역 내에는 율촌마을이 있는데, 이 마을은 1970년 전후 서울 도심의 무허가 주택 철거 이후 이곳으로 이주한 주민들이 정착하면서 만들어졌다. 당시 정부에서는 어쩔 수 없이 이곳으로 이주한 사람들에게 가구당 각 8~12평의 땅을 나누어 주고 새로운 무허가 건물을 지어 살도록 했다. 전혀 개발이 안 된 땅에 분필 등으로 도로에 선만 긋고 가구별 점유 토지의 위치를 지정해 주면 그곳에 가마니나 판잣집, 움막집을 짓고 거주하되, 도로, 하수도 등 기반시설은 입주민 자체에 의해 해결하도록 하였다. 이렇게 형성된 이 마을의 주거환경은 시간이 지남에 따라 조금씩 개선되었으나 여전히 매우 열악하다. 대부분의 주민은 서울시의 어떤 지역과 비교해도 저렴한 편인 이 마을의 주거비 때문에 이곳에 정착하였다. 율촌마을의 많은 무허가 주택은 일종의 '저렴주택'으로 기능한 것이다. 율촌마을의 주민 수는 약 700명이다. 연구진이 참여관찰과 면접조사를 통해 파악한 율촌마을의 몇 가지 두드러지는 특징은 다음과 같다.

첫째, 노인의 비율이 높다. 새별동은 전체 거주인구 중 65세 이상의 비율이 약 25%로 해당 구에서 가장 높다. 평균연령을 보아도 해당 구 평균연령보다 5세 이상 높다. 만 65세 이상 노인 중 약 4분의 1이 독거노인이다. 그런데 이 노인 인구 통계는 새별동 전체 평균이어서 율촌마을이 아닌 지역의 여러 아파트 단지 등을 포함한 수치이다. 율촌마을로 한정하면 노인 인구나 독거노인 비율이 훨씬 높아 보인다. 율촌마을의 통장에 의하면, 이 마을에서는 50대와 60대 주민이 한 자리 숫자에 불과하고 나머지는 모두 70대 이상이라고 하였다. 이 마을에 20대의 청년도 몇 가구 거주하지만 거의 외출을 하지 않고 이웃과의 접촉이 거의 없다고 하였다.

둘째, 주민들은 주거환경이 매우 열악하고 저소득층이 대다수인 이 마을에 대해 양가감정을 표출하였다. 이 마을의 주거지는 대다수가 무허가 건물들이고 최저주거기준을 충족하지 못한다. 도시가스가 들어오지 않아 연탄을 이용하여 난방을 하며, 대부분의 집에 화장실이 없어 주민들은 공중화장실을 이용한다. 실제로 새별시장을 통해 위쪽으로 쭉 올라가다 보면 도로 옆에 있는 공중화장실을 여러 번 마주치게 된다. 새별시장의 한 상인은 '화장실 정화조가 제대로 정비되어 있지 않아서 이곳은 비가 올 때마다 공중화장실에서부터 오염 물질들이 쭉 타고 내려온다'며 마을에서 나는 냄새가 심하다고 호소했다. 한편, 마을의 한 사랑방에서 만난 주민들은 '이곳은 다 같이 못사는 곳이니까 그만큼 서로를 이해해 준다'

며 설사 여유가 생겨도 다른 지역으로 떠나기 싫다고 하였다. 모두가 비슷하게 사는 동네이니 차별의 시선이 없고, 물건 가격도 저렴하며, 서로 많이 알고 지내서 좋다는 것이다.

셋째, 율촌마을과 인근 지역 주민들이 실질적으로 단절 · 분리되어 있다고 할 수 있다. 앞에서 기술한 '서로에 대해 차별 없는 분위기'는 율촌마을에만 국한된다. 율촌마을 주민들은 마을에서 그리 멀지 않은 새별동 일곡 노인정과 이곡 노인정을 이용하지 않는데, 이들 노인정의 주 이용자는 인근 아파트 1단지의 주민들이다. 율촌마을 주민들은 자신들의 열악한 경제적 상황 때문에 자격지심을 느끼는 경우도 많고 일곡 노인정이나 이곡 노인정에 가더라도 아파트 주민 이용자들과 쉽게 어울리지 못하기 때문에 그곳으로의 왕래를 기피하고 있었다. 같은 새별동 내에서도 율촌마을과 그 인근의 지역 사이에는 보이지 않는 벽이 존재하고 있었다.

제2장
지역사회복지와 지역사회복지실천

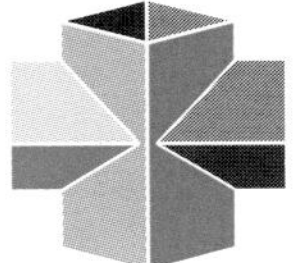

이 장은 지역사회복지의 개념과 역사, 지역사회복지실천의 특징을 살펴본다. 지역사회복지의 개념을 주체와 대상 그리고 광의 및 협의의 사회복지실천 접근방법의 맥락에서 설명하고 이어서 지역사회복지가 추구하는 목표와 지역사회복지의 중요성이 강조되는 배경을 소개한다. 지역사회복지의 접근법은 크게 다섯 가지로 구분하여 제시된다. 지역사회복지의 역사는 영국, 미국, 대한민국에서 발전 과정을 통시적으로 기술한다. 다음으로, 지역사회복지실천의 개념 및 임상적 사회복지실천과의 차별성을 소개하고, 여러 유사 용어에 대한 설명을 통해 지역사회복지실천에 대한 이해를 돕는다.

1. 지역사회복지

1) 지역사회복지의 개념

지역사회복지란 '지역사회를 접근단위로 하여 사회구성원의 복지실현을 추구하는 사회적 노력'이라고 규정할 수 있다(백종만, 감정기, 김찬우, 2015). 여기에서 '지역사회(community)'는 공간 중심의 지역사회만이 아니라 사회관계 및 기능 중심의 공동체를 포함한다. 하지만 공동체와 지역사회를 모두 가리키는 커뮤니티가 지역사회로 번역되어 사용됨으로써 자연스럽게 지역이라는 물리적 공간 중심의 의미로 통용되는 경우가 좀 더 흔하다고 할 수 있다.

'사회구성원'은 복지실현의 대상으로 구체적 제도와 프로그램에 따라 인구학적 또는 사회경제적 특성이 다양한데, 기본적으로 사회구성원 모두를 포괄한다. '복지의 실현'은 모든 사회구성원이 다양한 사회적 위험으로부터 벗어나 인간다운 생활을 할 수 있도록 하는 것을 가리킨다. 사회적 위험은 출산, 양육, 실업, 노령, 장애, 질병, 빈곤 등을 포괄하는데 사회의 변화와 함께 그 범위가 꾸준히 확장되어 왔다.

마지막으로 '사회적 노력'은 복지실현에서 개인 또는 개별적 책임과 접근이 아닌 집합적(collective) 책임과 접근을 강조한다. 사회적 노력의 주체로는 국가 및 지방자치단체를 포함한 공공부문, 지역사회, 시장과 비공식부문을 포함한 민간부문, 사회구성원 개개인 등이 포함된다. 사회복지의 개념이 목적, 주체와 책임, 대상, 형태 등을 규정하는 것과 같이 지역사회복지의 개념 역시 유사하게 설정된다. 다만 지역사회복지는 지역사회를 접근단위로 한다는 차이가 있기 때문에 목적, 주체, 대상, 형태 등에서 지역사회나 커뮤니티의 상황과 특수성이 반영되고 강조될 수 있다.

지역사회복지는 다양한 주체, 다양한 대상, 다양한 접근방법을 포함한다. 공간 · 지역 접근에 기반한 지역사회만을 염두에 두고 사회관계-기능 중심의 커뮤니티를 배제하거나, 사회복지실천의 한 접근방법으로의 역할만을 강조하는 것은 적절하지 않겠다.

한 예로 우리가 '지역복지'라는 용어를 종종 접하게 되는데, 이는 지역에 기반한 접근임을 분명히 하는 표현으로 학술적으로 그리고 법률상 통용되는 '지역사회복지' 용어와는 구분될 필요가 있다.

그리고 지역사회복지는 전문적 사회복지실천의 한 방법이라고 할 수 있는 '지역사회조직(community organization)'이나 '지역사회개발(community development)' 등과 동일시하는 것도 적절하지 않다. 상술한 것처럼 지역사회복지는 사회복지실천의 한 접근방법보다 광의의 개념이기 때문이다.

또한 사회복지 생활시설(거주시설) 거주자를 지역사회복지의 주체와 대상에 포함시킬 것인가도 논쟁거리이다. 이는 특히 시설보호(institutional care)와 지역사회 보호(community care)를 구분하는 접근, 그리고 커뮤니티 케어를 지역사회복지와 동일시하거나 그 핵심 구성요소로 보는 시각과 관련이 있다. 사회복지 생활시설이 예전에는 물리적, 사회적으로 지역사회에서 격리되기도 하였지만 이들 시설 역시 지역사회를 구성하는 일부로 보는 것이 타당하므로 지역사회복지의 주체와 대상으로 포함하는 것이 적절할 것이다.

요약하면, 지역사회복지는 지리적 및 기능적 지역사회를 접근의 단위로 하여 그 구성원들의 복지를 실현하기 위해 행하는 제반 사회적 노력으로, 뒤에 기술하는 이러한 노력은 제도적 접근, 전문적 접근, 사회운동적 접근, 상호부조적 접근, 지지적 접근 등을 포괄한다.

2) 지역사회복지의 목표

지역사회복지의 목표는 우선 지역사회가 당면하고 있는 문제, 가령 지역 차원의 빈곤, 실업, 주거환경, 건강, 보건, 안전이나 치안, 사회적 고립 또는 사회적 관계 등의 문제를 해결하고 예방하는 것이다. 이와 함께 지역사회복지는 흔히 다음과 같은 목표의 달성을 추구한다.

하나는 지역사회와 구성원의 능력과 역량을 향상하는 것이다. 지역사회 역량(community capacity)은 지역사회가 해결이 필요한 문제를 파악하고, 목표를 설정하며, 자원을 동원하고, 목표를 달성할 수 있는 정도를 가리킨다. 이는 집단으로서의 한 지역사회가 갖고 있는 지식, 의사소통 기술과 능력, 네트워크의 형성과 활용, 인적 · 물적 자원 등을 포함한다. 지역사회 역량은 지역사회와 그 구성요소의 안녕(well-being)을 증진하는 데 기여하는가와 밀접한 관련이 있다. 이때 지역사회 구성요소는 개인, 기관이나 조직, 비공식집단, 사회적 관계망, 물리적 환경 등을 포괄한다.

지역사회복지의 추구는 흔히 지역사회 역량의 증대를 바탕으로 문제를 해결하거나, 문제해결과 함께 지역사회 역량의 증대를 추구한다. 지역사회 역량의 주요 요소로는, ① 구성원의 참여: 누가, 어떤 경로로, 어떻게 참여하는가(수동적 참가 vs. 자발적 참가; 소극적 참여 vs. 적극적 참여; 출석과 관망 vs. 적극적 참여), ② 리더십: 소통 능력과 종횡 측면의 상호작용(개방적 vs. 폐쇄적; 독단적 vs. 참여적 · 통합적), ③ 조직 간 협력과 연계: 공공부문과 민간부문, 지역사회 내의 조직 간 연계, 유사한 이해관계와 목표를 가진 구성원 사이의 관계(부정적 현상의 예: 공공기관의 부처 간 부서 간 칸막이, 민간기관의 과도한 경쟁)가 있다.

이는 해결해야 할 문제의 현황과 원인에 대한 이해를 증진하고, 현안이 되는 이슈를 공유하며, 사용할 수 있는 자원을 파악하는 데 용이하다. 이를 통해 보다 효과적인 문제해결의 가능성을 높이고, 비용 절감과 효율성 증대를 추구할 수 있다. 이는 궁극적으로 지역사회의 역량강화로 이어진다.

지역사회 대응력(community competence)은 문제나 욕구의 파악, 목표의 우선순위 결정, 목표달성을 위한 수단과 절차, 구체적인 행동에 이르기까지 구성원의 합의에 도달하고 그를 바탕으로 공동노력을 수행할 수 있는 정도를 가리킨다. 두 개념이 유사한데, 지역사회 역량은 문제를 해결할 수 있는 잠재력을, 지역사회 대응력은 현재의 과업을 해결하는 가능성에 초점을 두는 것으로 구분하기도 한다(Goodman et al., 1998).

이 두 개념의 공통점은, 첫째, 위험이나 결핍, 결함과 같은 문제에 초점을 두고 그 문제의 해결에 집중하는 접근 또는 문제중심접근이라기보다 **지역사회가 스스로 문제를 해결할 수 있는 능력을 강조하는 접근**이라는 점, 둘째, **지역사회의 자원과 강점을 찾고 강화하는 것을 강조**한다는 점이다(Aday, 1997; Goodman et al., 1998). 단순화의 위험을 감수하고 비유하자면, 문제중심접근이 굶주림을 해결하는 것에 초점을 둔다면, 역량중심접근은 굶주림을 해결할 수 있는 능력을 향상하는 것에 초점을 둔다. 문제중심접근이 굶주림을 해결하기 위해 물고기를 주는 것을 수용할 수 있다면, 역량중심접근은 그에 만족하지 않고 물고기 잡는 법을 알려 주려 할 것이다.

또한 지역사회복지는 지역사회 임파워먼트(empowerment)를 추구한다. 임파워먼트 중심 접근은 문제해결의 필요성에 대한 각성과 행동에 초점을 둔다. 임파워먼트는 지역사회 구성원이나 조직이 문제해결 등 지역사회의 변화를 이끌어 내거나 어떤 변화를 저지하게 할 수 있는 능력으로, 지역사회 자원배분의 불균형과 그를 결정하는 권력(power)에 대한 인식이 필요하다. 지역사회 임파워먼트를 위해서는 집단의 일원 또는 구성원으로서의 소속감(멤버십), 가치의 공유, 정서적 유대, 상호영향, 변화를 위한 노력과 행동 등이 중요하고 이들을 강화할 필요가 있다.

3) 지역사회복지가 주목받는 배경

지역사회복지의 중요성과 필요성이 강조되는 배경으로 다음 몇 가지를 들 수 있다.

첫째, 지역사회 보호나 지역사회 돌봄을 시설보호의 대안으로 강조하게 된 경향이다. 시설보호는 보호당사자와 그 가족의 안녕을 위해 많은 기여를 해 왔다. 그러나 자율성과 권리의 제약이나 효과성 그리고 비용 등과 관련된 문제제기가 있어 왔고, 그 대안으로 지역사회가 서비스 제공의 공간과 주체로서 그 중요성과 역할이 부각되었다.

둘째, 국가와 공공부문의 사회복지 책임을 덜고 지역사회와 민간부문의 보다 적극적인 역할과 참여를 강조하는 경향이다. 지역사회가 사회복지의 기획과 실행에서 주요한 담당자로서 역할을 수행하는 일본이나, 민간부문이 요보호자에 대한 보호의 책임을 좀 더 수행하는 것을 지향한 영국의 커뮤니티 케어를 그 사례로 들 수 있다.

셋째, 지방자치의 정착은 우리나라에서 지역사회복지의 중요성이 부각된 배경 중 하나이다. 지역사회가 사회복지의 주요 단위가 된다는 것은 지역사회가 서비스 전달의 행정 단위가 되며, 지역사회의 특수성이 서비스 내용이나 방향에 반영되고, 지역사회의 주체들이 책임을 공유하게 됨을 뜻한다. 지방자치제도는 일차적으로 공공행정의 영역에서 지역사회가 사회복지 전달의 주요 단위로 받아들여지게 하는 제도적 조건이 되며, 이것은 사회구성원들이 소속된 지역사회에 대해 공동체적 정체성을 강화하도록 하는 조건이 되기도 한다.

넷째, 시민사회의 조직적 활동이 가지는 사회적 영향력도 지역사회복지의 발전과 무관하지 않다. 시민사회의 활동과 조직이 꼭 지역사회 단위에서 이루어지는 것은 아니지만, 지역사회가 당면한 문제를 제기하고 문제의식을 공유하면서 조직적 노력의 성과를 경험할 수 있는 기반으로 지역사회가 받아들여짐으로써 실제로 다양한 시민사회의 조직적 활동이 지역사회 단위에서 전개되고 있다.

이상과 같이 지역사회는 규모가 너무 작아서 문제에 대한 대응 능력이 한정된 개인이나 가족에 비해 집합적(collective) 대응의 효과가 있으며, 규모가 너무 크고 이질적 집단이 많은 전체 사회와 달리 공동체적 정체성을 갖는 것이 가능한 규모라는 점에서 사회복지의 접근단위로서 그 중요성과 유용성이 부각되었다고 할 수 있다.

4) 지역사회복지의 접근방법

지역사회복지의 접근방법은 목적, 주체, 활동의 성격 등에 따라 다음과 같은 다섯 가지로 구분할 수 있다.

첫째, 정책 및 제도적 접근(policy and institutional-based approach)이다. 공공부조 및 사회복지서비스가 지방자치단체의 사회복지전달체계를 통해서 집행되는 구조와 절차를 가리킨다. 여기에서는 제도의 목적과 내용은 물론, 중앙정부와 지방자치단체의 기능 분담, 지방행정의 체계, 지방자치단체와 민간부문 간의 기능 분담과 역학관계 등이 주요 관심사가 된다.

둘째, 전문적 접근(professional approach)이다. 사회복지실천(social work)을 포함한 유관 전문직들이 지역사회복지의 목적 실현을 위해 지역사회를 단위로 행하는 접근으로, 이를 지역사회복지실천이라고 칭할 수 있다. 여기에는 지역사회복지에서 오랜 역사를 가진 지역사회조직이나 지역사회개발 등이 포함된다.

셋째, 사회운동적 접근(social movement approach)이다. 사회운동은 사회의 구조적 변화나 사회문제의 해결을 위해 사회구성원들이 참여하여 이루어지는 집합적이고 지속적인 행동을 가리킨다. 사회행동은 어떤 사회문제에 대해 지역사회 구성원들이 조직화하

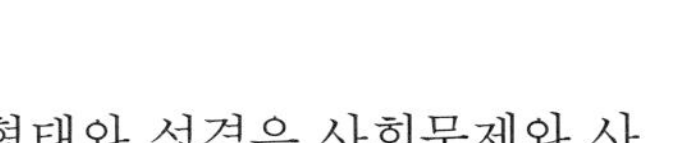

고 집합적으로 대응하는 과정에서 이루어지며, 그 구체적 형태와 성격은 사회문제와 사회운동의 주체에 따라 상이하다. 주민운동이나 지역운동으로 불리기도 한다.

넷째, 상호부조적 접근(mutual help approach)이다. 지역사회 구성원들이 활동의 주체라는 점에서는 사회운동적 접근과 유사하나, 활동의 목적과 목적을 추구하는 방법으로 구성원의 자조와 상부상조가 강조된다는 점에서 차이가 있다.

다섯째, 지지적 접근(supportive approach)이다. 앞에서 기술한 다른 접근들을 보조하고 지원하거나 이들과 연계하는 성격을 갖는 접근으로, 사회봉사활동이나 모금을 조직하거나 이에 참여하는 활동과 연합회 결성 등의 활동이 여기에 속한다. 사회공헌·봉사단체, 사회복지공동모금회, 사회복지협의회, 사회복지서비스 영역별 협의기구(예: 한국아동복지협회, 한국장애인복지시설협회) 등의 활동을 사례로 들 수 있다.

2. 지역사회복지의 역사

1) 영국

영국의 지역사회복지 관련 역사에서 주목할 부분은 19세기 후반에 시작되어 민간사회복지(voluntary social services)의 한 흐름을 형성하고, 미국으로 전파되어 전문적 사회복지실천 또는 사회사업 등장과 발전에 기여한 자선조직화운동과 인보관운동이 있다.

(1) 자선조직화운동

자선조직화운동(Charity Organization Movement)은 19세기 후반 부유층의 자선활동을 지역사회 단위로 조직화하여 보다 체계적이고 효율적으로 자선활동이 이루어지도록 하려는 활동이었다. 한 통계에 의하면 1861년 기준으로 런던에 640개의 자선단체가 있었고 이들의 지출 규모는 구빈법에 의한 지출을 상회하였다. 그런데 이들 단체들 간 협력과 조정이 이루어지지 않고, 자선활동에 필요한 정보가 부족하며, 배분의 원칙이 없어서, 체계적인 자선활동이 어렵고 자원이 낭비되었다(백종만 외, 2015).

이런 상황에서 자선기관들이 서로 협력하고 정보를 교환하여 자선활동을 체계적으로 수행하고자 설립된 것이 자선조직협회(Charity Organization Society)이다. 자선조직협회의 주요 목적은, 첫째, 자선기관과 구빈법, 그리고 자선기관들 사이의 협력을 추구하고, 둘째, 적절한 조사와 각 사례에 알맞은 조치를 취하며, 셋째, 구걸을 방지하고 빈민의 생활조건을 향상시키는 것이었다(박광준, 2013).

이 운동이 강조한 두 가지는 '조직화'와 '체계적인 조사'였다. 조직화는 무분별한 구제활동을 조정하여 자선이 중복적으로 제공되지 않고 자원이 효율적으로 운용되도록 하려는 것이었고, 체계적인 조사는 빈곤의 원인을 파악하여 도움을 받을 자격이 있는 빈민을 지원하고 그를 통해 의존적 문화가 아닌 자조의 가치를 높이기 위함이었다. 빈민에 대한 조사를 통해 음주나 게으름 등과 같은 개인의 무책임한 행동의 결과로 빈곤해진 사람들은 도움받을 자격이 없는 빈민(undeserving poor)으로 분류되었고, 질병이나 보호자의 사망 또는 고령과 같이 개인의 책임을 묻기 어려운 조건 때문에 빈곤해진 사람들은 도움받을 자격이 있는 빈민(deserving poor)으로 분류되었다. 이처럼 빈곤의 원인을 조사하고 빈민을 교화하여 자립의 길로 이끄는 등의 활동을 담당하였던 인력은 우애방문원(friendly visitors)으로 불렸다.

자선조직화운동은 자선기관들의 비협조와 인력의 부족 등으로 인해 자선의 조직화라는 본래의 목적을 달성하지 못하였다는 평가를 받는다. 그럼에도 빈민 구호에서 사회적 조직화의 필요성을 제기하였고, 케이스 조사를 통해 빈민의 생활상과 적절한 원조 방식을 검토하였으며, 우애방문원의 훈련을 위한 지침서 등 훗날 전문적 사회복지사의 교육과 훈련을 위한 기반을 마련하였다는 점에서 역사적 의의가 있다.

(2) 인보관운동

인보관운동(Settlement Movement)은 빈곤이 심각한 지역, 지리적으로는 지역사회의 일부이지만 사회적으로는 배제되어 있는 지역사회의 문제를 해결하기 위해 지식인들이 그 지역에 정착(settlement)하여 함께 살아가면서 그 지역사회와 구성원들의 문제를 해결하려는 운동이었다. 지역사회의 문제는 극심한 빈곤, 열악한 주거환경과 위생을 포함하여, 지역사회 구성원들이 그 상황을 문제라고 인식하지 못하거나 자신들이 해결할 수

없다고 여기는 주체성과 조직화의 결여의 문제를 포함한다.

인보관운동 참여자들은 빈곤문제 해결을 위해서는 국가의 적극적인 개입과 사회개혁을 위한 입법이 중요하고, 또한 지식인들이 빈곤지역에 정착해서 빈민들을 교육하고 그 지역의 생활환경을 개선하는 것이 필요하다고 보았다.

최초의 인보관은 1884년 런던에 세워진 토인비 홀(Toynbee Hall)이다. 이는 젊은 지식인들의 현지정착을 위해 건립된 시설로, 런던 이스트엔드 지역의 구빈사업에 적극적으로 참여하다 세상을 떠난 아놀드 토인비(Arnold Toynbee)를 기리기 위해 명명되었다. 토인비 홀은 설립 후 사회개혁 성향 인사들의 거점이 되었는데, 대표적으로 점진적 사회개혁을 통한 사회주의를 지향하던 페이비언 협회(Fabian Society) 회원들, 선구적인 대규모 빈민 실태조사를 실시한 찰스 부스(Charles Booth)와 비아트리스 웹(Beatrice Webb)을 들 수 있다. 또한 영향을 받은 인물로「베버리지 보고서(Beveridge Report)」의 책임자 윌리엄 베버리지(William Beveridge)와 이곳을 방문한 후 미국 시카고에 헐 하우스(Hull House)를 지은 제인 아담스(Jane Addams)도 있다.

인보관운동은 지역사회복지의 기원이 된 활동으로 평가된다. 그 이유는 다음과 같다. 첫째, 개인의 습관이나 행동보다 지역사회를 문제와 개선의 대상으로 보았고 지역사회에 기반하여 활동하였다. 둘째, 지역사회 내에 활동의 거점이 되는 인보관을 설립하여, 그를 중심으로 주민들에게 교육과 상담 등의 서비스를 제공하고 빈민들을 조직화하며 사회입법 운동 등을 전개하였다. 셋째, 인보관운동은 활동가가 주민에게 일방적으로 도움을 제공하는 방식이라기보다 지역주민의 입장과 이익을 중시하고 지역주민이 참여하는 것을 중시하였다.

(3) 지역사회복지의 변화

제2차 세계대전 이후 영국은 1942년 발표된「베버리지 보고서」를 기초로 광범위하게 사회보장 제도들을 확립하였다. 이 시기의 지역사회복지는 주로 지방정부와 연계된 사회복지의 제공과 연결된다.

1960년대부터는 실천과 이론의 영역에서 지역사회사업(community work)의 전문화가 진행되었고, 개별사회복지실천 및 집단사회복지실천과 구분되는 영역으로 받아들여졌다. 1960년대 후반부터 1970년대 중반까지는 정부의 재정지원하에 지역사회개발 프로젝트(Community Development Projects)가 추진되었다. 이는 풀뿌리 방식으로 지역주민의 참여와 자조(自助) 노력을 강조하고 효과적이고 책임성 있는 지역서비스를 창출하여 빈곤퇴치와 사회불평등을 해결하는 것을 목표로 하였다. 지역사회개발 프로젝트가 진행되면서 일부는 지역 차원의 접근보다는 갈등 상황에 있는 산업현장이나 지역들 사이의 연대를 강화하려는 시도나 전국 차원에서 보다 많은 영향력을 행사할 수 있도록 연대를 꾀하는 활동들을 강조하였다. 이는 지역사회개발의 전통적 접근과 사회행동적 접근의 갈등이라고 볼 수 있다. 전자는 지역사회를 사회적 유기체의 일부로 보고 사회해체나 네트워크 및 자원의 확보와 같은 '부드러운(soft)' 이슈에 중점을 둔 반면 후자는 억압이나 권력의 불균형 같은 '딱딱한(hard)' 이슈에 관심을 두었다.

1980년대에 지역사회복지는 지역사회행동, 지역사회개발, 사회계획, 지역사회조직화, 사회서비스 확장 등의 영역을 포괄하는 방향으로 발전하였다. 커뮤니티 케어를 중요하게 여긴 사회복지사들은 지역사회에 기반한(community-based) 접근의 잠재력에 주목하기 시작하였다. 1980년대와 1990년대 지역사회사업은 보수당 정부의 주도하에서 예산 삭감 및 활동의 침체를 겪은 시기라 할 수 있다. 지역사회조직화나 지역사회개발에 대한 관심이 줄고 지역사회를 중심으로 사회정책을 대체할 수 있는 방안을 찾는 노력이 강화되었다.

1997년 이후 노동당 정부하에서는 지역사회사업의 역할이 재조명되었다. 지역사회를 위한 뉴딜(The New Deal for Communities)이나 마을살리기 기금(Neighborhood Renewal Fund) 등을 통해 사회적 배제를 완화하고 빈곤지역을 재생시키기 위한 노력이 이루어졌다. 사회적 자본의 중요성이 강조되면서, 지역사회 네트워크와 관계가 사회통합을 촉진하는 데 중요한 역할을 한다는 점이 강조되었다.

2008년 금융위기와 이후 보수당 주도의 연합정부하에서는 재정 긴축과 공공지출의 삭감이 이루어졌다. 이때 시작된 '빅 소사이어티(Big Society)' 이니셔티브는 지역사회 강화와 시민의 자발적 참여 및 공헌을 강조하였는데, 한편으로는 사회지출의 삭감을 포장하는 수단이라는 비판이 제기되기도 하였다.

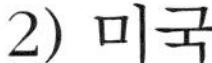

2) 미국

(1) 자선조직화운동와 인보관운동

미국에서는 19세기 중반 '과학적 자선(scientific charity)'으로 자선활동의 효율성을 높이려는 움직임이 있었는데, 자선활동이 감상적 · 독단적 성격을 벗어나 합리적 성격을 띨 것이 강조되었다. 19세기 후반 산업화와 도시화로 인한 급격한 사회변화와 그로 인해 발생하는 사회문제들에 대응하면서 등장한 것이 자선조직화운동과 인보관운동이다.

미국의 첫 번째 자선조직협회는 1877년 뉴욕주 버팔로에 설립되었다. 과학적 자선을 추구하면서 영국의 자선조직화운동을 본받은 미국의 자선조직화운동은 당시 급증하던 이민자와 남부 농장지역에서 북부 산업도시로 이주한 노동자들을 돕기 위한 다양한 자선활동을 조정하는 일에 관여하였다.

자선조직화운동의 목표는 자선활동을 조정하여 서비스의 중복을 피하고 구호가 효과적이고 효율적으로 제공되도록 하는 것이었고, 직접적인 구호보다 빈민들의 자조와 자립을 촉진하고자 하였다. 지나치게 관대한 빈민구제는 빈민들의 의존성과 나태함을 조장한다고 보았다.

자선조직화운동의 관점과 접근방법이 가진 주요 특징은 '과학적 자선'과 '사례조사'이다. 이 운동의 지지자들은 '과학적 자선'을 위해 구호를 제공하기 전에 개인의 상황을 평가할 필요성이 있음을 강조하였다. 이에 따라 그들의 활동은 사례조사, 가정방문, 빈곤의 원인 파악을 포함하였다. 주로 중산층 여성들로 구성된 '우호방문원'들은 도움을 받을 개인과 가족에 대한 조사를 하고 도움을 받을 가치가 있는 빈민과 그렇지 않은 빈민을 구분하였다.

자선조직화운동은 구호활동의 조직화, 사례조사, 사회문제에 대한 과학적 접근으로 사회복지실천의 초기 발전에 큰 영향을 미쳤다. 한편, 도덕주의적 접근과 빈곤의 구조적 원인보다 개인의 결함에 초점을 맞춘다는 점은 한계로 지적되었다.

미국에서도 영국과 유사하게 인보관운동은 자선조직화운동과 달리 지역사회의 역할 및 사회구조적 변화를 강조하였다. 19세기 후반 급속한 산업화와 도시화 그리고 이민이 증가하면서 노동자와 이민자가 집중된 도시 지역은 빈곤이 극심하고 주거환경과 생활

조건이 매우 열악하였다. 인보관운동은 이러한 문제들을 개선하는 것을 목표로 하였고, 개인의 행동을 변화시키는 것보다는 사회의 제도를 변화시키는 것에 더 초점을 두었다. 미국 최초의 인보관은 1886년 뉴욕시에 세워졌고, 이어 가장 유명하고 영향력이 컸던 헐 하우스(Hull House)가 1889년 시카고에 세워졌다. 이후 1910년대까지 전국에 수백 개의 인보관이 주로 빈곤지역에 설립되었다.

인보관운동 활동가들은 '3R'을 강조하였다. 빈민의 상황에 대한 과학적인 연구(Research), 취약층의 이웃이자 동료가 되기 위해 지역사회에 거주하고 정착하는 것(Residence), 빈곤문제 해결을 위한 사회적 · 정치적 개혁(Reform)이 그것이다. 인보관운동은 지역사회의 거점 기능을 하는 인보관을 중심으로 교육 프로그램 제공(예: 영어교실, 직업훈련 등), 다양한 서비스의 지원(예: 법률지원과 의료서비스 제공 등), 사회개혁을 위한 제도 개선과 입법 활동(예: 아동 노동 금지, 근로 환경 개선, 소년법원 설립 등) 등을 수행하였다. 인보관운동은 이후 미국의 지역사회실천과 사회서비스의 기초를 형성하였고, 사회정의와 지역사회 참여에 대한 강조는 현대의 사회복지실천에도 계속 영향을 미치고 있다.

(2) 지역사회복지의 변화

1940년대부터 1960년대에 걸쳐 번성한 지역사회복지 분야의 활동으로 지역사회조직화(community organizing)가 있다. 솔 앨린스키(Saul Alinsky, 1974)는 지역사회조직화를 공식화하고 활성화하는 데 크게 기여한 것으로 알려져 있다. 그는 시카고를 중심으로 한 조직화 활동을 수행하고 『급진주의자를 위한 규칙(Rules for Radicals)』이라는 책을 출판였는데, 그를 통해서 지역사회조직화의 핵심전략과 목적 명문화, 풀뿌리 조직화의 청사진 제공, 지역사회에서 권력을 획득하는 것의 중요성 강조, 전국 단위 지역사회조직화 훈련의 네트워크 창설 등 많은 활동을 하였다. 그는 특히 다음 몇 가지를 강조하였다.

첫째, 조직체는 민주적 의사결정과 토착적 지도력을 소중하게 여겨야 한다. 둘째, 조직체는 모든 구성원에게 개방되어야 한다. 셋째, 활동가가 지역사회에서 영향력을 행사하기 위해서는 그 지역사회의 전통적인 지도자와 조직체들로부터 지지를 확보하여야 한다. 넷째, 조직체의 목표는 구성원 스스로 결정하도록 하여야 한다. 다섯째, 전략에 관한 것으로 싸우지 않고서는 권력 집단을 움직일 수 없으며 갈등 전략을 사용할 때 가장 큰 이익을 얻을 수 있다. 마지막으로, 구체적이고 가시적인 승리를 위해 싸워야 하는데, 이는 성취의 경험이 조직을 더욱 굳건하게 만들어 주기 때문이다. 이러한 지역조직화운동의 특징과 전략은 현재에도 사회개혁과 지역사회변화를 추구할 때 여전히 통용되고 있다.

미국의 1960년대는 시민권 운동이 활발하게 전개되고 린든 존슨(Lyndon B. Johnson) 행정부의 빈곤과의 전쟁(War on Poverty)이라는 표어 아래 많은 사회복지 프로그램이 새로 만들어지거나 확장된 시기이다. 미국의 사회복지교육협의회가 지역사회조직을 개별사회사업 및 집단사회사업과 함께 사회복지실천의 핵심 분야로 인정한 것도 이 시기이다. 지역사회를 강화하여 빈곤문제에 대처하고 지역사회조직화의 원칙에 기반한 여러 프로그램이 시작되었는데, 대표적인 예로 지역사회행동 프로그램(Community Action Programs)을 들 수 있다.

이 프로그램의 핵심 목표는 지역사회와 구성원들의 역량을 강화하여 자립 능력을 높이고 빈곤의 악순환을 벗어나게 하는 것이었다. 이 프로그램의 특징은 의사결정 과정에 지역사회 구성원들이 참여하는 것을 중시하였다는 점, 프로그램 운영 역시 공공기관이든 비영리기관이든 지역사회에 있는 기구가 주체가 되었다는 점, 의식주와 같은 기본적 욕구의 결핍과 교육과 일자리 등 보다 근본적인 빈곤의 원인을 모두 대응하려는 포괄적 접근을 취한 점 등이다. 지역사회행동 프로그램은 지역사회에 기반한 빈곤퇴치 전략을 취하면서 빈곤아동 조기교육 프로그램인 헤드스타트(Head Start), 청년을 위한 직업 훈련과 교육 프로그램인 직업훈련단(Job Corps), 그리고 사회경제적 취약지역에 유급자원봉사자를 파견하여 빈곤타파에 힘쓰게 한 VISTA(Volunteers in Service to America, 현재는 AmeriCorps에 통합되어 있음) 등을 주도하거나 상호지원하는 역할을 수행하였다.

1970년대에는 지역사회복지실천의 전문화가 강화되고 지역사회 역량강화와 사회구조적 불평등에 대한 관심이 증가하였다. 이 시기 주목할 프로그램의 하나는 커뮤니티개발 일괄보조금(Community Development Block Grant)으로, 연방정부가 지방정부에 예산을 배분하여 저소득 주민들에게 양질의 주택과 생활환경을 제공하고 일자리 등 경제적 기회를 확대하여 자립적인 도시 커뮤니티를 형성할 수 있도록 하는 것을 주요 목표로 하였다. 1980년대는 전반적인 사회지출 삭감의 기조하에 정부보조금에 대한 의존 낮추기와 지역기반 각종 프로그램을 위한 예산 절감이 강조되었다. 이후 1990년대에는 지역사회복지실천에 대한 관심과 지원이 회복되면서, 사회구조적 문제를 해결하기 위한 정책 옹호와 지역사회조직화가 강조되고, 정부와 비영리단체, 지역사회 간의 협력이 흔해졌다. 한 예로, 지역개발특구(Empowerment Zones and Enterprise Communities) 프로그램은 낙후된 지역의 재생과 활성화를 돕는 것을 목표로 실시되었다.

2000년대 이후 지역사회복지실천은 반복되는 자연재해, 경제 위기, 코로나19와 같은 유행병 등의 새로운 도전에 직면하여 지역사회조직화와 지역사회의 회복탄력성이 중요함을 강조하고 이들을 강화하는 데 더욱 주목하고 있다.

3) 대한민국

한국전쟁 이후 곤궁한 시기에 여러 국제 자원봉사 단체와 외국 민간원조 단체들이 한국에 와서 다양한 구호, 보건, 교육 등의 활동을 수행하였다. 이들 여러 단체를 지원하고 활동을 조정하며 상호협력을 증진할 수 있도록 외국 민간원조 단체 한국연합회(Korean Association of Voluntary Agencies)도 만들어졌는데 한때는 소속된 기관의 수가 70개를 넘었다. 대한민국의 소득 수준이 향상되면서 이들 원조기관들은 대부분 1970년대에 철수하였고, 그 역할을 한국 정부와 민간영역이 담당하게 되었다(감정기, 최원규, 진재문, 2002).

유엔은 저개발국가와 선진국의 낙후지역에 지역사회개발(community development)을 적극 권장하였다. 한국에도 1957년 한미합동경제위원회, 1958년 지역사회개발위원회가 구성되어 지역사회개발사업의 기반이 구축된 바 있고(오정수, 류진석, 2016), 1970년대 이후의 새마을사업은 지역사회개발 사업의 한 전형으로 알려져 있다.

새마을사업은 1970년 당시 박정희 대통령의 지시에 따라 농한기 농촌마을 가꾸기 시범사업 형태로 시작하여 '근면-자조-협동'을 기치로 내걸고 정부에 전담부서를 두어 전국적 사업으로 전개되었다. 주거 및 생활환경 개선에서 시작하여 생산기반 조성, 소득증대, 생산협동, 증산운동 등을 거쳐 근검(근검절약)운동, 협력과 봉사를 강조하는 인보운동 등 의식 개선 영역으로까지 확대되었다. 시간이 흐르면서 사업의 내용만이 아니라 대상 지역도 확장되어 1976년에는 도시 새마을운동이 시작되었다. 새마을사업은 1980년대에 정부 주도에서 민간 주도로 바뀌고 새마을운동중앙본부와 시·도지부가 설립되었다. 새마을사업은 정치적 환경의 변화와 이 운동에 대한 부정적 여론 등으로 인해 쇠퇴하였다. 새마을사업에 대한 평가는 엇갈리는데, 지역사회복지실천의 한 모델로서의 지역사회개발의 원칙과 이 사업의 특징들을 비교하는 것도 의미가 있다.

대략 1990년대 초반부터 한국에도 시설보호보다 지역사회기반 재가보호가 더 적절한 보호서비스 방법이라는 인식이 확산되기 시작하였다. 지역기반의 종합사회복지관이 급증하고, 종합사회복지관의 재가복지서비스도 확대되었다. 또한 노인과 장애인 등 돌봄이 필요한 요보호자들을 위한 복지관과 쉼터 그리고 재활시설 등이 설립되었고 대규모시설과 비교되는 공동생활가정(group home)이 정부의 재정지원을 받으면서 운영되기 시작하였다.

앞서 설명한 직접 서비스기관의 발달 외에 지원 기관과 관련 제도의 발전도 이루어졌다. 그 예로는 1998년 시·도 사회복지협의회의 독립법인화, 1997년 「사회복지공동모금법」의 제정과 이듬해 사회복지공동모금회의 설립, 2000년대 들어서는 시·군·구 사회복지협의회 설립근거 마련, 사회복지협의체 설치, 「자원봉사활동기본법」 제정, 다수 사회복지사업 지방자치단체로 이양 등이 있다. 2008년 노인장기요양보험제도 시행에 따른 재가장기요양시설의 등장, 시·군·구의 기초자치단체에 '희망복지지원단' 설치 등 정부의 사회보장 전달체계 개편 등도 눈에 띄는 변화이다.

2010년 이후에도 지역사회복지의 지평이 계속 확대되었고 지역 단위의 사회복지와 관련 있는 여러 제도의 변화가 이루어졌다. 연관 있는 법령으로 「사회서비스 이용 및 이용권 관리에 관한 법률」(2011년), 「협동조합기본법」(2012년), 「도시재생 활성화 및 지원에 관한 특별법」(2013년), 「지역개발 및 지원에 관한 법률」(2014년), 「사회보장급여의 이용·제공 및 수급권자 발굴에 관한 법률」(2014년) 등이 있다. 그 외에도 「사회보장기본법」 「사회복지사업법」 「국민기초생활보장법」 「지방자치법」 「지방재정법」 「지방교부세법」 「사회적기업 육성법」 등에도 지역사회복지 관련 조항들의 개정이 이루어졌다.

이러한 법령 등을 통해 도시재생과 같은 새로운 지역개발 개념이 정책 차원에서 채택되는가 하면 사회적 기업과 협동조합을 비롯한 사회적 경제 영역이 부각되었으며, 전자바우처 방식의 사회서비스가 확대되었고, 광역지자체와 기초지자체 각 단위의 '지역사회보장협의체'와 '지역사회보장계획'이 이전에 있던 '지역사회복지협의체'와 '지역사회복지계획'을 대체하며 제도화되었다.

3. 지역사회복지실천

1) 지역사회복지실천의 특징

지역사회복지실천은 지역사회를 단위로 하는 전문적 사회복지실천 또는 사회사업의 방법이라고 정의할 수 있다.

첫째, 접근의 단위는 지역사회이고, 이는 공간과 지역 중심의 커뮤니티와 사회적 관계와 기능 중심의 커뮤니티를 포괄한다. 둘째, 구체적인 관심의 대상이 되는 사회 단위는 지역사회 전체가 될 수도 있고, 그 구성원인 개인, 집단, 조직, 기관, 제도 등이 될 수도 있다. 셋째, 개입의 목표는 지역사회나 구성원들이 당면하고 있는 문제와 욕구를 해결하기 위한 지역사회의 변화라고 할 수 있다. 이러한 목표는 지역사회의 상황이나 문제의 성격 또는 개입하는 주체의 관점에 따라 다양하게 설정될 수 있는데, 이들을 과업목표, 과정목표, 관계목표 등으로 구분하여 기술할 수 있다. 과업목표(task goals)는 주거환경의 개선이나 법령의 제개정 등 지역사회의 구체적인 문제나 욕구의 해결을 겨냥한다. 과정목표(process goals)는 주민의 관심 제고, 참여, 의사결정, 협력 등 지역사회 구성원들의 인식과 태도 변화 및 지역사회 능력이나 역량의 향상을 추구한다. 관계목표(relationship goals)는 지역사회 구성원들 간의 관계 및 권력관계의 변화를 추구한다. 관계목표는 과정목표의 일부로 간주되기도 한다.

지역사회복지실천은 미시적 또는 임상적 사회복지실천과 다음과 같은 차별성을 가진다(Hardina, 2002).

첫째, 추구하는 목표(goals)이다. 지역사회복지실천은 지역사회의 역량을 강화하고

정책이나 사회 시스템의 변화를 추구한다. 반면에 미시적 실천은 개인, 가족, 집단 등 클라이언트가 가진 문제를 해결하고 그들의 기능과 안녕의 향상에 초점을 둔다. 이에 따라 양자는 개입의 범위와 규모에서도 차이가 있다.

둘째, 개입전략(intervention strategies)이다. 지역사회복지실천은 조직화, 옹호, 정책 개발, 프로그램 기획 등의 전략을 활용하고 이를 위해 지역사회 안팎의 자원을 동원하고, 협력자를 확보하고 연합을 형성하며, 정책에 영향을 미치려는 활동을 수행한다. 한편, 미시적 실천은 상담, 치료, 사례관리, 직접적인 서비스 제공과 같은 방법을 흔히 사용하고 클라이언트의 필요에 맞는 개입을 계획하고 개별화된 돌봄과 지원을 제공하는 데 초점을 맞춘다.

셋째, 활용하는 지식과 기술(knowledge and skills)이다. 지역사회복지실천은 지역사회의 권력구조와 힘의 관계, 정책과 제도, 조직 개발, 집단의 대화와 의사결정 촉진 등에 대한 지식 그리고 옹호, 리더십, 협상과 연합 구축 등의 기술이 필요하다. 미시적 실천은 인간행동, 상담 등 임상 기술과 치료적 개입에 대한 지식을 필요로 하고 경청, 공감, 평가와 진단의 기술이 요구된다.

넷째, 중요하게 여기는 가치(value considerations)이다. 지역사회복지실천은 사회정의, 형평성, 구성원 특히 취약집단의 임파워먼트를 중시한다. 이에 따라 취약계층이나 소외계층의 주변화와 사회적 배제에 일조하는 사회적 · 경제적 조건들이나 권력구조에 대해 비판적으로 접근하는 경우가 많고, 지역사회복지실천의 과정에서 권력이나 기득권을 가진 집단을 표적으로 삼아 대립(confrontation)의 전술을 활용하기도 한다. 미시적 실천은 개별 클라이언트의 안녕과 기능 향상, 자율성, 프라이버시 보호와 비밀유지를 중시한다.

이와 같은 지역사회복지실천의 특징 때문에 이에 관여하는 사회복지사나 활동가들은 대체로 다음 항목들을 중시한다. ① 다양성의 존중과 문화적 포용성, ② 구성원의 자기 결정과 임파워먼트, ③ 불평등이나 억압을 조장하는 제도와 시스템에 대한 비판의식의 개발, ④ 상호학습(mutual learning), ⑤ 사회정의와 균등한 자원배분에 대한 헌신이다.

2) 지역사회복지실천의 관련 용어

지역사회복지 및 지역사회복지실천의 개념과 연관이 있고 유사한 의미를 가진 용어가 여럿 있는데 이들을 간략히 살펴본다.

(1) 커뮤니티 케어

커뮤니티 케어(community care)는 장애인 · 노인 등 취약집단을 주 대상으로 지역사회를 중심으로 다양한 사회서비스를 제공하는 용어로, 다음과 같은 두 가지 특징을 가진다(Morris, 1993). 첫 번째는 '지역사회에서 거주할 기회(the opportunity to live in the community)'이다. 이때 지역사회는 다양한 거주 또는 생활시설(institutions)과 대비된다. 즉, 지역사회 돌봄 또는 지역사회 보호란 보호나 돌봄의 필요가 있는 주민을 지역사회로부터 격리된 시설에서 보호하던 방식에서 벗어나 그들이 지역사회 내에서 거주하고 일상생활을 할 수 있도록 필요한 각종 서비스를 제공하는 것을 가리킨다. 탈시설화(deinstitutionalization)의 원리와 실천이 이와 부합한다. 두 번째로는 '지역사회에 의한 보호(care by the community)'이다. 즉, 보호와 돌봄의 주체가 지역사회라는 것으로, 복지실현의 책임을 국가와 지방자치단체와 같은 공공부문만이 아니라 다양한 민간부문을 포함한 지역사회가 나누어 담당하는 것을 가리킨다.

영국은 1990년 「국민보건서비스와 커뮤니티 케어 법」 제정과 2014년 「커뮤니티 케어 법」 개정 등 취약계층을 대상으로 통합적인 사회서비스를 제공하는 지역사회 중심 정책을 시도한 대표적인 국가이다. 영국의 커뮤니티 케어는 18세 이상의 장애인, 정신장애인, 노인 등을 대상으로 하며, 이들이 지역사회 내에서 자립적이고 독립적인 삶을 살 수 있도록 주거지원을 기반으로 보건의료, 복지 등 일상생활의 연속성을 지원하는 종합적 체계를 구현하려는 정책이다(황주희, 2022). 장애인과 노인 등의 병원이나 시설 입소를 지양하고 그들이 가능한 한 거주하던 지역사회에서 계속 살 수 있도록 지원하기 위해 주거, 보건의료, 돌봄, 복지 관련 정책을 지역사회 중심으로 실행하는 것이다(김용득, 2018).

우리나라에서는 커뮤니티 케어가 지역사회 돌봄으로 번역되어 사용되기도 하는데, 정부는 2018년 11월 '지역사회 통합돌봄 기본계획'을 발표하였고 이후 관련 사업을 추진하였다. 커뮤니티 케어는 '돌봄이 필요한 주민(노인, 장애인 등)이 자신이 살던 곳에서 개개인의 욕구에 맞는 서비스를 이용하고, 지역사회와 함께 살아갈 수 있도록 주거 · 보건의료 · 요양 · 돌봄 · 독립생활 등을 통합적으로 지원하는 지역주도형 사회서비스 정책'이라고 정의되었다. 구성원들이 지역사회 내에서 계속 거주하며 삶을 영위할 수 있도록 지역 내 다양한 기관이 협력한다.[1]

(2) 커뮤니티 서비스

커뮤니티 서비스(community service)는 미국에서 자주 사용되는 용어로 어려운 상황에 놓인 사람들이 문제를 해결하고 필요한 자원을 찾도록 지원하여 삶의 질을 향상시킬 수 있도록 돕는 다양한 활동을 가리킨다. 지역사회 전체를 위한 활동뿐 아니라 취약계층이나 난민 등 지역사회 내 특정 소외된 집단을 위한 조직적 활동을 포함한다.

커뮤니티 서비스 종사자는 흔히 취약집단을 위한 대변자로 여겨진다. 그들은 정책입안자들에게 취약집단의 현황과 지원의 필요성을 전달하고, 중독이나 강제 퇴거 같은 상황에 놓인 사람들을 돕기 위해 안내하며, 지역사회 구성원들이 지역공동체를 위한 활동에 적극 참여하도록 장려하기 위한 활동을 조직화하기도 한다. 커뮤니티 서비스는 지역사회개발(community development)과 혼용되기도 한다.

(3) 지역사회실천

지역사회실천(community practice)은 미국에서 자주 사용되는 용어로, 지역사회 내의 집단, 조직, 기관의 행동 패턴을 바꾸거나 이들 주체와 구성원들의 관계와 상호작용을 바꾸기 위해 사회복지실천 기술을 적용하는 것을 가리킨다. 이는 흔히 거시적 실천(macro practice)의 일부로 파악되기도 하지만, 미시적 실천 지향의 사회복지사 또는 실천가가 개별 클라이언트의 기능 회복과 삶의 질 향상을 돕고 그를 위한 자원 확보와 연계에 집중하는 과정에서 지역사회실천에 관여하기도 한다. 거시적 접근을 취하는 실천가는 지역사회의 변화가 해당 지역사회 구성원의 삶에 영향을 미칠 수 있는 중요한 조

1) 이 책에서는 제12장에 '지역사회 돌봄'에 관한 자세한 논의와 사례가 제시되어 있다.

건이 된다고 가정하여 지역사회의 변화에 일차적 초점을 두는 반면, 미시적 실천 지향의 실천가는 지역사회를 클라이언트를 위한 지지적 자원으로 바라보고 클라이언트의 삶의 질 향상을 위한 하나의 수단으로 바라본다는 점에서 차이가 있다(Hardcastle et al., 1997).

한편, 거시적 실천(macro practice)은 '지역사회나 조직에서 계획된 변화를 실현하기 위해 설계된 전문적이며 의도적인 개입'으로 정의된다(Netting et al., 1993). 거시적 실천으로서의 지역사회실천은 지역사회조직과 개발, 사회계획, 사회행동, 사회복지행정과 관련된 기술을 포괄하는 것으로 여겨진다(Hardcastle et al., 1997).

(4) 지역사회사업

여기서는 영국에서 주로 쓰이는 용례를 중심으로 지역사회사업(community work)의 개념을 살펴본다. 이 용어를 지역사회복지의 뿌리라고 할 수 있는 자선조직운동(Charity Organization Society) 및 인보관운동(Settlement House Movement)과 연결하여 설명하자면 전자보다는 후자의 가까운 활동이다(Sharkey, 2000). 자선조직운동의 맥을 이은 활동이 지역 차원에서 좀 더 접근성이 크고 효과적인 서비스를 개발하고 서비스 이용자들의 기본적 욕구를 충족할 수 있게 하는 방안을 모색하는 데 초점을 둔다면, 인보관운동의 맥을 이은 지역사회사업은 집합적 행동(collective action)을 통해서 불의(injustice)와 불평등(inequality)을 해소하고 지역 차원에서 정책을 개선하는 데 역점을 둔다(Stepney & Ford, 2000).

지역사회사업의 주된 목적은 불이익을 경험하고 있는 지역사회 구성원들과 함께 활동하면서, 이들이 자신들의 욕구와 권리를 인식하고, 변화의 목표를 분명히 하며, 민주적 원리하에서 자신들의 목표를 성취하기 위한 행동을 취하도록 돕는 데 있다(Harris, 2001). 사회복지사를 비롯하여 공무원과 보건의료인 등 다양한 분야의 인력들이 이런 활동을 도울 수 있다. 자선조직운동의 맥을 이은 활동들을 사회사업이나 사회복지실천이라고 부르고 이를 지역사회사업과 구분하기도 하는데, 1969년의 「씨봄 보고서(Seebohm Report)」와 같이 지역사회사업을 사회사업 또는 사회복지실천의 일부로 파악하기도 한다.

제3장
지역사회복지실천의 관점과 이론

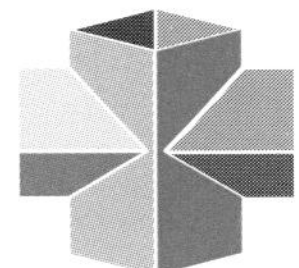

지역사회복지실천과 관련된 관점과 이론은 지역사회복지의 목표설정 및 목표달성을 위한 실천과 개입의 기본 방향을 제시하고 구체적 실천모델의 선택에 영향을 준다.

실천 관점(perspective)은 최선의 실천을 위한 기본 가치들에 대한 시각으로 개입의 방향과 개입과정에서 사회복지사의 역할을 제시하는 데 있어 중요한 역할을 한다. 실천 관점들은 특정 실천으로 인한 결과물에 대한 구체적 전략을 제시하지는 않으며, 또한 관련 개념들을 어떻게 측정하는지에 관한 정보를 제공하지는 않는다. 따라서 어떤 관점의 효과성을 평가하는 것은 어려움이 있다. 하지만 실천과 개입의 방향과 입장에 큰 영향을 끼친다.

이론(theory)은 어떤 현상을 설명하고 예측하는 역할을 하며, 흔히 실증연구를 통해 객관적으로 규명하고 일반화하고 검증하는 과정을 거친다. 지역사회복지와 관련된 이론들은 지역사회의 역할, 실천과 개입의 주체와 대상, 실천과 개입의 목표와 수단 등의 원리를 제시한다. 이론들은 특히 지역사회복지 실천모델의 선택에 영향을 미친다.

실천모델(model)은 사회문제의 이해와 이 문제들의 대처방식에 대한 구체적인 분석틀로서, 실천 활동의 원칙과 방식을 체계적이고 구체적으로 구조화한 것이다. 이론을 기반으로 하거나(예: 정신분석이론과 정신분석모델, 행동주의이론과 행동수정모델), 여러 이론이 절충되거나(예: 심리사회모델), 특정한 이론에 기반하지 않는 경우도(예: 과제중심모델) 있다.

지역사회복지 실천모델의 결정은 사회변화에 대한 이해 방식, 개입전략과 수단, 실천모델에 따른 결과물 등의 여러 요소에 의해 영향을 받는다. 실천모델들은 문제의 해결이나 목표의 성취를 위한 구체적 전략과 전술의 결정에 영향을 끼친다. 지역사회복지 실천모델에 대한 자세한 논의는 제4장에서 다룬다.

1. 실천 관점

지역사회복지와 관련된 대표적인 실천 관점인 강점 관점과 임파워먼트 관점을 살펴본다.

1) 강점 관점

강점 관점(The strengths perspective)은 사회복지실천 분야에서 가장 두드러지는 접근법(pre-eminent approach)이라고도 불린다(Doel, 2012). 강점 관점의 기본 전제는 누구나 그리고 취약 또는 소외계층이 갖고 있는 자산, 기술, 자원, 경험, 의지 등의 강점이 있고 이들을 활용하여 그들의 삶과 주변 환경을 변화시킬 수 있다는 것이다. 강점 관점은 사람들의 취약점, 문제와 기능장애(problem & dysfunction)에 초점을 두는 기존의 문제기반 접근과 대조를 이룬다.

강점 관점에 기반한 클라이언트에 대한 시각은 그들이 사회복지 급여나 서비스를 받는 대상이지만 동시에 자신의 삶에 대해 최고의 '전문가'라는 것이다(Freire, 1970). 따라서 강점 관점은 사회복지사가 클라이언트가 갖고 있는 개인의 역량과 사회 지지망을 활용하여, 클라이언트가 갖고 있는 문제의 해결과 전반적 변화를 이끌어 낼 수 있다고 본다. 강점 관점은 사람들이 경험하는 어려움과 장애물을 무시하는 것이 아니라, 사람들이 갖고 있는 능력이나 역량을 강조하고 그를 행동의 출발점으로 삼는다.

이러한 관점을 지역사회에 적용한 것이 지역사회 임파워먼트 관점이다. 낙후되었거나 지역사회의 조직이나 역량이 취약한 지역사회라도 어떤 강점을 갖고 있으며, 이것들을 활용하여 지역사회 스스로의 발전을 도모할 수 있다는 것이 강점 관점이 지역사회복지실천에 주는 중요한 함의이다. 이러한 함의와 관련된 개념이 지역사회 회복력 또는 회복탄력성(community resilience)이다. 회복탄력성은 개개인뿐 아니라 취약층이나 소외 집단이 역경을 겪으면서도 생존하고 발전할 수 있게 만드는 중요한 기제의 하나이다(Saleeby, 1997). 지역사회의 취약층이나 소외집단이 보유한 비공식 사회연계망의 구축 및 활용은 그들이 생존하고 어려움을 극복하는 데 특히 중요한 역할을 한다고 알려져 있다. 회복탄력성은 흔히 역경과 어려움을 이겨 내는 힘, 역경과 어려움을 도약의 발판으로 삼는 힘을 가리킨다. 개인 차원에서 회복탄력성의 두 가지 주 요소는 자기조절능력과 대인관계 능력이다(김주원, 2016). 지역사회 차원에서 회복탄력성의 주 요소는 지역사회의 자원과 강점을 파악하는 능력 그리고 의사소통과 협업을 통해 상호작용하는 능력이다. 또한 이 관점은 특정한 집단의 사회적 배제를 가능케 하는 사회의 환경, 정책, 제도에 대한 비판적(critical) 시각을 내포(內包)한다고 할 수 있다.

2) 임파워먼트 관점

임파워먼트 관점(The empowerment perspective)은 지역사회복지 전반에 걸쳐 커다란 영향을 끼쳐 왔다. 임파워먼트 관점의 기본목표는 취약집단이나 소수집단을 포함하여 개인과 집단을 위한 자원배분의 공평성을 높이고 그들의 의사결정 참여 기회를 향상하는 것, 궁극적으로 구성원들의 권한과 역량(power & capability)를 향상하는 데 있다. 이 관점에 의하면 다수의 사회문제가 지역사회 내 불공정한 자원분배나 의사결정 구조 때문에 발생한다(Freire, 1970; Hardina, 2002; Parsons, Gutierrez, & Cox, 1998).

지역사회 임파워먼트는 지역사회 구성원이나 조직이 지역사회의 욕구를 충족하거나 변화를 이끌어 내거나 어떤 변화를 저지하기 위하여 공동의 노력으로 자신의 자원을 이끌어 내고 목표를 달성할 수 있는 능력을 가리킨다.

임파워먼트 관점에서는 지역사회 구성원들이 지역사회 내 자원분배의 현황과 원인, 그를 결정하는 권한(power)에 대한 인식이 필요하다. 임파워먼트를 위해서 강화되어야 할 요소들은 소속감(멤버십), 가치의 공유, 정서적 유대, 상호영향, 변화를 위한 공동의 노력과 행동 등을 포함한다. 이들 요소는 동시에 임파워먼트의 결과이기도 하다.

임파워먼트 관점에서는 사회적 약자층이나 소수집단(minority)이 겪는 주류 사회로부터의 배제나 소외감을 줄이는 데 특히 초점을 둔다. 보다 효과적인 임파워먼트 달성을 위해서는 사회구조가 자신의 삶의 기회를 제한하고 있다는 인식에 대한 당사자 스스로의 변화가 우선적으로 요구된다. 이러한 인식의 변화를 바탕으로 서로의 경험을 공유하고, 대화(dialogued)와 참여를 통해 조직적 행동으로까지 이어질 때 지역주민들의 지역사회 내 주요한 의사결정에의 참여가 이뤄지고 궁극적으로 임파워먼트를 이룰 수 있다(Freire, 1970).

지역사회복지실천과 관련된 임파워먼트의 달성은 개인(individual), 대인(interpersonal) 및 지역사회(community) 세 가지 차원의 임파워먼트를 통해 이뤄진다고 볼 수 있다(백종만 외, 2015; Labonte, 1990). 개인 차원의 임파워먼트는 클라이언트 개인의 인식 변화와 자존감(self esteem) 향상에 초점을 두며, 대인 차원의 임파워먼트는 집단 간 공유된 경험을 통해 지역사회와 사회문제에 대한 보다 정확한 이해를 축적해 나가는 것을 의미한다. 지역사회 차원의 임파워먼트는 서비스 및 자원과 사회변화의 전략 등을 지역사회 스스로 개발함으로써 지역사회 전반의 역량이 증진되는 것을 주요 목표로 삼는다. 한편, 상술한 접근과 유사하지만 대인 차원 대신 조직 차원(organizational level)을 제시하기도 한다(Israel et al., 1994). 조직 차원의 임파워먼트는 지역사회를 구성하는 여러 집단의 임파워먼트에 초점을 둔다.

지역사회 전반의 임파워먼트 관점에서는 세 가지 차원의 임파워먼트가 상호연관되어 있다고 볼 수 있다. 즉, 지역사회 차원의 임파워먼트를 통해 개인의 주변 환경에 대한 지배력 증가를 도모하며, 또한 개인 차원과 대인 또는 조직 차원의 임파워먼트는 궁극적으로 지역사회 전반의 임파워먼트를 이끌어 낸다.

임파워먼트 관점이 지역사회복지실천에 주는 함의는, 지역사회 전체 구성원이 참여

할 의사결정 구조를 구축하고 전반적인 지역사회복지실천의 과정(문제의 선정, 욕구 조사, 전략의 선택과 실행, 평가)에 취약집단을 포함한 지역사회 구성원의 참여를 확대하는 것이 지역사회복지의 목표달성을 위해 필수적이라는 점을 강조하는 데 있다.

지역사회복지실천에 대해 상술한 두 관점은 여러 장점과 실천적 함의를 갖지만 동시에 한계도 지닌다. 강점 관점과 임파워먼트 관점이 개인과 지역사회의 인식 변화나 역량 향상을 이끄는 데 중요한 역할을 해 왔다는 전반적 인식에도 불구하고, 두 관점에 의한 개입과 그 결과물 간의 관계에 대한 검증은 쉽지 않다는 점이다(Hardina, 2002; Zimmerman, 1990). 따라서 지역사회복지의 목표와 관련되는 개념들에 대한 조작화 그리고 실천모델과의 연결에 대한 지속적 연구와 실천에 대한 평가가 필요하다고 하겠다.

사례 다라마을의 쓰레기 문제

－다음 사례를 읽고 교재에 기술된 실천 관점을 적용한 해결방안을 제안해 보시오.

가나동 다라마을은 쓰레기 무단 투기 문제가 심각하다. 골목들 초입에는 ○○노래방, 창고개방 세일 등 각종 전단지가 여러 겹으로 덕지덕지 붙어 있다. 그리고 전봇대 주변에는 버려진 쓰레기가 많다. 특히 마바공동주택은 그 앞까지 쓰레기차가 오지 않아, 그곳 주민 40~50세대 대부분이 근처 골목길 전봇대에 쓰레기를 버리고 있다. 이 마을의 주민 구성을 보면 1인 가구 약 45%, 65세 이상 약 25%, 이주 배경 주민 약 15%이다.

2. 실천 관련 이론

이 절에서는 지역사회복지실천과 관련 있는 여러 사회 이론을 살펴본다. 이론의 내용에 대한 설명은 가능한 한 간략히 하고 지역사회복지실천과 관련된 함의와 한계들에 초점을 맞춘다. 사회 이론들에 대한 이해는 지역사회 내 사회복지 관련 현상과 변화를 이해하는 데 도움을 주고, 특히 지역사회복지 관련 실천가들이 어떠한 실천모델을 활용할 것인지를 결정하는 데 중요한 길잡이 역할을 할 수 있다. 이 교재에서는 체계이론,

생태체계이론, 갈등이론, 힘의존이론, 자원동원이론, 그리고 사회구성주의이론에 대해 살펴본다.

1) 체계이론

체계이론은 크기와 역할이 다른 각 사회 단위들을 '체계'(system)로 파악하면서 이들 사이의 상호작용과 그에 의한 사회변화의 과정을 설명하는 이론이다. 따라서 체계이론은 지역사회와 그것을 포함하는 더 큰 사회(상위체계) 및 지역사회에 속해 있는 작은 사회 단위들(하위체계) 각각의 기능과 이들 사이의 상호작용 및 그 과정에서 일어나는 변화 등을 이해하는 데 유용하다.

이 이론의 '경계'(boundary) 개념은 외부환경과 구분되는 어떤 체계가 갖는 범주 또는 한계를 나타내는 것으로, 지역사회들 사이 또는 지역사회 내의 각 하위체계들 사이의 관계를 분석하는 데에 유용하다. 경계의 개방정도에 따라 환류(feedback)를 포함한 체계와 환경 사이의 소통양상이 달라지기 때문이다.

체계이론과 관련이 높은 구조기능주의의 대표 학자인 파슨즈(Parsons, 1971)에 의하면 사회체계가 유지되려면 네 가지 기본 기능이 수행되어야 한다. 그들은 환경의 요구에 대한 적응(adaptation), 목적 달성(goal attainment), 통합(integration), 사회체계 유지(latency/pattern maintenance)이다.

첫째, 적응은 외부환경의 요구에 대한 조직의 변화 능력으로, 지역사회의 기능에 필요한 자원 획득과 관련된 지역 경제체계의 능력을 가리킨다. 둘째, 목적 달성은 목적의 달성에 필요한 여러 자원을 사용할 수 있는 능력이다. 셋째, 통합은 지역사회의 가치와 특정 행동유형을 지역사회 주민들이 받아들이는 과정을 의미하며 사회통제의 기능과도 관련이 있다. 마지막으로, 사회체계 유지는 지역사회 내의 공통된 가치나 행동의 전승과 같은 사회화 과정을 가리킨다.

지역사회 각 하위체계들의 기능은 〈표 3-1〉과 같이 정리될 수 있다. 특히 상호지지 또는 상부상조 기능은 사회복지 조직들과 밀접한 관련을 갖고 있으며 전체 체계의 일부분으로서 그 기능을 살펴볼 수 있다(Warren, 1978).

체계이론을 지역사회에 적용할 때 다음과 같은 특징에 주목할 수 있다.

첫째, 사회체계는 상호작용의 망(networks of interaction)이라는 것이다. 둘째, 물리적·지리적 요소보다 공동체와 관련된 활동(community-related actions)이라는 사회적 요소에 초점을 맞춘다. 셋째, 지역(공간)보다 구성원(사람)에 초점을 둔다. 넷째, 물리적인 공간으로서의 지역이 없는 지역사회 또는 커뮤니티(The nonterritorial community)를 상정할 수 있다(예: 직장, 종교집단, 문화적 정체성). 마지막으로, 네트워크 분석과 같이 개인 간 상호작용을 측정하고 도표화하는 분석법을 적용할 수 있다.

한편, 지역사회는 단지 전체 사회의 반영일 뿐(a node of the macro system)이라는 시각도 있다(Warren, 1978). 이런 시각에서는 지역사회의 각종 사회문제의 주요 원인과 해결책은 지역사회가 아니라 전체 사회에서 찾아야 한다.

지역사회복지실천과 관련하여 체계이론의 함의는 다음과 같다.

첫째, 지역사회 상위수준의 체계(예: 중앙 또는 상위 행정조직, 상위 단위의 정책)가 실제로 지역사회의 생활에 어떤 영향을 끼쳤는가를 분석하는 데 도움을 준다.

둘째, 지역사회 내 하부체계들이 전체 지역사회체계에 대해 지니는 영향력을 이해하는 데 도움을 준다.

셋째, 〈표 3-1〉에 명시된 지역사회 기능과 각 기능 수행을 위한 하부체계와의 관계 및 구조에 대한 평가를 각 하위체계별로 분석하는 데 도움이 된다.

마지막으로, 지역사회조직의 중요한 목적은 주민들의 참여를 통해 각 체계들의 기능이 조화를 이룬 안정된 지역사회 형성에 있음을 강조한다.

표 3-1 지역사회 하위체계들과 주요 기능

지역사회 하위체계	주요 기능
경제 관련 체계	생산-분배-소비
가족, 종교단체, 학교 및 교육체계	사회화
지역행정조직, 사법체계, 종교단체	사회통제
지역 내 공식단체, 비공식 모임	사회참여
공공 사회복지 조직, 비영리 조직, 비공식 지지망	상호지지(상부상조)

출처: Warren (1978).

2) 생태체계이론

생태체계이론은 지역사회의 최적균형성(equilibrium)을 유지하기 위한 지역사회 안팎의 역동적 변화에 대한 현상을 설명하고 있다. 생태체계이론에서는 환경의 변화가 인구밀도나 지역사회 내 여러 인구 집단의 이동에 영향을 끼친다고 보며, 이러한 환경에 대한 적응은 제한된 지역사회 자원 획득을 위한 집단 간 경쟁을 유발해 지역주민들을 기득권 계층(수혜계층)과 소외계층으로 구분한다고 설명한다.

생태체계이론에 의하면 지역사회의 주요 구성요소들은 지역주민, 주거지역, 인구밀도, 토지이용 및 사회구조 등을 포함한다(Fellin, 1995). 예를 들어, 이 이론은 빈민지역으로 이주한 사람들이 각각의 적합한 사회적 적소(niche)를 찾아 새로운 기능에 적응하며 지역사회 구성원으로 생활하는 현상을 설명해 준다. 빈민지역의 갱 조직이 그 지역사회의 암묵적 보호나 질서유지의 기능을 통해 그 사회에서 중요한 위치를 차지한다고 설명한 연구도 있다(Venkatesh, 1997). 이러한 연구는 지역사회 내 다양한 집단이 어떻게 자신에게 적합한 영역을 찾아 지역사회 내 자원이나 권력을 획득하거나 생존할 수 있는지를 보여 준다.

생태체계이론의 지역사회복지실천에 대한 함의는 우선, '환경 속의 인간(Person in Environment)'이라는 사회복지실천의 매우 중요한 이론적 토대를 제공한다. 인간행동이나 사회문제를 분석할 때 개인, 환경, 개인과 환경의 상호작용 모두에 초점을 두며, 지역 내 집단 간의 경쟁 및 질서 형성의 과정을 이해하는 데 도움을 준다. 다음으로, 각 집단들의 주변 환경 적응 방식에 대한 이해를 도와 구체적 개입 방법을 찾는 데 길잡이 역할을 한다. 또한 물리적 환경(주거상태, 지역 인프라 등)과 지역사회 내 삶의 질과의 관계에 대한 설명을 제시한다.

체계이론과 생태체계이론은 지역사회복지실천의 적용에 있어 다음과 같은 제한점을 갖는다. 첫째, 두 이론이 '순기능'과 '적응'에 초점을 두고 기본적으로 체계의 안정성을 지향하는 성향을 갖고 있어 지역사회의 구조적 변화나 문제해결의 대안을 제시하는 데 한계가 있다. 둘째, 두 이론 모두 왜 빈곤층이나 소외집단의 삶의 기회가 제약되는가 하는 질문에 충분한 설명을 제시하지 못한다.

3) 권력 관련 이론

권력(power)은 양자 간의 일정한 관계를 규정하는 것으로 '다른 사람의 의사와 상관없이 그 사람을 일정한 방식으로 행동하게 만드는 능력'으로 정의된다(French & Craven, 1968). 권력과 관련된 이론들은 권력이 지역사회복지실천에서 핵심 요인임을 강조한다. 즉, 권력에 대한 지향, 의사결정 구조, 권력 분배과정에 대한 분석이 없이 지역사회복지실천을 논하기 어렵다. 권력과 관련된 주요 이론으로 이 교재에서는 갈등이론, 힘의존이론, 그리고 자원동원이론을 살펴본다.

(1) 갈등이론

기능주의 관점을 기초로 하는 체계이론 및 생태체계이론이 지역사회 내 여러 집단이나 하위체계의 상호작용을 통한 '안정성'에 초점을 둔 반면, 갈등이론(conflict theory)은 지역사회 내의 집단 간 갈등을 사회 본질적 현상으로 인식한다. 즉, 기능주의 관점에서는 갈등이 일탈적 현상으로 비치지만 갈등이론에서는 지속적 갈등이 사회변화를 이루는 중요한 기제로 간주된다. 갈등이론의 핵심은 사회가 권력이나 힘을 가진 계층과 그 힘을 소유하지 못하는 계층으로 구분되어 지역사회에서 양자 간의 갈등을 피할 수 없다는 것이다. 흔히 전자는 유산계층(haves)으로, 후자는 무산계층(have-nots)으로 지칭된다(Hardina, 2002). 갈등주의의 기본전제는 사람들이 공동의 자원과 이익을 보호하기 위하여 집단을 형성하고, 집단들은 보다 많은 자원의 획득 또는 이미 보유한 자원의 보호를 위하여 경쟁과 갈등에 빠진다는 것이다(Hardcastle et al., 1997). 정치적 권한을 보유한 집단들은 정책과 제도적 절차를 통해 타 집단들의 권력과 자원에 대한 접근을 제한한다.

갈등이론은 논의 차원에 따라 전반적 사회구조를 분석하는 데 사용되는 거대이론(grand theory) 수준에서 논의되기도 하고, 지역사회 갈등을 분석하는 사회 이론의 한 가지로 언급되기도 한다. 전자의 예로는 신마르크스주의의 국가론을 들 수 있고, 후자의 예로는 지역사회 갈등과 관련된 앨린스키(Alinsky)의 갈등이론 관점을 들 수 있다.

사회의 재화와 서비스에 대한 모든 사람들의 접근을 사회의 기본조건이라고 생각한 앨린스키는 자본주의 사회에서 지역사회조직의 목표는 무산계층이 유산계층과 동일한 사회의 혜택을 받는 데 있다고 주장한다(Alinsky, 1974). 이를 위해서는 권력을 이미 소유하고 자신들에게 유리하게 사용하는 유산계층이 자원동원이나 의사결정에 관한 권한을 대중에게 이양해야 한다. 앨린스키는 이러한 방식의 이양은 대중의 조직 결성과 유산계층에 대한 대항으로 이루어질 수 있다고 보았다.

자본주의에서 사회복지와 사회복지사의 역할에 대한 신마르크스주의의 주장 역시 갈등이론의 관점에서 논의될 수 있다. 경제적 · 정치적 지배층과 나머지 대중(노동계급, 빈자, 소수인종 등)을 중재하는 사회복지의 역할에 초점을 두었을 때, 사회복지사들은 사회통제(social control)를 위한 행위자이고 사회복지제도는 정치적 갈등을 최소화하는 기제로 간주된다(Burghart & Fabricant, 1987). 정치적 불안이 증가할 때는 수급자격을 확대하고, 기업이 저임금 노동력의 공급 확대를 필요로 할 때는 수급자격을 축소한다(Piven & Cloward, 1971). 미국에서 사회복지는 '빈곤의 경감' '사회질서의 유지' '노동시장의 조절'이라는 근로동기의 유지 관련(이 세 가지는 서구사회 공통)의 기능을, 그리고 '정치적 동원'의 기능을 수행하였다(Katz, 1996).

신마르크스주의에 의하면, 국가는 사회복지사들에게 무산계층의 노동자들을 자본주의 사회에 순응하여 궁극적으로 자본가들의 자본창출에 도움이 되도록 만들어 내는 역할을 강조한다. 따라서 사회복지사들은 사회통제와 클라이언트의 기본적 욕구 충족이라는 모순될 수 있는 입장을 취하게 된다. 사회복지 예산에 대한 지속적 견제와 서비스의 제한적 급여, 사회구조보다는 개인의 책임론 등은 자본주의 사회의 기본속성으로 간주된다.

지역사회복지실천과 관련된 갈등이론의 함의는 다음과 같이 정리될 수 있다. 첫째, 유산계층과 무산계층은 사회 자원에 대해 경쟁하는데, 지역사회의 자원과 권력에 대한 통제는 유산계층에게 있다. 둘째, 소외집단이나 취약계층이 받는 억압의 근원은 계급, 인종, 능력, 성별과 관련된 차별에 있다. 셋째, 유산계층은 의사결정과 관련된 공식 및 비공식적 조직을 통제하고 있다. 넷째, 따라서 지역사회조직의 목적은 소외계층이나 무산계층의 의사결정 역량을 강화하는 데 있으며, 이를 위해 투표권을 포함한 다양한 자원을 이용해야 한다(Hardina, 2002).

(2) 힘의존이론

갈등이론이 사회구조나 국가 전체의 보다 큰 차원에서의 힘에 대한 사회 현상의 분석을 다룬다면 힘의존이론과 자원동원이론은 지역사회 내의 사회복지기관이나 단체의 생존과 관련된 현상의 분석에 초점을 둔다.

힘의존이론(power-dependency theory)은 사회복지 서비스조직들이 생존하기 위해 외부의 재정적 지원에 의존할 수밖에 없다는 전제에서 출발한다. 클라이언트에게 서비스를 제공하는 데 사용되는 외부의 재정지원은 사회복지 서비스조직이 재정지원자의 요구에 충실할 수밖에 없는 구조를 만든다(Blau, 1964).

외부 재정지원자에 대한 지나친 의존은 결국 그 조직이 가진 본래의 목적 상실, 자율성 제한 및 사회정의에 입각한 실천 능력의 한계를 유발하여 사회복지 서비스조직의 방향성에 부정적 영향을 끼친다.

우리나라의 경우 많은 사회복지기관이 정부의 보조금에 의존하고 있는데, 이런 경우 정부의 요구에 순응하며 클라이언트의 욕구를 충족해 나가는 중간자로서의 기능이 강조되어 사회복지 서비스기관의 독립성이 훼손될 위험이 있다.

지역사회 서비스조직들이 이러한 의존성을 탈피하기 위해서는 가능한 한 여러 재원을 확보하여 특정한 재정지원에 대한 의존도를 낮추어야 한다. 힘의존이론은 사회복지기관이나 조직이 여러 재원으로부터 재정지원을 받을 수 있도록 자원동원 및 후원자 개발에 힘을 쏟는 것은 단지 많은 재원확보 차원이 아니라 국가 및 지방자치단체를 포함하여 특정 지원자에 대한 과도한 의존을 피하려는 것임을 보여 준다. 즉, 다양한 후원자들을 확보해야 특정 지원자에 대한 의존성이 약해져 기관의 사명(mission)에 보다 충실할 수 있다는 것이다. 다음으로, 클라이언트가 서비스의 지원 없이 또는 최소의 지원으로 생존 또는 독립할 수 있도록 추구해야 한다. 이는 클라이언트의 자립 및 역량강화를 돕는 것이 중요함을 제기한다.

이들 방안의 현실성이 갖는 한계에도 불구하고 힘의존이론은 사회복지 조직, 수혜자/이용자, 재정지원자 간의 상호관계를 설명해 주어 관련 실천 목표를 제시하는 역할을 하고 있다.

(3) 자원동원이론

자원동원이론(resource mobilization theory)은 사회운동(social movement) 조직들의 역할과 한계를 설명하는 데 초점을 두는 경향이 있다. 여기서 사회운동이라 함은 '지역사회, 정부조직, 산업체 및 문화적 규범 등과 같은 사회적 대상(socail target)의 변화를 시도하기 위해 연계된(loosely-connected) 집단들 간의 연합활동'이다(Swank & Clapp, 1999: 50).

사회운동은 크게 두 가지 유형으로 구분된다(Rothman, 1995). 첫째 유형은 사회적 소수집단이나 비주류계층의 권리를 옹호하고 보장하기 위한 활동이며, 둘째 유형은 이타주의적 관점에서 스스로 대변하기 힘든 대상에 대한 보호를 위한 것으로 동물보호운동이나 환경운동이 이에 해당한다. 자원동원이론은 특히 사회운동의 다음과 같은 측면에 관심을 둔다.

① 사회운동을 위한 자원은 지역사회 어느 곳에서 나오는가?
② 그 자원들은 지역사회에서 어떻게 활용되는가?
③ 중앙정부 또는 지방자치단체는 그러한 자원동원을 용이하게 하는가, 아니면 그러한 활동에 제약을 가하는가?
④ 자원동원 활동들의 결과물은 무엇인가? (Muller, 1992; Hardina, 2002: 56 재인용)

자원동원이론에 의하면 본질적으로 사회운동 조직들은 회원을 모집하고, 필요한 모금활동을 하고, 직원들을 채용하는 데 주력하는 동시에 대중과 주요 의사결정자들에게 정당성(legitimacy)을 인정받는 역할을 한다. 회원모집이나 조직화는 그 단체의 목표나 철학을 지역사회 구성원 또는 잠재적 회원들에게 보내는 메시지와 관련이 있다. 이러한 모집은 공식 홍보뿐 아니라 지인들이나 비공식조직 등 사회적 네트워크에 의해서도 발생한다.

사회운동단체가 힘을 갖기 위해서는 다음의 몇 가지 사항이 충족되어야 한다.

첫째, 회원들의 적극적 참여와 활동을 위해 동질적 정체성을 갖는 것이 필수적이다. 이 정체성은 결국 연대감과 집단응집력을 높여 단체의 목표달성을 가능하게 한다.

둘째, 강력한 조직이 되기 위해서는 그들의 목표와 취지를 전달하기 위해 외부의 다양한 채널을 활용할 수 있어야 한다. 물론 언론이나 외부조직과의 관계에 대한 원칙을 가져야 한다.

셋째, 재정의 안정성 확보를 위해 충성심이 강한 회원과 거액 기부자들을 확보해야 한다. 자원동원이론의 시각은 특히 정부의 재정지원을 받은 단체가 독립성이 훼손될 수 있으며, 그러한 경우 단체의 본래 목적이 변화할 수 있음을 보여 준다.

자원동원이론은 또한 사회운동 조직이 처할 수 있는 몇 가지 딜레마를 제시한다.

첫째, 비정치적 성향의 사회운동은 정치권에서 활발히 다루어지지 않으나 사회적으로는 중요한 문제들을 대중에게 각인시키고 대중의 관심을 집중시키는 데 주력할 수밖에 없다. 그런데 일단 이러한 문제들이 정치적 의제로 부각되어 정치권에서 다루어지게 되면 사회운동이 이에 지속적으로 대처하는 데에는 한계가 있기 마련이다.

둘째, 1인 시위, 서명운동, 단체행동 등을 통해 단체나 조직의 메시지를 강하게 전달하는 것은 회원의 모집이나 영향력의 향상에 중요한 역할을 한다. 그러나 이러한 활동의 강도가 높아지는 것과 대중에게 정당성을 인정받거나 지지를 받는 것이 반드시 정의 관계인 것은 아니다. 따라서 다양한 전략과 전술을 통해 영향력과 정당성을 동시에 확보해야 한다.

마지막으로, 모금의 필요와 사회개혁은 양립하기 어려울 수 있다. 빈곤층이나 취약계층이 모금에 크게 기여할 것을 기대하기 어려운 경우가 많고 정보나 기업가들의 지원이 클 경우 그 조직의 목표나 활동의 유지가 어려울 가능성이 커지기 때문이다.

지금까지 살펴본 세 가지의 권력 관련 이론이 공통적으로 주장하는 내용은 소수에게 한정된 권력에 대한 의존은 본질적으로 사회에 부정적으로 작용할 수 있다는 점이다. 이러한 점을 지역사회복지 전문가들이 충분히 인식해야 하며, 사회적으로 배제된 집단이나 취약층이 그들의 기본적 욕구를 충족하기 위해서는 스스로 힘을 가져야 한다는 점을 강조하고 있다. 따라서 공동의 합의를 추구하기보다는 권력을 확보하기 위한 전략과 전술을 강조할 수밖에 없다. 다만 이 이론들은 지역사회의 문제해결이나 복지 증진을 위한 구체적 전략과 전술을 제공하는 데 있어서는 한계를 보여 주고 있다.

4) 사회적 교환이론

사회적 교환이론은 인간의 행동에 항상 비용과 보상이 따르고, 행위자는 행동에 의해 생기는 비용과 보상 그리고 자신의 사회적 자산(학력, 지위 등)에 바탕을 두고 행동한다는 점을 전제로 하고 있다. 즉, 보상/이익의 최대화 및 처벌/비용의 최소화와 관련된 인간행동과 상호작용을 경제적 관점에서 분석하는 데서 출발하였다.

인간의 행동을 타인과의 보상 또는 이익교환의 과정으로 보는 사회적 교환이론에서는 사회적 행동을 개인 간 교환자원을 주고 받는 행위가 반복되는 현상으로 본다. 이 교환자원에는 물질적인 것(금전, 물품 등)과 비물질적인 것(칭찬, 복종, 존경, 인정 등)이 포함된다. 비용 · 보상 · 사회적 자산 등에 있어 상호 교환의 비율관계가 다른 사람과 비교해서 유리하면 이제까지 취한 행동을 지속해 나가며, 오히려 불리하다고 판단되면(자신의 자원이 소모된다거나 보상이 상대적으로 낮다고 생각되면) 그 관계를 개선하거나 중지해서 새로운 비율 관계로 지향하는 행동이 나온다.

블라우(Blau, 1964)는 이러한 경제적 관점의 교환이론에 권력분석을 추가하여 교환이론을 재구성하였다. 블라우가 관심을 가진 것은 교환이라는 인간의 사회적 행동이 어떠한 기제를 통해 상호 간의 유대관계에서 갈등 또는 불평등의 관계로 변화되는가 하는 점이었다. 블라우는 이러한 관계상의 차이를 호혜성(쌍방의 상호 교환)과 시혜성(일방적 제공)의 개념으로 설명한다. 즉, 호혜성은 양자의 관계를 긍정적 관계로 작용하게 하여 상호 신뢰로까지 발전하게 만들며, 시혜성은 권력이나 지위에 의한 차별적 관계를 만들어 낸다. 따라서 사회적 교환이론에서는 사회가 교환관계를 통해 권력을 얻기 위한 경쟁과 분화 및 통합과정의 반복으로 제도화되어 생성된 것으로 본다. 즉, 사회는 조직된 집합체 간의 보상교환관계에서 갈등, 분화, 통합의 과정이 반복되고 유형화된 것으로 간주된다.

사회적 교환이론에 의하면 지역사회복지실천 역시 교환의 장에서 이루어진다. 지역사회 차원에서의 중요한 교환자원으로는 상담, 지역기반 서비스, 기부금, 재정지원, 정보, 정치적 권력, 권한 등이 포함된다. 교환이론은 지역사회의 문제가 교환관계의 단절이나 불균형 때문에 생기는 것으로 보며, 교환자원이 부족 또는 고갈 상태에 빠지거나 가치저하 현상을 보일 때 지역사회 문제가 더 확대될 수 있다고 주장한다.

교환참여 주체인 A와 B의 교환에서 발생하는 교환상의 불균형을 수정하기 위해 다음과 같은 다섯 가지 힘균형전략(power-balancing stategy)이 제시된 바 있다(Hardcastle, Wenocur & Powers, 1997).

첫째, 경쟁(competition)이다. A가 필요한 자원을 B가 독점하여 B에 대한 복종이 예상될 경우 B와의 교환을 포기하고 C나 D로부터 필요한 자원을 획득하려는 전략이다.

둘째, 재평가(re-evaluation)이다. A는 B의 자원을 재평가하여 B에 대한 종속을 회피할 수 있다. 이러한 재평가는 정책, 상황, 가치 등의 변화로 인해 발생하며, 이때 B가 A와의 지속적 교환을 위해 A에게 새로운 제안이나 유인책 등을 제시할 수도 있다.

셋째, 호혜성(reciprocity)이다. A와 B가 서로에게 필요한 교환관계임을 인식하면 B에 대한 A의 의존관계는 독립적 관계로 바뀌어 쌍방적이거나 동등한 것으로 변하게 된다.

넷째, 연합(coalition)이다. 연합은 B에 종속된 A가 마찬가지로 B에 종속되어 있는 C, D, E 등과 연대적 관계를 구축해 집단적으로 B와 교환관계를 갖는 것이다. 기본적으로 자원이 부족한 개별 교환 주체들이 고려할 수 있는 전략이다.

마지막으로, 강제(coercion)이다. 이것은 물리적 힘을 동원하여 B가 갖고 있는 자원을 A가 장악하는 것이다. 지역사회복지실천에서는 윤리적 문제로 인해 선택하기 힘든 전략이다.

5) 사회구성론

사회구성론(social constructionism)적 시각은 기존의 지역사회 분석이나 문제해결에 사용되었던 많은 이론이 오랫동안 실증적 서구문화의 영향을 받아 주류집단 중심의 시각에 의해 발전되어 왔다는 문제의식에서 출발한다. 사회구성론은 소외계층의 삶과 관련된 심층적 지식축적에 대한 분석틀을 제공한다.

사회구성론은 크게 포스트모더니즘과 상징적 상호주의에 영향을 받으며 본격적 틀을 갖추게 된다. 사회구성론의 포스트모더니즘적 요소는 억압계층의 삶과 경험에 대한 새로운 이해를 통해 지식을 형성하며 그 억압을 해소하려는 점이다(Chambon, 1999). 이러한 목표를 달성하기 위해 그 집단과 개개인들의 사회적 제도, 관습 및 일상생활과 관련된 의미들(meanings)을 파악하려는 지속적이고 집중적인 대화(dialogue)의 중요성을 강조한다.

사회구성론의 상징적 상호작용주의 요소는 문화적 규범, 가치, 언어 등을 통해 구성되는 일상활동에 대한 재해석을 강조한다는 데 있다. 이러한 시각에서 지식이 반드시 객관적인 것은 아니라고 보며, 모든 현상에 대한 진실이 반드시 존재한다는 점에 대해 의구심을 가진다.

상징적 상호작용이론은 사회현상의 거시적 분석에 활용되는 구조기능주의나 갈등주의와는 달리, 개인 간의 상호작용 과정과, 상호작용이 개인과 사회에 미치는 결과에 관심을 두며 발전해 왔다. 상징적 상호작용주의에서의 '상징적'이란 말의 의미는 인간이 상호작용의 도구로서 언어나 몸짓 등의 상징을 사용하고, 상징의 주관적 의미를 중요시한다는 점을 강조하는 것이다.

상호작용이론의 시각에 의한 사회현상의 파악은 개인이 자신이 처한 상황과 그 속에서 이루어지는 행동을 주관적으로 정의하고 해석하는 바를 통해 이루어진다. 이때 사회현실은 개인들의 상호작용 과정에서 주관적 의미부여를 통해 창조되고 또 재창조된다고 볼 수 있으며, 상호작용을 하는 한 집단 속에서는 상호주관적(inter-subjective) 의미부여의 현상이 존재할 수 있다고 본다.

상징적 상호작용주의에서는 지역사회 문제를 지역사회 내 한 집단이 다른 집단에 의해 설정된 의미에 동조하지 않아서 그 집단의 의도대로 행동하지 않는 현상으로 본다. 다만, 같은 현상이나 행동도 의미를 부여하기에 따라 문제가 될 수도 있고 아닐 수도 있다. 즉, 관찰하는 이의 시각이나 준거틀에 따라 문제에 대한 규명기준이 달라질 수도 있다.

리와 그린(Lee & Green, 1999)은 사회적으로 구성된 지식은 절대적인 것이 아니라는 점을 강조한다. 사회구성론의 시각에서는 지식이 사회적으로 구성되었다는 것은 오랜 역사를 통해 다양한 문화집단이 인간의 믿음, 가치, 규범, 전통 및 삶의 방식의 교류에 의해 발전해 왔음을 의미하며, 따라서 사회적으로 구성된 지식을 획일적이고 절대적인 지식으로 받아들여서는 안 된다는 점을 강조한다.

사회구성론의 관점에서는 사회복지사의 일이 개인의 행동을 통제하고 규제하려는 사회적 요구를 위한 기능으로서 사회적으로 구성되었다고 본다(Hardcastle et al., 1997; Moffat, 1999). 클라이언트들에게 나타나는 도움요청(help-seeking) 행동은 소득과 인구사회학적으로 다양한 기준에 의한 집단에서 나타나는 것이므로 그 맥락과 배경은 개개 사례별로 차이가 크다. 따라서 사회복지사는 이 도움요청 행동이 갖는 각각의 의미를 파악하여 적합한 해결책을 가지고 클라이언트가 처한 억압의 상태에서 스스로 벗어날 수 있도록 해야 한다는 것이 사회구성론이 사회복지실천에 보내는 메시지로 볼 수 있다. 획일화되고 표준적인 서비스 규범과 개입이 아니라 다양성에 대한 존중을 통한 개별화된 실천을 강조하고 있다. 따라서 사회구성론의 시각에 의하면 사회복지사는 클라이언트에 대해 특히 다음의 사항들을 고려해야 한다.

첫째, 클라이언트의 행동에 영향을 끼치는 사회·경제 및 정치적 구조에 대한 이해를 갖고 클라이언트의 문화적 가치와 규범에 대한 의미를 해석해야 한다.

둘째, 다양한 문화를 가진 클라이언트와의 지속적이고 집중적 대화와 그에 기반한 이해를 중요시해야 한다.

셋째, 소수자에 대한 억압구조를 해석해 나가는 분석과 연구를 지속하여 지식의 축적과 이론적 발달에 힘써야 한다.

제4장 지역사회복지 실천모델

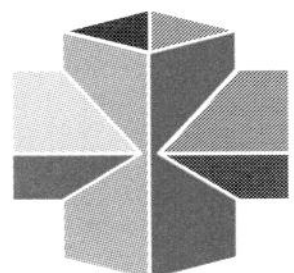

앞장에서 언급되었듯이 사회과학은 점차 이론 중심의 순수과학에서 실천 중심의 응용과학으로 변모해 가면서, 사회현상을 설명하고 여러 변수 간의 인과관계를 살펴보는 **이론적 모델**과 실천 및 개입의 효과성을 강조하면서 개입의 틀(frame)이 되는 **실천모델**로 구분된다. 이론적 모델은 지역사회 자체나 그 안에서의 다양한 현상 또는 지역사회 구성원의 삶의 유형 및 관계성을 가정하여 변수들의 관계로 형성되는 개념이라면, 실천모델은 다양한 지역사회 문제를 해결하기 위해서나 사회적 쟁점들의 실질적 대안 마련을 위한 실천적 중재와 개입을 위한 기본 개념틀로 이해할 수 있다.

이 장에서는 실천모델이 가져야 할 구성요소들을 살펴보고 지금까지 여러 학자가 제시해 온 몇 가지 실천모델을 소개하며 비교·정리하겠다. 지역사회복지론에서 가장 중요한 장이면서 동시에 학생들이 가장 어렵게 인식하는 대목이다. 그 이유 중 하나는 실제 실천모델의 필요성이나 구성 영역이 아직 지역사회 현장의 문제를 직접 대면하기 이전이라 다른 지식보다 개념화하기가 어려운 데 있겠다. 따라서 제4장은 제5장 실천과정의 이해 및 실제 실천과제들을 동시에 고려하면서 이해할 필요가 있겠다.

1. 실천모델 개요

전문적 개입이 강조되는 사회복지학의 특성상 사회복지사나 지역실천가들은 본인의 관심 지역사회 문제를 해결하기 전에 어떠한 실천모델로 접근할 것인가를 먼저 결정해야 한다. 이러한 실천모델의 결정은 사회변화에 대한 관점, 개입방식(전략과 전술 등), 개입에 따른 예상 결과물 등과 같은 여러 가지 요소에 의해 영향을 받는다.

각 모델의 설명에 앞서 두 가지 점을 미리 살펴보고 가자. 첫 번째 사항은 지역사회 목표의 유형이고 두 번째 사항은 각 실천모델에 내재된 공통적 구성요소들이다.

모든 실천적 개입은 그 이유와 관련된 목표가 우선 명확히 설정되어야 한다. 지역사회복지 실천모델의 기본목표를 설정하기 위해서는 목표에 대한 두 가지 수준의 논의를 이해하여야 한다. 일반적으로 지역사회실천의 목표 유형은 **과정목표**(process goal)와 **과업목표**(task goal)로 구분할 수 있다. **과정목표**는 지역사회에 대한 개입의 전반적 과정에 활용되는 구체적 수단과 방법들에 초점을 맞춘다. 지역주민의 참여를 통한 지역사회의 역량을 강화하는 데 치중하는 실천모델의 경우 지역주민, 여성, 소수자의 권리 강화 등을 통한 지역사회복지 실천의 여건을 향상시키는 목표라는 점에서 주로 과정 중심 목표에 초점을 두게 된다.

과업목표는 지역사회에 대한 개입에 따른 성과와 궁극적 결과에 초점을 둔다. 지역사회 문제해결이나 조례 및 법 제정 같은 구체적 목적의 달성 등이 이러한 목표에 해당된다. 이 두 가지 유형은 상호배타적인 것은 아니다. 과정목표는 지역사회의 문제들이 반복적으로 다양하게 발생한다는 점을 고려할 때 지속 가능한 대처 능력을 지역사회에 축적시켜 향후 유사한 상황에서도 대처 가능하게 하는 것, 즉 지역사회의 임파워먼트를 위한 것이다. 하지만 현재 개입에서도 뭔가 성과가 나타나야 하는 과업목표는 실제 문제해결에 초점을 둔다고 볼 수 있다.

다음으로 살펴볼 내용은 각 실천모델에 내재된 다양한 요소이다. 지역사회의 바람직한 변화와 관련하여 몬드로스와 윌슨(Mondros & Wilson, 1994)은 실천모델에 내재된 중

요 구성요소를 다음과 같이 열거하였다(백종만 외, 2015: 122 재인용).

- 지역사회 변화목적
- 지역사회 지도자, 실무자 및 지역사회 구성원 각각의 역할
- 지역 내 이슈 중 우선 선택 과정
- 변화를 위한 표적(target)[1)]에 대한 규명과 이 변화에 대한 해당 표적의 협조우호성에 대한 평가
- 변화 전략 및 전술
- 변화를 위한 지역사회 자원에 대한 이해
- 변화 과정에서의 조직의 역할에 대한 이해

따라서 이 책에서는 앞으로 논의될 몇 가지 실천모델을 이러한 구성요소들을 중심으로 살펴보겠다. 실천모델은 각 국가의 사회, 문화, 행정체계, 역사 등의 요인들과 관련하여 변화해 왔기 때문에 한두 가지의 이상적 모델을 제시하고서 그 적용성에 대해 논의하기란 쉬운 일이 아니다. 따라서 이 책에서는 국내 여러 지역사회복지 관련 저서에서 많이 다루는 로스만 모델(Rothman, 1995), 테일러와 로버츠의 실천모델(Tayler & Roberts, 1985) 및 웨일과 갬블의 실천모델(Weil & Gamble, 1996)에 대해 중점적으로 논의하겠다. 또한 최근 다문화적 조직(multi-cultural organization)이나 소수자에 대한 권리보호 등과 관련하여 관심이 높아지고 있어 이를 포함한 몇 가지 사회변환 모델들(transformative models)에 대해서도 살펴볼 것이다.

1) 로스만 모델 세 가지는 이 부분에 대해 분명한 차이를 두고 있다. 특히 우리가 표적이라고 부르는 타깃은 실천모델이나 개입에 따라서 때로는 사회복지사의 개입 대상이나 서비스 소비자인 클라이언트가 되지만, 사회행동 모델에서는 의식의 변화가 필요한 지역의 기득권 세력(행정당국) 또는 지역주민 전체가 될 수 있다. 또 주민 전체의 인식개선이 필요한 경우는 주민 전체가 표적이 될 수 있다. 표적체계와 행동체계에 대한 자세한 설명은 제5장에서 논의하겠다.

2. 로스만의 세 가지 실천모델

지역사회복지실천과 관련하여 1960년대 후반부터 지금까지 제시된 실천모델 중에서 여러 교재에서 대표로 다루는 모델이 로스만의 **지역사회개발**, **사회계획**, **사회행동**의 세 가지 모델들이다. 로스만은 이 세 모델을 열두 가지 실천 영역들을 중심으로(앞서 언급된 구성요소들 참조) 비교하여 제시하였다. 각 모델의 특징에 대해 우선 살펴본 후, 각 모델의 강점이나 한계를 짚어 보고, 세 모델의 비교를 통해 재정리하는 순서를 밟을 것이다.

1) 지역사회개발 모델

지역사회개발(locality or community development) 모델은 지역사회 문제해결을 위한 지역사회의 능력 향상과 사회통합이라는 **과정목표**에 중점을 둔다. 이 모델은 지역사회에 소속된 다양한 집단이 지역사회의 긍정적 변화를 위한 필수요소들이자 잠재적 파트너로 간주된다. 각 집단이 가지는 견해나 입장의 차이들은 협상, 합의 도출 및 협력의 과정으로 극복될 수 있다고 본다.

하디나(Hardina, 2002)는 지역사회개발 모델의 또 다른 핵심 목적으로 지역사회 구성원들이 지역사회로부터 소외되고 있다는 의식을 제거하는 데 있다고 주장한다. 따라서 이 모델은 지역사회 구성원 개인이나 집단 간 관계를 중요시하여 지역사회 문제에 대처하고 해결하는 능력의 지속적 향상에 주력한다. 켐프(Kemp, 1995)는 이 모델이 지역사회 자체뿐 아니라 지역사회 구성원 각각의 개발(역량강화)을 강조하고 있다고 주장한다. 지역사회와 지역주민들의 역량을 강화하는 데 필요한 개념으로는 참여, 자조, 및 지도력 등을 들 수 있다.

지역사회의 다양한 구성원과 집단의 의견조정을 통한 통합을 끌어내는 것은 지도자의 가장 큰 역할이다. 이러한 목표달성을 위해서는 지역사회 내 권력구조에 대한 파악과 자원분포에 대한 충분한 지식과 이해가 동반되어야 한다. 지역사회개발 모델의 대표적 예로는 지역사회복지관의 교육 및 지역조직 사업, 평화봉사단(Peace Corps) 활동 및 성인교육 등이 있다.

동시에 하디나(Hardina, 2002)는 이 모델에서 가정하고 있는 전제들에 대한 세 가지 한계점을 다음과 같이 지적한다.

첫째, 지역사회개발에 대한 전 주민의 합의 도출 과정은 다분히 소모적이며 현실적으로도 어렵다는 점이다. 실제 지역에서의 정치적 분열이나 각 하위 지역의 님비(NIMBY) 현상은 실제 더 커지고 있다.

둘째, 성, 계층, 인종, 연령, 신체 및 정신적 능력 등으로 구분되는 지역사회 내의 다양한 집단들 사이에서 공통된 관심사를 찾기란 쉽지 않다는 점이다.

셋째, 기득권 집단이나 지도자들이 합의 도출 과정에 반드시 참여한다는 보장이 없으며, 오히려 이 과정을 방해할 수도 있다는 점이다.[2] 따라서 지역사회개발 모델은 이러한 한계점들을 극복하며 전반적인 지역사회 연대감에 대한 대전제를 어떻게 실질적으로 끌어내는가에 그 성패가 있다고 하겠다.

2) 사회계획 모델

사회계획(social planning) 모델[3]은 지역사회의 구체적 문제(예: 돌봄, 빈곤, 정신건강, 범죄, 실업, 재개발 등) 해결에 있어 합리주의적[4] 접근을 강조한다. 이 모델은 문제해결에 대한 전문적 계획 및 정책 수립을 중심으로 정책이나 사회서비스 기획 및 실행과 이에 따른 효율성과 효과성을 강조함으로써 **과업목적**에 초점을 둔다고 볼 수 있다. 지역사회개발 모델이 지역주민들의 의식 개선이나 지역사회의 임파워먼트를 강조하는 반면 사회계획 모델은 계획가가 서비스 욕구가 있는 대상들에게 보다 효과적이고 체계적인 서

2) 후반에 언급되겠지만 이러한 경우에 지역사회개발 · 사회행동 혼합 모델이 적용되기도 한다.

3) 로스만은 1995년에 제시한 실천모델에서 사회계획 모델을 사회계획 및 정책(social planning/policy) 모델로 수정하여 명명하였다. 현재 한국의 여러 교재에서는 두 가지 명칭을 혼용하고 있는데, 이 책에서는 사회계획 모델로 통일하여 사용한다.

4) 합리주의라는 표현은 여러 가지 의미로 사용되나 이 책에서는 실증자료들을 분석하여 여러 대안을 짚어 보고 최선의 안을 결정한다는 의미로 이해할 수 있겠다.

비스 전달로 지역사회의 복지욕구 충족 정도를 향상시키는 데 주력한다.

사회계획 모델은 대체로 문제규명, 욕구사정, 목표개발, 실행 및 평가에 이르는 과정에 따라 전개된다(이 과정은 제5장의 실천과정에서 자세히 살펴보겠다). 따라서 최근에는 지역사회복지실천에서 지역사회개발 모델보다 사회계획 모델의 접근이 더 많이 사용된다고 볼 수도 있다(Twelvetrees, 2002). 사회계획 모델은 지역주민들 스스로가 주체가 되어 지역발전이나 문제해결에 노력하는 접근보다는 전문가들에 의한 문제해결의 대안을 합리적이고 과학적으로 제시하고 실행하는 데 초점을 둔 접근이라 할 수 있다. 따라서 이 모델에서 강조되는 전문가들은 기획가, 행정가, 계획가 또는 관리자의 역할을 수행하며, 해결하려는 문제에 대한 전문지식을 보유하여 관련 자료 수집 및 분석, 이에 근거한 프로그램 개발 및 실천, 그리고 효율성·효과성에 대한 평가를 수행할 수 있어야 한다.

사회계획 모델의 대표적 예로는 이 책 제10장에서 중점적으로 다룰 공공 분야의 지역사회보장계획이다. 이 모델은 한국의 공공 분야 현장에서 지역사회 중심의 주요 모델로 자리잡고 있다. 2003년에 개정된 「사회복지사업법」은 시·군·구 단위에 지역사회보장협의체와 지역사회보장계획의 수립에 대한 법적 근거를 마련하였다. 따라서 이러한 각 지방자치단체의 사회보장계획은 사회계획 모델에 의한 지역사회복지 실천의 중요한 예라 하겠다.

이러한 사회계획 모델이 갖는 한계는 다음과 같다. 첫째, '합리적이고 포괄적인 대안'으로부터 출발한다는 기본 접근이 계획가가 시간과 자원의 제약을 받을 수밖에 없는 현실적 상황에서는 적용하기 힘들다는 것이다.

둘째, 계획과정의 합리성과 실제 의사결정에 미치는 정치적 영향력 간의 관계 설정이 지역사회 여러 집단 간 역학에서 명확하지 못하다는 점을 들 수 있다(Hardina, 2002). 담당 분야의 공무원이나 전문가가 합리적 대안을 제시한다고 할지라도 해당 지역의 정치적 과정에서 다른 대안들이 최종 결정될 가능성이 있기 때문이다. 지역주민의 정치적 단결이 더 강해지고 정치적 결단이 더 커지고 있는 현대 사회에서는 점차 한계가 커지는 모델이 되고 있다. 이러한 상황에서 주목받는 모델이 지역사회의 의사결정 구조를 변화시키기 위해 지역의 여러 집단이나 주민의 조직과 단결을 강조하는 사회행동 모델이라 하겠다.

3) 사회행동 모델

사회행동 모델은 지역사회가 소수자 집단, 사회적 약자 또는 억압계층의 목소리까지 대변할 수 있도록 현 지역사회에 존재하는 기존 자원, 권력, 의사결정 구조 등을 재분배 및 재편재하는 의사결정 과정 변화에 초점을 두고 있다. 앞에서 논의된 갈등이론 및 힘 관련 이론들은 사회행동(social action) 모델의 이론적 토대가 된다. 사회복지사나 지역활동가는 지역주민들이 직접적 행동을 취할 수 있도록 인적 및 물적 자원을 조직하고 동원(organization and mobilization)하는 역할과 동시에 사회적 약자층의 권리를 옹호(advocacy)하는 역할도 수행하여야 한다.

따라서 사회행동 모델에서는 지역 구성원들의 지역사회 의사결정 구조 참여, 현재 여건의 개선 및 재구조화라는 **과업목적**이 기본적 지향점이 되나, 지속적 의사결정력 행사를 위한 임파워먼트라는 **과정목적**도 동시에 강조되고 있다.[5]

양성평등운동, 빈민운동 및 환경운동 등이 사회행동 모델의 대표적 사례들이며, 이 책 후반부에서 여러 지역사회복지 운동의 구체적 사례들을 살펴보겠다. 특히 사회행동 모델은 사회운동이 이념적 대립이나 계층적 갈등에 초점을 두었던 **구사회운동**[6]에서 소비자 중심의 **신사회운동**으로 확산되어 가는 오늘날 우리나라 여건에서 다시 한번 중요한 접근으로 대두되고 있다.

사회행동 모델의 주요 한계로 다음과 같은 사항들이 있다(Hardina, 2002).

첫째, 사회행동 모델의 실천이 집단 간 대항(confrontation)을 강조함에 따라 오히려 관련 집단들 사이의 극심한 갈등을 초래하여 사회행동을 통해 얻으려고 했던 원래의 성과를 기대할 가능성이 더 낮아질 수 있다는 점이다. 최근 들어 원래 의도와 달리 지역 내 갈등이나 분열만 커지는 시민 행동들이 자주 보이고 있다.

둘째, 모든 조직가나 지역사회 구성원들이 대항이라는 전략을 수용하는 것은 아니라

5) 예를 들어, 연령 또는 장애인 차별 금지를 위한 사회행동의 목표는 「연령차별금지법」「장애인차별금지법」의 달성에 있지만 동시에 그 목표달성에 참여하거나 구성을 이루는 집단의 임파워먼트도 중요한 목표라 하겠다.

6) 이 부분은 제14장에서 자세히 설명되겠다.

는 점이다. 대중이나 지역사회 주민들은 사회행동에 대한 대의명분에는 동의하지만 극단적인 전술이나 행동에는 상당한 저항을 보일 수 있다. 또한 극단적 대항의 전략과 전술은 여러 가지 위험 상황이 존재하므로 실천 현장에서 윤리적 문제가 제기될 수 있다.

4) 로스만의 세 가지 모델 비교

명확한 이해를 위해 지금까지 살펴본 지역사회개발 모델, 사회계획 모델 그리고 사회행동 모델을 로스만이 제시한 열두 가지의 주요 영역별로 비교해 정리한 것이 〈표 4-1〉이다. 앞선 모델 설명에서 논의되지 않았던 영역을 중심으로 비교해 보면 다음과 같다.

변화전략과 전술의 영역에서는 지역사회개발 모델은 다양한 하위집단 간 합의를 도출하는 것이 중요 특징이라면, 사회계획 모델에서는 사실조사와 분석을 통해 실현가능한 계획수립과 실행에 중점을 두며, 사회행동 모델에서는 지역사회 권력구조나 자원의 재분배에 대한 변화를 위해 주민행동을 실질적으로 끌어내는 전략 및 전술의 선택에 초점을 둔다.

따라서 **사회복지사나 실천활동가의 역할**도 지역사회개발 모델에서는 합의 도출 과정상의 조정자나 조력자(enabler) 또는 촉매자(catalytic agent)로서의 역할이 강조되고, 사회계획 모델에서는 자료의 수집과 분석의 정확성과 전문성을 담보할 수 있는 전문가 또는 자료분석가의 역할이, 사회행동 모델에서는 억압받는 집단의 권리를 옹호하는 옹호자, 행동을 이끌어 내는 선동가와 행동의 결과를 중재하는 중재자 및 협상가의 역할이 요구된다.

지역사회 하위집단 간의 관계 영역에서 세 모델을 비교해 보면, 지역사회개발 모델은 지역사회 내의 다양한 이익집단이나 하위집단은 공통의 목표를 가지고 선의의 경쟁을 하는 관계를 전제하여 각 집단 간의 이해관계에 대한 협의와 조정이 가능하다고 본다. 사회계획 모델에서는 문제 사안에 따른 실용적 접근 방법으로 나타나며 사회행동 모델은 갈등주의이론에서 논의되었듯이, 각 이익집단의 이해관계가 대립하고 있어 타협이나 조정이 힘들다고 본다.

표 4-1 로스만의 세 가지 지역사회복지 실천모델 비교

모델 구성 영역	지역사회개발 모델	사회계획 모델	사회행동 모델
지역사회복지실천 개입(변화) 목표	지역사회 능력 향상과 통합(과정목표)	지역사회 특정 문제해결(과업목표)	지역사회 권력관계 및 의사결정 구조의 변화
지역문제에 대한 전제	현 지역사회 대처 능력 상실, 민주적 문제해결 능력 부재, 변화기피 정태적 지역사회	지역 내 여러 영역별로 욕구가 충족되지 못하고 있음: 건강, 주택, 약물, 재개발, 실업 등	사회정의의 부재, 구조적 억압, 불평등, 의사결정 참여에 강한 제한
변화전략	지역사회 내 다양한 집단 간 합의 도출	자료수집과 분석에 근거한 최선의 계획 수립	표적집단에 대항하는 주민조직, 동원, 단체결성
변화 전술/기법	합의 도출 회의, 조정위원회	조사와 분석기술	대결, 직접행동 협상
변화에 활용되는 매개체	과업지향적 소집단	지역사회 내 공식적 조직(예: 관료조직, 복지관, 해당분야 전문가 집단)	대중조직, 정치체계
사회복지사 또는 참여활동가 주요 역할	조력자, 조정자, 교육가, 촉매자[7]	전문가, 자료분석가, 촉진자(initiator), 행정가	옹호가, 조직가 중재자, 협상자
지역사회 내 권력 집단(또는 권력구조)에 대한 시각	지역사회 일원으로서의 협력자	서비스 개발(정책 대안 개발)에 대한 고용주 또는 후원자	표적집단으로서 변화대상, 억압자
지역사회 각 하위집단의 이해관계에 대한 전제	공통의 이해관계, 선의의 경쟁 및 이해관계에 대한 협의 · 조정가능	사안에 따른 실용적 접근	갈등적 이해관계 제한된 권력과 자원
수혜대상의 범위 규정	지리적 개념의 지역사회 전체	1차: 해당 분야의 욕구 미충족자 2차: 지역사회 구성원 전체	1차: 억압으로 인한 피해자 2차: 지역사회 구성원 전체

7) 촉매자의 역할은 정체된 지역사회에서 변화를 보다 빨리 가능하게 만드는 자의 역할이고 사회계획 모델의 촉진자의 역할은 지역사회 내 변화 자료를 분석하여 현재 또는 미래의 문제를 확인하고 대안을 새롭게 만드는 역할로 비교하여 이해할 필요가 있겠다.

수혜집단의 역할에 대한 인식	문제해결에 필요한 합의 도출 과정 참여	서비스의 소비자	실천활동가의 고용지원 및 후원
표적집단 (변화대상)의 범위 규정	지역주민, 시민	지방자치단체 기존 서비스, 전달체계 및 프로그램	기득권층 기존 정치 체계나 법률(조례) 권력구조나 의사결정 과정
임파워먼트 개념의 활용	협동적이고 의사결정이 가능한 지역사회의 능력 구축	소비자로서의 욕구반영 및 서비스 선택 정보 제공	지역주민의 의사결정 과정 참여

출처: 백종만 외(2015: 129)와 Rothman, Erlich, & Tropman(2001: 45-46)을 재구성.

수혜대상과 수혜자의 역할이라는 영역과 관련하여, 지역사회개발 모델은 다수의 경우 지역 구성원 전체가 수혜의 대상이 되므로, 지역주민 또는 시민을 수혜자의 구성원으로 보고 수혜자들이 집단적 토의에 참여하여 실천 목표와 과정에 참여할 수 있는 수혜자의 역할을 강조한다. 반면에 사회계획 모델은 각 문제의 영역에 따라 제공되는 서비스의 이용자들을 수혜자로 보며 소비자로서의 역할을 요구하고, 사회행동 모델에서는 지역사회의 억압적 구조에 의한 피해자들을 수혜대상으로 본다.

사회행동 모델은 집단 간의 갈등을 전제로 실행되므로 지역사회 전체가 동시에 이익을 보는 실천은 쉽지 않다고 본다. 수혜자들에게는 사회행동 실천가들이 수혜자들을 위해 일한다는 인식을 심어 주도록 하는 역할이 필요하다고 본다. 이러한 점에서 수혜집단은 실천가들의 고용지원이나 후원자로서의 역할이 강하다. 예를 들어, 장애인단체 활동가의 고용지원이나 후원은 활동의 수혜자인 장애인 당사자 집단이 되는 것이다.

마지막으로 현대 사회복지실천에서 강조되는 **임파워먼트의 활용**이라는 측면에서 비교해 보면, 지역사회개발 모델은 전체 지역사회 주민의 합의를 통한 의사결정을 달성하는 능력을 향상시키는 지역사회 역량강화라는 측면을 강조한다. 또 이 과정에서 주민 개인들의 자조 능력 향상도 이룰 수 있다고 본다. 사회계획 모델은 서비스 개발 및 실행에 대상들의 욕구를 충분히 반영하여 개발된 서비스나 프로그램의 소비자로서 클라이언트에 대한 임파워먼트에 초점을 둔다. 사회행동 모델에서는 사회적 약자층에 대한 지역사

회의 주요 의사결정의 참여나 영향력 행사라는 실질적 권력 향상을 임파워먼트 개념의 적용으로 볼 수 있다.

5) 로스만 모델의 하위 모델

로스만 모델은 역사가 오래되고 추상적 설명이 많아 실제 이후 여러 하위 모델이 개발되어 현장에 적용된다. 이 책에서는 세 가지 하위 모델을 소개하고자 한다.

(1) 지역자산 모델

크레츠만과 맥나이트(Kretzmann & McKnight, 1993)의 지역자산(community asset) 모델은 지역사회가 가지고 있는 부정적 결함(결핍이나 낙후성)보다는 긍정적 자산에 초점을 두며 지역 개발을 강조하는 대표적 모델이다. 지역사회 욕구의 결정이 다수의 경우 지역 외부 전문가들에 의해 정해지고 개발이 외부집단에 의해 진행되는 경우가 많은 데 반해 이 지역자산 모델에서는 지역주민 스스로 개개인의 강점을 인지하고, 사회적 지지망으로 연결된 비공식적 네트워크를 구축하여 이웃 간에 기술과 자원을 효과적으로 교환시켜 나갈 수 있는 기제들을 개발하는 데 초점을 둔다.

이 모델은 지역주민의 참여에 기초한 지역사회 내 자원동원을 일차적 출발점으로 하며 다음과 같은 초기 준비 과정을 필요로 한다. 첫째, 지역사회 자원배치도(resource mapping)를 작성하여 자원의 배치현황과 상태를 파악한다. 둘째, 자원배치도에서 파악된 자원이나 자산을 소유하고 있는 기관, 개인, 집단 간의 강한 유대관계를 향상시키는 데 초점을 둔다. 셋째, 새로운 지역사회 개발계획을 세울 수 있는 지역사회 자체조직 및 단체를 설립하거나 조직하여 기존의 자원을 바탕으로 지역실천 계획을 수립하고 실행해 나간다.

(2) 지역역량증진 모델

크레츠만과 맥나이트의 지역자산 모델에 영향을 받아 델가도(Delgado, 2000)는 지역사회 주민의 자긍심과 연대감 향상이라는 목표를 강조하는 지역역량증진(capacity enhancement) 모델을 제시하였다. 특히 지역 내 물리적 환경(주거상태, 건물상태 등)과 지역사회 역량이나 지역문제 간의 관계에 초점을 두는 이 모델은 저소득층 밀집 지역에 버려지거나 낙후된 부지의 재활용을 통한 지역사회개발 전략에 초점을 둔다. 지역역량 증진 모델에서는 물리적 환경 변화나 재정비 등의 사업들은 지역주민과 기관 간 협력에 의해 이루어져야 하고 이러한 사업들을 통해 강화된 지역사회 역량은 다른 여러 지역문제해결에도 중요한 힘으로 작용될 수 있다고 주장한다.

(3) 풀뿌리실천 · 로비 · 자원동원 모델

몬드로스와 윌슨(Mondros & Wilson, 1994)은 로스만의 사회행동과 관련된 하위 모델을 제시하였다. 이 모델은 특히 사회행동의 세 가지 방법(풀뿌리실천, 로비, 자원동원실천)을 강조한다.

풀뿌리실천(grass-root practice) 방법은 지역선거구 내 주민들의 정치적 임파워먼트에 초점을 두고, 지역사회 내 의사결정력이 강한 개인이나 집단을 표적체계로 삼는다. 주요 과업은 이들을 설득하여 기존의 의사결정 구조에 대항할 수 있는 조직을 구성하는 것이다.

로비(lobbying) 방법은 특정 이슈에 대한 대중의 관심을 파악하여 이러한 이슈에 영향을 받는 입법 과정의 법안들과 이슈가 맺는 관계상황을 활용해 가는 활동이다. 이슈에 대한 영향력 선점을 위해 각 사회옹호 단체나 시민사회 집단들은 의원이나 정부관료와의 지속적인 일대일 접촉이 필요하다. 동시에 미디어활용 캠페인, 집회, 집단 접촉 같은 집단활용 전술도 필요하다.

자원동원실천(mobilizing practice)은 과거 정치적 과정의 참여로부터 배제된 이익집단들의 정치적 참여와 연대를 독려하는 데 초점을 맞춘다. 정치 및 경제적 이슈에 대중적 관심이 모아질 수 있도록 미디어의 활용이나 대중교육을 활용한다.

6) 혼합 실천모델

지금까지의 논의에서는 로스만의 실천모델들의 차별성을 강조하며 비교하였으나,

오늘날 지역사회 문제의 해결에 있어 한 가지 모델만을 적용하는 경우는 실제로 흔하지 않다. 현재 당면한 지역문제의 특성에 따라 여러 실천모델을 혼합하여 적용하는 것이 더 바람직한 결과를 가져올 수 있다. 또 실천과정에 따라 혼합 실천모델들을 단계별로 적용하는 것도 필요하다. 이러한 혼합 모델을 따르는 것은 실천의 개입계획에 필요한 일종의 전략적 선택으로도 볼 수 있다. 지역사회복지 실천에 적용 가능한 혼합 모델에 대해 로스만(Rothman, 1995)은 다음 세 가지 유형을 제시하였다.

(1) 사회행동 · 사회계획 모델

이 혼합 모델의 전형은 소비자 옹호나 환경주의 집단들의 활동에서 나타난다. 즉, 해당 이슈에 대한 실증적 연구를 바탕으로 문제해결 방법을 계획하면서 동시에 대중에게 해당 이슈의 중요성을 알리고 대중의 참여 행동을 높여야 하는 경우이다. 실제로 사회행동 모델에 대한 많은 비판 중 하나는 해당 이슈에 대한 행동 집단의 주장이 실증적 사실보다는 주민의 여론이나 정서에 의지하고 있다는 점이다. 따라서 사회계획 모델에 입각한 정확한 자료수집과 분석에 기초한 주장을 통해 주민들의 참여나 구체적 행동을 도출해 내는 것은 중요한 과제이다.

(2) 지역개발 · 사회행동 모델

이 혼합 모델은 지역사회 내의 공통 문제를 확인하는 데 여러 하위집단의 합의가 필요하고, 동시에 이 문제의 근원이 되는 권력 집단이 존재하여, 이 권력 집단에 대항하는 구체적 행동이 필요할 때 적용된다. 원래 지역사회개발 모델에서는 권력 집단도 공동의 파트너로 설정하고 있으나 해당 문제 자체의 특성이 가치중립적인 경우보다 가치가 내재되어 있어 분명한 대립 구도가 형성되어 있고, 특정 권력 집단(또는 일부 집단)이 그 문제를 유발시키고 있다는 점이 다른 집단들(또는 주민 전체)에 확실히 인지될 필요가 있다면 이 혼합 모델의 선택이 고려되어야 하겠다.

(3) 사회계획 · 지역개발 모델

지역사회의 종합개발계획을 세우기 위해 의료서비스, 사회복지서비스 및 주택복지 현황에 대한 포괄적 지역 욕구조사[8]가 필요하다면 이 혼합 모델을 실천과정별로 적용해 가야 한다. 초기문제의 확인이나 욕구사정에는 주로 사회계획 모델에 의한 체계적 접근이 필요할 것이다. 욕구사정에 근거해 전적으로 개입계획이 세워진다면 사회계획 한 가지 모델의 접근으로도 충분하다. 하지만 구체적 서비스나 개입계획을 세우기 위한 단계에서는 여러 관련 집단과의 정책적 협의를 통한 예산 및 자원배분 조정을 각 서비스 영역별로 고려해야 하므로 지역사회개발 모델의 적용이 사회계획 모델과 함께 이루어져야 하겠다.

3. 웨일과 갬블의 실천모델

로스만 모델이 처음 발표된 1970년대 이후 로스만 모델의 확장이나 수정을 통해 새로운 실천모델들이 발표되었다. 이 중 웨일과 갬블의 여덟 가지 유형 실천모델은 이후의 실천현장이나 제도의 변화를 적극적으로 반영한 모델로 국내 여러 교재에서도 다루고 있는 모델이다. 웨일과 갬블의 모델은 로스만의 세 가지 모델을 기본적으로 잘 이해하고 세부 모델의 구분과 차이점만 추가로 이해하면 특징에 대해 보다 더 쉽게 파악할 수 있다.

1) 로스만 실천모델과의 차이

로스만 모델과의 비교를 통해 이 모델의 특징을 살펴보면 다음과 같다(백종만 외, 2015; Hardina, 2002). 첫째, 실천의 장이며 결과의 대상인 지역사회를 물리적 공간으로서의 지역사회와 공동 관심사에 기반한 기능적 지역사회로 구분하였다. 각각 **근린지역사회조직 모델과 기능적 지역사회조직 모델**로 구분하여 지역사회의 자원동원이나 주민조직의 측면을 주로 다루었다. 따라서 웨일과 갬블의 기능적 지역사회조직 모델은 로스만의 사회행동 모델과 주요 특징이 유사하다는 점을 반드시 이해할 필요가 있겠다.

8) 이 포괄적 조사에 대한 설명은 제5장에서 자세히 다룬다.

둘째, 로스만의 사회행동 모델에서 다루어진 사회변화 노력과 관련하여 세분된 세 가지 모델로 제시되었다. 이 세 가지 모델은 **정치 · 사회행동**(political/social action) **모델**, **연합**(coalition) **모델** 및 **사회운동**(social movement) **모델**이다. 로스만의 사회행동 모델의 범위가 시민사회단체의 소비자 운동부터 정치적 행동까지를 폭넓게 포함하여 적용에 어려운 점이 있으므로 사회행동 관련 모델들의 범위를 보다 세분하여 제시하였다.

셋째, 로스만의 사회계획 모델에서 프로그램 개발과 지역사회연계(community liaison)를 분리하여 추가로 제시하였다. 사회계획 모델은 '전문가'로서의 지식 적용에 초점을 둔 반면, 프로그램 개발과 지역사회연계 모델은 실천가의 광범위한 지역사회 자원들과의 접촉을 강조한다.

넷째, 지역사회개발에서 별도로 지역경제적 측면을 사회개발과 공통으로 다루었다. 지역사회의 경제적 및 사회적 여건을 개선하고 환경과 자원의 지속적 생존을 이룰 수 있도록 하는 개발까지를 포함하는 것이 웨일과 갬블의 **지역사회개발**(사회적 · 경제적)**모델**이라 하겠다. 특히 경제적 · 사회적 지역개발 모델에서 '외부개발자' 집단의 역할도 포함하여 한국에서도 문제가 되는 경제이익의 지역 내 순환 부분에 대한 점을 고려하였다.

2) 웨일과 갬블의 여덟 가지 세부 모델

모델의 비교 이해를 돕기 위해 〈표 4-2〉에서 5개의 주요 영역별로 세부 실천모델을 비교하였다. 각 세부 모델에 대해 이 표를 중심으로 자세히 살펴보면 다음과 같다.

(1) 근린지역사회조직 모델

근린지역사회조직 모델은 지역사회개발을 통한 지역주민의 삶의 질 향상에 목표를 둔다. 이 모델에서는 **조직가**, **교사**, **촉진자**로서의 사회복지사의 역할이 강조되며, 지역사회 구성원은 지리적 의미의 지역사회 주민들이 된다. 변화를 이끌어 내야 할 표적체계[9]

9) 여기서 표적체계라 함은 개입전략을 통해 의식변화가 필요한 집단이다. 로스만 모델처럼 다수의 경우는 서비스나 정책을 결정하는 정책결정자, 재정후원자 또는 대중 전체가 될 수 있다. 물론 서비스를 개발하는 것이 목표라면 그 서비스를 이용하는 대상이나 수혜집단이 표적(target population)이 된다.

로는 지방자치단체 정부, 지역사회개발을 실행하려는 외부 개발자, 또는 지역사회 주민 자체가 된다. 또 지역사회의 개발과 변화유도를 위한 지역사회조직을 가능케 하는 구성원들의 능력 개발이 주요 전략이 된다.

(2) 기능적 지역사회조직 모델

이 모델은 공통의 관심사에 근거한 기능적 지역사회조직에 중점을 두어 사회적 이슈나 특정 집단(예: 장애인, 수급권자, 매 맞는 여성 등)의 권익 보호 및 옹호를 목표로 삼고 있는 모델이다. 따라서 실천가들의 **조직가**, **옹호자**, **촉진자**로서의 역할이 강조된다. 주요 표적체계로는 일반 대중과 정부 기관 등을 들 수 있다. 지역사회 내의 기존의 태도 및 인식, 행위의 변화에 초점을 두고 옹호를 끌어낼 수 있는 사회정의를 위한 행동들을 핵심 전략으로 볼 수 있다. 따라서 로스만 모델의 사회행동 모델과 전략 및 전술적 특징이 유사하다.

(3) 지역사회개발 모델

앞서 언급하였듯이, 웨일과 갬블은 지역사회의 개발영역을 경제적 및 사회적 영역으로 살펴보았다. 웨일(Weil, 1996)의 정의에 의하면 **사회개발**(social development)은 개개인의 능력과 기술향상을 의미하며, 이를 통해 개개인이 지역사회의 욕구와 전통에 보다 밀착된 계획을 주창하고 관리하여 그 지역사회의 경제적 및 사회적 여건을 개선하고 환경과 자원의 지속적 생존을 이룰 수 있도록 하는 개발을 의미한다. 따라서 지역사회의 전반적인 개발을 위해서는 경제적 영역과 사회적 영역의 개발이 동시에 이루어져야 함을 강조한다.

특히 지역주민의 소득, 자원, 사회적 지원의 개발을 주요 목표로 삼고 지역 금융기관, 재단, 외부개발자 및 주민 자체를 변화의 표적집단으로 간주한다. 지역주민 관점에 기초한 개발계획을 변화전략으로 강조하며 저소득계층을 실천의 우선 수혜자로 본다. 이러한 개입은 거대자본 집단에 의해 발생하는 지역 개발이 증가함에 따라 지역 내 골목상권 보호나 지역 중소상공인 보호 등에 대한 사회적 이슈가 지속 발생하는 현재 시점에 중요한 접근이라 하겠다.

표 4-2 웨일과 갬블의 여덟 가지 실천모델: 지역조직가의 역할과 과업

세부모델	실천을 통한 변화 목표	사회복지사/활동가의 주요 역할	지역사회 구성원(수혜집단 또는 행동체계)	변화의 대상인 표적체계	변화전략 및 핵심과업
근린 지역사회조직 모델	지역사회 주민의 삶의 질 향상	조직가 교사 촉진자	이웃에 거주하는 지역사회 주민	지방정부 외부개발자 지역사회 주민	조직화를 위한 구성원의 능력 개발, 리더십 향상
기능적 지역사회조직 모델	특정 이슈와 해결 대상의 권익 보호 및 옹호	조직가 옹호자 정보전달자 촉진자	이익집단, 동호인, 소수자단체 등 (공동의 관심과 이해)	일반대중 정부기관	행위, 태도의 옹호와 변화에 초점을 둔 사회 정의를 위한 행동
지역사회 개발 (사회적 · 경제적 측면) 모델	소득, 자원, 사회적 지원 개발 교육과 리더십 기술 향상	협상가 증진자 교사 계획가 관리자	저소득계층 소외계층 불이익계층	금융기관 외부개발자, 지역사회 주민	지역주민 관점에 기초한 개발계획 주도 지역 내 이익순환
사회계획 모델	프로그램 개발, 서비스 조정을 위한 네트워크 제공	조사자 프로포절 제안자 정보전달자 관리자	선거로 선출된 공무원, 사회기관과 기관 간의 조직	지역지도자 및 기득권층 사회서비스 제공 기관 관리자	자료분석에 근거한 정책 제안 합리적 대안 마련
프로그램 개발과 지역사회 연계 모델	특정 대상자(복지욕구 미충족자)를 위한 서비스 개발	대변인 계획가 관리자 프로포절 제안자	기관위원회 및 행정가 지역사회 대표자	기관의 재정 지원자(지자체 또는 재단 등) 기관서비스 수혜자	서비스의 효과성 증대를 위한 프로그램의 확대 및 수정
정치 · 사회행동 모델	정치권력의 형성, 제도의 변화	옹호자 조직가 조사자 조정자	선거권을 행사하는 주민	선거권자, 선출된 공무원 잠재적 참여자	정책의 변화에 초점을 둔 사회 정의에 입각한 행동
연합 모델	사회적 욕구 또는 사회적 관심과 관련된 특정이슈	중재자 협상가 대변인	특정 이슈에 이해관계가 있는 조직이나 집단	선출된 공무원, 재단, 정부기관	네트워크를 통한 다양한 조직적 권력기반 형성
사회운동 모델	사회정의 실현	옹호자 촉진자	새로운 비전 제시 가능한 조직이나 지도자	일반대중 정치제도	특정 대상 집단 또는 이슈에 대해 사회정의를 위한 행동

출처: 백종만 외(2015: 133)와 Weil & Gamble(1995: 581)을 재구성.

(4) 사회계획 모델

이 모델의 변화 목표는 지역사회 욕구에 부합한 프로그램을 개발하고 여러 서비스를 조정하는 네트워크의 제공에 있다. 이를 위해 요구되는 사회복지사나 실천활동가의 역할은 조사자, 프로포절 제안자, 관리자, 정보전달자의 역할이며, 주요 구성원으로는 선거로 선출된 공무원, 사회기관과 기관 간의 조직 등이 된다. 즉, 웨일과 갬블의 사회계획 모델은 특히 선출직인 지방자치단체장을 어떻게 합리적인 정책 대안들로 설득해 나갈 수 있는가에 초점을 둔다.

따라서 표적체계는 지역사회 지도자와 사회서비스 제공기관의 관리자 등이 될 수 있으며, 변화의 주요 전략으로는 사회문제를 충분히 지적하고 실제 자료를 분석한 근거를 토대로 그 해결방안을 담고 있는 정책 및 서비스 대안 제시가 된다. 우리나라에서도 지방자치제도 실시 이후 광역이나 기초지자체의 장들이 임기마다 지역 복지의 새로운 결정자가 되는 현상이 발생함에 따라, 정책결정자들에게 어떠한 자료(또는 자료분석 결과)에 의한 어떤 정책 대안을 제시하는가가 점차 중요해지고 있다.

(5) 프로그램 개발과 지역사회연계 모델

이 모델은 특정 집단에 대한 구체적 서비스나 프로그램 개발을 주요 변화 목표로 삼고 있으며, 주요 구성원으로는 서비스 제공기관의 이사회나 관리자 및 지역주민들이 된다. 변화의 표적체계로는 기관의 재정지원자와 동시에 서비스 이용자들로 구성된다. 재정지원자(주로 지자체가 될 가능성이 높다)들을 설득함과 동시에 서비스를 이용하는 집단에게도 이 프로그램이나 서비스를 홍보하고 이용에 대한 설득이 필요하기 때문이다. 따라서 기관이 제공하는 서비스의 효과성 및 질을 증진하거나 새로운 전달체계를 고안하는 것들이 주요 변화전략 및 과업으로 여겨진다.

(6) 정치 · 사회행동 모델

지역주민의 정치적 권력향상이나 기존 정치 및 입법제도의 변화를 추구하는 이 모델은 특정 정치력 행사의 단위 안에 포함되는 시민들이 주요 구성원이다. 선거권자와 선거를 통해 당선된 공무원들이 표적체계가 되며, 정치권의 향상을 통한 정치행위나 사회

정책 결정에 대한 영향력 행사는 주요 전략이 된다. 입법에 의한 복지 정책 결정이 활발해짐에 따라 전문적 지식에 근거한 정책 대안 이상으로 실제 정치력에 의한 대안 결정이 중요해지는 시기가 되었다. 물론 선거에 있어서는 정당이나 후보자가 중요한 결정요인이 되겠으나 복지 정책 대안들도 점차 지역에서 중요한 이슈가 되고 있다.

(7) 연합 모델

사회적 이슈와 관련된 옹호를 주요 변화 목표로 하는 이 모델은 연합에 포함된 기관 또는 집단을 주요 구성원으로 삼는다. 정부 조직이나 선출된 공무원이 표적체계이며 정책 변화에 영향력 행사를 위한 여러 기관의 협력된 네트워크 구축을 주요 전략으로 강조한다. 사회복지사나 실천가들에게는 중재자, 협상가 또는 대변인의 역할이 요구된다.

특히 연합모델은 지역사회가 당면하고 있는 문제의 해결이 한두 가지 소수집단의 노력으로 해결되기 어렵다는 인식이 팽배해져 여러 집단 간의 장기적 협력관계를 필요로 할 때 선택될 가능성이 높다. 여러 기관이 공동으로 기금 신청을 한다거나 의사결정 집단에게 영향력을 행사하기 위해 활용된다.[10] 또한 서비스의 수혜집단에 각 집단에 속하는 구성원이 포함되어 다양성이 높다는 것도 이 모델이 갖는 주요 장점이 된다.

(8) 사회운동 모델

사회정의 실현을 위한 이 모델은 일차적 구성원으로 지역사회의 지도자나 운동단체가 된다. 대중이나 정치체계는 표적체계가 되며 사회정의 실현을 위한 행동의 실행이 주요 전략이 된다. 사회운동은 추진하려는 행동의 목표나 대의가 전체 주민들에게 수용되고 문제의 중요성이 대중에게 인식될 때 확장되어 나갈 수 있다. 사회운동에서의 이슈들은 다양한 내용을 포함하고 있으며 대체로 기존 사회구조에서 억압이나 차별을 받은 집단, 스스로 목소리를 내기 어려운 집단(환경이나 동물 등)에 초점을 두어 왔다.

사회운동의 참여는 전문성을 강조해 온 사회복지실천에서 사회복지사의 역할과는 구분되어 논의되어 왔다. 그러나 최근 지자체를 중심으로 변화된 지역사회복지실천 환경

10) 집단 내의 협력관계나 이익집단 등에 대해서는 제7장에서 자세히 다루겠다.

은 사회복지 조직에서 활동해 온 사회복지사들의 지역사회복지체계 구축의 참여 기회를 확대시켜 나가고 있다. 이러한 기회에 능동적 참여를 위해서는 사회복지사들이 사회운동에서 논의되는 쟁점들을 파악하고 분석하여 지역사회 클라이언트의 복지 향상에 도움이 될 수 있도록 하여야 하겠다.

4. 테일러와 로버츠의 실천모델

1) 모델의 특징

로스만의 세 가지 실천모델에서 사회계획모델을 프로그램 개발 및 조정(program development) 모델과 계획(planning) 모델로 세분화하고 지역사회연계(community liaison) 모델을 추가하여 총 다섯 가지 유형으로 분류한 실천모델이 테일러와 로버츠의 실천모델이다(Tayler & Roberts, 1985). 이 모델의 가장 큰 특징은 (재정)**후원자와 클라이언트 집단 간의 의사결정 영향 정도**를 구분하여 세부 실천모델을 구분하였다는 점이다.

세부 모델에 따라 후원자 또는 클라이언트가 그 모델의 행동주체가 될 수도 있다. 정치적 권력강화 모델의 경우는 클라이언트가 지역주민 전체가 되며 스스로의 참여에 초점을 두는 모델로 클라이언트가 100%의 권한을 가지는 반면, 공공부문이 중심이 되어 실행되는 프로그램의 개발 및 조정 모델의 경우에는 후원자가 100%의 결정 권한을 가

표 4-3 테일러와 로버츠의 실천모델의 분류와 특징

실천모델 분류	후원자와 클라이언트간의 의사결정 권한 정도
프로그램 개발 및 조정	후원자가 100% 의사결정 권한
계획	후원자가 7/8의 의사결정 권한
지역사회연계	후원자 및 클라이언트 각각 1/2의 의사결정 권한
지역사회개발	클라이언트가 7/8의 의사결정 권한
정치적 권력강화	클라이언트가 100%의 의사결정 권한

출처: Tayler et al. (1985); 백종만 외(2015: 137)에서 재인용.

진다고 볼 수 있다. 다만 100%는 이론적으로만 가능하며, 현실적으로는 양극단 값 사이에 어디쯤에 위치하는가에 의해 세부 모델이 결정될 가능성이 높다. 또 다음의 세부 모델 설명을 살펴보면 로스만이나 웨일과 갬블 모델의 이상적 부분에 현실성을 어느 정도 고려했다는 점이 이 모델의 중요 특징이라 하겠다.

2) 각 세부 실천모델의 특징

테일러와 로버츠 모델의 세부 모델에 대해 간략히 살펴보면 다음과 같다.

(1) 프로그램 개발 및 조정 모델

이 모델은 주로 공공행정기관이 중심이 되어 서비스를 개발하거나 기획 · 제공하는 실천에 초점을 두고 있다. 서비스는 행정기관이 직접 전달할 수도 있고, 여러 민간단체 및 협회를 통해 전달될 수도 있다. 따라서 후원자가 전적으로 의사결정을 하게 되며 클라이언트는 후원자나 실행 주체에 의해 기획된 서비스를 제공받게 된다. 개발 및 조정 단계에서 클라이언트의 참여는 제한적일 수밖에 없게 된다. 우리나라에서도 2000년대 초반까지 주로 중앙정부에 의한 복지서비스가 기획 및 제공된 시기에는 이 모델이 주로 적용되었다고 볼 수 있다.

(2) 계획 모델

로스만의 사회계획 모델에서 인간지향적인 측면을 강조한 것으로 기획에 있어 관련자들 간의 상호교류의 중요성에 초점을 두는 모델이다. 로스만의 사회계획 모델은 지나치게 합리적이고 과학적인 접근에 기초하고 있으며 과업 중심 목표에 초점을 두어 의사결정에 관련된 정치적 역할에 대해서는 중립적인 관점을 가져왔다. 그러나 이 모델에서는 보다 진보적이고 정치적인 교류의 중요성을 강조하고 있다. 따라서 과학적 설계와 같은 과업지향적 기술과 동시에 조직과정의 관리, 영향력의 발휘, 대인관계 등의 과정지향적 기술을 강조하는 것이 가장 큰 특징으로 볼 수 있다.

(3) 지역사회연계 모델

로스만의 사회계획 모델처럼 지역사회 사회복지기관의 직원이나 행정가들의 역할이 단지 서비스 전달에만 그치는 것이 아니라 지역사회와의 바람직한 관계 설립에도 중요한 기능을 한다는 점을 강조하는 모델이다. 지역사회복지 실천과 관련된 일부 조직 사업들은 실제로 기관에서 일하는 사회복지사들에게는 추가적인 부담을 주게 되고 그 중요성이 부각되지 못하는 면이 있다. 그러나 이 모델에서는 지역사회 집단 간 관계 설정, 지지 활동 강화, 환경개선 및 타 조직과의 관계 강화 등도 사회복지서비스 전달에 못지않게 중요한 역할이라는 점에 초점을 두고 있다.

오늘날 우리나라 사회복지관의 기본사업에 지역사회조직사업이 포함된 것 역시 이 모델의 접근과 유사한 맥락이라고 볼 수 있다(백종만 외, 2015). 서비스를 소비하는 클라이언트 집단과 그 집단이 거주하고 활동하는 지역사회 환경에 동시에 관심을 가지는 것이 사회복지 서비스조직의 관리자 및 사회복지사의 주요 역할이라는 점을 강조하는 모델이다.

(4) 지역사회개발 모델

지역사회의 리더십 개발, 자조, 지역성에 바탕을 둔 문제해결 등을 강조하는 이 모델은 로스만의 지역사회개발 모델과 유사하다고 볼 수 있다. 시민참여와 교육과정이 역시 중요시되며, 조직가(organizer)와 조력가(enabler)의 역할이 강조된다.

(5) 정치적 권력강화 모델

이 모델은 로스만의 사회행동 모델이나 웨일과 갬블의 정치 · 사회행동 모델과 유사한 특징을 보여 준다. 테일러와 로버츠 역시 지역사회복지 실천을 위해 지역주민의 정치력을 핵심적 요소로 보고 있으며, 합법적 의사결정 구조나 입법체계로의 진입을 강조하는 모델로 볼 수 있겠다.

5. 사회변환 모델들

사회변환 모델들(transformative models)[11]은 소외계층이나 사회적 약자에 대한 권익의 옹호에 초점을 두고 있다는 점과 기득권층이 소수집단의 자원 이용에 정치적으로 제한을 가하고 있다는 점에서 사회행동 모델들과 어느 정도 공통점을 갖는다. 로스만의 사회행동 모델은 갈등주의이론 또는 힘의존이론 등의 영향을 강하게 받아 갈등적 사회구조에 초점을 두는 반면, 사회변환 모델들은 실천 대상이 되는 집단 스스로의 문화, 규범, 가치에 초점을 두는 **사회구성론**(social constructionism)적 접근과 관련이 높다는 점에서 차별성을 갖는다.

사회변환 모델들을 이해하기 위해서는 권력에 대한 개념정의가 필요하다. 권력(power)에 대한 이 모델들의 전제는 권위나 자원의 획득을 통해 창출된 권력은 부정적 결과를 가지고 온다는 것이다(Hardina, 2002). 따라서 지역사회조직의 과정은 권위에 대한 거부에서 시작된다. 사회변환 모델들의 실천을 통해 획득되는 사회적 약자나 소수계층이 가질 힘(power)은 누군가를 지향하거나 누군가 위에 군림하고 있는 사회행동 모델에서 이야기하는 **부정적 권력**(power to 또는 power over)이 아니라 누군가와 공유할 수 있는(power with) **긍정적 힘으로 간주된다**(Gutierrez & Alvarez, 2002).

사회변환 모델은 원래 브라질의 교육철학자 프레이리(Paul Freire)[12]가 브라질의 빈민과 취약계층에 대한 문제해결 및 교육기회 신장을 위해 개발하였다. 특히 활동적 배움(active learning)을 토대로 비판적 의식(critical consciousness)향상을 지역사회조직의 핵심 요소로 본다(백종만 외, 2015).

---

11) 이 책의 사회변환 모델은 급진주의 또는 진보주의 모델들의 특성을 갖는다. 'transformation'의 의미는 단지 일정한 사회변화(social change)와는 다른 근본적인 전환을 의미한다. 따라서 이 책에서는 '사회변환'이라는 용어로 모델을 지칭하겠다.

12) 파울루 프레이리(Paulo Freire, 1921~1997)는 브라질에서 태어나 억압받는 대중들의 문해교육 및 해방교육을 실천한 교육철학자이자 교육실천가로, 『페다고지: 억눌린자를 위한 교육(Pedagogy of the oppressed)』(1970)이 대표 저술 중 하나이다.

1) 다문화조직 모델

이후 많은 사회복지 이론과 실천 영역에서 프레이리의 영향을 받아 제시된 실천모델 중 대표적인 모델이 다문화조직(multi-cultural organizing) 모델이다(Gutierrez & Albarez, 2002). 이 다문화조직 모델은 지역사회 내에 존재하는 다양한 문화(인종, 종교, 연령, 민족, 사회경제적 상태, 교육 수준, 전통관습, 성별, 신체능력이나 장애 정도 등)를 이해하고 이 다양한 문화집단 간의 상호작용을 통해 소수자의 복지 향상을 이룰 수 있음을 강조한다. 상대적으로 권력이 강한 집단의 문화를 소수자나 클라이언트에게 강조하는 방식의 기존 접근으로는 소수자 집단의 환경과 생활을 근본적으로 개선하는 데 한계가 있다고 본다.

이 모델에서는 서로 다른 문화집단 간 상호작용과 상호이해를 바탕으로 사회적 연대감의 증대를 이룰 수 있다고 보며, 특히 아직도 해결되지 못하는 인종이나 민족집단(ethnic group) 간 차별의 실질적 감소를 기대할 수 있다고 본다. 따라서 사회복지사는 클라이언트의 특정한 문화나 민속적 정서에 기반한 행동이나 표현을 이해하고 당사자의 문화에 맞는 실천개입을 실행할 필요가 있다.

상대적으로 민족 동질성이 높은 한국에서도 국제결혼을 통한 이주여성, 그 가정에서 출산된 아동 및 외국 노동자들의 국내 유입이 증가하고 있는 현 시점에서 이 모델에 대한 한국적 실천의 필요성은 크게 증가하였다. 동시에 동일 민족이면서도 문화의 차이를 크게 보이는 '새터민'에 대한 복지 문제도 지역사회 내에서 중요한 이슈가 되고 있다. 또한 비록 동일한 민족이나 인종이라 할지라도 문화를 구성하는 다른 여러 요소, 즉 연령, 종교, 사회경제적 상태, 지역특성, 성(gender와 sex) 등의 집단 간 의사 표출에 있어 사회적 갈등이 증가하는 현 시점에서 다문화조직 모델의 접근에 대한 보다 많은 관심이 필요하다고 하겠다. 이러한 문화적 차이(difference)가 제도적 또는 구조적 차별(discrimination)을 만들지 않도록 하는 의식 개선이 어느 시대보다 더 중요해지고 있다.

2) 페미니스트 지역조직 모델

또 다른 사회변환 모델로 여성의 지역사회 참여와 사회복지나 비영리기관에서의 역

할에 초점을 두는 페미니스트 지역조직(feminist organizing) 모델을 들 수 있다. 기본적으로 이 실천모델은 가부장적 사회구조에 의해 여성이 고용기회, 정치적 권력 그리고 다른 자원 배분 기회에 있어 남성들에 의해 차별받고 있음을 전제한다. 지역사회복지 실천과 관련된 구티에레즈와 루이스(Gutierrez & Lewis, 1994)가 제시한 이 모델의 몇 가지 특징을 살펴보면 다음과 같다.

첫째, 이 모델은 여성차별주의가 여성의 삶에 부정적 영향을 끼친다는 전제하에 양성평등과 양성 공동참여성을 지향하는 의사결정 과정에 초점을 두며, 실천개입의 결과보다는 과정에 무게를 둔다.

둘째, 재원 조달 방식이나 서비스 구조 개선에 초점을 두는 전통적 서비스 전달체계 변화보다는 여성의 욕구가 실질적으로 반영될 수 있는 상향식(bottoms-up) 서비스 전달체계 구축을 강조한다.

셋째, 이 지역사회조직은 개인의 경험과 정치적 환경 간의 연계성을 강화하기 위한 의식향상(consciousness-raising)의 기법을 통해 합리적 요소와 정서적 요소를 총괄하는 전인적(全人, holistic) 접근이 되어야 한다는 인식에 기초하고 있다.

6. 실천모델의 선택과 이론적 배경과의 연결성

지금까지 지역사회복지 실천과 관련된 이론, 실천모델 및 하위 세부 모델들에 대해 살펴보았다. 사회복지 현장에서 개입을 실제로 실행할 때 어떠한 모델들을 사전에 선택하는가 하는 점은 향후 진행될 개입과정과 결과에 큰 영향을 끼친다. 지역사회조직에 참여하는 지역 기관의 설립목적(mission)이나 사회복지사나 실천가 개개인의 철학이나 가치는 지역사회의 변화에 영향을 줄 구체적 실천모델을 결정하는 데 핵심적 역할을 한다.

예를 들어, 지역사회개발 모델 관점의 조직이나 개별 실천가들은 지역사회 구성원의 다양한 하위집단의 욕구를 중요한 선택기준으로 삼을 것이고, 사회계획 모델 입장에서는 새로운 서비스에 대한 제안과 평가에, 그리고 사회행동의 성향을 가진 기관이나 개별 실천가들은 지역사회운동이나 시민들의 정책 참여에 관심을 가지고 개입해 나가게 될 것이다. 물론 여러 가지 모델이 한 가지의 실천 목표 아래 접목되어 활용되는 경우도 많을 것이다.[13]

일반적으로 다음 사항들이 실천모델의 선택과 관련되어 있다고 볼 수 있다.

① 지역사회 구성원의 욕구와 문화적 가치들
② 지역 실천가나 사회복지사 자신의 인성 및 성장 배경
③ 지역 실천가나 사회복지사가 선호하는 이론적 배경
④ 지역사회복지 실천 관련 그 지역의 특정한 문제점이나 특수한 상황
⑤ 지역사회복지 실천전략 수립과 결과가 가져올 사회적 파장(윤리적, 사회적 가치)

실천모델들은 앞 장들에서 언급된 여러 관점과 이론들의 영향을 받게 되며 이 이론들은 실제 실천모델과 깊은 연관성 속에서 다시 정리되고 새로 변모하게 된다. 생태체계이론의 관점을 바탕으로 지역사회 전반의 역량을 조직 및 강화하려는 지역사회 조직가나 실천가는 지역사회개발 모델을 선택할 것이고, 갈등이론에 근거해 유산자와 무산자 간의 상호작용을 지역사회변화에 이용하기 위해서는 사회행동 모델이 선택될 것이다. 만약 지역실천가가 지역의 문제해결을 위해 자료수집을 통한 다양한 해결책을 제시하고 싶다면 사회계획이 최선의 모델이 될 수 있다.

실천모델의 선택과 관련하여 〈표 4-4〉에서는 지금까지 논의되어 온 여러 실천모델들이 어떠한 상위 이론들 및 하위 실천모델들과 연관을 갖는지 정리하였다. 즉, 지역사회복지 실천모델은 상위 이론과 하위 실천전략을 연결하며, 지역사회복지 실천가는 이를 바탕으로 개입계획을 수립하고 계획을 실천해 가게 된다.

13) 실제 지역사회복지 현장에서는 두 가지 이상의 실천모델을 선택하여 개입의 계획을 세우기도 한다. 이 책에서는 이러한 혼합 실천모델 사용을 실천전략의 일환으로 보는데, 제5장에서 중점적으로 다룰 것이다.

표 4-4 지역사회복지실천의 이론/실천모델 및 하위 실천모델*

<table>
<tr><th colspan="2">이론</th><th>체계이론
생태체계이론</th><th>갈등이론
권력의존이론
사회운동이론</th><th>합리이론/
문제해결 모델</th><th>사회구성론</th></tr>
<tr><td rowspan="3">실천모델</td><td>로스만 모델과 사회변환 모델</td><td>지역사회개발</td><td>사회행동</td><td>사회계획</td><td>사회변환</td></tr>
<tr><td>웨일과 갬블 모델</td><td>• 근린지역조직
• 기능지역조직
• 지역경제 · 사회 개발</td><td>• 기능지역조직
• 사회운동
• 정치 · 사회 행동 연합</td><td>• 사회계획
• 프로그램평가 및 지역연계</td><td>사회운동연합</td></tr>
<tr><td>테일러와 로버츠 모델</td><td>지역사회개발</td><td>정치적 권력강화</td><td>• 프로그램 개발 및 조정
• 계획</td><td></td></tr>
<tr><td colspan="2">하위세부 모델</td><td>• 지역역량 증진
• 지역자원 모델</td><td>• 로비
• 자원동원
• 풀뿌리실천
• 정치적 조직
• 페미니스트 조직
• 사회옹호</td><td>• 합리성
• 점진주의
• 상호행동주의
• 사회옹호</td><td>• 다문화조직
• 페미니스트 조직</td></tr>
</table>

출처: 백종만 외(2015: 148) 재인용.

* 몇 가지 모델은 한 개 이상의 이론적 준거틀과 관련이 있으며 이들의 구분은 상호배타적이지 않다.

제5장

지역사회복지 실천과정

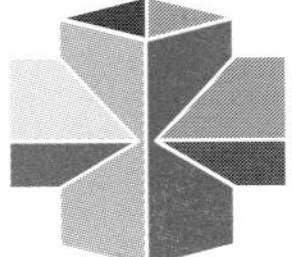

제5장에서는 본격적인 지역문제해결 개입이나 실천 활동을 단계별로 논의해 보고, 각 단계별로 사회복지사나 실천가가 고려해야 될 사항들에 대해 살펴보겠다. 지역사회복지 개입을 과정의 측면에서 논의하는 것은 문제해결 접근(problem-solving approach)을 바탕으로 한 로스만의 사회계획 모델의 접근 방식에서 비롯되었다. 그러나 최근 통합주의적(generalist) 접근, 복지사업의 효율성 강조, 지역사회 쟁점들의 복합성 등의 경향은 사정, 계획 설정, 개입, 평가, 종결 및 재사정 등의 일련의 실천과정을 단지 사회계획 모델 접근으로 국한시키기보다는 전체적인 실천모델들의 관점에서 종합적으로 실천과정별 개입계획을 수립하게 하고 있다.

지역사회복지 실천과정은 다른 분야의 사회복지 실천과정과 유사하면서도 지역사회를 클라이언트로 간주하기 때문에 몇 가지 다른 과정을 갖는다. 구체적 실천과정은 단계의 세부적 구분에 따라 학자들 간에 다소 차이를 보인다.

최일섭과 류진석(2001)은, ① 문제의 발견과 분석, ② 프로그램의 개발, ③ 프로그램의 실천, ④ 평가 네 단계로 구분하였으며, 김종일(2004)은, ① 지역사회 사정, ② 개입가설의 수립, ③ 관계당사자의 파악, ④ 변화가능성 분석, ⑤ 변화방법의 선택, ⑥ 목적과 목표의 수립, ⑦ 전술의 선택, ⑧ 시행과 평가로 구분하였다. 또한 백종만 외(2015)는 전 과정을, ① 문제 확인, ② 지역사회 욕구사정, ③ 실천계획 수립 및 실행, ④ 평가의 네 단계로 구분하여 논의하였다.

다양한 단계가 존재하는 논리가 가능하나 이 책에서는 백종만 외(2015)가 제시한 네 가지 실천과정의 단계를 일부 수정하여 4단계로 구성하였다. 각 과정들은 앞에서 언급한 세분화된 과정이 포괄적으로 논의된 단계들도 있다. 4단계는 다음과 같다.

① 문제 확인 및 특정화(Problem Identification & Specification)
② 지역사회 욕구조사(Need Assessment)
③ 실천계획 수립 및 실행(Planning & Implimentation)
④ 평가(Evaluation)

1. 문제 확인 및 특정화

문제 확인 및 특정화(problem identification & specification)는 지역사회에 내재하고 있거나 표출된 문제들을 확실히 규명하는 작업이다. 실천과정 초기에 잘못 파악되거나 설정된 문제들은 개입계획이나 관련 서비스 및 프로그램 개발에 그릇된 영향을 끼쳐 전반적인 개입의 오류를 발생시킨다. 하지만 지역사회라는 다양한 욕구가 혼재된 하나의 체계를 대상으로 문제를 확인하는 것은 생각보다 복합적인 사안이다.

개입하고자 하는 관심 지역사회에 다양한 집단의 욕구가 존재하고 있으면 이러한 욕구에 대응하는 문제점들 역시 오랜 시간 내재되어 왔거나 새로이 부각되고 있을 수 있다. 또한 각 집단 간의 역학이나 근본적인 의사결정 구조의 특정한 집단 독점으로 인해 간단한 개입만으로는 도저히 개선되기 어려울 수 있다. 따라서 지역복지 개입을 위한 문제 확인에는 몇 가지 관련 사전 작업이 필요하다.

1) 지역사회 상황 파악

지역사회 문제의 확인을 위해서는 먼저 해당 지역사회의 고유상황과 표적집단(target population)에 대한 이해가 필요하다(백종만 외, 2015; 오정수, 류진석, 2016). 지역의 상황을 파악하는 것은 지역사회의 기본 인구사회학적 정보를 파악하는 것과 지역사회의 현재 상황 점검(지역사회 프로파일링)을 포함하는 작업이다. 다양한 집단이 존재하는 지역사회에서 보다 정확하고 신속한 개입을 위해서는 다음과 같은 사전 작업을 검토해야 한다.

첫째, 지역사회의 상황을 파악하는 일은 지역사회 내 존재하는 사회문제들 간에 우선순위를 결정짓는 것과 관련된 중요한 사안이다. 문제 확인 단계에서 지역사회 내의 공식적 확인의 과정을 거치지 않거나 지역사회 여러 하위집단의 문제 확인 과정에 의견 차이가 클 경우 개입과정에 더 큰 문제가 발생하게 된다. 따라서 문제를 정확히 확인하기 위해서는 반드시 집단들 간 또는 주민들과의 우선순위 설정 작업을 거쳐야 한다.

둘째, 해당 문제해결의 중요성을 부각시키고 그 문제에 대한 공식적 확인을 위해서는 문제를 입증하는 실증적 자료의 수집이 필요하다. 자료수집 과정은 다음에 언급할 욕구사정과는 다른 것으로, 지역사회 문제에 대한 지금까지의 문헌 검토나 과거 해결접근 노력들을 파악하는 것이다. 즉, 왜 많은 주민이 문제로 생각하고 있는 것들이 여전히 해결되지 못하고 있는지, 과거의 해결 노력들(시도되었던 방안, 참여했던 인사, 결과 등)은 오늘날에 어떻게 인식되고 있는지에 대해 살펴봐야 한다.

마지막으로 검토되어야 하는 사항으로는 과거 변화 노력에 대한 장애요인들을 충분히 검토하여 추후 발생될 장애요인들을 대비하는 것이다. 예를 들면, 문제 확인 및 규명에 대한 주민들 간 합의가 충분했었는지, 문제를 보는 시각에 있어 기득권층과 사회적 약자층의 견해가 어떻게 달랐는지, 또는 문제가 해결되지 않고 있는 현재 상황에서 이익을 보는 집단은 누구인지를 명확히 파악해 나가는 것이다.

2) 표적집단 설정

사전에 고려해야 하는 또 다른 사항은 표적 집단의 정확한 설정이다. 표적집단(체계)

은 실천의 대상이 되는 동시에 문제를 내포하고 있어 변화가 필요하다고 간주되는 집단(체계)이다. 지역사회 문제를 확인하기 위해서는 초기에 그 대상에 대한 이해가 충분히 전제되어야 한다.

지역사회복지 실천이 전체 주민 또는 지역사회 전반을 표적(target)으로 설정하는 경우도 있으나 해당 문제의 긴급한 해결이 요구될 때는 특정한 표적집단을 결정해야 한다. 표적집단의 특성을 이해하기 위해 실천가는 인구학적 특성, 사회경제적 상태와 같은 개인적 요인과 지역사회 특성 같은 사회환경적 요인을 동시에 고려해야 한다. 특히 사회행동 모델의 접근에서는 의사결정 구조나 핵심 의사결정자(집단)가 표적집단이 된다. 의사결정집단의 인식이 변화되거나 의사결정을 위한 구조의 개선이 절대적으로 필요하기 때문이다. 결국 지역사회복지 실천에 있어 표적집단은 그 지역사회 내에서 문제를 겪는 개인, 가족, 집단뿐 아니라 의사결정자(집단) 및 그 구조까지를 고려하면서 선택하는 실천모델에 따라 구분하여 설정되어야 한다.

특히 지역복지 개입이 필요한 표적집단의 문제인 경우는 다음과 같다. 표적집단이 전체 주민 또는 일반 주민이 되는 경우는 지역사회의 전반적 인식개선(환경문제, 복지사각지대, 고립주민 발생 등)이 필요하거나 특정 주민을 위해 구체적 서비스 개발이나 확대가 필요한 경우이다. 동시에 지역의 기득권층이나 현 의사결정자(집단)의 의식 개선이 필요한 경우이다. 지역 내 장애인이나 고령층의 이동권 보장의 경우는 이동권 보장을 위한 관련 인프라 설치나 대중교통 증대가 필요한데, 우선적으로 이를 결정하는 집단(지자체장 또는 지자체 의회 등)의 인식개선과 행동이 필요하기 때문이다.

3) 지역사회 문제 특정화

보다 큰 상위문제에서 세부 하위문제로 특정화되는 과정을 통해 개입 목표가 명확해진다. 문제가 세부적으로 특정지어져야 보다 정확한 개입이 설계될 수 있다. 〈표 5-1〉은 지역사회 노인복지 관련 문제들의 특정화 과정의 예이다. 전체적으로 노인복지 부분의 상위문제를 설정하고 다음으로 세부화시키는 특정화(specification) 과정을 거쳐 문제를 구체적으로 확정 지을 수 있다.

표 5-1 노인복지 문제의 특정화 예시

지역 노인 복지 문제	상위문제	세부 문제
문제 1	현재 이 지역의 고령인구의 증가 추이를 고려할 때 현재 복지관 수나 사업의 부족이 예상된다.	• 문제 1-1: 복지 수요 예측이 시급하다. • 문제 1-2: 노인복지욕구에 대한 영역별 파악이 필요하다. • 문제 1-3: 지속적 지원을 위한 예산의 안정적 증가가 필요하다.
문제 2	많은 노인은 일상생활 관리 면에서 어려운 점들을 갖고 있을 것이다. 특히 독거노인의 경우는 심각하다.	• 문제 2-1: 필요한 영양결핍은 교통제한 지역에서는 심각할 것이다. • 문제 2-2: 독거노인의 경제생활 관리 문제 • 문제 2-3: 신체기능저하 노인의 가사활동 문제
문제 3	지역사회에 독거노인이나 고립 중장년층의 파악이 어려워 정신건강 및 경제적 복지지원의 전달이 어렵다.	• 문제 3-1: 사례 발굴이 힘든 독거노인 및 장년들이 증가하고 있다. • 문제 3-2: 사례 발굴 후 관련 기관과의 연계문제
문제 4	치매노인의 증가로 인해 가족 부담이 커지고 노인의 안전문제 발생 가능성이 높다.	• 문제 4-1: 치매에 대한 조기 진단이 어렵다. • 문제 4-2: 재가 치매노인에 대한 돌봄서비스 부족 • 문제 4-3: 수발가족들에 대한 교육과 정보가 부족하고 하루 중 일부 시간이라도 휴식이 필요하다. • 문제 4-4: 치매노인이 배회하는 경우 신고방법의 불인지

이러한 단계를 거쳐 세부적으로 특정화된 문제는 지역사회 내의 공식적 인정을 받을 가능성이 높아져 지역실천가가 문제의 확인에 맞는 실천계획이나 프로그램 개발목표를 구체적으로 설정하는 데도 도움을 준다. 라우퍼(Lauffer, 1984)의 경우는 문제의 특정화 단계의 중요성을 강조하면서 지역복지 실천과정을 문제의 확인 → 문제의 특정화 → 목적 및 목표설정 → 대안 검토 → 실천계획 수립까지의 5단계로 자세히 구분하기도 하였다.

2. 욕구조사

1) 욕구조사의 개념과 성격

지역사회복지 실천에서 욕구조사[1]는 임상적 사회복지 실천의 개별 클라이언트 욕구사정보다는 복잡한 양상을 띤다. 지역주민에 어떠한 서비스가 필요한지를 살펴보는 욕구조사는 때로는 전체 실천과정의 선행 절차로 간주되기도 하며, 하나의 독립된 조사로 수행되기도 한다. 예를 들어, 표적집단을 위한 효율적 서비스 개발을 위해 욕구의 패턴이나 다양한 하위욕구를 정확히 파악하기 위한 것이 전자의 경우이다. 후자의 경우는 한 지역구 또는 행정단위 지역의 다양한 계층의 전반적인 서비스 욕구를 사정해 여러 개입을 위한 종합적 자료를 만드는 조사가 되겠다.[2]

욕구조사와 평가(evaluation)는 사용되는 방법들이 유사하고, 욕구사정과 평가과정이 동시에 요구되기도 하여 두 개념이 혼용되기도 한다. 라우퍼(Lauffer, 1984)는 두 가지 개념이 분명히 구분되어야 한다고 주장한다. **욕구조사**는 현재 일어나고 있는, 일어날 만한, 또는 일어나야만 하는 상황에 대한 탐색에 초점을 두는 반면, **평가**는 평가 시점 전에 일어난 일, 일어난 과정, 그렇게 진행되어야만 했던가에 대해 살펴보는 조사로 차이를 보인다.

욕구조사는 일반적으로 지역 거주자 이외에도 서비스 전문가, 지역 지도자 집단 또는 주요 정보제공자들의 지역사회 현황에 관련된 인지를 바탕으로 이루어진다(Burch, 1996). 욕구조사는 주로 서비스 가능성 및 접근성, 다양한 서비스의 조정, 그리고 서비스 대상의 틈새(service gap) 파악에 초점을 두고 있다(Burch, 1996; Royse & Thyer, 1996). 서비스 대상의 틈새 분석을 위해서 조사자는 지역의 복지서비스들로부터 제외되는 대

1) 여기서는 실천과정의 한 과정으로서 욕구조사(또는 욕구사정)의 개념과 조사수행과 관련한 주요 고려사항들을 살펴본다. 제6장에서는 조사의 방법을 집중적으로 다룰 것이다.

2) 대표적인 조사로 전수조사인 인구조사(census)가 대표적 예이다. 우리나라에서는 10년마다 통계청에서 실시하는 인구주택총조사가 있다. 큰 의미에서 욕구조사로 볼 수 있다.

상이 없는가를 살펴보아야 한다. 접근성과 관련해 조사자가 살펴보아야 할 중요 요인들은 제공장소, 대중교통 현황, 주차시설, 제공시간, 본인부담 비용, 대기시간 등으로 볼

표 5-2 지역사회 욕구사정 관련 주요 고려 문항

지역주민의 지역사회에 관한 관점	• 지역주민은 어떠한 문제들을 겪고 있는가? • 이러한 문제들을 어떠한 방식으로 다루어야 하는가? • 이러한 문제들을 다루기 위해 지역주민은 어떠한 행동을 취해야 하는가? • 또 공공기관이나 정부는 어떠한 행동을 취해야 하는가? 지역 기관이나 시설 등은 어떠한 행동을 취해야 하는가?
지역 거주자의 서비스 욕구에 대한 관점	• 이러한 문제들을 다루기 위해 지역사회에서 제공되는 서비스는 있는가? • 확인된 문제들을 다루기 위한 서비스가 제공돼야 한다고 주민들은 느끼는가? • 이러한 문제들을 다루기 위해 지역주민은 현재 가능한 서비스들을 이용하고 있는가? • 이러한 서비스들을 제공받지 못하는 주민들이 있는가? • 추가적으로 어떠한 서비스가 제공되어야 하는가?
서비스제공자나 핵심정보제공자의 지역 욕구에 대한 관점	• 어떤 유형의 서비스를 주민들이 필요로 하는가? • 지역단체나 기관에서는 현재 어떠한 서비스들을 제공하고 있는가? • 한 기관이나 단체 이상에서 비슷한 서비스가 제공되고 있는가? • 어떤 지역단체나 기관에서는 특성화된 서비스를 제공하고 있는가? • 현재 제공되는 서비스들이 주민들의 욕구를 충족하기에 적합한가? • 추가적으로 어떠한 서비스가 제공되어야 하는가? • 지역사회 내 기관들 사이에 서비스 연계는 어떠한 방식으로 이루어지는가? (예: 자원의 공유, 의뢰, 사례관리, 시설공유 등)
전문가나 자치단체의 관점 (지역자산 관련)	• 지역주민에게 필요한 기술이나 자원은 무엇인가? • 지역사회 내 중요 조직이나 시설은 어떤 것이 있는가? 이러한 기관들은 지역자산으로 활용할 수가 있는가? • 지역 기관 내의 중요 연결장치는 무엇이며, 지역조직을 최대화하기 위해 그 연결 장치들을 잘 활용할 수 있는 방법들은 무엇인가? • 지역의 외형적 특성은 무엇인가? 건축물이나 개활지 등이 지역조직을 최대화하기 위해 활용될 수 있는가? • 지역조직을 위해 활용될 수 있는 지역 외부의 자원들은 어떤 것들이 있나?

출처: 백종만 외(2015: 158)와 Hardina(2002: 116)를 재구성.

수 있다(Hardina, 2002; Iglehart & Becerra, 1995).

지역 욕구조사의 목적은 단지 지역의 문제나 욕구를 확인하는 차원이 아니라 궁극적으로 그 욕구를 충족할 수 있는 서비스나 프로그램들을 개발하여 활용해 나가는 것이다. 따라서 효과적 욕구사정을 실천하기 위해서는 욕구조사에 앞서 조사에 포함되어야 할 여러 가지 고려사항을 충분히 살펴볼 필요가 있다.

〈표 5-2〉는 일반적으로 욕구조사가 포함해야 할 고려사항들을 지역사회 내 여러 집단의 관점별로 정리해 본 것이다.

2) 욕구조사 실행에서의 주요 고려사항

욕구조사를 실행하는 지역전문가나 사회복지사들은 다양한 관점에서 문제를 파악하기 위해 여러 가지 조사 방법을 검토한 후 이 중 적절한 방법 몇 가지를 선택하여야 한다. 지역사회 내 다양한 집단은 지역문제를 인식하거나 접근하는 방법에서 차이를 보인다. 지역사회복지 실천가들은 조사 방법의 선택에 있어 다음 사항들을 특히 유념해야 한다(Marti-Costa & Serrano-Garcia, 1995).

① 욕구조사를 위해 할당된 기간과 비용
② 조사 진행에 필요한 자원들과 조사 참여 구성원의 선택
③ 조사 주체의 성향

첫째, 비용이나 시간이 문제가 될 때는 지역사회 문제로 여겨졌던 지표들을 기존의 정보나 조사들로부터 참조하여 비용과 시간을 절약할 수 있다. 그러나 이러한 기존 연구자료에 의한 방식은 많은 주민의 현재 의사를 제대로 반영할 수 없다는 점에서 잠재된 문제나 욕구를 파악하는 데 분명한 한계를 갖고 있다.

둘째, 욕구조사에 필요한 자원의 범위와 활용 가능성 정도는 조사 참여 구성원들을 어떻게 결성하는가와 관련이 있다. 지역사회복지실천에서의 임파워먼트 접근이나 강점모델들은 조사자가 욕구조사에 다양한 집단(특히, 저소득층이나 소외계층)의 견해가 충분

히 반영될 수 있도록 해야 한다는 점을 강조한다(Sohng, 1998). 이 점은 지역 구성원들이 다양한 계층으로 이루어진 경우 특히 강조되어야 할 사항으로, 각 집단의 가치와 문화를 이해하고 이러한 이해를 조사 결과 분석에 반영하는 일은 다양한 집단과 계층이 상존하는 현대 지역사회의 욕구조사에 있어 필수적이다.

마르티코스타와 세라노가르시아는 소외계층의 욕구반영과 관련하여 욕구사정에 다음 사항을 특히 강조한다. 지역사회 소외계층의 욕구에 충실히 반응하고 사회변혁을 가능하게 하기 위해서는, ① 집단의 조직 및 동원을 용이하게 하며, ② 소외자 집단과의 연대행동을 지지하고, ③ 리더십 향상을 촉진하고, ④ 전체 조사과정에 지역주민들을 관여하게 하는 기법들이 조사에서 강조돼야 한다(Marti-Costa & Serrano-Garcia, 1995: 260).

셋째, 조사 주체가 되는 조사실행 위원회(steering committee)의 중요성을 들 수 있다(Hardina, 2002). 일반적으로 지역주민, 지역지도자, 전문가 및 이용자 집단 등으로 구성된 이 위원회는 조사 프로젝트를 이끌어 가고, 조사가 지역의 진정한 욕구를 반영하고 있는지에 관해 타당성과 신뢰성을 높이는 역할을 해야 한다. 또한 이 위원회는 조사 자료들이 지역사회의 변화를 이끌어 내는 데 사용될 수 있는지 여부를 살핌으로써 조사에 대한 사회적 정당성이 확보될 수 있도록 한다.

3) 지역사회복지 욕구조사의 유형

지역사회복지 욕구조사의 유형은 일반적으로 조사의 범위에 따라 포괄적 조사, 탐색적 조사, 문제중심 조사 및 하위체계 조사로 구분할 수 있다(백종만 외, 2015).

(1) 포괄적 조사

특정한 문제나 표적집단 관련 욕구보다는 지역사회 전반을 대상으로 수행되는 조사로, 1차 자료의 생성이 주요 목적이다. 지역사회의 전반적 복지욕구에 대한 정보가 부재하거나 최근 변화를 파악하는 자료가 없는 경우 지역사회 공공단체나 여러 기관이 공동으로 실시할 수 있다. 조사 대상 규모가 다른 조사에 비해 커, 비용의 제한이 있을 경우는 대략적 욕구만을 파악할 가능성이 높다. 지역사회보장계획수립을 위해서는 4년에

한 번 지역복지 욕구조사를 실시하는 지방자치단체가 많은데 이러한 경우는 포괄적 조사에 해당된다.

(2) 탐색적 조사

지역사회 조사에 대한 전반적 여건이 갖추어지지 않았거나 욕구에 대한 기본정보가 제한되어 본격적 욕구조사에 앞서 실행되는 초보적 단계의 사정이다. 최근에 이슈가 되는 지역문제들이나 아직 주민들의 욕구의 규모나 심각성 등에 대한 정보가 전혀 없을 때 수행된다. 사정 대상이나 참여자, 비용 등이 상대적으로 적고 이 결과를 토대로 다른 본격적 조사의 필요성을 결정할 때 이용된다.

(3) 문제중심 조사

지역사회에서 우선적으로 해결되어야 하는 영역(예: 정신건강, 노인, 아동, 범죄 등)에 초점을 두고 조사가 실행되는 경우이다. 포괄적 조사보다는 좀 더 전문적 조사가 이루어질 가능성이 높다. 일반적으로 해당 지역사회 문제의 전문가가 직접 수행하거나 전문가의 자문을 받아 해당 문제와 관련된 기관을 중심으로 수행된다. 지자체가 노인 또는 장애인 복지 분야의 전문가들을 의뢰하여 특정 영역에 대해 조사를 실시하는 경우는 대부분 문제중심 욕구조사에 가깝다.

(4) 하위체계 조사

이 유형의 욕구조사는 지역사회의 특정 하위체계를 중심으로 이루어진다는 점에서 문제중심 조사와는 차이가 있다. 예를 들어, 교육기관, 보육기관, 종교기관, 보호기관, 정치참여체계 등은 지역사회 내의 하위체계로 볼 수 있으며, 이러한 하위체계에 초점을 두는 것은 단지 보육문제나 정신건강 등의 문제중심 조사와는 구분이 된다. 그 체계의 정태적 면이 아니라 역동성 및 타 체계와의 상호관계 등이 조사의 주요 내용이 된다.

하위체계 조사를 조사의 목표에 따라 세분화하면 **옹호지향적 조사**와 **서비스지향적 조사**로 구분할 수 있다. 옹호지향적 조사는 특정 하위체계 구성원의 권리를 향상하거나 옹호를 위해 그 구성원들의 욕구 실태를 조사하는 것이다. 반면, 서비스지향적 조사는 하

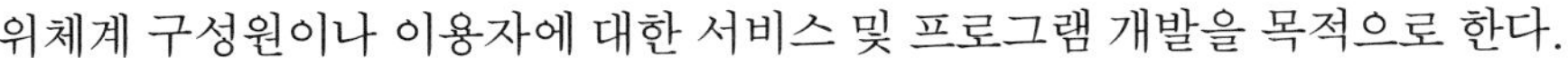
위체계 구성원이나 이용자에 대한 서비스 및 프로그램 개발을 목적으로 한다.

4) 욕구사정 기술

욕구사정 기술은 사정의 유형이나 목적, 대상, 비용 등에 따라 다양한 방식이 사용된다. 이 책에서는 사정 기술이 갖는 중요성과 전문성을 고려하여 다음 제6장에서 집중적으로 다룰 것이다. 포함되는 조사유형으로는 인터뷰, 지역사회 포럼, 집단 간 대화(intergroup dialogue) 기법, 명목집단기술, 초점집단, 델파이 기법 및 서베이 방식이다.

3. 계획수립 및 실행

지금까지 논의된 지역사회의 **문제 확인 및 특정화 단계**와 **욕구조사 단계**를 통해 지역사회복지 실천가는 개입대상 지역의 복지욕구에 대한 정밀한 분석을 마칠 수 있을 것이다. 개인이나 집단을 주요 개입 대상으로 삼고 있는 사회복지 실천에서 개개인별 보호계획(individual plan of care)의 작성이 중요하듯이, 지역사회복지실천에서의 실천계획도 개입하는 지역사회의 특성을 고려하여 수립돼야 한다. 이 절에서는 실천계획의 수립에서 중요한 개념인 전략 및 전술, 표적체계 및 행동체계에 대해 살펴본 후 이 네 가지 개념을 앞서 논의한 실천모델들과 연관 지어 비교 · 정리해 보겠다.

1) 개입의 전략과 전술

지역복지 계획수립에 필수적 개념은 전략(strategy)과 전술(tactic)이다. 실천가는 원하는 지역사회변화를 위해 다양한 전략과 전술 중 실천모델에 맞추어 적절히 선택하고 실행해 나가야 한다. 전략은 특정한 사회문제를 해결하기 위한 장기적 행동 계획으로 볼 수 있다. 반면에 전술은 변화를 추구하는 전략의 일부분으로서 채택된 단기적 행위로 여겨진다(Hardina, 2002). 전략은 장군을 뜻하는 그리스어 'strategos'에서 나왔고, 전술은 일반병사를 뜻하는 'taktikas'에서 유래됐다고 한다[백종만 외(2015: 163) 재인용].

(1) 전략의 유형

로스만의 지역사회개발 모델이나 사회행동 모델을 선택할 경우 워런(Warren, 1978)은 세 가지 주요 전략으로 협력(collaboration), 캠페인,[3] 경쟁 또는 대항(contest)을 제시하였다. **협력 전략**은 집단들 간의 공동 행동이 필요할 때 취할 수 있는 전략으로 이러한 경우 집단 간 동의가 이뤄진 상태를 연합으로 볼 수도 있다. **캠페인 전략**은 협상회의에 상대진영이 나올 수밖에 없도록 대중에게 지속적 호소를 하는 경우에 사용된다. 마지막으로, **경쟁 또는 대항 전략**은 특정 정책을 결정하도록 의사결정자(집단)에게 압력을 가할 때 사용된다.

세 전략의 지역사회복지 실천모델들과의 연관성을 살펴보면 집단 간 합의를 주요 목표로 삼는 지역사회개발 모델은 협력의 전략을, 갈등주의적 관점에서 소수자나 억압받는 집단의 권익옹호를 강조하는 사회행동 모델은 경쟁 또는 대항 전략을 주로 활용한다고 볼 수 있겠다. 캠페인 전략의 경우는 두 모델에 모두 활용될 수 있다.

사회계획 모델의 경우는 합리적 정책 대안이나 서비스 개발을 위한 문제해결 전략이 주로 활용된다. 따라서 과학적 자료수집과 체계적 분석이 주된 전술로 활용된다.

(2) 전술의 유형

지역사회복지 실천에 활용되는 전술의 예는 협조(cooperation), 협상(negotiation), 대중교육(public education), 설득(persuasion), 자료수집 · 분석, 대중매체 활용, 로비활동, 대중호소, 대중집회, 보이콧, 파업 및 시민 불복종 등을 들 수 있다. 앞에서 언급된 세 가지 유형의 전략에 맞추어 전술들을 설명하면 다음과 같다.

협력 전략에 활용될 수 있는 전술은 지역사회 내 여러 집단 또는 개인들 간의 차이나

---

3) 본문에서 말하는 '캠페인 전략'은 단지 대중에게 무엇을 알리는 행동 이상의 의미를 가진다. 즉, 개입의 표적집단이 뚜렷하고, 그 집단이 해당 이슈에 대해 관심을 갖고 구체적인 행동(대화나 협상 등)을 취하도록 만드는 전략이다.

이견을 최소화하기 위해 공통의 관심사를 찾거나, 자원을 공유하거나, 공동계획을 제안하거나, 최우선적 해결문제에 대해 협력하는 방법들을 활용하는 경우이다. 이에 해당하는 구체적 전술로는 합의 도출, 협조, 문제해결, 대중교육, 설득 등이 있다.

캠페인 전략에 활용될 수 있는 전술은 집단 간 차이를 최소화하거나 상대 진영들 간의 동의를 구하는 전술들이다. 캠페인 전략에 포함되는 전술은 종종 상대와의 협상 방법을 결정하기 위해 사용된다. 효과적 전술을 실행하기 위해 각 진영들은 상대 진영과 다른 입장을 확실히 개진해 차별화하고 동시에 양자 간 공통점에 대해서도 규명해야 한다. 하디나(Hardina, 2002)는 캠페인 전략 관련 전술의 중요 목적을 다음의 세 가지로 정리하였다.

첫 번째 목적은 문제나 이슈와 관련된 대화에 상대 진영의 참여를 불가피하도록 만드는 것이다. 단순히 참여를 권고하거나 요청하는 것 이상으로, 참여하지 않으면 문제에 대해 회피하고 있다는 인식을 상대 진영이나 중립 진영(또는 대중)에게 심어 줄 수 있는 캠페인 전술이 필요하다. 두 번째 목적은 양 진영이 동의에 이르게 하기 위해서이다. 캠페인 전술의 궁극적 목적은 대항이나 갈등이 아니라 타협점을 찾는 것이다. 세 번째 목적은 양 진영 또는 대중들이 명백한 결과 도출을 할 수 있는 의사결정 과정에 참여하도록 만드는 데 있다. 캠페인 전술은 어느 한쪽의 배제를 위한 전술은 아니다. 따라서 캠페인 전술로 어느 정도 양자 간 견해 차이가 줄어들어 동의(agreement)의 가능성이 보이면 그때 협력 전술을 구사하여 합의(consensus)를 이루도록 할 수도 있다.

경쟁 또는 대항 전략에 속하는 전술들은 양 진영 간의 동의 가능성이 상당히 낮아 구체적 갈등행동을 취해야만 할 때 사용된다. 이 전술에는 반대 진영 회피나 토론의 제한, 상대 진영의 부정적 측면을 강조하여 유포하기, 의사결정에서 반대 진영의 배제와 같은 소극적 수준에서 시위나 피케팅 또는 파업 등의 적극적 수준의 행동들까지 포함된다.

2) 행동체계와 표적체계

지역사회복지 실천전략과 전술의 선택과 관련하여 알아 두어야 하는 또 다른 개념은 행동체계(action system)와 표적체계(target system)이다. 앞에서도 여러 번 언급된 이 개념들은 전략의 선택과도 관련이 있다. 행동체계와 표적체계의 설정과 양 체계 간의 관계 규정은 전략과 전술을 선택하기 위해 우선해야 하는 과정이다.

행동체계는 사회변화를 추구하는 집단의 구성원들을 의미한다. 조직가, 선거권자, 지역주민 전체, 실천가, 특정 이슈에 관심이 높은 시민 및 예상되는 미래의 수혜자 집단들이 이 행동체계에 속한다.

표적체계는 일반적으로 서비스나 개입의 수혜집단만이 아니라 정책에 영향을 끼치는 의사결정 집단이나 개인을 의미한다. 선거에 의해 선출된 관리, 정부 관료 또는 지역기관의 대표 등이 해당한다. 사회행동과 관련된 전략들에서는 상대 진영이 표적체계로 명확히 구분된다. 캠페인 전략의 경우는 주요 의사결정자와 대중 전체가 동시에 표적체계가 될 수 있다. 양자 간 합의를 강조하는 협력 전략은 표적체계가 변화를 바라는 집단 전체일 가능성이 높다.

두 체계 간의 관계에 따라 세 가지 전략이 선택될 수 있으며 이를 비교해 보면 [그림 5-1]과 같다. **협력 전략**에서는 표적체계가 행동체계에 포함된다. 즉, 협력 전략은 집단 간 합의를 목표로 하기 때문에 구조적으로 사회변화를 찾고 있는 집단인 행동체계 안에 주요 표적체계를 포함한다. **캠페인 전략**의 경우는 표적체계가 반드시 행동체계와 일치하지 않을 수도 있으나 주요 의사결정자들이나 대중의 표적체계 일부가 사회변화를 추구

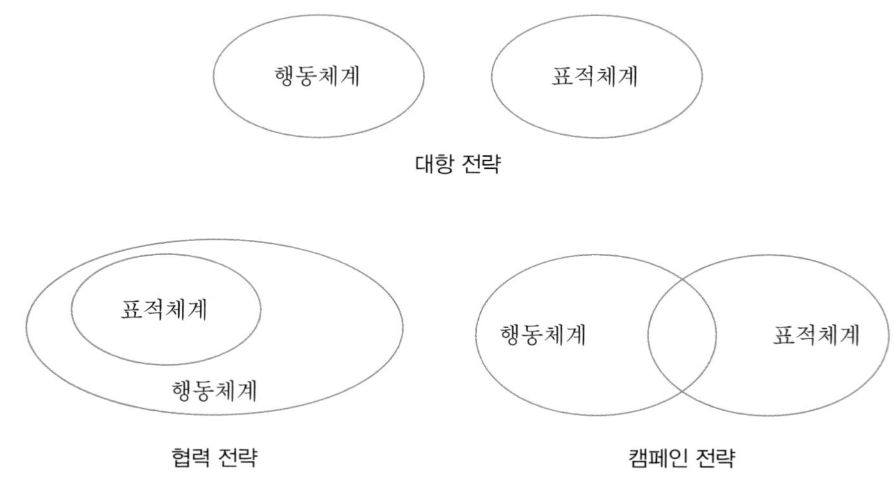

그림 5-1 행동체계 및 표적체계와의 관계와 이에 따른 전략의 선택

출처: 백종만 외(2015: 166) 재인용.

하는 집단에 포함될 수도 있어 약간의 중복이 생길 수 있다. **경쟁 또는 대항 전략**의 경우는 목표실행이 한 진영의 권력획득이므로 양 진영 간의 확실한 구분이 이루어진다. 즉, 기득권층과 억압받는 집단의 관계와 같이 표적체계와 행동체계 간의 공통부분은 거의 없다.

3) 개입모델과 전략 · 전술과의 연계

지금까지 전략 또는 전술을 실천모델과 연결지어 살펴보았다. 하디나(Hardina, 2000)는 그녀의 연구에서 지역사회 조직전문가들이 가장 선호하는 실천모델은 사회행동 성

표 5-3 지역사회복지 실천모델과 전략, 전술, 행동 및 표적체계 간 연관성

실천모델	지역사회개발	사회행동	사회계획
기본전략	협력	경쟁/캠페인	문제해결
전술	• 역량 구축 • 합의 구축 • 교육 • 공동 기획/행동 • 설득 • 로비 서한발송 • 설득 • 청원 • 문제해결 • 자아 임파워먼트	• 중재적 협상 • 보이콧 • 대치 • 시위 • 행동실행 • 언론이용 • 항의/로비 서한발송 • 응집 • 동원 및 조직화 • 설득적 협상 • 정치적 캠페인 • 대중 교육 • 파업 • 노조 결성	• 자료 분석 • 정보 수집 • 로비 • 설득적 협상 • 계획과정에 주민참여 증진 • 공동노력, 캠페인 또는 경쟁(계획선택을 위한)
행동체계	지역주민 전체 핵심지역 내 기관 및 조직	• 사회적 피억압계층 • 소외계층 이익집단	• 기획 기관 • 공동파트너
표적체계	• 공동참여자 • 지역사회 및 주민	억압기관의 대표(정부 정책 결정자, 기업대표, 엘리트 계층)	• 역기능적 지역사회 • 사회변화와 관련된 정책결정자들 • 서비스이용자

출처: 백종만 외(2015: 168)와 Hardina (2002: 228-229)에서 일부 수정.

향의 모델이라는 것을 밝혀냈다. 그러나 동시에 그들이 주로 활용하려는 전략 및 전술은 협력(collaboration)으로 나타나 실천모델과 전략 · 전술 간 연결이 제대로 되지 못하고 있는 것으로 밝혀졌다.

또한 몬드로스와 윌슨(Mondros & Wilson, 1994)은 지역사회복지 실천가들이 전략이나 전술의 선택 또는 사용에 있어 개념적 준거틀보다 실천방법에 대한 실천가들의 개인적 가치나 익숙함의 정도를 더 중요한 기준으로 삼는다고 주장한다. 구체적 전술이나 행동의 선택에서도 비슷한 기준이 적용된다. 예를 들어, 동일한 사회행동 성향의 전략이라도 사회복지사들은 시위, 피케팅 같은 직접적 행동보다는 정치적 로비과정이나 복지사가 속해 있는 조직에서 허용하는 단체행동에 대한 참여가 높다(Reeser & Epstein, 1990).

〈표 5-3〉은 지역사회복지 실천모델과 지금까지 앞에서 논의된 전략, 전술, 행동 및 표적체계 간의 연관성을 살펴본 것이다. 이 표는 각 실천모델과 관련된 기본전략과 이에 따른 세부 전술을 정리해서 보여 주며 동시에 각 모델의 중요한 행동 및 표적체계도 나타낸다.

4) 적합한 전략과 전술의 선택

그렇다면 지역사회복지실천의 구체적 전략과 전술의 선택기준들은 무엇이 될까? 실제로 지역사회복지실천과 관련된 많은 문헌 중에서 뚜렷한 선택기준에 대해서는 많이 논의되지 못하고 있다. 하디나(Hardina, 2002)는 이와 관련하여 워런(Warren, 1978)과 브래거 등(Brager et al., 1987)의 연구들을 참조하여 다음 기준들을 제시하였다.

① 지역사회변화의 궁극적 목표와 관련된 참여집단들 간의 합의 정도
② 표적체계에 대한 행동체계의 관계
③ 기존의 권력구조에서 목표가 달성될 수 있는가 하는 문제

실천개입 방법에 대한 모든 참여집단의 동의가 가능하다면, 협력의 전술은 가장 효과적으로 선택된 것이다. 또한 여러 참여집단 간에 문제의 확인에 대한 공통적인 이해가

어렵거나, 집단 간 의사소통이 구조적으로 발생하기가 힘들다면 경쟁이나 대항 전술이 활용되어야 한다. 그리고 행동체계와 표적체계 사이에 중복적 측면이 존재하거나 양자 간 의사소통이 어느 정도 가능하다면 캠페인 전술이 고려되어야 한다.

이 세 가지 기준 외에 브래거 등(Brager et al., 1987)은 해당 이슈의 심각성, 대중이 느끼고 있는 의사결정자의 정통성, 전술에 필요한 가용자원도 전술 선택의 중요한 기준으로 삼을 필요가 있다고 주장한다. 또 김종일(2004)은 지역사회 변화목표, 수혜자 집단과 변화주도 집단(행동체계) 간의 관계, 자원, 실천상의 윤리적 문제 등을 전략 및 전술선택의 주요 기준으로 제시하였다.

5) 지역복지 실천가의 역할 및 개입계획 사례

(1) 개입과정에서의 실천가의 역할

지금까지 논의된 이론, 실천모델, 개입과정 등을 실제 지역사회 문제해결에 적용하는 데 있어 지역복지 실천가의 기본 역할에 관련된 몇 가지 중요 요소를 살펴보면 다음과 같다(Hardina, 2002).

① 사회복지사나 실천가는 지역사회복지실천의 기본전제가 개인과 지역사회의 임파워먼트에 있다는 점을 명심해야 한다.

② 지역사회복지 실천가는 그 지역 고유의 강점, 기술, 가치, 그리고 내재하고 있는 역량을 충분히 인식하여야 한다.

③ 다양한 문화적 집단이 혼재하는 지역사회에 개입해야 하는 경우, 지역사회복지 실천가는 각 문화집단의 특성을 파악하여 상호교류를 최대한 이끌어 낼 실천모델을 선택하고 전략을 개발해야 한다.

④ 기본 실천 목표는 지역사회 내 취약계층이나 소외계층에게 마땅히 지원돼야 할 자원들이 분배될 수 있도록 하는 것임을 명심해야 한다.

⑤ 지역사회복지 실천가는 지역사회 내 다양한 유형의 억압이 존재한다는 점을 인식해야 한다.

⑥ 지역사회복지 실천가는 지역사회 의사결정 및 지역사회복지 실천과정의 모든 단계에 최대한 다양한 계층의 참여를 끌어낼 수 있는 의사결정 구조 구축을 위해 힘써야 한다.

⑦ 전문가, 이용자 및 일반 지역주민, 이 삼자의 평등적 참여가 가능한 의사결정 구조가 구축되어야 한다.

⑧ 지역사회복지 실천가는 반드시 지역 내 다양한 이익집단 간의 욕구와 선호를 조정할 수 있는 협상기술(bargaining skills)을 충분히 습득해야 한다. 이 기술은 또한 협력적 의사결정(collaborative decision-making) 구조 형성에도 도움을 주게 된다.

⑨ 지역사회복지 실천가는 실천의 전략과 전술 개발 및 선택과 관련된 윤리상 문제에 확고한 자세를 취할 수 있어야 한다.

⑩ 지역사회복지실천은 다양한 접근이 고려되어야 하며 한 가지 옳은 결정만 존재한다는 편견은 버려야 한다.

(2) 개입계획의 사례

지금까지 실천계획 및 실행에 관련된 필수개념들을 실천모델과의 관련성을 중심으로 살펴보았다. 앞에서 언급한 실천가의 역할을 다시 한번 확인하며 실제 예를 살펴보자. 〈표 5-4〉는 지금까지 논의한 개념들을 실제 사례에 맞추어 정리한 것이다.

A 지역사회에서 최근 부상한 중요문제는 '증가하는 청소년 비행'이다. 이 문제에 대한 주민들 간 동의는 이미 상당히 이루어졌으며, 지역사회 지도자나 전문가들은 구체적 문제해결을 위한 계획을 수립하여 실행하여야 한다. 지금까지 논의된 각 개념들이 이 사례에 맞추어 어떻게 정리되어 계획수립으로 이어져야 하는가를 〈표 5-4〉를 중심으로 살펴보자.

지역사회 내 청소년비행 감소라는 장기적(상위) 목표(goal) 아래 여러 가지 구체적 **세부목표**(단기목표, objective)를 세운다. 이 하위목표는 실제적 비행의 감소와 직결되는 비교적 단기간 과업들로 구성될 필요가 있다.[4] 단기목표의 설정에서 중요한 사항은 향후

4) 지역사회복지 실천계획 수립을 다룬 일부 교재에서는 goal을 목적, objective를 목표로 번역해 사용하거나 특

표 5-4 지역 내 청소년 비행 감소를 위한 지역사회복지 실천계획

(장기적 상위목표: A 지역사회의 청소년 비행 및 폭력 감소)

단기 · 하위 목표	필요자원	행동체계	표적체계	실천모델	전략	전술	평가 기준
청소년 비행 관리감독 관련 기관 네트워크 구축	인적자원 재원	선도위 교사 경찰 교육기관 지역사회 전체 주민 및 지도자	담당 관련 기관부서 (공공 기관)	지역사회 개발 및 지역사회 연계 (웨일과 갬블)	협력	합의구축 협동	네트워크 조직 및 상호교류 빈도
미성년자 출입 유흥업소에 대한 고발 강화 (최소 월 1건)	경찰, 선도위원 미디어 일반시민	지역주민 선도위 및 경찰	유흥업소 주류판매업소 지역사회 지도자	사회행동	대항	대항 주민항의	시행 조치 후 변화된 업소 수
비행 우범지역 감시 CCTV 설치 및 점검	재원	지자체 및 지역주민 교육기관	지자체	사회계획	문제 해결	정보수집 지자체 설득	설치대수 및 점검 기록
청소년 폭력 신고에 대한 경찰 및 순찰대의 도착 시간 (10분 감소)	경찰 순찰대 미디어	선도위 교육기관 지역사회 전체 주민 · 지도자	경찰, 순찰대	지역사회 개발/사회 계획	협력 캠페인	문제해결 미디어 홍보	도착시간
가해 학생에 대한 상담	상담가 재원	교육기관 상담인력	가해학생	사회계획 프로그램 개발	캠페인	문제해결 프로그램 기획	폭력 재발률/ 상담빈도
학교교사, 지역선도위, 학부모 및 관련 집단들 간의 연계	회의장소 지역유지 관련 집단	학교교사 지역선도위 학부모 및 관련 집단	관련 집단 지역주민	지역사회 개발	캠페인 협력	협동 협상	모임 빈도 및 결과, 관계변화

출처: 백종만 외(2015: 172)에서 일부 수정.

별한 구분 없이 사용하였다. 이 책에서는 goal(long-term goal)을 장기적 또는 상위목표로, objective를 하위목표로 번역하여 사용하였다. 구체적으로 ① 상위목표(goals)는 기대성과에 대한 한 문장 정도의 간단하고 일반적 진술을 의미하며, ② 하위목표(세부목표, objectives)란 각 목표를 측정가능한 말로 상세하게 풀어놓은 것이다(Netting et al., 1993).

체계적 평가를 위해 그 목표의 계량화나 수치화 작업이 필요하다는 점이다. 목표의 유형에 따라 계량화가 어려울지라도 개입의 성과가 명확해질 수 있는 목표를 설정하여야 향후 개입의 효과성을 평가할 수 있다.

다음으로 필요자원은 이 하위목표에 필요한 **인적 및 물질적 자원**들이다. 이 문제가 지역사회 전체 차원의 해결이 필요하다고 인지된다면 실천에 대한 행동체계는 지역사회 주민 전체가 된다. 그렇지 않더라도 관련 종사자들은 주요 행동체계이다.

표적체계는 하위목표에 따라 차이가 있다. 가해 학생이 될 수도 있고 비행의 원인이 되는 음주 및 탈선 환경의 제공자가 될 수도 있다. 지역사회 주민의 참여가 주요 목표인 첫 번째 하위목표의 경우는 지역사회 주민이 표적체계가 된다. 하위목표에 따라 협력이나 캠페인이 주요 전략으로 선택된다. 유흥업소나 주류판매업소의 경우는 이들에 대한 정부의 행정조치를 강화하기 위한 지역사회 주민들의 직접행동이 필요하다.

이때 평가 기준도 실행 이전에 구체적이고 세부적으로 세우는 것이 바람직하다. 그렇지 않은 경우 전반적 실천에 대한 평가 기준들이 분명하지 않아 향후 개입에 대한 효과적 피드백을 기대하기 어렵다. 평가 기준은 목표달성의 정도를 쉽게 알 수 있도록 양적으로 구성되어야 하며, 양적 기준의 적용이 어려운 경우(예: 모임결과나 관계개선)에는 평가에 대한 참여자들의 질적 정보도 수집·분석해야 한다.

4. 개입평가

지역사회복지 실천과정의 마지막 단계는 개입평가이다. 평가와 관련된 자세한 내용은 사회복지 교육과정에서 '사회복지 조사방법론'이나 '프로그램 개발과 평가' 과목에서 상당히 자세히 다루어지므로 이 책에서는 지역사회복지 개입과 관련된 평가의 특징적 내용만 간략히 다루도록 하겠다.

지역사회 실천개입에 대한 평가(community intervention evaluation)는 지역사회의 변화를 위해 활용된 전략 및 전술의 실행이 개입 결과나 과정에 나타나는 정도에 대한 평가라는 점에서 프로그램 평가와는 구분된다. 프로그램 평가(program evaluation)의 경우는 대부분의 경우 특정 프로그램이나 서비스가 그 대상에게 전달된 방식이나 결과에 초점을 둔다.

하디나(Hardina, 2002)는 지역사회복지 개입에 대한 평가방법이 프로그램 평가방법만큼 체계적으로 정리되지 못해 왔다는 점을 지적하였다. 지역사회 개입평가는 평가 기준의 유형, 평가지표와 평가물의 성격에 따라 크게 **양적평가**(목표달성 평가, 사회지표 평가)와 **질적평가**(인터뷰평가, 주요사건분석)로 구분할 수 있다. 또 평가의 시점과 관련하여 **형성적 평가**와 **총괄적 평가**로 구분할 수도 있다.

1) 양적지표에 의한 평가

(1) 목표달성 평가

목표달성 평가는 기본적으로 실천계획 수립 단계에서 세웠던 상위목표 및 하위목표가 어느 정도 달성되었는가에 대한 평가로 볼 수 있다(백종만 외, 2015). 평가자와 프로그램 참가자들은 특정 개입, 서비스 또는 프로그램을 통해 해결될 욕구들이 이 개입들과 관련된 배경 이론들과 어떠한 관련성이 있는가를 충분히 이해할 필요가 있다.

평가자는 또한 프로그램 실행과 관련된 논리성에 대한 명확한 이해가 필요하다. 특정 프로그램에 필요한 일련의 활동들은 평가 관련 결과물들과 반드시 연결되어야만 한다. 실천개입 또는 프로그램(독립변수)과 결과물(종속변수)의 관계는 명확해야만 한다. 이러한 관련성에 대한 정보들은 평가 이전 단계에서 이론적 · 실증적 · 실천적 문헌과 분석들을 통해 확보돼야 한다.

목표달성 평가에서는 우선 단기 하위목표(immediate objectives), 중간 하위목표(intermediate objectives), 궁극적 상위목표(ultimate goals)에 대한 단계별 설정 작업들을 필요로 한다. 다음은 이 단계별 목표들이 얼마나 달성되었는가를 살펴보는 것이다(단기 하위목표 → 중간 하위목표 → 궁극적 상위목표).

단기 하위목표는 프로그램 실시 초기나 준비기간에 달성이 가능한 목적들이고, 중간 하위목표는 프로그램 실행 후 일정한 기간(6개월이나 1년) 안에 달성될 수 있는 목표들이며, 궁극적 상위목표는 실천계획 수립 시나 프로그램 제안서에서 다루어진 프로그램의

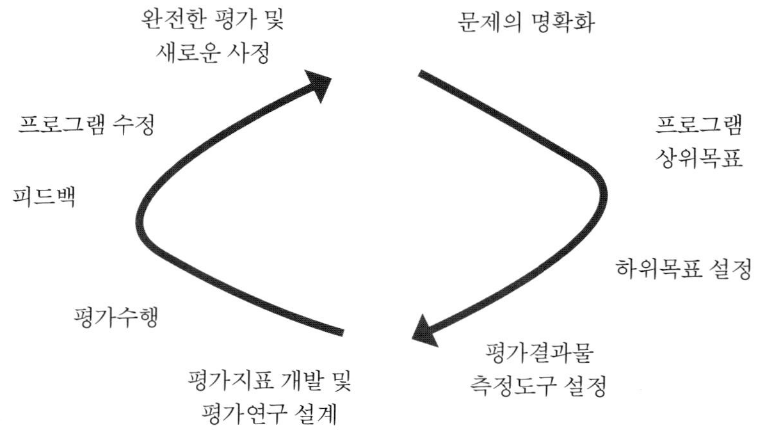

그림 5-2 지역사회복지실천 및 평가 흐름도

출처: 백종만 외(2015: 176) 재인용.

최종결과물로 볼 수 있다(Lauffer, 1984).

이러한 실천목표달성 평가와 관련하여 하디나는 전반적인 실천과정에서의 문제, 결과물, 그리고 평가과정의 흐름을 [그림 5-2]로 나타내었다.

(2) 사회지표평가

목표달성 평가가 실천 계획서나 프로그램 제안서에 설정된 여러 수준의 목표달성 정도를 평가하는 데 초점을 두는 반면, **사회지표분석**(social indicator analysis)평가는 평가의 주요 기준으로 사회지표들이 고려된다. 평가자가 평가의 지표를 구성하여 평가하는 것이 아니라 일반적 지표를 활용하여 평가한다는 점에서 목표달성 평가와는 차이가 있다.

〈표 5-4〉의 예에서 A 지역의 지역사회복지 실천개입 목표가 '지역 내 청소년 비행 및 폭력 감소'라고 설정되었을 때, 단기 목표들의 개별적 달성은 잘 이루어졌으나 실제 지역사회의 폭력률이나 비행률에 차이가 없을 수 있다. 따라서 평가자들은 학교나 경찰서에서 청소년 폭력 관련 기초정보를 수집하여 이 정보를 개입 실천의 평가지표로 삼을 필요가 있다.

또 다른 예로, 재가노인복지서비스의 증가가 지역사회복지 실천목표라고 하였을 때,

서비스 제공기관의 이용자 현황이나 대기자 수도 실천에 대한 평가의 중요한 지표 역할을 할 수 있다. 이때 중요한 것은 실천개입 이전에 관련 전문가들의 합의하에 바람직한 지표(청소년 비행빈도, 재가서비스 제공률)를 명확하게 설정해야 한다는 점이다.

많은 경우 지역사회의 보건 및 사회복지 관련 지표들(예: 건강, 안전, 실업, 범죄, 경제, 인구이동 등)과 관련된 2차 자료를 수집하여 분석하거나 발표된 통계치들을 중요한 기준으로 삼을 수 있다. 특히 개입 전(프로그램 실시 전)과 그 후 일정 기간 동안 동일한 지표에 대해 꾸준히 시계열 관찰을 하는 것은 중요한 평가방법이 될 수 있다.

2) 질적 평가

(1) 현장인터뷰에 의한 평가

맥네어(MacNair, 1996)는 지역사회조직이나 실천과정에 대한 정보를 수집하는 방법으로 현장인터뷰(field interview)와 주요사건 분석을 들었다.

이 중 **현장인터뷰에 의한 평가**는 참여자들이 지역사회조직이나 실천과정에 대해 어떠한 견해를 갖고 있는지에 대한 정보를 수집하는 데 활용된다. 즉, 이 평가방식은 참여자들이 그들의 경험, 활동, 그리고 도출된 결과에 대한 어떠한 의미들을 부여하고 느끼는지에 대한 구체적이고 심도 있는 정보를 통해 해당 실천에 대한 평가를 내리는 방법이다.

이러한 인터뷰 중심의 평가방식은 실천을 통해 참여자들이 확보된 중요한 경험과 지식들을 앞으로의 실천에 다시 활용하려는 것을 주요 목적으로 하고 있다. 이 방식에서는 인터뷰 대상자들의 선택이 특히 중요하다. 평가자는 실천이나 조직과정에 깊이 관여한 지역지도자와 인터뷰를 행할 수 있다. 또 특정한 이슈들에 대해 알고 있고 꾸준히 관찰하고 있는 주요 정보제공자들도 중요한 인터뷰 대상이다. 주요 인터뷰 대상으로는 지역언론인, 경험 많은 지역사회 활동가, 지역종교인, 정치가 또는 경제인을 들 수 있다. 지역사회 주민이나 그 복지 실천의 주요 수혜자의 생각들도 충분히 평가되어야 한다. 이와 관련된 구체적 방법은 제6장에서 자세히 살펴보겠다.

(2) 주요사건 분석 평가

주요사건 분석(critical incident analysis)에 의한 평가는 지역사회복지 실천 중 특히 사회변화와 연관된 성과달성과 관련하여, 주요사건(갈등, 대치 또는 특별 사건) 등에 대해 평가의 관점에서 분석해 보는 것이다(MacNair, 1996).

특히 사회행동 관련 개입평가에서는 관련 집단 간 의견충돌이나 협상 과정에 중점을 둔다. 이러한 사건 속에 평가될 수 있는 사항들로는 전술이나 전략에 대한 집단들의 반응, 참가자들에 의해 표출된 감정이나 가치, 집단행동, 지도자의 질, 협력적 관계의 강점, 주민들의 의사표현 정도 등이 포함된다.

이러한 평가에는 실천가나 평가자의 현장노트가 활용된다. 현장노트에는 비언어적 행동에 대한 관찰, 인간 행동의 결과물이나 잔재, 그리고 현장에서 보고 들은 것에 대한 관찰자의 기록 등이 담겨져 있어야 한다.

3) 형성적 평가 및 총괄적 평가

(1) 형성적 평가

평가 시기나 내용에 따라 구분되는 지역사회 개입평가 유형으로 **형성적 평가**(formative evaluation)와 **총괄적 평가**(summative evaluation)가 있다.

예를 들어, 지역사회 활동가나 전문가가 지역사회복지실천이나 프로그램을 실시한 지 약 2~3개월 정도 되었다고 가정해 보자. 이미 기관의 직원들에게서는 새로운 개입이나 프로그램 실천에서의 애로사항들이 나타나고 있을 것이다. 또 클라이언트들도 여러 가지 프로그램에 대한 불만을 토로하기 시작할 것이다. 프로그램 디렉터나 지역사회복지 실천가들은 이러한 초기 문제점들을 신속히 수정 · 보완하여, 궁극적 목표달성에 미칠 영향을 최소화하기 위해 노력해야 될 시점이다.

바로 이러한 프로그램 초기에 등장한 몇 가지 문제점들을 파악하여 조기에 전체과정을 수정 · 보완하기 위한 평가가 **형성적 평가**이다. 형성적 평가는 그 평가대상이 최종성과물이 아니라 개입 그 자체라는 점에서 과정평가(process evaluation)와 유사하게 쓰인다. **과정평가**[5]와 다른 점은 과정평가가 프로그램의 실천기간 중 어느 때나 실행될 수 있으나 **형성적 평가**는 개입 초기에 프로그램이 당초에 기대한 만큼 클라이언트들에게 서비스를 제공하고 있는지 여부를 평가하는 데 초점을 둔다(Royse et al., 2001).

이 평가를 위해 필요한 자료들은 인구학적 자료(이름, 연령, 성별), 도움을 주는 수단(쉼터, 음식), 실제로 제공되는 서비스(식품교환권, 교통비), 이룩한 성과(취업, 경찰에 출두하는 일이 없어진 것), 서비스 제공에 관한 정보(상담시간 수, 위기전화 통화 횟수, 한 달간 서비스 받은 사람의 수 등) 등을 포함한다. 또 다음에 논의될 **총괄적 평가**가 객관적 또는 계량적 측정치를 주요 기준으로 삼는 데 반해, **형성적 평가**는 변화노력에 대한 클라이언트나 사회복지사의 판단과 같은 다분히 주관적인 측정치에 초점을 둘 수도 있다.

이러한 형성적 평가에서 중요한 것은 실천가나 프로그램 제공자가 이러한 초기의 평가들을 신속하고 안정적으로 전체 프로그램 과정에 적용시켜 나가는 것이다. 수정 · 보완에 따른 비용과 시간도 물론 충분히 고려되어야 하지만, 초기 개선 없이 그냥 진행될 경우 발생할 수 있는 결과의 예상을 위해서라도 형성적 평가가 체계적으로 실행되어야 한다.

(2) 총괄적 평가

총괄적 평가는 프로그램 종료 후 프로그램이 궁극적으로 달성하고자 했던 목표를 어느 정도 달성했는가를 살펴보는 것이다. 프로그램의 결과나 성과가 주요 평가대상이 되어 결과물 평가(outcome evaluation)로 부르기도 한다. 이러한 의미에서는 일반적인 프로그램 평가 대부분이 이 경우에 해당한다.

총괄적 평가는 제공된 서비스의 최종 결과를 측정해야 하므로 통상 개입이 끝난 후에 행해지며, 표적집단에 일어난 변화에 초점을 둔다. 특정 프로그램이 의도하는 바를 실제로 수행하고 있는지, 목표를 달성하였는지 등을 평가한다. 따라서 프로그램 재정을 지원하는 사람들이나 입법가들은 프로그램이 의도한 성과를 달성하였는가에 관심을 가지게 되는데, 총괄적 평가는 특정 프로그램이 지속될 것인지, 아니면 중단될지를 판단하는 중요한 근거가 된다. 로이제 등(Royse et al., 2001)은 특히 성과물의 실증적 검증을

5) 분기별 평가나 중간 평가는 과정평가에 해당된다.

표 5-5 형성적 평가와 총괄적 평가의 주요 특성 비교

	형성적 평가	총괄적 평가
개념 정의	프로그램이 계획대로 진행되는지와 초기 과정에 대한 진단적 성격의 평가	프로그램이 의도한 결과(성과)를 달성한 정도, 종합적인 지역에 영향을 미친 정도 등을 평가
주요 목적과 성격	• 프로그램의 적절한 관리 • 운영자의 관심 반영	프로그램의 결과와 영향에 대한 피드백으로 정책결정자나 기획가가 프로그램/정책의 타당성 판단 및 개선 방안 모색: 인과관계 규명 관심
평가초점	초기 프로그램 운영 과정	프로그램 성과
평가항목	• 설계에 따른 프로그램 수행 여부 • 프로그램이 지역사회 욕구를 충족시키는 정도 • 대상에 대한 서비스 제공의 적절성 여부 • 서비스의 내용과 양 • 초기 성취된 결과(산출/성과)	• 프로그램이 계획대로 기능했는지 여부 • 프로그램의 결과(성과) • 프로그램의 영향(가시적) • 프로그램의 비용효과성 • 프로그램의 긍정적, 부정적 결과와 의도하지 않은 결과
평가의 주용도	기관관리자에게 프로그램 운영에 관해 피드백	프로그램 결과와 영향에 대한 피드백: 정책결정자 및 기획가에게 개입의 지속성 결정에 도움

출처: 백종만 외(2015: 182)에서 일부 수정.

통한 평가를 총괄적 평가에서 강조하며, 이를 위해 사전사후설계나 다중기초선 방식의 체계적 평가연구 설계가 필요하다고 주장한다.

〈표 5-5〉는 앞에서 논의된 **형성적 평가**와 **총괄적 평가**의 주요 특성을 정리한 것이다. 실제로 형성적 평가는 프로그램 모니터링의 기능을 하며 총괄적 평가의 준비자료가 된다. 일반적으로 프로그램 평가에 대한 교재의 많은 부분은 총괄적 평가방식에 대해 집중적으로 다루는 만큼, 이 책에서는 기본사항들을 중심으로 비교하였다.

지역사회복지 현장 연습 과제

〈1단계〉

1-1. 본인의 관심 지역사회 한 곳을 선택한다.

1-2. 지역의 인구사회학적 요인 및 지역 특성을 파악한다.

1-3. 2단계에 실시될 지역사회 문제해결에 도움이 될 비교 지역사회를 선택하고 동일한 정보를 파악한다.

〈2단계〉

2-1. 1단계의 지역사회 중 우선순위가 있는(또는 본인이 특히 관심이 가는) 지역문제 한 가지를 생각하고 규명해 본다. 필요한 경우 욕구조사를 일부 지역사회 구성원이나 주요 정보자 등에 대해 실시해 본다.

2-2. 문제해결을 위한 개입과정에 관련된 지역사회 내 집단들을 파악한다.

2-3. 개입의 주요 목표(상위목표와 하위목표)를 설정한다.

2-4. 이 목표달성에 활용할 수 있는 가능한 자원들을 구체적으로 열거해 본다(자원봉사, 전담직원, 지역사회 기관, 자금, 언론매체 등).

2-5. 목표달성을 위해 선택 가능한 실천모델(들)을 선택하고 그 이유를 본 사례와 연관지어 설명한다.

2-6. 본인이 선택한 실천모델의 장점과 단점을 살펴본다.

〈3단계〉

3-1. 지역문제 해결 개입계획 작성 과정에서 발생한 특이점이나 소감을 기록해 본다.

3-2. 비슷한 문제 발생 시에도 해당 지역사회가 대응할 수 있도록 타 실천가를 위한 제언 등을 기록해 둔다.

이 연습 과제는 지역사회 문제해결의 실제 사례를 본인의 관심 지역사회 중심으로 정리해 보고자 제시하였다. 각 단계별로 제4장과 제5장을 참고하여 지역사회의 주요 지역문제를 제시해 보고 이를 해결하기 위한 실천계획을 세워 보자.

제6장

지역사회복지 욕구조사 기법

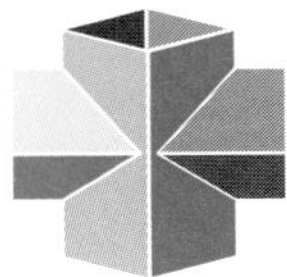

이 장에서는 지역사회복지 욕구조사 기법을 중점적으로 논의할 것이다. 제5장에서 욕구조사의 개념과 욕구조사 수행 시 고려해야 할 사항, 욕구조사의 유형들을 이미 살펴보았다. 이 장에서는 여러 가지 조사 기법을 중심으로 지역의 욕구조사나 문제파악 등에 관한 다양한 양적 및 질적 방식들을 살펴보겠다.

욕구조사 방법은 수집된 자료의 특성에 따라 크게 **질적**(qualitative) **접근**과 **양적**(quantitative) **접근**으로 구분되기도 한다. 질적 접근 방법은 필요한 정보수집에 사용된 주요 의사소통 방식을 근거로 크게 **대화**(conversation/dialogue)를 중심으로 한 방법들과 조사자의 의도에 특별히 고안된 **정형화된 양식**(structured form)을 이용하는 경우로 나눌 수 있다. 양적 접근으로는 수량화된 정보를 수집하는 서베이나 이미 발표된 통계자료를 활용하는 사회지표, 시계열 분석 등이 있다. 그러나 실제 최근 조사에서는 혼용되어 사용되는 경우가 많고, 질적 기법도 양적 정보를 활용하여 이용되는 경우가 대부분이다. 양적 접근 조사들은 조사방법론 교재에서 주로 다루고 있어 이 책에서는 질적 접근 중심으로 살펴본다.

논의되는 주요 기법으로는 크게 대화를 활용한 방법(비공식적 및 공식적 인터뷰와 문화기술지적 방법, 집단 간 대화기법), 지역사회 포럼, 집단활용 기법[명목집단 기법(Nominal Group Technique: NGT)], 초점집단(focus group) 기법 및 델파이 기법 및 양적지표활용법(서베이 및 사회지표 분석)으로 나누어 설명하기로 하겠다.

1. 인터뷰

1) 비공식적 인터뷰

인터뷰는 질문의 정형화, 면접의 공식성, 조사 대상자의 전문적 지식(expert knowledge) 등의 정도에 따라 **비공식적 인터뷰** 및 **공식적 인터뷰**로 구분될 수 있다(Hardina, 2002). 비공식적 인터뷰는 지역조사자들이 지역주민이나 지도자들 또는 주요 정보 제공자(key informant)들과의 자연스러운 만남을 통해 향후 전개될 조사의 방향이나 포함 내용 및 주요 쟁점들을 인식할 수 있는 지역 욕구조사의 기초 단계라 할 수 있다.

루빈과 바비(Rubin & Babbie, 1997)는 비공식적 인터뷰를 "지역 현장을 관찰하면서 면접자와 조사 대상 간 자연스러운 만남에서 실행되는 우연적 상호작용"으로 정의하였다(백종만 외, 2015). 비공식적 인터뷰의 경우 특별히 준비된 질문을 체계적 순서로 묻는 것이 아니므로 조사 대상이 인터뷰에 응하는 것이 아니라 단지 대화에 참여한다고 인식하는 경우도 있다. 따라서 자연스럽게 의견교환이 일어날 수 있고 조사 대상자의 특정한 입장에 상관없이 정보를 수집할 수 있는 장점이 있다.

조사를 하는 지역사회복지 실천가나 사회복지사가 여러 대상자로부터 공통적 반응의 양상을 발견하게 되면 지역사회 내의 중요 쟁점을 파악하여 문제를 확정할 수 있으며, 그 문제와 관련된 인적 자원들을 서로 연결해 갈 수 있다. 미나한 등(Meenaghan et al., 1982)은 지역사회실천가가 이 비공식적 인터뷰의 결과로 확정된 문제에 대응할 추가 인원이나 조직에 관한 자원동원을 의뢰하는 경우도 있어, 비공식적 인터뷰를 욕구조사 차원을 넘어선 지역사회복지 실천의 첫 단계로 간주할 수 있다고 주장한다.

2) 공식적 인터뷰

공식적 인터뷰는 지역사회의 주요 쟁점들에 관한 전문적 지식을 가지고 있다고 여겨지는 핵심 정보제공자들과 사전에 계획된 대면이나 전화면접 등을 통해 이뤄진다. 지역 욕구조사를 위한 공식적 인터뷰와 관련하여 두 가지 특성이 강조된다.

첫째, 정보제공자들의 구성과 관련된 문제로서 조사 대상자의 선택 관련 사안이다. 이때 샘플링은 비확률적 샘플링 기법이 많이 쓰인다. 인터뷰 대상 선정을 위한 샘플링 기법으로는 기존 정보로 확보된 적은 수의 정보제공자들을 효과적으로 활용하여 점차 대상을 확대해 갈 수 있는 편의형(convenience)이나 스노볼(snowball) 샘플링이 이용된다. 지역주민들이 사회계층, 출신 지역 및 문화적으로 이질적인 집단들로 구성된 경우는 구성 자체를 이 요소들의 일정 비율로 선택하는 쿼터(quata) 샘플링을 사용하기도 한다.

포괄적 조사를 위해서는 이 인터뷰에 참여하는 정보제공자들이 지역의 다양한 욕구를 표출할 수 있도록 지역사회 내 다양한 집단(예: 지역주민, 자영업자, 지역의원, 복지서비스 제공자, 시민단체 및 담당 지역 공무원 등)으로부터 구성되어야 한다는 점이 무엇보다 중요하다(Chambers, Wedel, & Rodwell, 1992). 그러나 특별한 표적집단을 위해서는 정보제공자들을 그 표적집단에 맞출 필요가 있다. 예를 들면, 청소년이나 노년층을 대상으로 하는 욕구조사에서는 이들의 욕구와 관련된 정보제공자들이 필요하다.

둘째, 조사에 사용되는 질문의 형식과 관련된다. 질문에 사용되는 형식은 조사 대상자들이 대답을 보다 상세히 기록할 수 있도록 개방형(open-ended)으로 구성하는 것이 바람직하다. 보다 체계적 조사가 되기 위해 사전에 인터뷰 전반에 대한 요약적 인터뷰 가이드를 작성 · 이용할 수 있다.

질문은 지역 욕구조사라는 목적에 맞게 지역조사자가 고안하는 경우가 많지만 일부 조사에서는 자료수집의 신뢰도와 일관성을 향상시키기 위해서 표준화된 도구들을 이용하기도 한다. 표준화된 도구 사용과 질적 자료분석 기법 등의 구체적 논의는 사회복지 조사방법론 문헌들에 상세히 서술되어 있다.

2. 문화기술지적 조사

질적 조사와 관련된 보다 전문적이고 심도 깊은 인터뷰 형태의 지역 조사방식으로는 문화기술지적 조사(민속지적 조사, ethnographic research) 방법이 있다. 문화기술지적 접근은 심층적(in-depth interview) 면접과 조사자의 현지 관찰을 근거로 조사 대상 지역주민들의 삶의 방식, 행동, 문화, 가치와 믿음 등을 이해하기 위해 사회과학의 여러 분야에서 이용되는 조사 방법이다(Berg, 1998).

문화기술지적 조사 방식의 욕구조사들은 도시빈민 문화(Anderson, 1990), 갱(gang) 문화(Decker & Van-Winkle, 1996), 저소득층 주민들의 경제적 생활(Wagner, 1994), 시설보호 노인들의 삶(Kauffman, 1994)의 이해 등에 이용되었다. 커비와 맥키나(Kirby & McKenna, 1989)는 조사자의 선결과제로 잠재적 조사 대상 집단 내 사회망을 이용한 집단 안으로의 접근과 이후 이 대상과의 적절한 접촉을 문화기술지 접근의 성공 요인으로 지적했다.

최근 미국의 경우 다문화조직(multi-cultural organization)의 개념이 지역복지실천에서 강조됨에 따라 다양한 인종 · 문화 거주지역에 대한 **지역참여조사**(Participatory Action Research: PAR)의 형태로 문화기술지적 접근이 주로 이용되고 있다(Royse et al., 2001). 문화기술지적 접근의 상세한 서술과 구체적 자료수집 및 분석은 전형적 지역 욕구조사의 논의범위를 벗어나므로 자세한 정보는 질적 조사방법론 관련 문헌들을 참조하기 바란다.

3. 집단 간 대화기법

앞서 언급했듯이, 지역 욕구조사에서 최근 가장 중요한 이슈는 조사된 욕구의 대표성, 즉 대상자의 포괄성이다. 특히 지역사회 동질성이 점차 미약해지는 도시지역 거주자가 점차 다양한 문화적 특성을 갖게 되면서 지역문제 해결이나 지역복지 증진에 참여하는 기획가, 의사결정자 및 개입실행자와 지역개입으로 혜택을 받을 수 있는 대상 간 문화의 차이가 점차 커지고 있다. 정책결정자나 복지서비스 기획자와 이 서비스를 이용할 클라이언트 계층과의 이러한 문화적 차이는 실제 적절한 서비스 개발로 이어지지 못하고 대상효과성이 낮아지게 된다. 이러한 문화 차이 극복이 문제해결의 우선 요소가 되어야 한다는 점이 **집단 간 대화기법**(Inter-Group Dialogue: IGD)이 주목받는 가장 중요한 배경이 됐다.

집단 간 대화기법은 서로 다른 집단 간 문화와 가치 등의 이해를 위해 어느 정도의 기간 동안 구성원 간 상호작용에 초점을 둔다. 이 집단은 서로 다른 문화적 배경(인종, 민족집단, 소득계층, 성적 취향 등)을 가지고 있는 사람들이 함께 구성될 수 있어야 한다. 특정한 목적으로 단기간 지속되는 포커스 그룹이나 과업집단(task force)과는 다르며, 문제의 단기적 해결보다는 대화기법을 통한 장기적 상호작용 증진에 따른 타 문화에 대한 이해의 형성에 초점을 둔다(Meenaghan et al., 1982).

욕구조사로서의 집단 간 대화기법은 지역사회 문제의 근본 이유를 파악할 때 여러 계층의 관점을 반영할 수 있다는 중요한 장점을 가지고 있다. 이 기법을 통해 파악된 문제들에 대한 해결책들은 다양한 계층의 입장을 반영할 수 있게 된다.

집단 간 대화기법은 임파워먼트 관점(community empowerment)의 접근에서 비롯된 기법으로 볼 수 있다. 전통적 지역사회의 권력구조는 한 집단으로 **수렴하는 권력**(power to)이나 다른 집단을 **통제하려는 권력**(power over)에 기반하고 있어, 다양한 집단 간 상호평등 관계에 장애요인이 되어 왔다. 임파워먼트 관점에서는 지역문제의 근본 원인이 이러한 불평등 권력구조에서 비롯되는 것으로 보고 있다. 이 관점에 따르면, 집단 간 대화기법은 서로가 **공유하는 힘**(power with)을 바탕으로 상호평등한 계층 간 관계를 형성하는 데 필요한 기법이라 하겠다. 따라서 집단 간 대화기법은 서로 다른 계층들이 무엇을 가지고 있고, 가지고 있지 못한지, 왜 특정 계층에는 계속 혜택이 돌아가지 못하는지, 소외계층에게 실질적 혜택이 돌아가려면 어떻게 해야 하는지에 관한 해답을 찾는 데 그 의의가 있다.

지역사회 활동가나 실천가는 계층 간 조정자(facilitator)의 역할을 수행하면서 각 계층이 진정으로 다른 계층의 문화를 이해하도록 하는 데 개입의 초점을 두는데, 이를 위해서는 지역사회 내 힘의 구조를 사전에 충분히 파악하여야만 한다(제7장은 이 부분에 초점을 두고 있다). 욕구사정뿐 아니라 개입전략과 전술의 선택 및 개발의 경우에도 교육은 집단들이 타 문화와 가치에 대한 이해를 증진하는 데 중요한 기법이 된다.

이러한 장점에도 불구하고, 이 기법을 장기적으로 실행하는 것과 효과성을 입증하는 측면에서 이 기법은 다음과 같은 **한계**를 가진다. 첫째, 각각의 이해와 이슈가 다른 집단 간 상호행동을 장기적으로 유지하기가 힘들다는 점이다. 취지나 목적은 좋지만, 형식적 관계에 치우칠 가능성이 높다. 이러한 문제점을 극복하기 위해서는 소수집단을 구성하고 보다 체계적 교육과정을 통한 의사소통 진행방식의 개발이 필수적이라 하겠다.

둘째, 문제해결이 장기간에 걸친 상호이해 증진의 결과인지, 아니면 다른 요인들에 의한 것인지 그 효과성을 입증하는 문제가 있다. 집단 간 대화기법이 강조하는 일차 목표들은 사회계몽(social enlightment), 의식고취(consciousness raising) 등의 행동 실천 동기에 초점을 둔다(Nagda, Kim, & Trulove, 2004). 따라서 이러한 동기가 실제 행동을 이끌어 내는가의 문제는 집단 간 대화기법의 효과성과 밀접한 관련이 있는데, 지역사회 문제의 해결에는 다양한 요인 및 집단역학이 작용하므로, 특정 요인의 효과만을 강조하기란 쉽지 않다.

4. 지역사회 포럼

지역 욕구조사는 욕구 관련 정보수집 이외에도 지역문제들에 대해 주민들이 공유한 **지역정서**(community sentiment) 파악이라는 목적도 가지고 있다. 이러한 목적을 위해 쉽게 사용할 수 있는 것이 지역사회 포럼(community forum) 방법이다.

챔버스 등(Chambers et al., 1992)은 지역사회 포럼이 정부 추진 사업이나 계획 등에 대해 주민의견을 청취하는 지역공청회(public hearing)와는 구별되어야 한다고 주장한다(Hardina, 2002). **지역사회 포럼**은 지역주민의 의사를 대변하는 전문가들의 의견을 지역주민과 함께 공유하는 데 초점을 두는 반면, **지역공청회**는 정부의 특정 공공사업 사전에 주민들에게 의견을 들어 보는 데 초점을 맞춘다. 지역공청회를 통해 정부 당국은 회의주제 및 회의록에 근거한 욕구 파악을 하게 되고, 주최 측은 이 자료의 배포를 책임진다.

지역공청회와 달리, 지역사회 포럼은 지역주민들이 지역문제에 대해 공유한 생각들을 문서화하는 작업을 주된 목적으로 지역사회복지 실천가나 조사자가 전체 주민이나 몇몇 지역의 대표집단들을 초대하여 실시된다(Hardina, 2002). 다수의 경우 현안에 대한 전문가와 관련 단체나 조직이 패널 토론을 하고 주민의 의견을 들어 보는 순으로 진행된다. 이를 통해 지역문제들의 명확화, 우선순위 설정, 해결책 등에 대한 주민들의 분위기를 현장에서 직접 살펴볼 수 있다는 점이 포럼의 장점이다.

다만 포럼이나 공청회 같은 현장 집담회에는 일부 개인이나 이익집단이 의사진행을 방해하거나 회의 진행을 주도해 통제가 힘들고, 그들의 의견이 실제로 지역 전체를 대표하는가라는 의문에 취약한 단점이 있다(Royse & Thyer, 1996). 즉, 실제 의견과 달리 소수의 목소리만 반영될 여지가 높다는 것이다.

5. 명목집단 기법

명목집단 기법(Nominal Group Technique: NGT)은 비교적 빠른 시간 안에 다양한 배경을 가진 집단의 이익을 수렴하여 욕구조사와 우선순위 결정(priority-setting)까지 하도록 고안된 욕구조사 방법이다. 집단을 이용한 여러 방법 중 명목집단 기법의 최대 장점은 참여한 이들 모두의 의사가 고루 반영될 수 있고, 소집단사고[1]의 가능성을 최소화할 수 있다는 데 있다(Lauffer, 1984). 보통의 경우 지역사회의 여러 조직이나 기관의 대표자들이 참석하여 각각 본인의 관심 문제에 대해 먼저 중요성을 발표한 후 의견수렴 과정을 거친다. 명목집단 기법은 다음의 과정을 거쳐 실행된다.

- 1단계: 진행자는 각 참가자가 지역사회 내 문제나 쟁점들을 자유롭게 제안하여 열

1) groupthink, 구성원 간에 강한 응집력을 보이는 집단의 독단에 의한 의사결정 심리로 다른 대안들의 현실적 평가보다 의견 동일시를 더 강조하는 사고방식을 뜻한다.

표 6-1 명목집단 기법을 이용한 지역욕구 조사 및 우선순위* 결정의 예

문제/쟁점	갑	을	병	정	무	평균	최종순위
가정폭력	4	1	3	5	3	3.2	3
독거노인	1	3	2	2	1	1.8	1
마약중독	3	2	1	4	5	3.0	2
노숙증가	2	4	5	3	4	3.6	5
학교폭력	5	5	4	1	2	3.4	4

* 1 = 최우선 순위, 5 = 상대적 최하순위

거하게 한다.

- 2단계: 차트에 각자의 생각들을 간결한 용어로 적는다. 이후에 진행자는 중복된 것들은 제외하고 각기 다른 문제들만 간추린다.
- 3단계: 열거된 각각의 문제들에 대한 중요성을 부각하기 위해 참가자들이 짧게 논의나 발표에 참여할 시간을 갖는다.
- 4단계: 우선순위 결정을 위해 참가자들로 하여금 열거된 문제에 대해 각자 순위를 매기게 한다.
- 5단계: 진행자는 각 참가자가 매긴 순위를 기준으로 평균 점수와 최종 우선순위를 결정한다(〈표 6-1〉참조).
- 6단계: 만약 최우선 순위나 다음 순위의 최종결정에 전혀 동의가 이뤄지지 못한 경우, 진행자는 4단계와 5단계를 한 번 더 실시한다. 이때는 진행자가 문제들을 3~4개 정도로 압축해 진행한다.

〈표 6-1〉을 보면 다섯 명의 참가자가 다섯 개의 쟁점에 대해 각각 점수를 부여하고 최종적으로 순위를 매겨 '독거노인' 문제를 1순위로 정했음을 알 수 있다. 모든 참여자가 각각의 의견을 반영한다는 점에서 이 방식의 중요한 강점이 있다. 누구를 뽑거나 한 가지만 선택하는 방식과는 다르다는 점이 중요하다.

6. 초점집단 면접 기법

지역사회 욕구들을 발생하는 사건이나 문제들의 맥락을 통해서 심층적으로 조사하고 싶은 경우 초점집단 면접 기법(Focus Group Interview: FGI)이 활용된다. 이 방법에서도 다른 기법처럼 다양한 집단을 대표할 집단원의 구성이 우선적으로 요구된다. 지역사회 포럼의 한 형태로 실시될 수도 있고, 독자적 자료수집 방법으로 이용할 수도 있으며 사안에 따라 여러 그룹을 독립적으로 이용하기도 한다. 조사는 다양한 집단을 포함하되, 한 집단에는 여러 직종이나 이해집단들이 섞이지 않도록 하여 집단구성원들이 자유롭게 첨예한 문제들을 토론할 수 있도록 해야 한다.

각 초점집단은 비슷한 관심사로 구성된 집단이 전제된다. 로이제와 사이어(Royse & Thyer, 1996)는 초점집단에 참여하는 대상들이 어느 정도 조사 주제에 대한 공감하는 입장을 가져야 한다고 보았다. 이러한 분위기가 보장되어야 참여자들은 솔직한 의견을 자유롭게 표출할 수 있으며, 이후 조사자는 여러 초점집단의 의견을 살펴보고 최종적으로 종합적 논의를 거친 답변을 얻을 수 있다는 것이다. 비록 동의를 얻어 각자의 의견이 기록되거나 녹취되지만, 조사자는 상호합의된 답변을 얻는 것을 최우선 과제로 삼아야 한다.

명목집단 기법이 주민대표나 지역사회 기관의 대표들을 대상으로 주로 실시되는 반면, **초점집단 기법**은 클라이언트나 일선 업무담당자들을 대상으로 실행하는 경우가 많다(Lauffer, 1984). 따라서 집단구성원들 간의 심도 있는 논의를 통해 복지서비스의 수혜 경험이나 복지정책과 현장 업무의 괴리 등을 살펴볼 수 있는 장점이 있다. 동질성을 높이기 위해 비슷한 위치나 역할을 수행하는 사람들끼리로 구성하는 것이 더 바람직하다.

명목집단 기법은 욕구수렴을 통한 우선순위를 결정하는 데 주로 활용된다면, **초점집단 기법**은 비슷한 위치에 있는 사람들의 공통된 입장을 자세하게 파악하는 데 주로 활용된다. 또한 명목집단 기법이 **욕구내용**(what)**의 결정**에 초점을 두는 반면, 초점집단은 욕구의 **배경이나 결정과정**(why or how) 등의 문제들에 대한 답변들을 살펴보는 데 목적이 있다. 마지막으로 지역사회 내 주류적 견해뿐 아니라 소수 의견들도 논의에 포함함으로써 다양한 목소리를 참조하는 욕구조사를 수행할 수 있다.

7. 델파이 기법

델파이 기법은 필요한 정보를 가지고 있다고 여겨지는 전문가들로부터 몇 차례 우편조사를 사용해 자료를 수집하여 욕구조사를 실행하는 방법이다. 욕구조사로도 사용되지만 사회과학에서 정책 대안 합의 도출 관련 연구 방법으로도 많이 활용된다. 델파이(Delphi)라는 명칭은 고대 그리스의 도시 이름에서 유래된 것으로, 전쟁에 나가는 군주는 이곳에서 신탁(神託)을 받아 의사결정이 이루어졌다고 한다.[2)]

이 기법은 여러 전문가를 한 장소나 동시간대에 모아서 토론하는 데서 오는 비효율성을 줄이고, 토론 중 소수자의 영향력을 줄이며, 자유로운 반대 의사 표출의 환경을 만들어 주는 효과적 집단의사 결정 기법으로 많이 활용되고 있다. 특히 최근 전자우편이나 인터넷 사용이 폭발적으로 증가함에 따라 첨단기술을 이용한 방법들이 델파이 기법에 응용되고 있다.

지역 욕구조사에서 전문가 집단은 단지 학계뿐 아니라 지역 내 여러 가지 쟁점이나 문제점을 파악하기 용이하다고 여겨지는 지역지도자, 지역경제인, 시민단체나 복지업무 종사자, 장기거주자 및 공무원들을 두루 포함한다. 델파이 기법에서는 이 조사 대상들을 패널리스트로 지칭한다.

기본적 절차로는 조사자가 전문가들에게 몇 개의 개방형으로 이루어진 질문지를 보낸 후 1차 답변을 얻고 조사자가 다시 이를 주제별로 요약 · 정리한다. 이 정리된 답변들을 통해 구성된 새로운 질문을 다시 동일한 전문가들에게 보낸다. 이런 과정을 몇 차례 거치면서 초기에 상당한 이견을 보인 쟁점에 대해 최대한의 합의를 얻는 방식이다.

로퍼(Lauffer, 1984)는 구체적 방식을 다음의 4단계로 요약한다.

2) 델파이 기법은 미국의 랜드 연구소에서 1964년에 개발되었다. 이 방법은 관심 주제에 대해서 그것에 따른 몇 개 분야의 다수의 전문가에게 전회(前回)의 결과를 보여 주면서 반복적인 조사를 통해 최종 결론에 도달하는 방식이다.

- 1단계: 지역문제나 특정 쟁점에 대한 여러 가지 의견이 모일 수 있도록 질문을 보낼 대상을 선정한다.
- 2단계: 구체적 개별주제에 대해 조사 대상들의 동의 정도를 평가한다.
- 3단계: 문제 파악의 명확성을 위해 조사 대상 간 견해가 다른 이유들을 살펴본다.
- 4단계: 정보를 분석하고 요약한 후 피드백을 받기 위해 수정된 주제를 재발송한다. 이러한 단계를 비용과 시간의 조건에 맞추어 되풀이한다.

조사 목적이나 방식으로만 보면 델파이 기법은 명목집단 기법과 유사하나, 두 방법의 출발은 서로 달랐다. 명목집단 기법은 집단 간 동학(group dynamics)에서 나온 방식이며, 델파이 기법은 미래학에서 미래예측 기법으로 사용되었던 방식이다(Lauffer, 1984).

앞서 언급한 **명목집단 기법**, **초점집단 기법**과 비교했을 때 **델파이 기법**의 장점은 수집 방식의 효율성과 익명성 보장에 있다. 델파이 기법은 조사 대상 간의 직접적 회동을 요구하지 않아 패널들이 동일한 시간과 동일한 공간에 있을 필요가 없다. 또 서로 간의 직접적 의사소통 방식으로 합의를 찾는 명목집단 기법과 달리 델파이 방식은 답변의 익명성이 보장된다.

델파이 기법은 구체적으로 **정책 델파이**(policy delphi)와 **예측 델파이**(predictive or projective delphi) 두 가지로 나뉜다(Lauffer, 1984). **정책 델파이**는 쟁점이 된 정책이나 서비스를 제시하고 이를 비용, 선호성(desirability)이나 타당성(feasibility) 등의 몇 가지 기준에 의거해 패널들의 평가를 의뢰하는 것이다.

예를 들면, "정신요양기관에 입소한 클라이언트는 퇴소 후 돌아갈 지역사회의 담당 사례관리자를 확정하기 전까지는 퇴소할 수 없다." 또는 "복지관의 관할구역이 너무 넓은 지역의 경우 초기사정은 클라이언트 거주지 주변의 학교나 공공시설을 이용한다." 등의 명목적 문장을 작성한 후 패널들이 앞에 제시한 몇 가지 기준(비용, 선호성이나 타당성 등)으로 평가하는 것이다.

여러 기준에서 관심 주제에 대한 전문가들의 합의가 쉽게 이루어진다면 그 주제를 그대로 채택하면 되나, 지역조사의 경우 기준에 따라 평가 견해가 큰 차이를 보이는 경우가 많다. 예를 들면, 정책 A는 바람직하나 실제 타당성이 없다든가, 정책 B는 비용이 너무 많이 든다든가 하는 견해 차이가 패널 간에 나타날 수 있다.

주제에 대한 의견에 대해 상호합의를 얻어가는 방식이 중요 목적인 델파이 기법의 효과적 수행을 위해 라우퍼(Lauffer, 1984)는 좋은 질문지가 되기 위해서는 패널들이 내린 평가의 이유와 대안 제시 등을 자연스럽게 답변에서 도출할 수 있어야 한다고 주장한다. 또 이견을 보이는 쟁점에 대해 최대한의 합의를 끌어내기 위해 델파이는 대략 3~5차례 실시돼야 한다.

정책 델파이와 달리 **예측 델파이**는 미래의 가능 자원, 클라이언트 수요 또는 지역 쟁점 등의 추후 경향을 보다 체계적으로 예측하기 위해 고안되었다. 패널들도 정확한 예측을 할 가능성이 높은 전문가로 구성된다. 이런 경우는 질문들도 패널의 평가보다는 예측에 초점을 둔다. 예를 들면, "지역 내 노인전용 주거단지에 대한 수요가 10년 후에 두 배 정도로 늘 것 같다."는 문장을 제시한 후 이를 5단계 척도(1은 매우 그렇다, 5의 경우 전혀 그렇지 않다)로 의견을 예측하고 그 근거를 제시하게 하는 것이다. 이러한 답변을 모은 후 1차 조사의 평균 점수와 응답자가 제시한 주요 근거들을 정리한 후 다시 응답자에게 보내 주고 예측을 물어보는 일련의 과정을 거치면서 의견들을 점차 수렴해 가는 방식이라 하겠다.

8. 양적 자료분석 기법

1) 서베이

욕구조사로서 서베이는 지역사회와 관련된 표준화된 정보수집을 위해 구조화되거나 반구조화된 질문지를 사용하여 자료를 수집하고 수치화된 자료를 통계적으로 분석할 수 있는 조사 방법이다. 구조화된 서베이는 다양한 대상의 답변으로부터 표준화된 양적 정보를 확보할 수 있다는 점이 큰 장점으로 꼽힌다. 또 다른 장점으로는 수집된 자료를 분석할 때 다양한 인구사회 집단 간 비교 분석이 가능하다는 점이다. 지역사회 문제에 관한 의견을 지역사회 구성원들의 여러 특성에 맞추어 비교 분석하여 욕구를 파악해 갈 수 있으며, 앞서 언급된 여러 기법과 달리 보다 대표성이 높은 확률적 샘플링을 주로 사용하여 객관성을 갖출 수가 있다.

다만 조사자에 의해 정해진 항목들에 대해서만 답변할 수밖에 없기 때문에 다양한 의견취합에는 제한이 있다. 그리고 지역의 문제 및 해결 방법에 응답자 간 큰 이견이 생겼을 경우나 인구사회학적 요인에 따라 응답의 편차가 큰 경우, 서베이만으로는 충분한 욕구조사가 이뤄지기 어렵다는 한계가 있다. 또한 모바일이나 전화를 이용한 서베이의 경우 설문에서 질문하는 언어나 문장형식에 따라 조사 대상자의 이해 정도가 달라 답변에 영향을 끼칠 수 있다는 단점이 있다.

2) 사회지표 분석 및 기타 2차 통계자료를 이용한 분석

사회지표 분석은 통계청이나 보건 및 복지 관련 기관이 이미 발표한 자료들을 활용하여 욕구조사를 실행하는 방법이다. 우리나라의 경우 통계청에서 발행하는 인구 센서스 및 각종 통계자료, 보건복지부 및 지방자치단체의 보건복지 관련 실태 자료, 보건사회연구원, 여성정책연구원, 노동연구원 등의 연구기관에서 수행하는 전국실태조사 등이 주요 자료들로 활용된다.

지역사회 욕구조사를 위해서는 이렇게 이미 존재하는 2차 자료에서 해당 지역 관련 정보를 추출하고 분석할 수 있다. 특히 본 지역의 자료를 타 지역이나 전국의 지표와 비교하는 작업에 강점이 있어 이를 통해 해당 지역의 문제를 부각하거나 전국적 비교가 가능해진다. 2차 자료를 활용하는 기법은 지역사회 여건을 대략적으로 파악하거나 지역 내 여러 문제 중에서 우선순위를 결정하는 데 사용되기도 하지만, 보다 심도 있는 문제를 선정하거나 욕구의 맥락을 파악하는 데는 한계가 있을 수 있다.

사회지표는 아니지만 보건서비스나 복지서비스 이용자의 실태에 대한 자료도 욕구의 지표로 활용된다. 지난 수년간 사회복지관 이용자 실태 자료나 대기자 수의 변화, 서비스 만족도 등은 지역사회복지 욕구의 파악을 위해 중요한 자료로 활용될 수 있다. 지역사회복지 실천가들은 장기적 지역사회 정보 관리 차원에서 서비스 이용자에 대한 자료들을 체계적이고 지속적으로 수집하여 관리해야 할 필요가 있다.

제7장

지역사회 권력분석과 입법분석

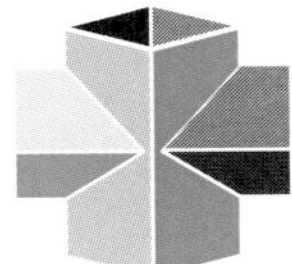

이 장에서는 지역사회복지 실천을 위한 권력분석의 개념과 기술에 대해 논의할 것이다. 후반부에서는 그 연장선상에서 입법분석의 방법들도 살펴보겠다. 권력분석은 사회행동 실천모델에서 주로 언급된 지역 의사결정 및 권력구조를 다룬다. '권력분석'과 '입법분석'의 개념은 사회복지 여러 교과목에서 그 중요성이 언급은 되고 있으나 실제 이 개념을 자세히 설명하는 교재들은 많지 않다. 특히 최근 들어 지역 욕구를 표현하고 해결하는 과정에서 과학적이고 합리적 대안 개발 이상으로 정치적 입법 과정의 중요성이 증가하는 추세이다. 또 국가나 지역사회 내 다양한 이익집단들의 조직 및 연계 활동도 점점 더 강조되고 있다. 따라서 사회복지사나 지역사회복지 실천가는 이러한 지역사회 권력구조와 입법 과정 등에 대해 충분한 지식과 이해가 필요하다고 본다.

1. 지역사회 권력과 권력구조

1) 권력의 개념

하디나(Hardnina, 2002)는 지역사회 권력을 지역사회 정치 과정의 기본 구성요소로서 보았다. 지역사회 권력에 대한 이해는 지역사회복지 실천을 위한 필수사항이다. 즉, 지역사회에서 제한된 재정적 또는 정치적 역량을 가진 집단은 주요 의사결정 과정에서 지속적으로 배제되거나 소외될 수밖에 없는데, 지역사회복지 실천은 소외된 집단에게 권력을 재분배하는 과정의 문제이기 때문이다. 이 절에서는 권력의 원천에 따른 몇 가지 유형들과 지역사회 의사결정에 있어 권력의 역할 및 권력 형성 구조에 대해 논의해 보고자 한다. 우선, **권력**에 대한 정의들을 살펴보면 다음과 같다.

프렌치와 크레이븐(French & Craven, 1968)은 권력이란 **다른 사람의 의사와 상관없이 그 사람을 일정한 방식으로 행동하게 만드는 능력**으로 정의하였다. 루빈과 루빈(Rubin & Rubin, 1992)도 이와 유사하게 **타인의 반대와 상관없이 자신의 의지를 수행하는 능력**으로 권력을 정의하였다. 특히 지역사회에서 권력은 지역 내 여러 행동주체(개인, 집단, 조직 등) 간 관계를 설정해 주는 요인으로, 둘 이상의 행동주체가 필요하다(이성, 정지웅, 2002). 그러한 관계 속에서 한 행동주체가 다른 행동주체들에 영향을 끼칠 경우 권력이 형성되는 것으로 볼 수 있다.

지역사회 권력은 어떻게 사용되는가에 따라 긍정적 또는 부정적으로 나타날 수 있다(Meenaghan et al., 1982). 권력이 의사결정 집단을 설득하여 행동의 변화를 이끈 경우는 긍정적 측면이 있으며, 반대로 행동을 제한하는 방향으로 사용된다면 부정적으로 나타난다. 좀 더 실제적인 지역사회 권력 개념의 이해를 위해서는 권력의 유형과 지역사회 권력 형성의 구조에 대해 살펴볼 필요가 있다.

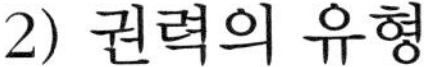

2) 권력의 유형

권력은 일반적으로 타인의 생활에 영향을 끼치는 **권위**(authority)에서 발생된다. 사회복지 조직에서 상급 행정가나 슈퍼바이저들은 직원들의 인사 문제에 관여하고 조직지침들을 결정하는 권위를 가지며, 그 권위에 걸맞은 영향력을 가진다. 또 선거에 의해 선출된 관리나 상급 공무원들은 그가 맡은 부서 업무의 의사결정권을 행사하는 권위를 갖는다. 이러한 권위는 권력의 중요한 기반이다.

권력의 기반이 되는 권위는 실제 다양한 **권력자원**(power resource)에서 비롯된다. 권력을 만드는 권력자원으로는 개인적 기질, 사회적 지위, 개인이 속한 조직, 재화, 서비스, 전문성, 투표(득표), 지식, 정보, 언론에 끼치는 영향력, 유력인사들과의 관계 등이 있다.

사회복지사의 경우도 다양한 자원을 기반으로 권력을 갖는다. 학력 정도(학사, 석사, 박사), 개입에 대한 전문적 지식과 정보, 서비스 전달체계와 클라이언트의 욕구에 대한 정보 등은 주요한 권력자원이다. 사회복지사는 또한 클라이언트의 서비스 자격을 결정하고 서비스의 양을 조정하는 **재량권**(discretionary power)을 갖는다는 점에서 지역사회로부터 고유한 권위를 부여받고 활동하는 것이다.

프렌치와 크레이븐(French & Craven, 1968)은 이러한 권위와 권력자원을 바탕으로 다음과 같이 다섯 가지 권력의 유형들로 구분하였다.

(1) 강압적 권력

강압적 권력(coercive power)은 한 개인이나 집단이 자신(권력 소유자)과 동조하지 않는 행동을 취할 때, 이에 대한 제재를 가하여 자신의 지시에 따르도록 만드는 권력을 의미한다. 강압적 권력은 인간의 공포에 기반을 둔 권력으로, 다수의 경우 대부분 처벌이나 억압의 비평화적 수단에 의존한다.

(2) 보상적 권력

보상적 권력(reward power)은 강압적 권력과는 반대로 한 개인이나 집단의 적절한 행동에 대해 권력 소유자 개인이나 집단이 가치 있는 보상을 제공하거나 부정적 결과를 제거하는 능력을 의미한다. 예를 들면, 물질적 후원이나 재정적 지원의 인상, 칭찬, 서비스 제공 등이 대표적이다. 중요한 것은 이 보상이 보상받는 집단으로부터 가치 있는 것으로 간주되어야 한다는 점이다.

(3) 합법적 권력

합법적 권력(legitimate power)은 특정인이나 특정인이 속한 조직의 권위나 전문가로서의 지위 또는 대중의 인정으로부터 생성된다. 합법적 권력은 보상이나 제재에 의해 나온 것이 아니라 역할이나 지위 같은 집단 구조 자체로부터 정통성이 생성된 것이기 때문에 강압적 권력이나 보상적 권력보다 지속적이며, 구성원의 저항이 적고 강력한 것이 특징이다(이성, 정지웅, 2002). 이 권력은 특정한 의사결정을 내리기 위해 주로 사용되며, 효율적 정책 결정을 위해서는 보상이나 제재를 적절히 사용하기도 한다.

(4) 전문성 권력

전문성 권력(expert power)은 권력 소유자가 의사결정을 내려야 하는 분야에 있어 경험과 지식이 탁월하다는 인정에서 비롯된다. 의사, 변호사, 학자, 회계사, 기술자 등의 전문가 집단에 대한 자격 공인은 이러한 권력 행사를 가능하게 한다. 전문가 집단의 권력은 특히 관련 정보의 독점성에 따라 그 범위가 달라지는데, 정보를 얻을 수 있는 대안이 적으면 적을수록 전문성 권력은 강화된다.

존슨(Johnson, 1994)은 이러한 정보획득의 독점성에 관해 정보성 권력(informational power)을 별도의 한 유형으로 구분하기도 하였다. 이 정보성 권력은 구성원들이 특정한 관련 정보에 접근하기 위해 특정인의 영향을 받을 때 생기는 권력으로, 전문성 권력과 유사하다고 하겠다.

(5) 준거성 권력

준거성 권력(referent power)은 구성원들이 권력 소유자에 대한 개인적 존경으로 자신을 권력 소유자와 동일시하려는 열망에서 비롯된다. 다른 권력 유형과 달리 준거성 권력의 소유자는 특정 지위를 갖거나 전체 대중의 인정을 받지 못하는 경우가 많으나, 권력 소유자가 가지고 있는 매력을 추종하는 자들에게서는 권력에 대한 복종 정도가 다른 권력 유형에 비해 상대적으로 강하다. 인기 연예인, 사회활동가, 대중적 종교지도자 등이 준거성 권력 소유자의 전형적 예이다.

3) 지역사회 권력과 이익집단

앞서 논의한 사회행동 모델과 대항전략 및 전술은 지역사회 권력과 권력구조에 대한 충분한 이해를 전제로 한다. 즉, 지역사회복지 실천 개입전략과 전술은 지역사회 내 여러 **이익집단**(interest group) 간 갈등적 구조가 전제되고 이에 대한 권력구조의 분석을 토대로 기획·실행되는 것이다.

개개인의 개별 활동은 상대적으로 이익집단의 활동보다 영향력이 낮다. 따라서 다수의 경우 개인들은 공통의 관심사를 중심으로 정치적 역량을 강화하기 위해 이익집단을 형성한다. 이익집단들은 입법 과정에 영향을 끼치거나 선거기간에 강력한 주장을 표출해 가면서 지역의 권력 집단에 영향력을 행사하려고 한다. 이를 위해 이익집단들은 사회변화에 필요한 다양한 전략과 전술을 기획하고 실천한다. 특히 **지역사회조직**(community organization)은 낮은 사회적 지위, 부족한 경제적 여건 및 정치적 힘 등으로 인해 지역사회 주요 의사결정 구조에서 소외되는 개인이나 집단의 영향력 향상에 초점을 두므로 상대적으로 개개인의 활동보다 이익집단에 대한 이해가 중요하다.

따라서 지역사회 활동가나 실천가들은 소외계층의 권력 향상을 위해 주민들의 참여 기회가 확대될 수 있도록 지역사회 의사결정 구조의 변화를 위해 노력해야 한다. 바로 이 점 때문에 조직화된 주민의 집단권력화나 영향력 강화를 통해 기존에 소수가 행사해 온 의사결정 권력을 재분배하는 권력의 재편이 지역사회복지 실천의 중요한 구성요소가 된다.

4) 권력구조에 의한 지역사회 구분

그렇다면 지역사회의 권력구조는 어떻게 형성되고 있는 것일까? 지역사회 권력구조란 지역사회의 주요한 의사결정이 어떻게, 또 누구에 의해 이루어지는가와 관련된 구조이다. 결정되어야 할 사안에 따라 공공영역이나 민간영역에서 주도권을 가질 수도 있다. 미나한 등(Meenahan et al., 1982)은 의사결정 참여주체에 따라 권력구조에 의한 지역사회 유형을 **엘리트주의 지역사회**와 **다원주의 지역사회**로 구분하였다.

엘리트주의 지역사회란 엘리트주의 의사결정 방식에 따라 권력구조가 형성된 지역사회를 뜻한다. 즉, 지역사회 의사결정에서의 영향력이 소수의 사회계급 집단이나 전문가로 한정된다. 문제는 의사결정에 참여하는 엘리트들이 다른 집단들로부터 분리되어 있어 전반적인 지역사회의 욕구를 충분히 파악하지 못한다는 데 있다. 이러한 지역사회에서는 의사결정에서 소외되었다고 느끼는 주민들은 정치적 참여를 적극적으로 원하지 않게 되며, 엘리트들과 지역 현안에 대한 의사소통도 원활하지 않게 되고, 지역 정책 관련 중요 정보를 얻는 데도 어려움을 느낄 수밖에 없다. 따라서 일반대중은 자신을 위한 지역사회의 변화가능성은 거의 없다고 인지하게 된다.

다원주의 지역사회란 다원주의 의사결정 방식에 의한 권력구조가 형성된 지역사회로 볼 수 있다. 다원주의 지역사회에서는 다양한 이슈가 여러 집단에 의해 제기되고 논의된다. 핵심 의사결정자도 해당 이슈와의 관련성에 따라 다양할 수밖에 없다. 하디나(Hardina, 2002)는 이러한 다원주의 지역사회에서는 특정 집단이 타 집단에 대한 강력한 권력을 지속적으로 유지하기 어렵다고 주장하였다. 또 엘리트 지역사회와 달리 권력 소유 집단과의 의사소통 채널이 개방적으로 전개되어 다양한 이익집단의 활동이 활발해진다. 이익집단들은 서로 여러 집단과 협력관계를 맺으며 공통의 또는 자신들의 관심사를 권력 소유자에게 전달하고자 노력하게 된다.

5) 지역사회 권력구조(의사결정 구조) 파악

자신이 관심을 두고 있는 지역사회 권력구조가 엘리트주의나 다원주의 중 어디에 더 가까운지를 파악하는 기술로, 다음 두 가지를 들 수 있다(Meenaghan et al., 1982).

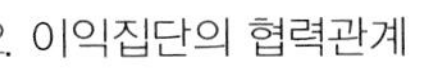

(1) 이슈분석

이슈분석(issue analysis)을 위해서는 연구자가 우선 지역사회 주민 전체나 특정 이익집단이 관심을 보이는 네다섯 가지의 현안들을 선정한다. 이때 연구자는 주민과의 인터뷰, 지역사회 포럼 및 지역 대중매체들을 참조할 수 있겠다. 일단 이슈들이 파악된 후, 연구자는 각 이슈와 관련이 있는 핵심 의사결정자들을 파악해야만 한다. 이렇게 작성된 의사결정자 명단에 이슈별로 다양한 인사가 포함된 경우는 해당 지역의 의사결정 구조가 다원주의적임을 알 수 있다. 반대로 구성된 명단에 동일 인사가 중복적으로 포함되어 여러 이슈에 관여하고 있다면, 그 지역사회는 엘리트주의에 가까운 의사결정 구조로 볼 수 있다.

(2) 지위접근

지위접근(positional approach) 방식을 위해서는 우선 연구자가 의사결정에 관여하는 모든 조직이나 단체들의 명단을 작성하고 이 명단에 포함된 기관들의 지도자급 인사(관리자 및 이사진)들을 파악할 필요가 있다. 소수의 인사가 지역사회의 여러 조직에 관여하고 있다면 이 지역의 의사결정 구조는 엘리트주의에 가깝다. 반대로 여러 인사가 다양하게 명단에 포함되어 있다면 이 지역은 다원주의적 의사결정 구조에 근접하는 것으로 볼 수 있다. 특히 명단에 포함된 인사들의 성, 연령, 직업 및 출신배경 등도 다원주의 정도의 지표가 될 수 있다.

2. 이익집단의 협력관계

1) 이익집단 간의 상호작용

각 이익집단은 지역의 의사결정 구조나 영향력을 보다 조직적으로 행사하기 위해 여러 이익집단과 협력이나 연합을 맺으며 지역의 정책 결정이나 입법 과정에 더 큰 영향력을 행사하려고 한다. 지역사회복지 실천가들은 이러한 지역사회 내 이익집단 간 상호작용을 살펴볼 필요가 있다. 미나한 등(Meenaghan et al., 1982)은 이러한 파악을 위해 다음 사항들을 고려할 필요가 있다고 본다(백종만 외, 2015).

첫째, 이익집단들이 이슈를 다양하게 다루어 왔는가를 살펴본다. 동시에, 특정 이슈에 지속적으로 반대해 온 집단들을 파악해 본다.

둘째, 이슈가 변화되면 협력관계에 있던 이익집단들과의 관계가 변하였는지 아니면 그대로 유지되었는지를 살펴본다.

셋째, 이익집단 구성원의 인구사회학적 프로파일(성, 소속, 사회계층, 종교, 정치적 성향 등)을 살펴본다.

넷째, 참가자들이 사회적 배제층에 가까운지 아니면 사회적 엘리트층에 가까운지를 살펴본다.

표 7-1 지역사회 이익집단의 협력관계 유형

기준	협조노력	연합	동맹
목적	특정 이슈에 유사한 목적을 가진 조직들의 일시적 협조	지속적이지만 느슨하게 연결된(loosely connected) 협력관계: 각 조직의 자율성을 최대한으로 유지하면서 관계를 통한 영향력의 강화	기술적 정보를 제공하고 로비활동 전담 전문가를 공통으로 두어 지속적 협력관계를 유지
의사결정 과정	특정한 목적 달성을 위해 임시적(ad hoc) 계획이 사안에 따라 수립됨	공동으로 선출된 대표들이 정책을 세우고 결정하지만 각 개별 집단에 의한 인준이 필요함: 각 조직이 모든 행동에 참여할 필요는 없음	회원 집단으로부터 승인이 요구되지만 의사결정 권력은 중앙위원회나 전담 직원에 의해 결정됨
지속성	협력관계는 일방에 의해 언제든 종결될 수 있음: 관계유지를 위한 최소의 노력으로 볼 수 있음	참여집단들은 특정 단체 행동(캠페인이나 대항행동)에 선택적으로 참여할 수 있으나 협력구조는 유지됨	중앙위원회나 전담직원에 의해 장기적 활동이 지속됨. 그러한 활동 중 일부는 단지 사업상 동맹관계 유지를 위한 것으로 보일 수도 있음

출처: 백종만 외(2015: 215)와 최일섭, 류진석(2001: 247)에서 일부 수정.

다섯째, 최종결정이 갈등을 통해 이뤄지는지 아니면 협상이나 조정을 통해 이뤄지는지 살펴본다. 또 결정을 소수의 개인들이나 집단들이 내리는지, 아니면 다양한 이익을 대표하는 복수의 집단이 내리는지도 살펴본다.

행동체계를 확장하여 표적체계에 대한 영향력을 높이려는 사회행동의 전략에서 볼 때 이러한 협력유형은 관계의 정도나 지속성에 따라 대표적으로 **협조노력**(cooperative efforts), **연합**(coalitions), **동맹**(alliances) 세 가지로 나뉜다. **협조노력**은 둘 이상의 집단이 공통의 관심사나 이슈를 해결하기 위해 맺는 기초적 협력관계이다. **연합**은 협력에 참여하는 집단의 자율성은 유지하되, 협력으로 최대한의 이익을 도모하기 위해 이루어진다. **동맹**은 보다 더 강력한 협력체제를 구축하여 영향력을 행사하기 위한 것이다.

〈표 7-1〉은 이러한 세 가지 유형의 협력관계를 비교한 것이다. 권력강화를 위한 지역사회 이익집단의 협력관계 유형들을 자세히 살펴보면 다음과 같다.

2) 협조노력

협력 유형으로서의 **협조노력**(cooperative efforts)은 참여하는 여러 집단과의 최소한의 협력을 유지하는 관계유형이며, 동시에 연합이나 동맹으로 나아가기 위한 기초적 협력관계 유지 노력으로 볼 수 있다. 이 관계에서 각 집단은 타 집단들의 유사한 이슈나 문제에 대한 대처 계획이나 대응 방안들을 파악하며, 효과적 행동을 위한 실천전략들을 일시적으로 공유할 수 있다.

협조노력 단계의 의사결정 과정의 특성은 각 집단이 특정한 목적 달성을 위해 임시위원회(adhoc committee)를 구성하여 한시적으로 의사결정을 내린다. 각 집단이 갖는 기본적인 고유계획이나 전략, 대처 행동 등의 변화는 이 단계에서는 기대하기 어렵다. 협력관계는 한 집단에 의해 수시로 또는 일방적으로 종결될 수도 있어 관계의 정도가 상당히 긴밀하다고 보기는 어렵다.

대표적 예로는 시위나 집회의 공동 참여를 들 수 있다. 다수에 의한 영향력을 보이기 위해 참여집단들은 협력관계를 유지하여 집회에 참여하는 연사를 공동으로 섭외하거나, 언론에 대한 홍보력을 강화하고 이를 토대로 변화체계(의사결정자나 대중)에 대한 호소력을 높여 나갈 수 있을 것이다. 지역사회 활동가나 실천가가 중요하게 고려해야 할 사항은 이러한 공동대응에서 한 집단의 강한 행동이나 주장이 우선되면 협력관계는 종결될 수 있다는 점이다.

3) 연합

연합(coalitions)은 협조 관계에 참여한 집단 간의 공통 이슈와 전략을 합동으로 선택하는 보다 조직적 협력관계를 말한다. 특히 연합은 지역사회가 당면한 문제의 해결이 한 집단의 노력으로 해결되기 어렵다는 인식이 명백하여 지역사회 여러 집단 간의 장기적 협력관계가 필요할 때 성립하기 쉽다. 이러한 협력관계에서는 참여집단들이 공동으로 선출된 대표들에 의해 공동 위원회가 구성되어 여기서 의사결정을 실행하고 각 참여 집단들로부터 인준을 받는 형식으로 의사결정 과정이 이루어진다.

로버츠-디게나로(Roberts-DeGennaro, 1997)는 연합을 다음 세 가지 사항을 추구하는 집단들의 상호작용으로 정의하였다. 연합에 참여하는 집단들은, 첫째, 각 집단은 공통의 목표를 추구하며, 둘째, 이 목표달성을 위한 자원들을 조정하고, 셋째, 이 목표의 추구에 있어 공통전략을 선택하기로 동의한 집단들이다. 연합 관계 집단들은 서비스 조정 및 기획, 프로그램 모니터링 및 평가, 효과적 전달체계 구축을 위한 자원의 공유 등의 기능을 공동으로 수행한다. 대부분의 연합은 이러한 기능들을 조합하여 궁극적으로 소외계층이나 지역주민들의 권리 옹호를 수행한다.

연합은 달성하려는 목적의 특성에 따라 **서비스지향 연합**과 **사회옹호지향 연합**으로 구분될 수 있다(Hardina, 2002). **서비스지향 연합**은 정부나 각 재단으로부터의 재정지원을 획득하는 것을 주요 목표로 삼고 지원서의 공동제출과 협력적 프로그램 제공을 통한 수혜집단의 확대에 초점을 둔다. 반면, **사회옹호지향 연합**은 정책 결정이나 입법 과정에서의 로비를 통한 수혜집단의 권익향상을 주요 목표로 삼고, 이를 위해 자원공유, 참가자 선발 및 로비기금 모금 등을 공동으로 실행하기 위한 협력관계라 하겠다.

사회옹호를 위해 결성된 연합체가 사회정의에 입각한 법률이나 정책 결정을 위한 대의명분을 확보하여 대중의 인정을 받아 조직적 행동을 펼쳐 나가면 사회운동으로 발전한다. 이 경우 사회옹호지향 연합은 이익집단 간의 단순한 협력관계 이상의 성격을 갖는다. 지역사회 실천가가 사회운동을 성공적으로 수행하려면 행동체계의 조직적 구조와 자금 동원이 전제돼야 하는데, 이를 위해서는 참여집단 간 협력이 최소한 연합관계 이상이어야 한다는 점을 인식할 필요가 있다.

4) 동맹

동맹(alliances)은 참여하는 집단들의 자율성보다는 공통목표의 달성을 강조하는 강력한 협력관계이다. 따라서 각 참여집단의 멤버십이 강조되며, 회원들의 긴밀한 협력구조를 위해 중앙위원회와 전담 직원들이 구성되어 활동한다. 전문성을 갖춘 전담 직원들은 회원 집단에게 관련 전술 자문을 제공하며, 회원 집단들을 관리하고 회원 집단들을 대표해 필요한 로비활동을 해 간다.

동맹관계로 구성된 조직이 점차 세가 확장되면서 지역사회 내의 여러 이익집단뿐 아니라 여러 지역사회가 참여하게 되는 경우도 발생한다. 문제는 이렇게 동맹이 확대되어 전국적 조직이 될 경우는 중앙위원회와 지역위원회의 사이가 오히려 멀어질 수 있다는 점이다. 또 확장된 동맹조직이 동맹의 초점을 전국적이거나 거시적인 주제에 계속 맞추어 갈 경우, 참여집단들이 직면하고 있는 미시적 주제나 지역적 문제보다는 상징적 사회운동 성향의 정책들을 지지하게 되는 경향이 증가하여 초기 동맹 결성의 목표가 약화될 수 있다는 점도 확장된 동맹의 문제점이다.

지도자들이 정치적 영향력의 전국적 확장에 지나치게 관심을 둘 경우 참여 지역사회 집단구성원의 지도자에 대한 충성도는 오히려 낮아질 가능성이 높다. 또 중앙과 지방조직 간 의사소통 경로가 폐쇄적이거나 하향적일 경우, 지역사회 문제해결에 직면한 참여집단들의 탈퇴나 낮은 수준의 참여를 초래할 수 있다.

3. 이익집단의 의사결정 영향요인과 과정

1) 이익집단과 의사결정 영향요인

지역사회 이익집단 활동들의 궁극적 역할은 정책 결정이나 법률 입안 과정에 일정한 영향력을 행사하는 것이다. 헤르베나는 정책이나 법안에 관한 의사결정자들에게 이익집단이 영향력을 행사할 수 있는 영향요인들을 여섯 가지로 정리하였다(Herbenar, 1997, p. 290).

① 의사결정자에게 전달될 수 있는 집단의 규모, 부(富, wealth), 정보, 서비스 및 집단 응집력의 정도
② 집단의 중요성과 신뢰성
③ 집단이 대표하는 관심의 유형
④ 관련 법안에 대한 집단의 지지나 반대 의사
⑤ 의사결정자가 속해 있는 상위조직(정당)의 관련 법안 지지 정도
⑥ 관련 법안을 둘러싼 이슈 및 쟁점에 대한 이익집단 간 경쟁 정도

2) 다원주의 의사결정 모델에서의 영향력 행사과정

정치학자들은 이익집단들의 의사결정자들에 대한 영향력 행사과정을 크게 엘리트주의, 다원주의, 공공선택(public choice) 및 신엘리트주의(neo-elitist) 모델 등으로 구분한다(Dye, 1998; Heffernan, 1979). 이 책에서는 대표적으로 다원주의 의사결정 모델을 중심으로 이익집단의 영향력 행사과정을 살펴보겠다. 이 의사결정 모델에서는 정책 결정 과정은 다양한 이익집단 간의 갈등 과정으로서의 특성을 보이고 있다고 전제한다(Heffernan, 1979). 즉, 정책 결정에 대한 이익집단들의 경쟁 과정을 통해 최종정책이 결정된다는 점을 전제한다. 이런 의미에서 다원주의 의사결정 모델에서는 지방정부나 지역 의회의 주요 역할을 다양한 이익집단 간의 경쟁이나 갈등을 중재하는 것으로 보고

있다.

따라서 최종적 정책 결정은 대대적 변화나 개혁보다는 타협에 의한 점진적 변화로 볼 수 있으며, 이러한 의사결정을 린드블롬(Lindblom, 1959)은 **점진주의적 접근**(incremental approach)으로 규정하였다. 따라서 정책 결정이나 법안 결정은 여러 관련 이익집단의 관심을 조정 · 중재하여 집단들을 '만족시키기' 위한 과정으로 본다(Hardina, 2002; Lindblom, 1959).

다원주의 의사결정 모델은 다수 이익집단이 자신들이 선호하는 정책 대안들이 결정될 수 있도록 여러 가지 수단을 통해 주요 의사결정자에게 로비를 펼치거나 압력을 가한다.

앞에서 논의된 세 가지 협력관계 유형은 보다 강력한 로비나 압력을 통해 이익집단 간의 세 확장을 목적으로 한 연대 유형으로 볼 수 있다. 이러한 로비나 압력에서 이익집단이 동원하거나 활용할 수 있는 대표적 수단은 **투표**(수), **기부금** 및 **미디어**로 볼 수 있다. [그림 7-1]은 법안 결정에 관련된 이익집단의 활동과 수단을 보여 준다. 개별 이익집단

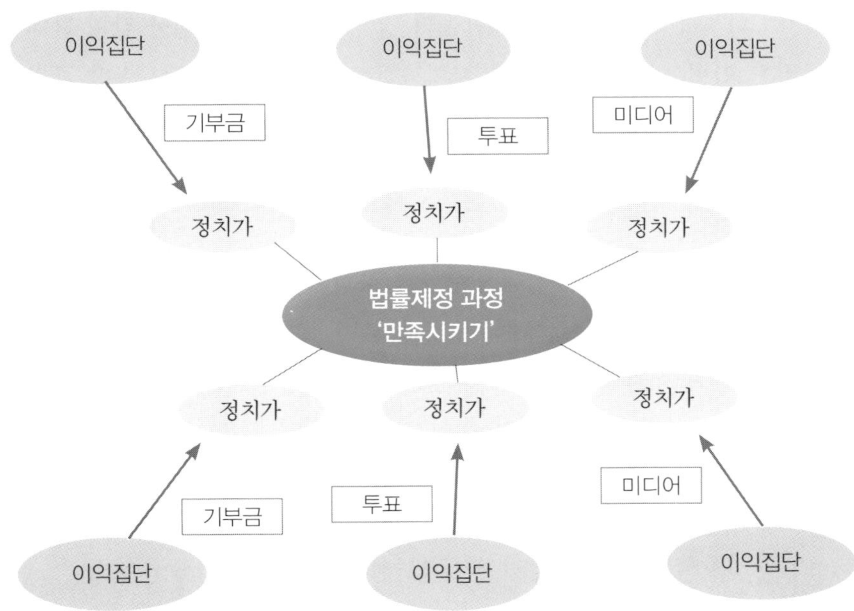

그림 7-1 다원주의 의사결정 모델에서의 영향력 행사 과정

출처: 백종만 외(2015: 220)와 Hardina(2002: 168)를 재인용.

이나 집단들의 연합체는 투표나 기부금을 정치가에게 제공하고 그 반대급부로 특정 법안에 대한 자신의 영향력을 강화해 나가게 된다. 이러한 전체과정은 중재자의 역할을 수행하는 정부가 국가 전체의 이익을 고려한다는 전제하에서 이루어진다.

4. 입법분석

1) 입법분석의 개념

지역사회복지와 관련된 입법분석(legislative analysis)은 지역주민과 관련된 법안[1]의 입법 과정 및 내용분석을 통해 지역사회 문제나 현안을 규명하거나 실천계획들을 수립하는 데 목적이 있다. 입법분석을 통해 지역사회복지 실천가들은 다음 두 가지 사항들에 대해 파악할 수 있다.

첫째, 지역사회 주민의 욕구, 이익집단들의 영향력 및 제정된 법률 간의 관계를 파악할 수 있다. 즉, 입법분석을 통해 해당 지역사회에 어떠한 쟁점들이 입법 과정에 있는(있었는)지, 입법 과정에는 어떤 이익집단들과 의사결정자(집단)들이 관여했는지, 또 제정된 입법에 주민들의 실제 욕구가 어느 정도 반영됐거나 반대로 왜 반영되지 못했는지 등을 살펴볼 수 있다.

둘째, 입법분석은 현재 입법 과정에 있는 지역사회의 쟁점을 해결하기 위한 로비활동의 대상을 결정하는 데 도움을 준다. 아직 진행 중인 법안의 내용을 분석하고 지역사회 주민이나 사회적 소외계층의 실제 욕구를 보다 더 법안에 반영하기 위해 로비할 대상을 확인하여 체계적 로비활동을 전개할 수 있다.

입법분석과 관련된 보다 상세한 기술(법률의 결정을 위한 절차, 법안의 현재위치 파악, 법안

1) 법의 종류나 위계를 논의할 때는 상위순으로 헌법−법률−대통령령−부처령−행정규칙/자치규약(조례)이 있다. 다원주의 의사결정 모델에서 언급된 법안은 이익집단의 활동에 의해 의원들이 결정하는 법률(국회)이나 조례(지방의회)를 의미한다. 다만 실제 입법분석의 대상에는 법률과 조례뿐 아니라 정부령도 포함된다.

관련 전문용어 및 해석 등)은 법학, 행정학 또는 정책학 분야에서 다루어진다. 이 책에서는 지역사회복지 실천의 차원에서 입법분석 방법과 로비활동에 대해 살펴보도록 하겠다.

2) 입법분석 유형

(1) 법안(정책) 내용분석

분석가가 법안의 구체적 내용(content)에 초점을 두고 정책이나 법안의 제정 과정에 관련된 문헌 자료 분석(analysis)을 주로 수행하는 방법이다. 대부분의 정부 정책은 법률 제정 이후에 실행되지만, 어떤 정책은 시행령(대통령령, 국무총리령 또는 정부부처령)만으로도 실행된다. 일반 학술 연구에서는 법 제정 이후에도 내용분석을 실시하기도 하나 법 제정 사전에 실시하여 보다 정확한 내용으로 입법될 수 있도록 하는 것이 이 분석의 주요 목적이다. 따라서 법안 내용분석은 입법을 앞둔 공청회나 정책을 준비하는 기관의 입장이 담긴 제안서(position paper)의 활용에 사용된다.

우선 분석가는 정책 내용의 정밀한 검토를 위해 필요한 분석모형들을 구성하여 활용한다. 분석모형의 개발을 위해 분석가는 몇 가지 가치(사회정의, 공평성, 평등 등)를 선택하고 이러한 가치들이 논의 중인 법안에 어느 정도 반영되는가를 살핀다. 예를 들어, 사회정의는 지역사회복지실천에서 중시해야 할 가치이다. 분석가는 만약 한 정책이 실행될 경우 어떤 집단이 사회경제적 자원상의 이익이나 손해를 보는지 파악함으로써 사회정의의 가치가 정책(법안) 내용에 포함됐는지를 살펴볼 수 있다.

실제로 한 정책의 실행 결과가 승자나 패자의 명확한 구분을 가져오지는 못한다 할지라도, 정책대상 집단(아동, 노인, 장애인 등)에 따른 차별적 효과성은 파악될 수 있다. 또한 가치 관련 정책분석 모형은 정책이나 법률의 대안을 개발하거나 선택하게 될 때도 중요한 판단 기준으로 활용할 수 있으므로 분석가는 분석모형의 선택이나 개발에 초점을 두어야 한다(DiNitto, 1991).

(2) 입법(정책형성) 과정 분석

법안이나 정책 대안들이 최종 결정되는 과정을 분석하는 것은 지역사회의 권력 또는 의사결정 구조에 대한 이해를 위해 중요한 작업이다. 보다 체계적 과정 분석을 위해서는 **입법사 조사**(historical study), **이익집단 분석**(interest group analysis), **제도적 과정 조사**(study on institutional processes)의 세 가지 조사가 필요하다(Hardina, 2002).

첫째, 입법사 조사는 입법 과정에서 누가 무엇을 하였으며, 각 집단이 의사결정에 끼친 영향들을 살펴보기 위해 필요하다. 이 조사는 의사결정 과정 자체만을 살펴보는 것이 아니라 최초 법안 발제의 정치 · 경제 · 사회적 배경, 발제자 또는 집단, 발제 이후 의회 및 사회적 분위기, 쟁점에 대한 정당 또는 이익집단의 입장 변화 과정 등에 대해 상세히 조사하는 것이다. 역사적 조사를 통해 법안의 내용이 변화된 부분들, 과거 법안을 둘러싸고 있었던 찬반 세력, 그리고 논의 기간 동안 발생한 이익집단들의 변화된 대응 전략들을 살펴봄으로써 정책이나 법안에 대한 구체적 분석이 이뤄질 수 있다.

둘째, 법안 형성 과정에는 다양한 이익집단이 관여하므로 이 이익집단 간의 현재 상황이나 입장 등에 관한 분석이 필요하다. 이익집단에 대한 현재 상황 분석은 법안 통과 후 변경된 이익집단 간 상호작용(협조 또는 갈등)에 대한 이해와 미래의 정책 결과 예측을 위해 필요하다. 예를 들어, 의약분업 파동을 겪으며 갈등 관계를 보인 몇몇 이익집단이 현재 협력관계에 있다면 이에 대한 분석을 통해 향후 정책의 수정 · 보완 및 대안 개발에 도움이 될 수 있다.

셋째, 의사결정에 영향을 끼치는 제도적 과정에 관한 조사가 필요하다. 제도적 과정에 대한 조사는 최종 입법 과정까지의 '게임의 법칙'을 살피는 것으로, 이익집단들이 정책의 변화를 위해 협상 · 타협 · 대항의 수단을 어느 정도까지 사용할 수 있는가에 대한 정부 방침을 살펴보는 것이다(Warren, 1978). 이러한 제도적 과정은 정치적 캠페인, 법률의 소개 및 발제, 개정 및 동의의 과정을 포함한다. 정책형성 과정 분석은 제도적 과정별로 그것이 이익집단들에 끼친 영향에 대해 살핀다. 제도적 과정 조사에는 과거 및 현재 대중의 관점도 항상 고려되어야 한다. 분석가들은 관련 법안이나 정책 결정에 영향을 끼친 가치나 선호를 대중들이 어떻게 바라보는가를 지속적으로 관찰할 필요가 있다. 동시에 정책에 소요되는 비용이나 파급효과와 같은 정보가 어느 정도 대중에게 노출되어 정책이 형성됐는지도 살펴야 한다.

권력분석/의사결정 과정 분석 연습과제

1. 현재 사회적으로 쟁점이 되고 있는 이슈(또는 정책, 법안 등)를 한 가지 찾아 쟁점들을 간략히 기술한다.

2. 해당 이슈(또는 정책, 법안 등)에 영향을 끼칠 수 있는(또는 끼치고 있는) 주요 의사결정자와 이익집단을 파악한다.

3. 파악된 각각의 의사결정자와 이익집단에 대해 다음의 사항들을 살펴본다.
   a. 각 이익집단의 해당 이슈에 대한 입장
   b. 각 이익집단의 의사결정 영향력에 대한 권력의 기반(power resource)
   c. 각 이익집단의 기존의 관심이나 동기

4. 정책이나 법안 결정에 영향을 끼치는 경제적 · 정치적 · 문화적 요인 또는 언론과 관련된 환경적 요인들을 규명한다.

5. 의사결정자나 이익집단들 간의 동맹이나 연합의 협력관계들을 파악한다.

6. 의사결정자나 대중에게 영향력을 끼치기 위해 이익집단이 사용하는 일부 전략과 전술을 기술한다.

7. 최종 의사결정이 어떻게 내려졌는가에 대해 조사해 본다(예: ① 협조, 갈등, 협상에 의한 것인지, ② 이익집단 또는 엘리트층에 의한 것인지, ③ 점진적 변화인지, 대대적 변화인지).

이 연습 과제는 이번 장에서 논의된 의사결정 과정 분석의 실제 이해를 돕고자 제시되었다. 본인의 관심 지역사회 내 쟁점이나 주요 현안 이슈를 과제의 단계별로 분석해 보자.

제 8 장
주민조직화

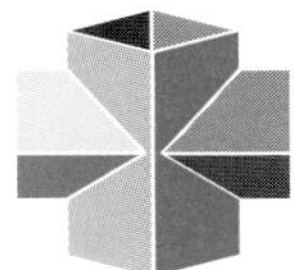

주민조직화는 지역의 문제를 해결하기 위해 주민참여를 조직하고 문제해결 역량을 강화하여 궁극적으로는 지역사회의 변화 추구를 통해 주민의 삶의 질을 향상토록 하는 지역사회복지의 대표적인 실천방법이다. 여기에서 주민당사자들이 지역사회 문제해결 과정에 참여해야 한다는 것은 정도의 차이가 있지만 여러 지역사회복지 실천모델들이 공유하는 가치와 철학이다. 조직화 과정을 통해 지역주민의 역량을 개발하여 그들 스스로가 지역사회의 문제를 해결할 수 있도록 하는 것이 주요한 목표이며 이 장에서는 주민조직화의 개념, 주민동원 전술, 조직화 방법에 대해 살펴보고자 한다.

1. 조직화의 개념

지역사회복지 실천현장에서 조직화의 개념은 '지역사회조직화'와 '주민조직화'가 혼용되어 사용되고 있다. 학자마다 표현의 차이는 있으나 보편적으로 주민조직화의 개념을 지역사회조직화와 크게 구분하지 않고 동일선상의 의미로 정의내리고 있다. 조직화(organization, organizing)란 지역사회의 문제를 해결하기 위해 참여를 기반으로 주민의 역량을 결집시켜 긍정적인 변화를 도모하는 일련의 과정으로 볼 수 있다. 다시 말해, 지역사회의 문제를 해결 또는 예방하는 과정을 통해 주민들의 문제해결 능력을 향상시키고 나아가 지역사회 역량을 강화하는 실천기술이다.

피셔와 슈레이지(Fisher & Shragge, 2000)는 조직화에 대해 "지역사회를 건설(community building)하는 것과 사회적 · 경제적 정의를 실현하기 위한 광범위한 투쟁에 종사하는 것"을 포함하는 활동이라고 하였다. 전통적으로 조직화는 "지역사회 주민들을 동원하여 자신들만의 정체성을 형성하도록 하고, 공적인 생활영역에 대한 관심을 새롭게 가지게 하고, 넓은 범위의 쟁점들에 걸쳐서 자신들의 권리를 위해 싸우도록 하는 것"을 강조하고 있다(Kingsley, McNeely & Gibson, 1977).

우리나라에서 주민조직화 활동을 진행하고 있는 한국주민운동교육원[1]의 주민조직화 개념을 살펴보면 조직화란 자신과 지역을 올바로 인식하며 주민의식을 갖는 것이고 지역의 당면 사안이나 문제해결을 위하여 주민의 힘을 모아 내는 것으로 정의하고 있다. 또한 주민 스스로 행동할 수 있는 힘의 체계인 주민조직을 세우며, 여러 세력과 연대하고 협력하여 다른 주민조직들과 함께 대중조직을 세우는 것으로 설명하고 있다.

이처럼 조직화는 지역사회복지 실천현장에 적용할 수 있는 가장 핵심적인 실천기술로서 문제해결 과정에 사람을 모으고, 함께 지역사회 문제해결의 목표나 방법을 논의하며 이러한 과정에서 주민의 지도력을 개발하는 일들을 포함하는 활동으로 정리해 볼 수 있다.

주민조직화는 주민들의 역량강화를 통해 지역의 문제를 해결할 수 있고 이 과정에서 지역주민 사이에 형성된 유대감인 사회자본이 축적되며 이것이 지역공동체를 회복하고 유지시켜 줄 수 있다(경기복지재단, 2017). 이때 일반적으로 조직화의 목표로는 다음과

1) 한국주민운동교육원은 주민의 가능성을 찾고 지역의 변화를 이루기 위해 주민, 주민지도자, 주민조직가를 교육훈련하고 조직하는 주민운동 교육기관이다. 사회복지기관의 주민조직화 사업 담당자 및 지역사회에서 주민운동을 실천하는 활동가, 주민 등을 대상으로 교육을 진행하고 있다.

같은 것들이 거론된다(Hardcastle & Powers, 2004). 첫째, 집합행동을 통해서 정책을 변화시키고 구체적인 개선을 이루어내는 데 성공하기 위한 것이다. 둘째, 국가 또는 지방 수준에서 권력관계를 영구적으로 변화시키는 것이다. 셋째, 빈곤 및 유색인종 밀집거주 지역에서 시민지도력을 개발하는 일이다. 넷째, 국가 및 지방 수준에서 시민참여를 증진시키는 일이다. 다섯째, 그들이 살고 있는 지역사회에 안정되고 활동적인 조직을 건설하는 일이다.

피셔와 슈레이지(Fisher & Shragge, 2000)는 조직화를 하는 두 가지 접근으로 사회행동과 지역사회 건설 및 개발을 대조적으로 비교하고 있다. 이 두 접근법은 **갈등조직화**와 **합의조직화**로 불리기도 하는데, 조직화의 이 두 가지 접근법은 서로 완전히 대립되는 것이라기보다는 실천과정에서 전략적으로 선택되는 것으로 조직가들은 두 가지를 다 이해하고 활용할 수 있어야 한다(Hardcastle & Powers. 2004).

어떤 유형의 조직화를 선택하든 조직화의 출발단계에서는 주민들이 느끼는 욕구가 무엇인지를 파악하는 것이 중요하다. 즉, 관심 있는 이슈를 파악하고 이를 중심으로 조직화를 시작해야 한다. 이슈를 중심으로 주민을 조직화하려는 경우에는 사람들이 특정 문제에 대하여 어떻게 생각하고 있고, 왜 그것을 해결해야 할 문제로 생각하는가를 파악하는 것이 중요하다. 만일 이슈를 중심으로 조직이 결성되고 결성된 주민조직이 그들이 느낀 욕구를 만족시킬 수 있게 되면, 그 조직에 대한 주민들의 헌신과 관심이 점점 증가할 수 있을 것이다. 주민들은 보통 조직화 과정에 잘 참여하려 하지 않기 때문에 주민을 동원한다는 것은 길고도 지루한 과정이다. 더욱이 집단행동은 잘못된 것이라는 신념이 정치적 혹은 문화적으로 강하게 자리 잡은 상황에서 합의 조직화가 아닌 갈등 조직화를 수행하기는 어려울 수 있다는 것을 특히 우리나라의 상황에서는 고려할 필요가 있다(백종만 외, 2015).

2. 조직화 기술과 주민동원 전술

1) 조직화 기술

최옥채(2012)는 조직화 기술에 대해 조직화 과업을 수행하는 구체적인 방법으로 기초기술, 중간기술, 응용기술로 구분하여 설명하고 있다.

첫째, 기초기술은 조직화 과정에서 가장 기본적으로 적용해야 하는 것으로 사회복지사의 조직화 활동에 기초가 되기도 하고 나아가 중간기술과 응용기술의 기반이 되기도 한다. 주민들과 소통하고 지역사회의 관심이슈에 대한 정보를 습득하고 분석·진단하며 지역사회에 대한 내용을 시각화하여 주민들이 지역사회에 대한 이해를 도모하기 위한 작업들이 여기에 포함된다. 대표적으로 의사소통, 주민회의, 지역사회변화모습 찾기, 조직화 사례 및 쟁점 분석, 조직 진단, 지역사회 지도 그리기, 자원 지도 그리기, 동네 홈페이지 운영 등이 있다.

둘째, 중간기술은 기초기술에 비해 좀 더 복잡하고 과업수행 기간이 긴 경우에 적용하며 기초기술보다 적용의 성공적인 효과성이 뚜렷하게 드러나지 않을 수 있으나 이러한 여러 중간기술이 합쳐져 전체 조직화를 이끌어 갈 수 있다. 주로 조직의 운영 및 관리에 관한 내용과 주민의 역량을 강화하고 조직의 활동을 지역사회에 널리 알리는 기술이 여기에 포함된다. 협상, 지도감독, 지도력 향상, 역량강화, 대중 설득하기, 지역사회 문화 익히기, 지역사회인맥 만들기, 부가가치 만들기, 홍보, 대중매체 활용 등이 있다.

마지막으로 응용기술은 중간기술에 비해 한층 더 규모가 크고 복잡한 것으로 한 가지 기술만으로 상당한 기간을 요할 뿐 아니라 전체 조직화 과정에서 활용할 수 있는 모형이나 전체 과정이 될 수도 있다. 특히 응용기술은 기초기술을 바탕으로 응용되므로 기본기를 제대로 갖추었을 때 활용성이 더욱 커진다. 전체 조직화 과정에서 활용되는 기술로 지역사회사정, 주민접촉, 조직화, 연계망 만들기 및 활용, 집합행동화, 자원 만들기, 제휴 등이 여기에 속한다.

앞에서 설명한 다양한 조직화 기술이 조직화 과정에서 적재적소에 활용되어야 성공적인 조직화에 다가갈 수 있을 것이다. 앞서 조직화의 개념에서 살펴보았듯이 조직화의 핵심은 주민참여이고, 주민을 모이도록 하는 실천가의 노력이 매우 중요하기에 조직화에 대한 막연함을 가질 실천가들을 위해 해당 내용을 조금 더 부연하고자 한다.

〈표 8-1〉은 한국주민운동교육원에서 안내하는 주민 관계맺기를 위한 주민 만나기 방법이다.

표 8-1 주민 관계맺기를 위한 주민 만나기 방법

① 무작정 만나기

지역에 살고 있는 주민을 무작정 만나서 이야기를 나누고 관계를 형성한다. 조직가가 가장 어색해 하는 방법이지만 새로운 주민을 만나기 위해서는 가장 필요한 방법이다. 무작정 주민을 만날 때 조직가는 때로는 오해를 받기도 하고 어떻게 접근해서 이야기해야 할지 두려워하기도 한다. 하지만 이런 과정을 통해서 주민과 스스럼없이 대하고 이야기할 수 있는 용기를 얻기도 한다.

② 계기 만들기

주민들과 무작정 만나기 어려울 때 일종의 계기를 만들어 주민을 만난다. 물건을 옮겨 주거나 주민이 필요로 하는 작은 도움을 줌으로써 주민과의 관계형성을 위한 계기를 만들기도 한다. 주민에 대한 사소한 관심은 주민에게 큰 의미를 줄 수 있는 계기가 된다. 미용실에서 이발을 하면서 미장원 원장님과 관계형성의 계기를 삼거나 슈퍼에서 음료를 사면서 슈퍼 주인과 관계형성의 계기를 만든다. 가장 좋은 방법은 볼 때마다 어디에서든 인사하는 것이다.

③ 소개받기

주민들에게 어떤 이슈에 관심이 있는 사람을 소개해 달라고 하거나 재능을 갖고 있는 사람을 추천해 달라는 등의 요청을 통해서 소개를 받는 것이다.

④ 함께 만나기

주민이 주민을 소개해 주는 경우는 함께 만나게 되면 더욱 신뢰를 가지게 된다. 처음 관계를 형성한 주민에 의해 소개받고 그들과 함께 만난다면 주민 관계맺기는 더욱 수월해진다.

⑤ 끼어들기

주민의 모임이나 주민들이 자주 모여 있는 곳에 끼어들어서 이야기를 나눈다. 그들의 활동에 참여하면서 관계를 형성하고 이야기를 나누면서 유대감을 형성해 가는 것이다.

⑥ 초대하기

조직가가 주민을 복지관으로 초대하거나 회의 행사 등을 개최하여 참여한 주민들을 만나는 것이다. 이는 조직가에 대한 기본적인 신뢰나 공신력이 바탕이 되어야 하므로 무작정 초대하여 부담을 주기보다는 어느 정도의 유대감을 형성한 뒤 초대하는 것이 좋다.

⑦ 궁금하게 만들기

조직가가 주민을 만나게 되면 그 지역에 살고 있는 주민들은 낯선 조직가에 대해 관심을 두게 된다. 낯선 사람이 지역을 돌아다니며 이것저것 묻기 시작하면 주민들 사이에서 회자되기 때문에 조직가는 주민들이 좋은 인상을 가질 수 있도록 말과 행동에 신경을 써야 한다. 주민들은 조직가를 항상 눈여겨보고 있음을 기억해야 한다. 조직가가 규칙적으로 지역에서 주민만남을 전개하면 주민들은 조직가를 기억하며 궁금하게 여긴다.

⑧ 프로그램으로 만나기

조직가가 무작정 만날 수 있는 주민은 한계가 있다. 업무시간에 주민만남을 가지게 되면 그 시간에 지역에 있을 수 있는 사람들만 만나게 된다. 낮에 일을 하는 젊은 층이나 밖에 나오지 않고 집에만 있는 사람들은 만나기가 어려우므로 다양한 시간대에 가서 만나고자 하는 주민을 만나기 위해 노력해야 한다. 그런데 막연히 돌아다니면서 만나는 방법 이외에 또 다른 방법 중 하나는 주민들이 좋아하고 관심이 있을 만한 프로그램을 만들어서 그 욕구에 반응하는 주민을 프로그램에 참여하도록 하는 것이다. 조직가는 프로그램을 열어서 참여한 주민을 만나고 관계를 형성한다. 사회복지기관의 지역조직화는 프로그램으로 주민을 만나는 것이므로 이를 적극적으로 활용할 필요가 있다.

출처: 부산복지개발원(2015).

2) 주민동원 전술

주민동원 전술은 크게 세 가지로 구분하여 설명할 수 있는데, 세 가지가 단계적 성격을 갖고 있다. 지역사회에 존재하는 기존 구조 활용, 개인에 대한 설득, 지역사회에의 헌신성 키우기가 그것이다. 백종만 외(2015)의 원고를 중심으로 주요 내용을 제시하면 다음과 같다.

(1) 지역사회의 기존 구조 활용

실천가들이 지역사회에 대한 지식을 이용하여 활용할 수 있는 주민동원 전술로는, ① 기존 조직과 함께 활동하기, ② 네트워크 구성하기, ③ 토착지도자 발견하기, ④ 지역사회조직 구축에 도움이 되는 지역사회 연대의식 만들기 등으로 구분할 수 있다.

① 기존 조직과 함께 활동하기

사람을 동원하는 가장 빠른 방법은 개인에게 접촉하기보다는 지역사회에서 이해관계를 같이하는 기존 조직을 참여시켜 함께 활동하는 것이다. 이때 서로 경쟁하는 조직들 가운데 중심조직을 선정하는 데서 갈등이 발생할 위험성이 있으므로 우선 이해관계와 신념을 공유하는 조직을 찾고 또 조직들 간의 공통의 이익을 찾아내야 함을 유의해야 한다.

② 네트워크 구성하기

지역사회에는 이미 관심 쟁점에 이해관계가 있는 집단이나 조직이 존재한다. 이 경우에 실천가의 역할은 비슷한 이해관계를 가진 사람들을 함께 모으는 일이다. 이들 집단들은 사안별로 서로 돕는 경우는 많지만, 조직적으로 함께하는 경우는 많지 않다. 이들 집단이나 조직 간에 서로 지지하고 돕는 연결망으로서 네트워크를 구성하여 주민동원을 활성화할 수 있다.

③ 토착지도자 발견하기

지역사회에서 존경받고 사람들이 좋아하는 영향력 있는 지도자를 발굴하여 함께 사람들을 동원하고 활동하게 할 필요가 있다. 지역사회 지도자의 지원이 조직화에 매우 중요하다. 이들 지도자들은 지역사회의 의사소통망의 중심에 있어서 많은 사람에게 빨리 접근하여 공통의 활동에 가담할 수 있도록 기여한다. 지역사회의 토착지도자는 주민들과 쉽게 공감대를 형성할 수 있고, 잠재적 오피니언 리더나 주민들을 잘 알기 때문에 조직화 과정에서의 불필요한 갈등 요인의 발생을 사전에 예방하는 데 외부지도자보다 상대적으로 유리하다.

지역사회 지도자를 파악하는 방법으로는 지위접근법, 명성접근법, 개인적 영향력 또는 여론 지도자 접근법, 의사결정법, 사회참여접근법이 사용된다(이성, 정지웅, 2002: 154-166에서 수정발췌).

④ 지역사회 연대의식 만들기

지역사회 구성원 간에 강한 사회적 유대, 응집력, 충성심 등이 있는 지역사회에서 조직화는 상대적으로 용이하다. 만일 연대의식이 부족하다면 실천가는 지역사회에서 통합의 수준을 높여야 한다. 지역사회 통합을 나타내는 중요한 지표 중의 하나가 지역사회에의 정체감 정도이다. 지역사회에의 정체감을 높이기 위한 방법은 두 가지이다. 하나는 지역사회 구성원으로 활동하는 것이 이익이라는 인식을 갖도록 하는 것이고, 다른 하나는 친교의 기회를 넓히는 것이다. 실천가는 이를 위해서 주민들이 함께 교류할 수 있는 파티나 축제를 통해 서로 사교할 수 있도록 한다.

(2) 개인에 대한 설득

실천가가 집합행동을 이끌어 내기 위해서는 개인별로 설득이 필요한 경우가 있다. 이 경우에 실천가의 기본적 자세는 만나는 주민들이 어떤 문제를 중요하게 여기고 또 지역사회의 쟁점에 대해서 어떤 생각을 갖고 있는가를 파악하는 것이다. 이를 위해서 실천가는 주민들을 만나서 의견을 잘 들어야 한다. 설득은 사람들의 의견을 변화시키는 것을 의미하지 않으며, 지역사회복지실천을 통해서 주민들의 욕구가 실현될 수 있다는 것을 주민들이 깨닫도록 돕는 것이다. 이를 위해서 실천가가 해야 할 일은 다음과 같다.

① 사람 만나기

효과적으로 조직을 만들기 위해서 유사한 문제를 겪고 있는 사람들을 만나서 대화한다.

② 있는 그대로 행동하기

만약 실천가가 지역사회 외부에서 왔다면 절대 지역사람으로 행세해서는 안 된다. 지역사회복지실천 활동에 개입하고 있으며 애정을 갖고 있음을 보여 주어야 한다.

③ 격식 차리지 않기

격식을 차리지 않고 집이나 상점, 커피숍, 여가시설 등에서 자연스럽게 비공식적으로 사람을 만난다.

④ 연계망 잘 활용하기

실천가들은 자신이 잘 아는 사람부터 만나기 시작하고 그들로부터 개인적으로 사람을 소개받는다. 또한 정치인, 종교지도자, 민간 및 공공서비스기관의 기관장 등 지역사회 지도자를 만나서 다른 사람들을 소개받는다. 이들 지역사회 지도자들은 낯선 사람들도 잘 만나 주기 때문에 그들의 지원을 받는 것이 중요하다. 실천가들은 네트워크가 구성되어 있지 않거나, 활동이 미미할 때에 공통의 문제를 가진 사람들이 함께 네트워크를 구성하도록 도움을 줄 수 있다.

⑤ 경청하기

훌륭한 실천가는 잘 듣는 사람이다. 사람들이 자신들의 삶, 희망, 꿈에 대해서 말하도록 격려해야 한다. 실천가가 그들의 문제가 무엇이라고 말하기보다는, 주민들이 그들의 문제를 어떻게 느끼는가를 경청해야 한다. 주민들은 소득 재분배, 빈부격차 감소와 같은 광범위한 문제보다는 자신이나 이웃이 생활에 필요한 소득을 어떻게, 얼마나 벌고 있는가에 관심을 가진다. 도시계획에 관심을 갖는 것이 아니라, 집 근처로 너무 많은 차량이 다니고, 어린 자녀들이 혼잡한 거리를 통과해야만 하는 현실에 관심이 있다. 조직화는 주민들이 느끼고 불만을 제기하는 문제에서 출발해야 한다.

잘 듣는 사람이 되라고 해서 항상 소극적 청취자의 입장만을 고수해서는 안 되는 경우도 있다. 사람들은 타인에게 자신의 느낌을 드러내지 않는 경우가 많으며 그들이 자신의 느낌을 말할 수 있도록 잘 격려해야 한다. 또 잠재적 참여자들은 그들이 적극적으로 활동하지 않는 것에 대해서 변명을 하고자 한다. 시간이 없고 바빠서 등 이유를 대지만 사실은 사회행동에 대한 두려움으로 자신을 합리화하려는 발언이다. 실천가는 사람들의 변명을 듣고 사회행동에의 참여를 반대하는 진짜 이유에 대하여 열린 자세로 이야기하도록 하여, 주민들이 수용할 수 있는 좀 더 나은 활동방식을 선택하도록 유도해야 한다.

⑥ 세부적 조직화 방식이 아닌 문제 중심의 대화하기

주민들이 느끼는 문제에 초점을 두고 대화하고 조직 구성에 관한 세부적 논의에 집중하지 않는다. 주민들이 원하는 것은 문제해결이지 조직 구성이 아니다. 조직 구성은 문제해결의 수단일 뿐이다.

⑦ 조직화의 목적에 동의하는 사람에게 관심 집중하기

조직화를 둘러싼 문제에 관련된 가치관을 두고 사람들과 논쟁을 피하는 것이 좋다. 가치에 관한 논쟁을 해도 사람들은 잘 변화하지 않으며 설득에는 많은 시간과 노력이 필요하다. 따라서 이미 조직화의 가치에 동조하는 사람들을 더욱 강화하는 방향으로 설득할 필요도 있다.

⑧ 단기적으로는 개인적 이익에 집중하기

주민들이 느낀 욕구를 파악하는 것만으로는 부족하다. 주민들의 조직화를 이끌어 낼 어떤 유인이 제공되어야 한다. 사람들을 집합행동으로 이끌어 내는 유인은 물질적 이득 제공 가능성, 지역사회에의 소속감, 집합행동에의 참여가 주는 즐거움, 참여자들이 중요하게 생각하는 가치를 표출할 기회 등 매우 다양하다는 것을 알아야 한다. 조직가는 이런 다양한 유인을 가진 주민들을 설득할 수 있어야 한다.

조직가의 역할은 사람들이 공통의 목적을 위해 함께 활동하도록 힘을 모으는 것이다. 사람들은 모두 다 같은 이유를 가지고 참여하지는 않는다. 어떤 사람들은 일상생활이 지루해서, 또 다른 사람들은 자기의 재산권을 지키기 위해서, 또 다른 부류의 사람들은 외지인을 감시하기 위해서일 수도 있다. 조직가는 사람들이 각각 서로 다른 목적을 추구하고 있다는 것을 잘 알고, 각 개인들이 집합행동에 참여할 유인을 지니도록 격려해야 한다. 그러나 개인적 유인에 너무 치우치게 되면 지역사회 전체에 도움이 되지 않을 수 있다. 특히 개인들이 물질적 유인만으로 조직에 참여하는 경우에 이런 위험성이 크다. 서비스 제공기관의 경우에는 주민들이 기관으로부터 개선된 서비스만을 취하고, 아무런 활동도 하지 않는 경우가 많다. 이런 상황을 피하기 위해서 실천가들은 면밀하게 계획을 세우고 좀 더 큰 사회행동 프로그램에 참여하도록 해야 한다.

(3) 헌신하게 만들기

조직화를 위해 주민을 동원하는 마지막 단계는 구성원들과 잠재적 구성원들이 지역사회에 헌신하게 만드는 것으로 다음의 두 가지 사항에 주목해야 한다. 첫째는 실천가들이 주민들을 처음 만날 때 헌신성을 키우도록 노력해야 한다. 만나는 사람으로부터 조직화의 목표에 동의하도록 하고, 지원하겠다는 약속을 받고, 또 그들과 함께 참여할 수 있는 지인들의 명단을 확보하는 일이 중요하다. 조직에 참여하고 회의에 참석하겠다는 약속을 받아 내야 한다. 또 회비를 내게 한다거나, 어떤 형태의 지원이라도 하겠다는 약속을 받아 내는 것도 한 방법이다. 둘째는 참여자들에게 지속적으로 관심과 참여를 이끌어 낼 수 있는 어떤 유인을 제공하는 것이다. 일단 참여한 주민이라도 지속성을 담보하기 위해 계속 강화될 필요가 있고 보상을 받아야 한다.

헌신하게 만들기 위한 여러 모금 기법은 다양하다. 예를 들어, 문화적으로 다양한 집단이 혼재된 지역사회에서는 거리축제를 열고 부스를 설치하여 다양한 음식, 문화상품, 공연예술 등을 진행함으로써 문화의 풍성함을 알리고 지역사회 주민들의 삶을 통합시킬 수 있다. 다른 예로, 역사유적 보존협회는 보존할 유적지에서 행사를 개최해서 유료로 차를 판매하고 유적보존을 통해서 지역사회의 삶이 얼마나 풍부해지는가를 보여 줄 수 있다. 이와 같은 특별한 행사는 주민들의 참여를 이끌어 내고 조직의 활동을 대중에게 널리 알리는 역할을 한다.

참여자들이 조직과 함께 활동하면서 받는 보상은 그들을 조직에 헌신하게 만드는데, 성공이라는 보상, 즐거움이라는 보상, 잘 운영되는 조직의 성원이라는 뿌듯함이 그것이다. **성공이라는 보상**은 이슈를 보다 다루기 쉬운 의제로 만들어 접근함으로써 소규모의 과제에서 성취를 경험하게 하여 구성원들의 헌신성을 높이는 것이다. 두 번째로 **즐거움이라는 보상**은 주민들이 활동에 참여하면서 즐거움을 갖는다면 헌신성이 증가될 수 있다는 것이다. 마지막으로 **잘 운영되는 조직의 성원이라는 뿌듯함**은 조직이 수행하는 일상적 활동을 통해서 사람들의 헌신성을 강화할 수 있다는 것이다. 예를 들어, 많은 사람이 회의에 참석한다든가, 회원이 증대된다든가, 회보를 발행한다든가, 정치인이 집단모임에 온다든가 하는 것들도 일종의 승리이며, 조직의 일상적 과업을 성공적으로 잘 수행하는 것도 그들이 조직 활동에 기꺼이 참여하려는 뜻을 강화할 수 있음을 가리킨다.

3. 주민조직화의 단계

주민조직화의 과정은 크게 준비단계, 계획화단계, 조직화단계, 지역활동 및 복지운동단계, 평가 및 과제전환단계 등으로 구분해 볼 수 있으며 단계별 내용은 다음과 같다(서울시복지재단, 2005).

1) 준비단계

준비단계는 사회복지기관 내부에서 주민조직화 사업을 전개하기 위한 준비작업이며 담당 사회복지사의 역할이 주도적으로 전개된다. 이 단계에서는 기관 내 준비, 지역범위의 설정, 지역의 자원탐색, 주민조직화 사업에 대한 기획 등이 포함된다.

먼저 기관 내 준비작업으로는 **재원확보 방안과 직원의 역할 분담** 등이 필요한데 제반 활동에 필요한 재원확보 방안을 모색하는 것뿐 아니라 인적자원의 확보 또한 중요하다. 조직화 사업 담당부서 또는 담당자는 기관의 인적자원을 다각적으로 활용하는 방안을 모색해야 하며 조직화 사업의 전체적인 밑그림을 제시하고 그것에 대한 성격을 규명하여 조직성원들의 관심과 참여를 유도한다. 또한 준비단계에서 **지역범위의 규정**도 중요하다. 대부분의 사회복지기관에서는 기관의 위치에 따라, 혹은 사업의 성격에 따라 지역사회 범위를 탄력적으로 적용하고 있으며 조직화 사업 역시 지역의 범위를 융통성 있게 적용할 수 있을 것이다. 다만 클라이언트 체계의 범위가 확실할수록 그것의 특성, 주요 욕구, 강점 등이 보다 구체적으로 드러날 수 있기 때문에 클라이언트 체계의 범위를 명확히 규정하는 작업이 수반되어야 한다.

다음으로는 사회복지기관의 역량을 효율적으로 발휘하기 위해 지역범위를 한정하여 해당 지역 내의 **인적 · 물적 자원을 탐색**하는 과정이 필요하다. 준비단계에서의 인적 · 물적 자원의 파악은 탐색적 수준에서 진행하게 되는데, 준비단계의 시간적 제약뿐만 아니라 다음의 계획화단계에서 보다 본격적인 자원탐색이 실행되기 때문이다. 따라서 이 단계에서는 기관이 조직화 사업을 전개해 나가는 데 있어 지역사회 내의 자원들이 어느 정도 분포되어 있고 협력이 가능한가 등과 같이 개괄적인 수준에서 파악되며 이러한 자원탐색 내용들은 조직화 사업의 전체적인 그림을 그려 나가는 데에 주요한 재료가 될 것이다.

아울러 조직화 사업을 전체적으로 알 수 있는 **기획작업**이 필요한데, 앞으로 실행해야 할 계획화와 조직화에 대한 전체적인 설명을 포함한 기관 내외의 자원동원 방법과 조직화의 전략이 개괄적으로 안내되어야 한다.

2) 계획화단계

계획화단계는 조직화를 이루기 위한 전 단계이기도 하지만 계획화단계 자체에서 완결되기도 하여 사회계획에서 정책적 실현과정의 성격도 갖는다. 따라서 이 과정에서는 준비단계에서와 마찬가지로 사회복지사의 전문가적 · 분석가적 역할 등이 큰 비중을 차지한다. 계획화단계에서는 주로 **지역사회 및 주민 욕구사정, 지역사회 자원사정, 프로그램 개발과 평가계획** 등의 사업이 이루어진다. 먼저 지역사회에 대한 사정은 지역의 인구학적 특성과 지역사회 내에 이미 구성된 주민조직의 분포 정도와 그들의 성격 등에 대한 사정이다. 지역사회가 어떠한 인구학적 성격을 띠고 있는가는 조직화 사업의 전략을 펼치는 데 중요한 변수로 작용한다.

자원사정은 준비단계에서 이미 실시되어 온 인적 · 물적 자원의 접촉단계에서 발전되어 보다 체계적으로 실시되는데 지역사회와 주민 욕구사정 방법이 주로 서베이에 의존하여 실시된다면 여기에서는 질적방법을 통하여 실행된다. 인적 자원사정에서는 지역토착지도자, 복지기관 이용 소집단 지도자, 주변 공공조직 지도자, 잠재적 참여인물 등을 접촉함으로써 이루어진다. 물적 자원사정은 주요 공공기관과 민간의 주요단체 · 시설들과 접촉하여 시설의 위치, 규모, 공간활용 가능성 등을 파악하고 상호연계 프로그램을 진행할 수 있는지에 대한 연계 가능성에 대해서도 살펴보아야 한다.

마지막으로 계획화단계에서의 프로그램 개발과 평가는 조직화 구성과 활동에 대한 계획이 다뤄지는데, 지역사회의 욕구 파악 및 문제의 우선순위에 따른 목적설정, 과정 및 과업목표 수립, 조직 구성, 프로그램 설계 및 평가방법 계획 등의 내용이 포함된다.

3) 조직화단계

조직화단계는 계획화단계에서 설계된 내용을 기초로 하여 **모집, 정서강화형 소집단 구성, 그리고 문제해결형 소집단 구성** 등이 전개된다. 모집에서는 지역지도자에 대한 접촉, 자원봉사자 모집, 문제의 이슈화, 그리고 홍보 등 다양한 전략을 펼칠 수 있다. 정서강화형 소집단 구성단계는 지역대표자 중심으로 15명 내외의 소집단을 구성, 구성원 간의 관계 형성, 동기화, 의식화 교육과 활동 등이 진행된다. 이를 통해 구성원 간의 긴장감을 해소하고 정서적 결속을 중시하면서도 주민참여의 필요성과 그것에 대한 동기를 강화하며 지역사회에 대한 이해를 높이고 자유롭게 자신들의 의견을 개진할 수 있도록 한다. 문제해결형 소집단 구성단계에서는 전 단계의 집단발달과정에 이어서 전개되며 조직구조화, 리더십교육, 계획수정 작업 등이 해당된다.

조직구조화에서 중요한 작업은 조직대표자를 비롯한 임원을 구성하는 일이며 리더십교육은 성원들의 역량강화 측면에서 소집단 과정을 통하여 지역의 대표자로서 주민들과 함께 일을 추진해 나갈 수 있도록 교육이나 체험활동 등을 지원한다. 계획수정은 주민들의 지역사회 참여를 구체화하기 위한 방안으로 이미 수립된 계획들이 실제로 달성 가능한 것인지 등에 대해 집단구성원들을 중심으로 보다 심도 있는 논의과정을 거쳐 구체화하는 것을 말한다.

4) 지역활동 및 복지운동단계

지역활동 및 복지운동단계는 조직화단계에서의 개입활동을 의미한다. 지역활동은 주민 역량강화 과정에서 주민들의 주체적 합의에 의해 전개되는 활동이라 볼 수 있고 복지운동[2]은 복지서비스 관련 제도적 불합리의 개선활동, 약자에 대한 옹호활동, 주민계몽활동 등을 주 사업으로 한다.

먼저, **지역활동**은 민주적 의사결정 과정을 거치면서 주민들의 합의에 의하여 주민자

2) 이와 관련한 자세한 논의는 제14장을 참조하기 바란다.

치적으로 지역사회의 복리향상을 위한 일체의 노력을 의미한다. 그러므로 지역활동은 주민 역량강화, 민주적 합의과정, 주민자치활동 등의 내용을 구성한다. 지역사회 내에서 주민의 역량강화를 통한 주민자치활동으로는 마을만들기, 우리마을지킴이 활동, 어린이 공부방 운영, 웹기자단 운영 등을 들 수 있다.

한편, **복지운동**은 사회운동의 일환으로 주로 주민복리의 불합리성을 전체 지역주민에게 알리고 이를 개선하기 위한 노력이며 힘을 규합하여 전개하는 모든 주민운동을 말한다. 복지운동에서 중요한 것은 지역주민의 힘을 규합하는 것이며 다수의 세력이 참여해야 하므로 다양한 연대활동을 추진해야 한다. 복지운동의 예로는 제도개선을 위한 법정활동, 기초자치단체의 복지계획 및 예산집행에 대한 감사활동, 아동학대 예방 및 학교폭력 예방을 위한 캠페인활동, 장애인 이동권 확보운동 등 다양하다.

5) 평가 및 과제전환단계

평가 및 과제전환단계는 진행한 지역사회조직사업에 대한 평가와 사업종결 및 새로운 사업으로의 전환 등의 제반 과정을 포함한다. 평가단계는 지역사회조직사업에 대한 성과를 공론화하기 위해 양적 · 질적 방법을 적절히 활용하여 사업에 대한 효과성 및 효율성 등을 평가하는 것을 말한다.

과제전환단계는 **사업의 종료**, **새로운 사업 전환**, **조직의 역량강화** 등의 내용이 포함된다. 사업의 종료는 문제해결, 사업 중단 등에 의해서 실행되는데 문제해결은 가장 이상적인 종료형태로 새로운 과제로 자연스럽게 전환시키는 데 용이하다. 하지만 사업 중단에 의한 종결의 경우 사업의 중단 원인이 무엇인가를 찾고 이후 조직사업에 대한 성공가능한 대안들을 설정해야 한다. 과제전환의 절차는 **새로운 과제 찾기**, **실현가능성 검토**, **새로운 과제선정 및 기획** 등이다. 마지막으로 조직의 역량강화는 독립된 조직운영의 의미를 함축하고 있는데 이러한 독립된 조직은 사회복지사 혹은 사회복지기관의 관여를 배제하는 것이 아니라 상호 신뢰관계 속에서 독자적 운영을 지원받는 방향으로 운영된다.

지금까지 소개한 주민조직화단계는 단계별 과정이 위계적이거나 순차적 진행의 원칙이 있다기보다는 상호보완적이며 지역사회의 상황과 여건에 맞게 선택하여 적용되어야

표 8-2 지역사회조직화 단계와 사회복지사의 역할

구분	주요사업	활동내용	사회복지사의 역할	특징
준비 단계	기관 내 준비	재원확보 및 직원의 역할 분담	조직화 사업에 대한 전반적인 밑그림 제시	기관 내부에서 조직화 사업을 전개하기 위한 준비작업
	지역범위의 설정	기관의 위치와 사업의 성격에 따라 탄력적 적용	클라이언트, 지역사회 규정	
	지역의 자원탐색	인적·물적 자원의 탐색, 토착지도자 성향 파악	탐색적 수준에서의 인적·물적 자원의 개괄적 파악	
	조직화 사업에 대한 기획	자원동원 방법과 계획화, 조직화의 전략 설명	기관 차원에서 조직화 사업 참여를 요청	
계획화 단계	지역사회 및 주민 욕구사정	문제, 욕구에 대한 사정, 강점과 역량사정(인구학적 특성, 조직의 분포정도 등)	계획가로서 조사, 주민 욕구 조사	조직화를 이루기 위한 전 단계, 사회복지사의 전문가적, 분석가적 역할 비중이 큼, 주민참여를 적극 권장
	자원사정	인적·물적 자원사정(토착지도자, 잠재적 참여자 등; 시설단체, 위치, 규모 등)	질적 조사(접촉과 면담), 현장조사와 분석, 자원사정 양식 개발	
	프로그램 개발과 평가	조직화 구성과 지역활동 복지운동 등에 대한 계획	실현 가능한 계획 설계, 협력방안 모색, 자원의 연계방안 등	
조직화 단계	모집	접촉, 자원봉사자 모집, 이슈화(달성 가능한 단순한 것), 홍보(온·오프라인)	지역지도자 접촉, 토착조직 참여요청, 관심유도, 홍보 등	주민 역량 초점(과정목표)
	정서강화형 소집단	구성원 간 관계 형성(신뢰감, 결속력), 지역사회 참여동기 강화, 의식화 작업	긍정적 의사소통 문화 조성, 교육과 훈련, 친목도모, 토의(토론)	
	문제해결형 소집단	조직구조화, 리더십교육, 계획수정 작업	집단대표자와 협의를 통해 주민 주체적으로 역할 전환, 리더십교육	

지역 활동 및 복지 운동단계	지역활동	주민 역량강화, 민주적 합의과정, 주민자치활동	구성원 간의 활발한 토의 분위기 형성 민주적 의사소통지지 책임성, 지속성, 민주성, 주도성 형성 지원	주민 역량과 문제해결(과정, 과업목표)
	복지운동	주민의 힘 규합, 연대, 캠페인 활동, 제도 개선활동, 복지계획 및 예산집행 감사		
평가 및 과제 전환단계	평가	양적 및 질적 평가(만족도 및 심층면접 등)	조직의 역량강화, 새로운 과제를 찾고 토론, 추진가능성과 실천방법을 결정하는 데 주도하도록 조력(원조)	새로운 사업으로의 전환과 지속성
	과제전환	사업의 종료, 새로운 사업 전환, 조직의 역량강화		

출처: 최종복(2017: 34-35).

한다고 이해하는 것이 타당할 것이다. 앞에서 언급한 주민조직화단계의 내용과 사회복지사의 역할을 개괄적으로 정리해 보면 〈표 8-2〉와 같다.

한편, 요즘 지역사회복지를 대체하는 표현으로 **마을지향 사회복지실천**이라는 용어가 유행하고 있다. **마을지향**이라는 실천이 대두된 것은 서울시의 복지정책과 많은 관련이 있다. 서울시복지재단은 2012년부터 지역사회복지관을 중심으로 마을지향 복지활동을 위한 기본체계를 마련하고, 시범사업을 운영하였으며, 지속적인 사례공유 및 성과연구를 진행하면서 사회복지실천에 대한 지침과 방법을 제시하였다.

여기에서 말하는 '**마을지향**'이란 '마을공동체지향'의 줄임말로 **지리적 공간에 함께 살고 있는 사람들**(지리적 지역성, locality)**이나 공통의 이해관계나 관심사가 있는 사람들**(관계성, community)**과 마을에 관한 일에 대해 자치하는 일을 지향하는** 것을 의미한다. 다시 말해, 마을지향복지[3]란 마을공동체가 뜻하는 바를 이루기 위한 의지를 갖고 일하는 관점과 방법을 의미하며 그 지향점은 지역사회 임파워먼트이기에 복지관을 중심으로 한 사회복지실천현장에서는 지역사회조직사업 또한 마을지향실천과 같은 맥락에서 이해되

3) '마을관점' 또는 '마을지향복지사업'은 수요자 중심, 당사자 중심, 시민중심의 관점을 말하며, 복지기관, 공급기관에 의존하기보다는 당사자가 주도하고 적극적으로 참여하여 마을공동체를 형성하는 것이다(서울시복지재단, 2020).

고 사용되기도 한다.

결론적으로 지금까지 논의된 효과적인 주민조직화를 위한 원칙들을 간단히 정리하면 다음과 같다.

첫째, 지역특성에 맞는 전략의 선택이다. 지역에서 다양한 활동을 수행할 때 가장 먼저 고려할 사항은 그 지역의 특성을 파악하는 것이다.

둘째, 지역주민들과의 관계 형성이다. 지역조직화에서 가장 중요하고 기본적인 것은 주민들과 긴밀한 관계를 형성하고 이를 통해 주민들의 신뢰를 얻는 것이다.

셋째, 효과적인 주민조직화 사업의 기획 및 실행이다.

넷째, 주민 주체의 조직화이다. 지역조직화에서 가장 중요한 것은 활동의 주체가 될 수 있는 주민지도자 그룹을 형성하여 주민들의 주체적인 참여의식이 지속적으로 유지될 수 있는 토대를 마련하는 것이다.

다섯째, 주민들이 체감하는 정서와 욕구가 충분히 반영된 이슈의 발굴 및 형성이다. 주민조직화를 위한 주민참여와 행동을 이끌어 내기 위해서는 지역사회의 구체적인 문제해결이라는 전략적 접근이 필요하다.

마지막으로, 명확한 목표의 설정이다. 주민들로 하여금 적극적인 실천 활동을 전개하도록 하기 위해서는 무엇보다 명확한 목표가 설정되어야 한다.

제 9 장
옹호

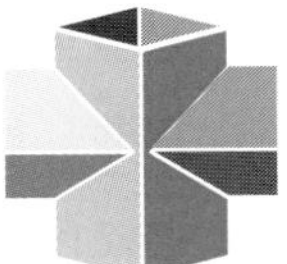

세계인권선언과 국제인권협약에서는 인권과 기본적 자유는 모든 사람에게 똑같이 적용되어야 하는 보편적 가치이자 이를 보호하고 실현하기 위한 노력 또한 모든 사람의 권리임을 천명하고 있다. 하지만 인간이라면 누구든지 마땅히 동등한 시민으로 대우받아야 함에도 불구하고 흔히 이야기하는 사회복지 대상자나 서비스 이용자의 경우 교육, 복지, 의료, 법률 등 다양한 영역에서의 지식, 정보접근성 및 권한의 차이로 인해 스스로 목소리를 내지 못하는 경우가 많다. 이에 사회복지사는 지역사회의 소외된 사회복지 대상자들의 편에 서서 목소리를 내거나 이들이 스스로 목소리를 낼 수 있도록 조력하는 노력을 수행하는 것이 필요하다.

이 장에서는 지역사회복지 실천 현장에서 사회복지사들이 전문적으로 수행해야 할 옹호의 개념과 유형 및 특성을 소개하고, 거시적 수준의 사회복지실천에서 옹호를 위해 사용할 수 있는 구체적 기술에 대하여 간략하게 소개한다.

1. 사회복지사의 역할과 옹호의 필요성

사회복지사는 사회복지실천에 있어서 다양한 역할을 수행하게 되는데, 개입하는 체계의 수준에 따라 미시적 차원, 중범위 차원, 거시적 차원, 전문가 차원의 네 가지 차원으로 분류된다(김혜란 외, 2023). 먼저 미시적 차원에서의 역할로는 개인과 가족을 대상으로 조정자, 중개자, 옹호자, 교사의 역할을 수행할 수 있다. 중범위 차원의 역할로는 조직과 공식적 집단을 대상으로 촉진자, 중재자, 훈련가의 역할을 할 수 있으며, 거시적 차원에서는 지역사회와 사회를 대상으로 계획가, 행동가, 현장개입가의 역할을 수행할 수 있다. 또한 전문가 차원의 역할로는 사회복지 전문가 집단을 대상으로 동료, 촉매자, 연구자, 학자의 역할을 할 수 있다(김혜란 외, 2023: 157-158 재인용).

이처럼 사회복지사의 개입 수준과 역할은 미시적 차원에서부터 거시적 차원까지, 또 개인적 측면에서 환경적 측면까지 다양한 범주를 아우르며 그 대상과 장소에 따라 다양한 역할을 가지고 있다. 아울러 사회복지사는 임상이나 정책 중 어느 한쪽에 치우친 실천을 추구할 것이 아니라 사회복지의 가치와 철학에 기반하여 여러 가지 시각을 균형 있게 유지하고 실천할 수 있어야 한다. 그러나 사회복지사들의 역할에 대한 실제 활동은 미시적 차원에서 거시적 차원까지 불균형적으로 발전해 왔다. 홍선미(2004)에 따르면 사회복지사는 인간과 환경, 개별적 접근과 환경적 접근에 대한 동시적 관심을 특징으로 하는 전문직임에도 불구하고 사회복지사의 역할은 시대적인 상황이나 전문직의 욕구에 따라 어느 한쪽 측면에 더 강조되는 경향을 나타내고 있음을 지적한 바 있다.

한국 사회에서 사회복지사들은 다양한 방법으로 클라이언트 개인 또는 집단의 변화를 돕고 그들의 이익을 도모하고자 노력하고 있지만, 여전히 환경 개선을 위한 제반 법의 제·개정, 기관동원, 정책변화를 위한 거시적 차원의 옹호 개입은 미약한 것이 사실이다. 이는 미시적 차원의 전문실천을 강조한 일부 서구적 추세의 영향을 받아 거시적 차원의 사회복지실천이 덜 부각되고 미시적 차원의 개입과 절차를 강조하는 임상 위주의 교육을 주로 해 왔기 때문이기도 하다(전선영, 2004).

또한 한국 사회복지사들의 사회 환경적 접근에 대한 특성을 정리한 연구들을 살펴

보면 정치참여, 사회행동, 사회복지옹호 등에 대한 필요성은 높게 인식하고 있지만 이들 활동에 대한 실제적 활동 주체로서의 인식과 활동은 미약하게 나타나고 있으며, 개별 임상 중심의 사회복지실천에 더 초점을 맞추고 있다고 지적되고 있다. 특히 대다수의 사회복지 대상자들을 옹호하는 지역사회복지기관의 사회복지사들이 상대적으로 정치참여율, 정치관심도가 낮으며, 태도나 방법에서도 소극적 형태를 보이고 있다는 점은 주목해야 할 요소이다(김병년, 2008).

미국사회복지사협회(NASW) 윤리강령에서는 옹호를 사회복지사의 의무로 규정하고 있고, 한국사회복지사협회(KASW) 윤리강령에서도 사회복지사의 윤리기준 중 제일 처음 언급되는 내용이자 여러 차례 비중 있게 다루어지는 내용이 클라이언트의 권익옹호이다.[1]

한편, 지방자치제도 시행의 본격화와 생태체계 관점의 보편화, 다층위적 차원에서 클라이언트의 체계를 바라보는 개입이 강조되는 지역사회복지 현장의 흐름에 따라 클라이언트의 권리를 위한 적극적인 옹호활동의 필요성은 더욱 중요해졌다. 하지만 실천현장에서 사회복지사들의 옹호활동은 대체로 명백한 전략없이 수행된 측면이 있고, 사회 전반의 제도나 체계에 영향력을 행사하기에는 다소 미흡한 점이 많았다. 이에 지역사회복지를 실천함에 있어 사회복지사들이 옹호의 개념을 정확하게 이해하고, 사회복지 옹

1) 다음 내용은 한국사회복지사협회의 사회복지사 윤리강령 내용 중 일부를 부분발췌한 것이다(2023. 4. 11. 5차 개정). 자세한 내용은 한국사회복지사협회 홈페이지를 참조하기 바란다.

- 사회복지사는 모든 인간의 존엄, 자유, 평등을 위해 헌신해야 하며, 사회적 약자를 옹호하고 대변하는 일을 주도해야 한다.
- 사회복지사는 사회정의 실현과 클라이언트의 복지 증진에 헌신하며, 이를 위한 국가와 사회의 환경 변화를 위해 노력한다.
- 사회복지사는 개인적 · 집단적 · 사회적 · 문화적 · 정치적 · 종교적 특성에 근거해 개인이나 집단을 차별 · 억압하는 것을 인식하고, 이를 해결 또는 예방하기 위해 노력해야 한다.
- 사회복지사는 클라이언트의 이익을 최우선의 가치로 삼고 이를 실천하며, 클라이언트의 권리를 존중하고 옹호한다.
- 사회복지사는 의사결정이 어려운 클라이언트에 대해서는 클라이언트의 이익과 권리를 보장하기 위한 적절한 조치를 취해야 한다.
- 사회복지사는 정치적 영역이 클라이언트의 권익과 사회복지실천에 미치는 영향을 인식하여 사회정의 실현을 위한 사회정책의 수립과 법령 제 · 개정을 지원 · 옹호해야 한다.

호의 전략과 방법 등에 많은 관심을 가지고 그 역할을 확대해 나가는 것은 매우 중요한 의미를 가진다 하겠다.

2. 옹호의 개념과 특징

1) 옹호의 개념

옹호(advocacy)란 클라이언트나 시민의 이익 혹은 권리를 위해 싸우거나, 대변하거나, 방어하는 활동이다. 사회복지사가 공무원이나 의사결정자들을 상대로 클라이언트들의 대의(大義, cause)를 증진시키기 위한 활동이 옹호이다(Kirst-Ashman & Grafton, 2001). 'advocacy'의 어원은 'ad(더하다)+voc(목소리)'로 자신의 목소리를 더하는 행위로 볼 수 있고 사전적 정의 또한 옹호, 변호, 지지, 주장의 의미를 가진다. 이렇듯 옹호란 클라이언트의 입장에서 대변하고 지지하며, 클라이언트의 이익에 부합하도록 제도와 환경을 변화시키는 일련의 활동으로 정의할 수 있다. 옹호는 대신하여 말하거나 탄원하기, 다른 사람을 대표하여 행동하기, 조치 취하기, 변화 촉진하기, 권리와 혜택에 접근하기, 동지 또는 지지자 역할 수행하기, 영향력과 정치적 기술 보여 주기, 사회정의 보장하기, 클라이언트 역량 강화하기, 클라이언트 문제에 동일시하기, 법적 근거 사용하기 등의 차원으로 설명할 수 있다(Schneider & Lester, 2001).

정병수(2020)는 옹호가 가진 특성에 대해 다음과 같이 설명한다.

첫째, 옹호는 인권을 근거로 법, 제도, 정책 등의 변화를 촉진하는 것이다. 즉, 개인의 문제를 다루지만 직접적인 서비스 제공을 통해 문제를 해결하는 것을 넘어 문제가 발생한 현 상태의 변화를 촉진하는 과정으로의 특성을 가진다. 따라서 환경변화를 위한 실질적 개입에 초점을 두어야 하며, 힘이 있는 사람에게 초점을 두고 특정 정책을 변화시켜 지역주민의 삶에 영향을 미치는 활동이 전제되어야 한다.

둘째, 옹호는 타인을 위한 것이다. 서비스를 제공하는 기관이나 소속 종사자의 이익보다 대상의 이익이 우선되어야 하는 활동이다. 옹호는 누군가를 대신하여 탄원하고 목소리를 내는 것이고, 누군가의 목소리가 전해지는 데 방해가 되는 장애물을 제거하기 위한 활동이어야 한다. 예를 들어, 사회복지사들은 업무 수행 중 아동학대를 알게 되거나 의심이 되는 사례가 발생되었을 때 지체 없이 수사기관 등에 신고해야 한다. 이러한 신고가 소속기관이나 업무관계에 미치는 영향보다는 아동인권을 우선하여 신고해야 하는 것이 법적 · 도덕적 · 직업적 의무인 것이다.

셋째, 옹호는 추측이나 불평을 제기하는 것만이 아니라 조사와 조치가 함께 이루어져야 한다. 즉, 문제의 해결방안을 찾고 이를 실현하기 위한 행동이 수반되어야 하는 활동이라는 것이다.

넷째, 옹호는 대상자들의 임파워먼트에 관심을 가진다. 옹호는 대상자의 참여 촉진을 통해 자율적이며 자기결정을 통한 삶을 살아가도록 그들의 역량을 강화하는 활동이다.

이처럼 옹호의 대상은 개인에서부터 지역사회까지 다양한 범주가 존재하며 이러한 대상의 이익을 실현하기 위한 활동을 통해 옹호 대상이 직면한 불평등과 위협들을 제거하여 사회정의를 유지 · 실현하는 데 옹호의 목적이 있음을 파악할 수 있다.

2) 옹호의 유형

옹호는 개인을 돕는 방법에서부터 어떤 집단이나 계층을 도와 제도를 근본적으로 변화시키는 것에 이르기까지 다양한 수준에서 이루어진다. 예를 들어, 학교 부실급식의 문제를 해결하기 위해 학부모는 아동을 대신하여 보호자이자 납세자로서 자기옹호를 할 수 있다. 동시에 학부모와 사회복지사는 학교운영위원회나 이사회에 관련 문제해결을 호소할 수 있다. 아울러 학부모들과 함께 언론매체 홍보나 공청회 개최 등을 통하여 부실급식 문제에 대한 지역사회의 여론을 형성할 수도 있다. 나아가 급식 수준을 담보하기 위한 조례제정 노력을 통해 개선을 요구할 수도 있다.

이처럼 사회복지옹호는 사회정의를 유지하기 위해 합법적인 수단으로 사회적 약자, 집단, 지역사회를 이해하고 역량을 강화하며 대변하는 사회복지사들의 가장 기본적인 활동으로 볼 수 있다.

일반적으로 다양한 문헌에서 학자들은 사회복지옹호 활동의 유형을 사례옹호(case

advocacy)와 대의옹호(cause advocacy)로 나누어 설명하고 있고, 2000년대 들어와서 정책옹호(political advocacy)의 개념이 추가됨에 따라 사회복지옹호활동은 크게 사례옹호, 대의옹호, 정책옹호로 유형화되고 있다.

① 사례옹호

사례옹호는 **단일한 개별사례에 대한 옹호**를 말한다. 미시적 실천에서 주로 적용되는 사례옹호의 목적은 일정한 혜택 또는 서비스를 받을 자격은 있으나 이를 획득하지 못하는 클라이언트를 위해 해당 이득 또는 서비스를 획득하도록 적극적으로 도와주는 데 있다. 즉, 사례옹호는 클라이언트가 바람직한 서비스를 받을 수 있도록 그들의 욕구를 파악하고, 그들의 욕구와 권익을 대변하며, 갈등을 해결해 주는 활동으로 정의된다(전선영, 2004).[2] 동일하거나 유사한 문제의 사례가 반복된다면 사례옹호에서 대의옹호로 옹호활동이 전환될 수 있다.

② 대의옹호

대의옹호는 **스스로 자신을 옹호할 능력**(자원, 재능, 기술)**이 부족한 집단을 위한 것**으로서, 거시적 실천에서 주로 적용된다. 이것은 여러 집단과 제도를 포괄하면서 사회적 조건을 개선시키는 것을 지향한다. 시민권 확보를 위한 입법운동, 장애인이나 기타 위험에 처한 인구집단의 권리를 위한 투쟁 등이 좋은 사례라고 할 수 있다(백종만 외, 2015).

계층옹호, 시스템옹호, 지역사회옹호, 집단옹호, 시민옹호 등 다양한 용어로도 설명되는 대의옹호는 사회복지사 한 사람의 주도로 이루어질 수도 있지만 다른 사회복지사 혹은 다른 기관들의 연합까지 이루어 실행되어야 하는 부분이 있기 때문에 사례옹호보

2) 효과적인 사례옹호를 위해서는 몇 가지 지식이 필요한데, 첫째, 기관의 정책, 규정, 효과적인 행정구조에 대한 지식을 습득해야 하고, 둘째, 기관의 탄원절차에 대한 지식을 알고 있어야 하며, 셋째, 사용가능한 법적 개선대책들에 대한 지식도 습득하고 있어야 한다. 넷째, 기관의 공식 및 비공식적인 권력구조를 파악해야 하고, 다섯째, 기관이 반응해야 하는 외적 압력들에 대한 지식도 잘 알고 있어야 한다. 마지막으로, 클라이언트 또는 사람들에게 영향을 줄 수 있는 새로운 이슈들에 대해서도 잘 알고 있어야 한다(Kadusin & Kadusin, 1997; 전선영, 2004: 20 재인용).

다 더 많은 시간과 비용이 요구된다(Schneider & Lester, 2001).

③ 정책옹호

정책옹호란 아동, 빈민, 소수인종, 장애인과 같은 집단들이 그들의 자원과 기회를 향상시키도록 도움을 주는 정책실천을 말하며, 이러한 정책실천은 의회, 기관, 지역사회에서 새로운 정책을 수립하고 기존의 정책을 개선하거나 혹은 다른 집단의 정책 주도권을 제한시킴으로써 정책을 변화시키려는 노력을 의미한다. 정책은 어느 일순간 형성된 것이 아니라 지속적 발전과정 안에서 형성되기 때문에(전선영, 2004) 정책옹호를 실천하기 위해 사회복지사는 정책개발과정에 대한 폭넓은 이해와 함께 지역사회, 소속기관, 각종 위원회 등에서 정책변화를 위해 노력해야 한다. 지역사회보장계획 수립과정에의 참여 또한 정책옹호활동의 실천으로 볼 수 있을 것이다.

3) 사회복지옹호활동의 한계

옹호는 사회복지의 오랜 전통이지만 이를 주저하는 이들도 있는데, 억압을 받고 있는 사람들이나 위기에 처한 사람들을 옹호하는 것이 종종 저항의 형태로 비추어지기 때문이다. 기관장들도 법인이사들이나 재정후원자들이 이것을 현실에 대한 도전으로 여길까봐 꺼리기도 한다. 옹호의 성과를 예측하기 어렵다는 점도 옹호활동을 활성화시키지 못하는 또 다른 이유가 되기도 한다. 그래서 사회복지사가 스스로 자신의 추진력에 대해 확신을 갖지 못하는 경우가 많은 것도 문제이다. 그런가 하면, 실제로 옹호를 통해서 변화가 일어났을 때, 그것이 미칠 영향에 대한 우려도 옹호활동에 걸림돌로 작동한다(Kirst-Ashman & Grafton, 2001).

옹호의 효과성을 제한하는 중요한 요소는 인간문제 및 사회문제가 속성상 큰 변화를 회피하는 경향이 있다는 점이다. 또 인간은 주어진 시점에서 일부의 문제를 다룰 수 있을 따름이며, 변화의 첫걸음을 내딛을 뿐이라는 것이다. 예컨대, 19세 청소년 투표권 획득을 위해 옹호활동을 하여 입법화에 성공한 경우, 다음 과제로서 이들 청소년을 선거에 참여하도록 이끌어 내는 일은 또 다른 활동을 요구하는 것으로 변화는 매우 서서히 이루어진다고 볼 수 있다. 또 국가의 복지재정 삭감 요구가 큰 상황에서 새로운 프로그램을 도입하자는 옹호활동은 여건이나 환경이 조성되지 않아서 어려움을 겪기도 한다(백종만 외, 2015). 아울러 정부보조금 비중이 큰 우리나라 사회복지기관의 예산구조 여건상 본인이 속한 기관의 입장을 고려하지 않고 클라이언트에 대한 옹호활동을 전적으로 진행하기 어려운 구조적인 취약성도 영향을 줄 수 있다.

3. 입법옹호의 개념과 단계

1) 입법옹호의 개념

입법옹호는 사회복지사나 지역사회복지 실천가가 다양한 분야의 클라이언트나 시민을 위해 활동하는 것이란 점에서 대의적 옹호(cause advocacy)와 유사한 개념이다. 거시적 옹호에 속하는 이 입법옹호는 특히 특정 영역의 클라이언트에 혜택을 주기 위한 법률 개정에 관여하는 것으로, 가장 기본적 형태는 입법가들에게 원하는 방향으로 법이 통과되기를 촉구하는 것으로 볼 수 있다(Hardcastle et al., 1997; Kirst-Ashman & Hull, 2001).

입법옹호는 주된 활동 대상이 지역사회의 약자나 소수자, 사회복지서비스 대상 집단, 사회적 억압계층들이라는 점에서 스스로 대변하기 어려운 집단들을 위해 전개되는 로비활동의 한 부분으로 볼 수도 있다. 의원들은 제한된 정보를 가지고 많은 법안을 다뤄야 하는데, 법안 내용들이 복잡하고 소수집단의 욕구에 대한 의원들의 정보가 적다는 점에서 전문성을 가진 입법적 옹호자가 논리적 주장이나 지역사회 욕구에 관한 객관적 정보를 통해 의원들을 움직일 수 있다는 것이 입법옹호의 주요 전제이다.

입법 관련 로비활동이나 입법옹호를 위해서는 로비(입법옹호)활동 참여자들이 법안의 내용, 의사결정자들의 정치적 입장, 그리고 무엇보다 **입법절차**에 대해 충분히 숙지하고 있어야 한다. 법안이 발제되어 어느 위원회에서 논의되고 있는지, 정치활동과 민감한 사안인지, 언제 지역사회 주민들의 행동이 필요한지 등에 관한 사항들은 로비활동에 필수적이다. 하디나(Hardina, 2002)는 로비활동 참여자들이 충분히 숙지해야 할 사항들을

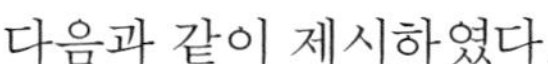

다음과 같이 제시하였다.

① 의사결정 과정 관련 입법절차
② 관련 법안이 논의되는 입법 과정 단계
③ 법안의 발제자 또는 후원자, 다른 동조 입법가 및 법안 지지 관련 단체나 이익집단
④ 법안을 심의할 상임위원회
⑤ 법안 반대 의원 및 반대 단체나 이익집단
⑥ 과거 유사 법안의 심의 결과
⑦ 법안을 둘러싼 의원과 이익집단 간 협력관계
⑧ 의원이나 이익집단들의 기득권 및 법안 제정(또는 반대)에 따른 이익
⑨ 로비 참여자와 의원을 연결시켜 줄 관련 인사

입법옹호의 현실적 장애요인은 다음과 같다(Kirst-Ashman & Hull, 2001).

첫째, 모든 법안들이 회기 내에 다 통과되는 것은 아니란 점이다. 법률의 심사 및 제정을 위한 회기는 짧고 대기 중인 법안은 많기 때문에 한 시점에 통과되지 않으면 다음 회기에 다시 활동을 펼쳐야 한다.

둘째, 해당 법률과 상관없는 정치적 사안들과 관련을 맺는 입법기관의 특성상, 로비 활동의 결과에 대한 예측이 쉽지 않다는 점이다. 상임위원회의 구성원이나 집권 정당이 바뀔 수도 있고, 또 의원의 개인적 입장도 바뀔 수가 있다. 따라서 법안 내용이 다수에게 이로운 내용을 담고 있어도, 경제 상황, 의원이나 정당의 정치적 입장 변화, 심지어 의원의 개인적 선호 등에 따라 입법화가 이뤄지지 않을 수도 있다. 또 법사위의 판단과 대통령(지방조례의 경우는 자치단체장)의 거부권 행사 등에 의해 결정이 번복될 수 있다.

2) 입법옹호의 단계

하드캐슬 등(Hardcastle et al., 1997)은 입법옹호를 위한 전반적 과정을 다음과 같이 제시한다(백종만 외, 2015).

① **법령 초안의 작성**: 법률 초안의 작성을 위해서는 법률 지식 및 기존의 관련 법률·정책·프로그램 등에 대한 숙지가 필요하다. 지역사회 실천가들은 해당 정책이나 법안 내용에 대한 전문가들의 의견을 충분히 구하고 초안은 반드시 법률전문가가 작성해야 한다. 이때 주요 용어와 관련하여 법안의 문구와 실제 용어에 대한 전문가와 법률가 간의 충분한 상호 이해가 필요하다.

② **법안 지지자의 물색, 확보, 유지**: 법안의 자연적(정치권력과 무관한)인 지지자들(법안에 흥미가 있거나, 법안 통과로 이득을 보게 될 사람들)을 충분히 확보해야 한다. 동시에 중립 및 반대 세력 파악도 중요하다. 초기에 중립적이었던 사람은 지지자로 전환될 가능성이 있고, 법안 지지자들 사이에서도 지지 이유가 다를 수 있으므로, 이를 조정하는 작업이 필요하다. 접촉 대상은 지지자와 반대자 모두를 포함해야 하며 정치가 및 관련 지역사회 복지조직의 지지도 확보해야 한다.

③ **법안후원의원 섭외**: 법안 발의와 최종 제정 시까지 노력해 줄 의원이나 정치활동가를 확보해야만 한다. 우선 과거부터 고려 대상이 된 의원들의 성향 등에 대해 면밀히 분석하고, 그 의원들의 지위는 안정적인지도 검토해야 한다. 특히 다수당 측 의원을 지지자로 하는 것이 유리하다.

④ **법안 발의**[3]: 확보된 의원에게 의회 회기 전에, 또는 최소한 회기 초반에 법안 발의를 요청한다. 법안 발의가 빠를수록 로비 기간 및 법안 수정 시간을 어느 정도 확보할 수 있다. 발의와 동시에 우편, 이메일, 전화, 전문 로비스트를 활용하여 법령 홍보 및 압력행동을 대대적으로 개시해 간다.

⑤ **법안 지지세력 확장을 위한 이익집단과의 협력 구축**: 잠재적 지지자 중에는 법안 제출 사실 자체를 모르는 사람들도 있고, 관심은 있어도 자신의 영향력에 대한 확신이 부족한 사람들도 있을 수 있다. 이익집단과의 안정된 협력구축을 통해 잠재적 지지자의 동의를 이끌어 내야 한다.

⑥ **법안의 가치에 대한 대중 설득**: 어느 정도 지지 세력이 갖추어지면 언론매체 활용,

3) 우리나라 국회의 경우 국회의원은 동료 의원 10인의 서명을 받아 법안을 발의할 수 있다. 이 '발의'란 의원 개인의 생각을 제안하는 것이며, 일단 발의가 되어야 몇 단계를 거쳐 최종적으로 공포될 가능성이 생긴다.

공개포럼 개최, 직접적 대면접촉 등을 통해 대중에게 이 법령의 가치를 홍보하고 설득하는 데 주력해야 한다. 앞서 언급되었듯이 입법 과정은 정치적 의사결정 과정이므로 여론에 의해 이익집단의 법안에 대한 영향력이 크게 달라질 수 있다.

⑦ **입법부의 상임 분과위원회에 영향을 미치도록 노력함:** 실제 결정을 내리는 기구인 상임위원회에 앞의 모든 노력이 영향을 끼칠 수 있도록 노력해야 한다. 상임위원회를 통과한 법안만이 의회 본회의에 상정된다.[4]

⑧ **본회의에서 법안 통과를 위해 다른 의원들에게 영향을 미치도록 노력함:** 상임위원회나 본회의에서는 중립적 의원의 지원 확보도 중요하다. 본회의에 상정된 법안은 질의와 토론을 거친 후 표결에 부쳐진다. 보통 의결을 위해서는 재적의원 과반수 출석과 출석의원 과반수 찬성이 필요하다.

4. 사회복지옹호의 기술[5]

옹호를 위한 여러 가지 기술 중에서 자주 사용될 수 있는 핵심적인 기술 몇 가지를 간략하게 소개한다.

---

4) 국회의 입법 과정에서 실제로 상임위원회를 통과한 법은 '법제사법위원회(법사위)'에서 한 번 더 검토된다. 법사위에서는 제출된 법안의 위헌 여부나 기존 법과의 충돌 여부를 심사한다. 따라서 법사위는 본회의 상정 마지막 단계로 대부분 소속 의원들은 법조인 출신이며, 법 관련 전문성이 요구된다. 법사위에서 거부되거나 검토가 미루어질 경우 발의된 법안은 본회의로 상정되지 않아 결국 의결이 불가능해진다. 이러한 법사위의 단계적 중요성으로 인해 정당 간에 법사위원장을 결정하기 위한 충돌을 새 의회 상임위 구성 시 자주 보게 된다.

5) 애쉬먼, 그래프톤(Kirst-Ashman & Grafton, 2001: 365-369)과 하드캐슬 등(Hardcastle et al., 1997: 376-381)을 토대로 작성된 백종만 외(2015)의 내용을 중심으로 요약하였다.

1) 청문, 고충처리, 이의신청

수급자격이 있으면서도 혜택이나 권리를 누리지 못하는 클라이언트나 클라이언트 집단이 공평하게 처우받을 수 있도록 하는 행정절차로 청문, 고충처리, 이의신청 등이 있다. 먼저, **청문**(fair hearing)은 클라이언트가 의사결정자의 결정에 대해 기관 측에 공정한 청문을 통지하는 것으로 의사결정이 정책을 어기고 있는지 부당하게 이루어졌는지 등을 판단하는 것이다. 의사결정이 위법하거나 부당한 경우에 조사관이 규정이나 절차를 따를 것을 지시하게 된다.

고충처리(grievances)도 역시 정책을 어긴 의사결정자에 대처하는 방식인데, 보통 기관 내부에서 직원이나 클라이언트의 불만이나 고충을 수리하여 처리하는 공식적 절차로 활용된다. **이의신청**(complaints)은 기관의 행위에 대해 불만이나 이의가 있을 경우, 관계 법령에 의해서 규정되는 행정상의 절차이다. 때로는 공식적으로 고충처리나 이의신청을 제기한다는 것만으로도 의사결정을 뒤집을 수도 있다. 이런 공식적 행정절차가 없는 경우에는 변호사로부터 조언을 받아서 행동할 수 있다.

우리나라에서 이런 행정절차에 관한 일반법으로 「행정절차법」이 있다. **「행정절차법」**은 행정청의 처분에 관하여 청문, 공청회, 의견제출 등의 방법으로 국민의 행정참여를 도모함으로써 행정의 공정성 · 투명성 · 신뢰성을 확보하고 국민의 권익을 보호함을 목적으로 한다. 청문은 행정청이 어떤 처분을 하기 전에 당사자등[6]의 의견을 직접 듣고 증거를 조사하는 절차를 말한다. **공청회**는 행정청이 공개적인 토론을 통하여 어떠한 행정작용에 대해 당사자등, 전문지식과 경험을 가진 사람, 그 밖의 일반인으로부터 의견을 널리 수렴하는 절차를 말한다. **의견제출**이란 행정청이 어떠한 행정작용을 하기 전에 당사자등이 의견을 제시하는 절차로서 청문이나 공청회에 해당하지 아니하는 절차를 말한다. 사회복지사들은 「행정절차법」상의 청문 · 공청회 · 의견제출 방법을 통하여 옹호활동을 할 수 있을 것이다. 법령의 구체적 내용에 관해서는 법제처 국가법령정보센터

6) 「행정절차법」 제2조의 4에 따르면 "당사자등"이란 행정청의 처분에 대하여 직접 그 상대가 되는 당사자, 행정청이 직권으로 또는 신청에 따라 행정절차에 참여하게 한 이해관계인을 말한다.

홈페이지 법령정보를 참조하면 된다(https://www.law.go.kr).

2) 정치적 압력

정치적 압력(political pressure)은 공공조직을 대상으로 할 때 효과적이며, 그 목적은 새로운 법을 통과시키도록 한다거나, 새로운 프로그램을 개발하게 한다거나, 지역사회 주민 조직에게 이로운 정책을 강구하고 시행하도록 하는 것이다. 정치적 압력은 정부가 변화의 요구에 대해서 비교적 개방적이며, 주민의 참여에 대해 비교적 공평한 기회를 보장한다는 전제에서 출발한다. 세금으로 운영되는 공공조직들은 예산의결권을 가진 정치인들의 반응에 대해 민감하다. 의회 의원을 접촉하여 그들로 하여금 문제의 실상을 파악하여 행정 관료에 압력을 가하도록 요청하는 것이 효과적이다. 이 과정에서 언론매체를 활용하여 여론을 형성하거나 정치적 영향력을 행사할 수도 있다. 공공재정의 지원을 받는 기관들은 의원들의 조사를 부담스러워 하고, 의원들은 재선을 위해 유권자의 부탁을 듣지 않을 수 없는 구조이기 때문에 지역사회에서 선출직 공무원인 의회 의원을 상대로 정치적 압력을 행사하는 것이 효율적이다.

정부의 정책형성과정은, ① 이슈를 논의대상으로 삼는 단계, ② 해결대안을 설계하는 단계, ③ 법안의 통과를 추진하는 단계, ④ 실천을 하도록 영향력을 행사하는 단계 등 네 가지 단계로 구분할 수 있다. 사회행동조직은 이들 각 단계에 압력을 가할 수 있고, 또 가해야 한다(최일섭, 류진석, 2001).

첫째 단계에서 지역사회행동조직은 이슈가 국회에서 법안으로 상정되도록 한다거나 공청회에서 의견을 개진할 기회를 갖는 등의 활동에 치중하게 된다.

둘째 단계는 문제에 대한 가능한 해결방안들을 내놓는 것으로 지역사회행동조직은 어떤 문제가 법안으로 제출되기 전에 자신들의 견해를 정치인들이나 정부 관료들에게 알리는 것이 필요하다. 또 법안을 직접 성안(成案)하여 의회 의원들에게 그것을 제안하도록 할 수도 있다.

셋째 단계는 법이나 규정이 통과되도록 압력을 넣는 단계이다. 이 단계는 전통적 로비활동으로서 의원들을 접촉한다거나, 편지를 쓴다거나, 전화를 건다거나, 위원회 등에서 증언하는 등의 활동이 포함된다. 이 단계의 활동에서는 조직의 규모, 결속력, 선거당락에의 영향력 등이 중요한 요소가 된다. 따라서 조직은 그 자체의 힘도 강해야 하지만 정치인들에게 영향력을 행사하기 위해서 동맹관계의 조직들을 규합하는 것도 필요하다.

넷째 단계는 법이나 규정을 실천하도록 영향력을 행사하는 단계이다. 이 단계에서 사회행동조직은 지역사회 주민들을 위해 어떤 법이 보다 강력하게 집행되도록 한다거나, 평등하게 집행되도록 한다거나 또 실제로 집행될 수 있도록 압력을 행사하는 것이다. 그러므로 이 단계에서의 압력은 정치인들보다는 관리들에게 압력을 가하는 것이 더 중요시된다.

3) 청원

청원(petitioning)은 「대한민국 헌법」 제26조에 규정하고 있는 권리로서, 일반적으로 특정 조직이나 기관이 일정한 방향으로 조치해 줄 것을 요청하는 다수인의 요구를 담은 서명지를 전달하는 활동을 일컫는다. 서명지의 서명은 가가호호 방문을 통해서 또는 많은 사람이 모이는 거리나 대형 할인매장 등에서 받는 것이 일반적이다. 청원 서명서는 비교적 쉽게 받을 수 있기 때문에 서명을 통한 청원에 대하여 표적체계가 심한 압력을 받지 않는 것으로 알려져 있다. 따라서 공적으로 서명을 제출하여 공적 기록으로 남겨지게 하는 것이 효과적이다.

우리나라에서는 「청원법」에서 헌법상의 권리인 청원권 행사에 관한 사항을 규정하고 있다. 청원을 할 수 있는 사항으로는 피해의 구제, 공무원의 위법 · 부당한 행위에 대한 시정이나 징계의 요구, 법률 · 명령 · 조례 · 규칙의 제정 · 개정 또는 폐지, 공공의 제도 또는 시설의 운영, 그 밖에 청원기관[7]의 권한에 속하는 사항에 대하여 청원을 할 수 있

7) 이 법에 따라 국민이 청원을 제출할 수 있는 기관(청원기관)에는 국회 · 법원 · 헌법재판소 · 중앙선거관리위원회 · 중앙행정기관과 그 소속기관, 지방자치단체와 그 소속기관, 법령에 따라 행정권한을 가지고 있거나 행정권한을 위임 또는 위탁받은 법인 · 단체 · 기관이나 개인이 해당한다.

다. 청원은 청원인의 성명과 주소를 적고 서명한 문서(전자문서 포함)로 하여야 하며, 다수의 청원인이 공동으로 청원하는 경우에는 그 처리결과를 통지받을 3명 이하의 대표자를 선정하여 청원서에 표시하여야 한다. 청원의 처리절차 및 이의신청 등 보다 구체적인 내용에 관해서는「청원법」을 참고하기 바란다.

제10장

지역사회복지의 제도적 변화와 지역사회보장협의체

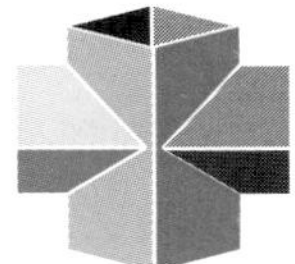

지역사회복지 실천가는 지역사회복지 현장에 대한 이해뿐만 아니라 지역사회의 사회복지 관련 제반 환경에 대한 이해도 필요하다. 정책이나 법의 변화가 지역사회복지실천 현장에 밀접하게 영향을 미치기 때문이다. 우리나라는 1991년 기초자치단체와 광역자치단체의 의회가 구성되고 1995년 광역 및 기초자치단체장 선거가 실시되면서 본격적인 지방자치시대가 개막되었으며 그에 따라 지역사회복지실천의 제도적 · 법적 환경 또한 지방화와 분권화를 강조하는 방향으로 변화하였다. 이후 2003년 「사회복지사업법」 개정, 2005년 국고보조사업의 지방이양, 2006년 사회서비스 확대, 2012년 「사회보장기본법」 전면 개정에 따른 사회서비스의 제도화, 2014년 「사회보장급여의 이용 · 제공 및 수급권자 발굴에 관한 법률 제정」 등이 지역사회복지실천 현장의 변화를 주도하였다고 하여도 과언이 아닐 것이다.

이 장에서는 최근의 자료를 반영하여 지역사회복지를 둘러싼 제도적 변화의 흐름을 살펴보고 민관협치기구인 지역사회보장협의체와 지역사회보장계획에 대해 개괄적으로 소개함으로써 지역사회복지환경에 대한 맥락적 이해를 돕고자 한다. 아울러 이러한 변화가 실제 지역사회와 주민들에게 어떠한 영향력을 가지는지를 고찰하고 이를 지역사회복지 실천에 유용하게 적용할 수 있도록 하고자 한다. 여러 가지 상황이 가변적이고 정책적 변화가 있으나 사회복지사나 지역활동가가 기본적으로 알아 두어야 할 내용을 중심으로 서술되었다.

1. 지역사회복지의 제도적 환경변화

「사회복지사업법」 제2조 제2항에 따르면 "지역사회복지란 주민의 복지 증진과 삶의 질 향상을 위하여 지역사회 차원에서 전개하는 사회복지를 말한다."로 정의되어 있다. 표현 그대로 '지역'이 중심이 되는 개념이다 보니 각 지역의 환경에 따라 지역복지에 담겨지는 내용이 상이할 수 있으며 지방분권과 맞물려 그 가능성은 더 크다고 할 수 있다. 지방자치제도가 본격 시행된 뒤 2000년대 이후 지역사회복지실천의 법적·제도적 환경은 사회복지사무의 지방이양, 지역사회보장계획수립 및 지역사회보장협의체 설치, 복지전달체계 개편, 민관협력 지향 등 매우 큰 틀의 변화가 이루어졌으며 이를 시간흐름에 따라 간략히 소개하면 다음과 같다.[1)]

첫째, 2003년에 개정된 「사회복지사업법」에서 '지역복지체계의 구축'을 이 법의 목적으로 명시하여 사회복지사업 실천의 핵심적인 단위가 지역사회임을 최초로 규정하였다. 이를 위해서 「사회복지사업법」에 '재가복지'라는 장을 신설하였고, 지역복지계획 수립을 지방자치단체에 의무화하였다. 또한 기초자치단체 수준의 지역사회에서 민관협치를 강화하는 기제로 '지역사회복지협의체' 제도를 도입하는 등 사회복지서비스 공급 중심축을 지방으로 이동하는 계기가 마련되었다. 2012년에 「사회보장기본법」 개정으로 사회복지서비스 및 관련 제도를 아우르는 '사회서비스'가 제도화되었으며, 이에 따라 지방자치단체가 수립하는 지역사회복지계획을 사회서비스를 포괄하는 **'지역사회보장계획'**

1) 해당 내용은 백종만 외(2015: 284-316)의 내용과 한국지역사회복지학회 춘계학술대회 발표논문집(2017)을 종합하여 정리하였다.

으로 수립하고, '**지역사회복지협의체**'를 '**지역사회보장협의체**'로 확대 개편[2]하는 방향으로 전환되었다.

둘째, 사회복지서비스의 지방이양과 함께 2005년 도입된 분권교부세제도가 2015년부터 **보통교부세**로 통합된 점이다. 이는 사회복지사업에 관한 예산편성에서 지방자치단체의 자율성이 확대된 것인데, 이러한 변화가 지방재정 운용과 사회복지현장에 어떠한 형태로 작용하는지에 대한 세심한 분석이 필요하다. 또한 2010년 이후에 대규모 사회복지서비스 사업들이 마련되면서 국가 전체적으로는 복지 재원의 확보가 가장 큰 이슈로 손꼽히게 되었으며, 중앙정부와 지방자치단체 간 재정분담을 둘러싼 갈등이 증폭되고 있다. 따라서 지방의 사회복지재정 구조의 변화에 대한 이해와 대처가 필요하다.

셋째는 지역사회복지서비스 전달체계와 관련된 변화이다. 사회복지직 공무원의 증원과 배치를 통한 공공전달체계의 강화가 이루어졌으며, 또한 주민생활지원 체제로의 지방행정조직의 개편과 그 이후에 공공부문과 민간부문의 협력과 통합을 강화하기 위해 이른바, '원스톱' 서비스를 포함하는 '희망복지지원단'이 구성되는 등 공공전달체계 개선을 위한 노력이 시도되었다. 아울러 2006년에는 사회서비스 확대를 통한 일자리 창출이라는 정책기조 아래 바우처 방식의 사회서비스 사업이 도입되었는데, 이는 민간영리사업자의 사회서비스 영역 진입과 시장화를 내포하는 것으로 사회복지서비스 부문에서의 공급구조의 변화를 초래하였다.[3]

따라서 지역사회복지 실천가들은 이와 같은 법과 제도의 변화에 대한 이해를 기반으로 지역사회복지 실천현장에 미칠 영향이 무엇인지에 대해 충분히 논의하고 그에 따른 대응력을 갖출 필요가 있다.

2) 「사회보장급여의 이용 · 제공 및 수급권자의 발굴에 관한 법률」(법률 제12935호, 2014. 12. 30. 제정, 2015. 7. 1. 시행)

3) 2007년부터 4대 바우처 사업이라 칭해지는 노인돌보미지원사업, 장애인활동보조지원사업, 산모신생아돌보미지원사업, 지역사회서비스혁신사업이 추진되었다.

2. 제도변화의 주된 흐름

1) 사회서비스 공급 중심축의 지방 이동

지역사회복지의 실천과 관련하여 가장 의미 있는 「사회복지사업법」상의 변화는 앞서 언급한 바와 같이 2003년 7월 30일에 개정된 「사회복지사업법(법률 제6960호)」인데, '지역사회복지의 체계'를 구축하는 것을 법의 목적으로 규정하였다는 점에서 지역사회복지 정책상 지방화의 시작이 되는 의미를 가진다 하겠다. 주된 내용으로는, ① 지역사회복지협의체(현 지역사회보장협의체) 구성, ② 지방자치단체의 지역사회복지계획(현 지역사회보장계획) 수립 · 시행 의무화, ③ 재가복지서비스[4](가정봉사서비스와 주간 · 단기보호서비스 등)의 우선 제공 및 가정봉사원의 양성 규정, ④ 사회복지서비스를 필요로 하는 자에 대하여 지방정부의 책임을 강화하고 보호대상자별 보호계획을 수립하며, 동 보호계획에 따라 사회복지서비스를 제공하도록 한 것이다.

이후 여러 부처에서 관장하고 있는 사회보장정책이 일관성 있고 효과적인 정책수립과 집행에 한계가 있다는 지적에 따라 국민의 보편적 · 생애주기적인 특성에 맞게 소득과 사회서비스를 함께 보장하는 방향으로 사회보장제도를 확대하고자 2012년 「사회보장기본법」이 전면 개정(법률 제11238호)되었고,[5] 개정법에 따라 사회보장제도가 사회보험, 공공부조, 사회서비스로 새롭게 분류되었으며, 「사회보장급여의 이용 · 제공 및 수급권자의 발굴에 관한 법률」(이하 「사회보장급여법」으로 약칭)이 추가 제정되었다.

「사회보장급여법」은 사회보장급여[6]의 이용 및 제공에 관한 기준과 절차 등 기본적 사

4) 제3장의 2에 재가복지서비스 장을 신설하였으며 보호대상자에게 사회복지서비스를 제공하는 경우 시설에의 입소에 우선하여 재가복지서비스를 제공하여야 한다고 규정하였다.

5) 2012. 1. 26. 개정, 2013. 1. 27. 시행

6) 「사회보장기본법」 제3조 제1항에 따른 사회보험, 공공부조, 사회서비스를 뜻하는 것으로, '사회보험'이란 국민에게 발생하는 사회적 위험을 보험방식으로 대처함으로써 국민의 건강과 소득을 보장하는 제도를, '공공부조'란 국가와 지방자치단체의 책임하에 생활 유지 능력이 없거나 생활이 어려운 국민의 최저생활을 보장하고 자

항을 규정하고 있다. 그중에서 사회보장급여의 이용, 지원대상자의 발굴, 수급권자 등의 지원, 사회보장급여의 관리와 관련한 내용을 살펴보면 다음과 같다.

① 지원대상자가 누락되지 않도록 사회보장급여의 제공을 직권으로 신청할 수 있으며 지원계획을 수립하여 맞춤형 급여를 제공할 수 있도록 하였다. ② 보장기관의 장은 누락된 지원대상자가 적절한 사회보장급여를 제공받을 수 있도록 지원이 필요한 가구 발굴을 위해 노력해야 함을 명시하고 지원대상자 발견 시 신고의무를 규정하였다. 또한 ③ 지원대상자 발굴 및 자발적 협조를 위한 민관협력에 관한 사항을 규정하였다. ④ 수급권자 등의 지원을 위해서 수급권자별 제공계획을 수립하고 수급권자에게 상담 · 안내 · 의뢰 등을 실시하며, 이의신청을 할 수 있도록 하였다. 아울러 ⑤ 사회보장급여의 관리로 급여 적정성을 확인하고 부정수급 실태조사 및 수급자의 변동신고를 통한 급여의 변경 · 중지 · 환수 등의 조치에 관해 규정하고 있다. 그리고 ⑥ 사회보장정보시스템 운영 · 지원을 위해 '한국사회보장정보원'을 설립하도록 하였다.

지역사회보장협의체 구성 및 운영, 지역사회보장계획 수립 등에 대해서는 다음 절에서 보다 상세히 다루고자 한다.

2) 사회복지재정의 분권화

서울시 무상보육 논란과 만 3~5세 유치원 · 어린이집 무상교육 정책인 누리과정 예산 갈등과 같이 복지정책의 확대로 관련 재정에 대한 대립양상을 종종 볼 수 있다. 새로운 국고보조사업이 도입되거나 기존의 국고보조사업이 확대됨에 따라 지방정부의 매칭비용도 자연적으로 증가하게 되는 점은 지방자치단체의 사회복지비 지출 증가의 주된 요인으로 작용하며 이는 중앙정부와 지방정부 간의 정치적 갈등을 초래하기도 한다. 이러한 상황에 대한 이해를 돕기 위해 지방정부의 재정구조를 간략하게 살펴보고자 한다.

립을 지원하는 제도를, '사회서비스란' 국가 · 지자체 및 민간부문의 도움이 필요한 모든 국민에게 복지, 보건의료, 교육, 고용, 주거, 문화, 환경 등의 분야에서 인간다운 생활을 보장하고 상담, 재활, 돌봄, 정보의 제공, 관련 시설의 이용, 역량개발, 사회참여 지원을 통한 국민의 삶의 질이 향상되도록 지원하는 제도를 말한다.

지방재정은 지방자치단체의 재정을 의미하며 지방자치단체의 수입 · 지출 활동과 지방자치단체의 자산 및 부채를 관리 · 처분하는 모든 활동을 말한다.[7]

(1) 지방재정의 세입구조

지방자치단체의 세입구조를 파악하기 위해서는 우리나라 지방자치단체의 재정원천을 이해할 필요가 있다. 지방자치단체의 재원은 크게 **의존재원**과 **자주재원**으로 구성된다. **의존재원**은 국가 또는 광역자치단체로부터 받는 재원을 말하는 것으로 지방교부세, 국고보조금, 조정교부금이 있다. 이와 달리 지방자치단체에서 자체적으로 충당하는 재원을 **자주재원**이라 일컫는다. 자주재원은 지방세와 세외수입으로 구성되며 지방자치단체의 재정부담 역량은 '재정자립도' '재정자주도' 등과 같은 지표로 비교할 수 있다.

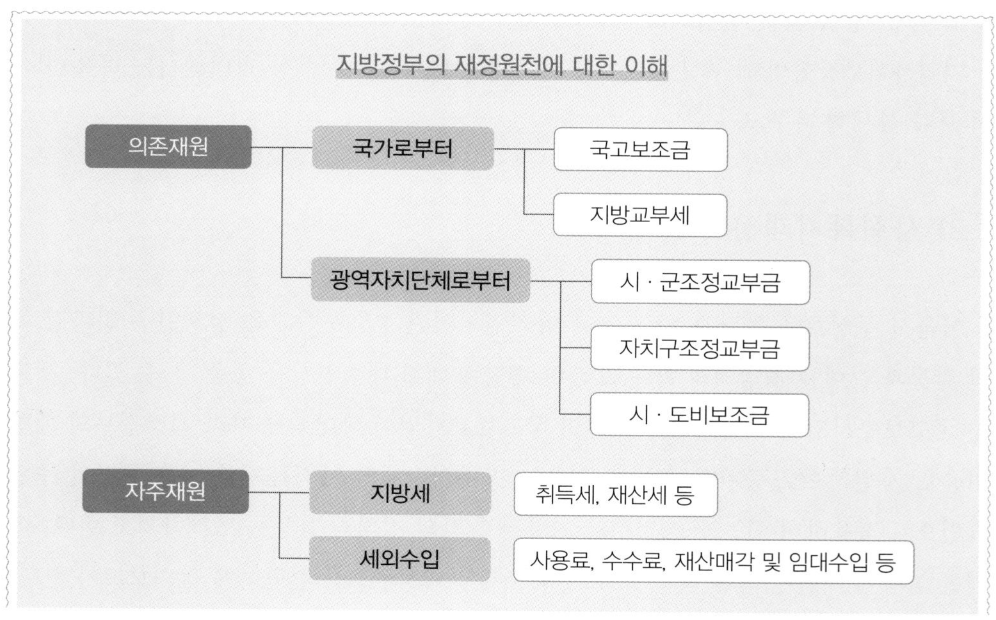

7) 「지방재정법」 제2조(정의)의 내용을 바탕으로 정리하였다.

■ 지자체의 세입구조 = 의존재원 + 자주재원

1) 의존재원

① **국고보조금**: 국가가 특정한 정책사업을 지방정부로 하여금 처리하도록 하기 위하여 교부하는 이전재원. 국가가 용도와 요건 및 지방비 대응분담비율 등을 지정할 수 있음(「지방재정법」「보조금 관리에 관한 법률」)

② **지방교부세**: 국가가 재정적 결함이 있는 지방자치단체에 교부하는 이전재원으로, 지방자치단체의 행정운영에 필요한 재원을 교부하여 그 재정을 조정함으로써 지방행정을 건전하게 발전시키도록 함을 목적으로 하고 지자체 간의 재정격차를 완화하는 역할을 수행함. 지방정부가 자율적으로 사용할 수 있으며 보통교부세,[8] 특별교부세,[9] 부동산교부세, 소방안전교부세로 구성됨(「지방교부세법」)

③ **조정교부금**: 광역자치단체가 관할 시 · 군 간의 재정력 격차를 조정하기 위해 교부하며 일반적 재정수요에 충당하기 위한 일반조정교부금과 특정한 재정수요에 충당하기 위한 특별조정교부금으로 구분하여 운영함(「지방재정법」)

▷ 국고보조금과 지방교부세 제도의 차이점

구분	국고보조금	지방교부세
근거	「보조금 관리에 관한 법률」	「지방교부세법」
목적	지방자치단체의 특정사업 지원	지방자치단체 재원 보장 및 재정 불균형 완화
재원	국가의 일반회계 또는 특별회계 예산	내국세의 19.24%
재원성격	특정 목적 재원	용도 지정 없는 일반재원
배분	사업별 용도지정, 지방비 확보 의무	재원 부족액 기준 배정

출처: e나라도움(보조금통합포털).

8) 내국세의 19.24% 중 97%로 정해진 금액을 지방자치단체가 자율적으로 편성할 수 있도록 용도를 정하지 않고 지방에 교부하는 일반재원이다.

9) 내국세의 19.24% 중 3%는 특별교부세로 편성하여 예측하지 못한 수요에 대응하도록 한다.

2) 자주재원

① **지방세**(「지방세기본법」 제7조, 제8조)

구분		보통세	목적세
특별시 광역시	시	취득세, 레저세, 담배소비세, 지방소비세, 주민세, 지방소득세, 자동차세	지역자원시설세, 지방교육세
	구	등록면허세, 재산세	
도	도	취득세, 등록면허세, 레저세, 지방소비세	지역자원시설세 지방교육세
	시군	주민세, 재산세, 자동차세, 지방소득세, 담배소비세	

* 단, 광역시의 군(郡) 지역은 도세를 광역시세로 함
* 자치구세: 등록면허세, 재산세

② **세외수입**: 재산임대료, 사용료, 수수료, 수익자 부담금, 재산매각수입, 이자수입, 과징금, 과태료, 환수금 등

■ 지자체의 재정역량 비교지표

1) **재정자립도** = (지방세 + 세외수입) ÷ (자치단체 일반회계 예산) × 100

: 지방자치단체 스스로 살림을 꾸릴 수 있는 능력을 나타내는 지표로 재정자립도가 100%에 가까울수록 재정운영의 자립 능력이 우수하다는 것을 의미함

2) **재정자주도** = (지방세 + 세외수입 + 지방교부세 + 조정교부금) ÷ (자치단체 일반회계 예산) × 100

: 전체 세입에서 지방자치단체가 자주적으로 재량권을 가지고 편성 · 집행할 수 있는 재원의 비율을 의미하며 재정자주도가 높을수록 재정운용의 자율성이 좋다는 것을 의미함

* 재정자립도가 재원조달 측면에서 지방자치단체의 자립 정도를 나타내는 것이라면 재정자주도는 재원의 사용측면에서 자주권과 자율성을 나타내는 지표임

일반재정의 세입은 자체수입(지방세+세외수입), 이전수입(지방교부세+보조금), 보전수입 및 내부거래, 지방채로 구성된다.

〈표 10-1〉에서와 같이 지방자치단체 전체 세입에서 가장 규모가 큰 것은 지방세수입이고 다음으로 보조금수입과 지방교부세의 순으로 나타났다. 2024년 당초예산 기준으로 살펴보았을 때, 전체 세입에서 이전재원(보조금+지방교부세)이 차지하는 비중은 46.4%에 달하고 있어 지방자치단체의 정부재정의존도가 높음을 알 수 있다.

표 10-1 2020~2024년 지방자치단체 세입 재원별 예산규모 (단위: 억 원)

구분		2020년	2021년	2022년	2023년	2024년
자체수입	지방세	909,501	926,047	1,085,070	1,152,644	1,107,331
		921,924	1,022,963	1,123,845	1,106,155	−
	세외수입	240,541	241,433	243,075	247,113	275,113
		320,367	316,533	315,237	296,771	−
	소계	1,150,043	1,167,479	1,328,144	1,399,757	1,382,444
		1,242,290	1,339,466	1,439,082	1,402,926	−
이전수입	지방교부세	493,705	492,632	584,825	634,905	602,495
		501,232	584,137	802,582	657,994	−
	보조금	607,488	694,581	732,456	777,973	837,093
		824,763	841,702	811,780	801,033	−
	소계	1,101,193	1,187,213	1,317,281	1,412,877	1,439,588
		1,325,996	1,425,839	1,614,362	1,459,027	−
보전수입 및 내부거래		225,423	210,783	197,315	212,639	236,068
		424,783	445,201	425,304	486,222	−
지방채		55,605	65,442	40,343	28,836	42,719
		68,026	65,332	37,202	31,868	−
합계		2,532,263	2,630,917	2,883,083	3,054,109	3,100,818
		3,061,095	3,275,869	3,515,950	3,380,044	−

주: 상단은 당초예산, 하단은 최종예산

출처: 행정안전부(2024. 5)의 '2024년도 지방자치단체 예산 및 기금개요' 내용을 바탕으로 재구성.

(2) 지방재정의 세출구조

지방자치단체의 세출예산은 〈표 10-2〉에서 보는 바와 같이 15개 분야로 구분된다. 2024년 당초예산 순계 기준 사회복지분야가 103조 1,559억 원(33.3%)으로 가장 크고, 인력운영비 38조 2,271억 원(12.3%), 환경 29조 5,786억 원(9.5%) 순으로 나타났다.

표 10-2 최근 5년 지방자치단체 분야별 · 회계별 세출예산 현황 (단위: 억 원, %)

분야	2020		2021		2022		2023		2024	
	예산액	비중	예산액	비중	예산액	비중	예산액	비중	예산액	비중
사회복지	751,015	29.7	804,767	30.6	880,572	30.5	963,192	31.5	1,031,559	33.3
인력운영비	315,348	12.5	330,141	12.5	347,213	12	365,314	12	382,271	12.3
기본경비 등	80,244	3.2	81,320	3.1	96,901	3.4	94,600	3.1	84,147	2.7
환경	257,342	10.2	263,631	10	275,302	9.5	293,022	9.6	295,786	9.5
교통 및 물류	206,290	8.1	209,007	7.9	230,371	8	246,100	8.1	243,260	7.8
농림해양수산	157,957	6.2	172,441	6.6	187,290	6.5	203,673	6.7	204,044	6.6
교육	139,509	5.5	140,329	5.3	157,968	5.5	161,886	5.3	152,806	4.9
국토 및 지역개발	174,719	6.9	163,007	6.2	168,434	5.8	171,657	5.6	167,610	5.4
문화 및 관광	121,263	4.8	119,744	4.6	134,061	4.7	142,778	4.7	145,250	4.7
일반 공공행정	133,454	5.3	134,496	5.1	164,694	5.7	166,086	5.4	162,718	5.2
산업 · 중소기업 및 에너지	62,637	2.5	72,277	2.7	81,167	2.8	83,312	2.7	77,305	2.5
보건	40,057	1.6	44,091	1.7	58,282	2	53,674	1.8	52,106	1.7
공공질서 및 안전	43,219	1.7	52,800	2.0	58,990	2	58,568	1.9	61,394	2.0
예비비	45,485	1.8	39,518	1.5	37,863	1.3	46,423	1.5	36,842	1.2
과학기술	3,722	0.1	3,349	0.1	3,975	0.1	3,824	0.1	3,719	0.1
계	2,532,263	100.0	2,630,917	100.0	2,883,083	100.0	3,054,109	100.0	3,100,818	100.0

출처: 국회예산정책처(2024).

지방자치단체 분야별 세출예산의 연도별 현황을 보면 〈표 10-3〉에서와 같이 사회복지 분야의 예산액과 비중은 지속적으로 증가하는 추세를 보이고 있다.

표 10-3 지방자치단체 사회복지예산 비중의 추이 (단위: 억 원, %)

연도	2020년	2021년	2022년	2023년	2024년
사회복지 예산액	751,015	804,767	880,572	963,192	1,031,559
비중	29.7	30.6	30.5	31.5	33.3
전년대비 증가율	13.51	7.15	9.41	9.38	7.09

출처: 국회예산정책처(2023, 2024)의 내용을 바탕으로 재구성.

〈표 10-4〉를 살펴보면 지방자치단체 국고보조금 총액은 2012년 34.2조 원 규모에서 2021년 74.8조 원 규모로 연평균 9.1% 증가율을 보이나, 동 기간 사회복지분야의 지방자치단체 국고보조금 연평균 증가율은 13.0%로 더 높게 나타나 전체 지방자치단체 국고보조금의 증가 속도보다 빠름을 확인할 수 있다. 지방자치단체 국고보조금에서 사회복지분야 국고보조금이 차지하는 비중 또한 증가 추세에 있다. 2012년 사회복지분야 지방자치단체 국고보조금은 16조 1,100억 원 규모로 전체 국고보조금의 47.1%를 차지하였으나 2021년 기준으로는 64.7%를 차지하는 것으로 확인되었다.

아울러 사회복지분야 전체 예산 중 지자체 국고보조금의 비율을 살펴보면 2021년 기

표 10-4 사회복지분야 지방자치단체 국고보조금 추이 (단위: 조 원, %)

구분	2012	2013	2014	2015	2016	2017	2018	2019	2020	2021	연평균 증가율
사회복지분야 지방자치단체 국고보조금(A)	16.11	18.52	22.24	25.77	27.14	28.11	31.86	39.11	43.85	48.39	13.0
지방자치단체 국고보조금(B)	34.20	36.76	40.01	45.10	46.04	46.43	50.18	58.84	65.60	74.80	9.1
A/B	47.1	50.4	55.6	57.1	59.0	60.5	63.5	66.5	66.8	64.7	–
사회복지분야 예산(C)	84.8	88.7	97.2	105.3	112.9	119.1	133.8	148.9	167.0	185.0	9.1
A/C	19.0	20.9	22.9	24.5	24.1	23.6	23.8	26.3	26.3	26.2	–

주: 본예산 기준, 비중 및 연평균 증가율은 백만 원 단위에서 계산

출처: 김우림(2021).

준 48조 3,949억 원으로 2017년 대비 72.2%가 증가(5년 연평균 14.5%)한 것으로 나타나 그 증가 속도가 더 높은 것으로 확인된다. 이와 같이 지출 증가율이 높은 사회복지 분야 예산 중에서도 지방자치단체 국고보조로 추진되는 사업 예산의 증가 속도가 더 빨라 국가재정과 지방재정 양 측면에서 재정부담으로 작용할 우려가 있다.

지방재정과 관련해서는 국고보조금의 빠른 증가가 국고보조사업 추진을 위해 투입해야 하는 대응지방비의 증가로 이어져 지방자치단체의 재정부담이 가중될 우려가 있다. 아울러 국가재정 또한 정부 총지출보다 사회복지 분야 지출 증가율이 높은 상황에서 무분별하게 국고보조율을 상향 조정하는 것은 재정의 지속가능성 측면에서 바람직하지 않다는 우려가 있다. 이에 국고보조사업 추진에 따른 중장기적 재정소요를 추계하고 이를 바탕으로 중앙과 지방의 예산분담 적절성 등을 고려한 체계적 계획 수립 및 관리방안 모색이 필요하다(김우림, 2021).

3. 지역사회보장협의체[10)]

1) 추진배경

지방분권으로 국가–지방자치단체 또는 지방자치단체–지방자치단체 사이의 새로운 역할 및 합리적 분담의 변화에 따라 복지분야에서는 공공–민간–시민사회의 참여를 통한 지역중심의 사회복지 전달체계 구축의 필요성이 대두되었다. 이에 따라 그간 중앙주도의 공공복지서비스 전달체계에서 지역 특성이 반영된 민관거버넌스를 기반으로 하는 효율적 지역복지실현으로의 변화를 위한 대안이 논의되기 시작하였다. 이후 2003년 7월 「사회복지사업법」 개정을 통해 '시 · 군 · 구 지역사회복지협의체' 설치 · 운영 및 지역사회복지계획 수립을 의무화하였으며, 2015년 7월에는 「사회보장급여의 이용 · 제공 및 수급권자 발굴에 관한 법률」(이하 「사회보장급여법」) 시행으로 사회복지에서 사회보장

10) 보건복지부 '2024 지역사회보장협의체 운영안내'의 해당 부분을 참조하여 정리하였다.

표 10-5 지역사회보장협의체 성격 및 기능변화 추이

구분	2005. 7. 31. 이전	2005. 7. 31.~2015. 6. 30.	2015. 7. 1. 이후
명칭	사회복지위원회	지역사회복지협의체	지역사회보장협의체
법적 근거	「사회복지사업법」 제7조	「사회복지사업법」 제7조의 2	「사회보장급여법」 제41조
목적	사회복지사업에 관한 중요 사항을 심의 또는 건의	• 관할 지역의 사회복지사업에 관한 중요사항과 지역사회복지계획 심의/건의 • 사회복지서비스 및 보건 의료서비스 연계 · 협력 강화	• 지역사회보장계획, 지역사회보장조사 및 지표, 사회보장급여, 사회보장 추진 사항 등 심의 · 자문 • 지역의 사회보장 증진 • 사회보장 관련 기관 등과 연계 · 협력 강화
기타	시 · 도 및 시 · 군 · 구에 설치 · 운영	공공과 민간의 네트워크 강화를 통한 지역복지 거버넌스의 구조와 기능 확대	사회복지에서 사회보장으로 범주 확대

출처: 보건복지부(2023: 5).

으로 범주를 확대하고 기존의 지역사회복지협의체를 지역사회보장협의체로 명칭을 변경하였다. 2017년에는 읍 · 면 · 동 단위의 지역사회보장협의체 설치 근거를 마련함으로써 중앙에서 마을까지의 지역복지 실현을 위한 민관협력을 추진하고자 하였다.

이로써 지역사회보장협의체는 법적 근거를 마련한 우리나라 최초의 민관협력기구이며, 협의체 운영의 활성화를 돕기 위해 지자체가 공공간사의 역할을 수행하고 민간 간사로 유급직원을 채용하여 사무국을 설치할 수 있도록 하였으며, 운영활성화를 통해 지역의 사회보장 증진을 위한 정책 및 사회보장서비스 개선을 위한 의사결정체계를 마련하였다.

2) 지역사회보장협의체의 운영원칙

지역사회보장협의체 운영의 일반 원칙을 살펴보면 다음과 같다.

첫째, **지역성**의 원칙이다. 지역주민 생활권역을 배경으로 조직 · 운영되는 지역사회보장협의체는 지역주민의 복지욕구, 복지자원 총량 등을 고려하여 사회보장급여가 필요한 지원대상자에 대한 현장밀착형 서비스 제공기반 마련을 목적으로 하기에 지역성을 중심으로 운영된다.

둘째, **참여성**의 원칙이다. 네트워크 조직을 표방하는 지역사회보장협의체는 법적 제도나 규제에 앞서 복지문제해결을 위한 지역주민의 자발적 참여가 일차적인 원동력이 된다고 할 수 있다. 따라서 지역사회보장협의체의 원활한 기능 수행을 위해서는 공공과 민간의 적극적이고 자발적인 참여가 필수적이며 지역사회 내 다양한 분야의 대표성을 가진 사회보장과 관련된 서비스를 제공하는 관계 기관·법인·단체·시설 등의 참여를 전제로 한다.

셋째, **협력성**의 원칙이다. 지역사회보장협의체는 네트워크형 조직구조를 통해 당면한 지역사회 복지문제 등의 현안을 해결하는 민관협력기구이다. 이에 지역사회보장계획의 수립·시행·평가를 위한 협의적 의사결정, 상생적 조직 관계, 지역사회 공동체, 사회적 자본 등을 주요 개념으로 두고, 네트워크를 바탕으로 민주적이고 합리적인 방법으로 운영되어야 한다.

넷째, **통합성**의 원칙이다. 지역사회 내 복지자원 발굴 및 유기적인 연계와 협력을 통하여 수요자의 다양하고 복잡한 욕구에 부응하는 서비스를 통합적으로 제공하여야 한다.

다섯째, **연대성**의 원칙이다. 자체적으로 해결이 곤란한 복지문제는 지역주민 간 연대를 형성하거나 인근 지역과 연계·협력을 통하여 복지자원을 공유함으로써 해결하는 것이 바람직하며 공공부문의 서비스를 보완할 수 있도록 지역사회에서 활동하는 각종 사회보장 주체의 연대가 중요하다.

여섯째, **예방성**의 원칙이다. 지역주민의 복합적인 복지문제를 조기에 발견하여 예방할 수 있도록 노력해야 한다.

3) 지역사회보장협의체의 구성

지역사회보장협의체는 지역의 사회보장을 증진하고 사회보장과 관련된 서비스를 제공하는 관계 기관·법인·단체·시설과 연계·협력을 위해 시·군·구 단위로 설치하

는 민관협력기구로 **대표협의체, 실무협의체, 실무분과, 읍 · 면 · 동 지역사회보장협의체** 등으로 구성된다. 대표협의체는 각 조직의 대표로 구성되고 대표협의체 심의사항의 효율적 수행을 위해 전문위원회를 구성할 수 있다. 실무협의체는 실무자 대표로 구성되며 사회보장 관련 기관 간 연계 · 협력 강화 및 실무협의체 운영촉진을 위해 실무자들이 참여하는 실무분과를 둘 수 있다. 읍 · 면 · 동 단위에는 다양한 지역주민이 참여자로 구성되는 읍 · 면 · 동 지역사회보장협의체가 구성된다.

(1) 각 내부 조직 간의 관계와 역할

지역사회보장협의체는 시 · 군 · 구 지역사회보장협의체와 읍 · 면 · 동 협의체 간의 역할이 구분되어 있으며, 각 내부 조직 간의 역할과 기능은 [그림 10−1]과 같다.

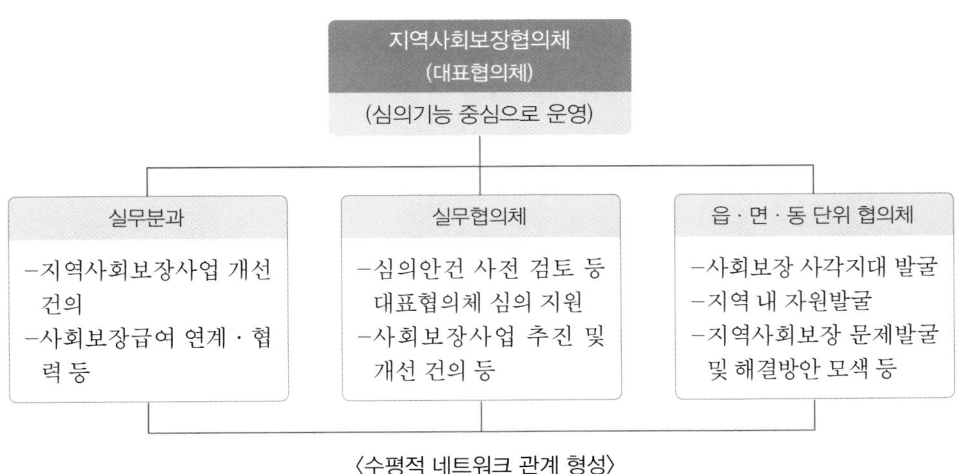

그림 10−1 대표협의체, 실무협의체(분과 포함), 읍 · 면 · 동 협의체 간 관계(예시)

출처: 보건복지부(2023: 37).

(2) 지역사회보장협의체 구성체계

① 대표협의체

• **목적**: 지역의 사회보장을 증진하고, 사회보장과 관련된 서비스를 제공하는 관계 기

관 · 법인 · 단체 · 시설과 연계 · 협력을 강화하기 위해 구성 · 운영된다.

- **구성**: 대표협의체는 「사회보장급여법」 제41조 제3항 각호에 따라 대표협의체 위원은 공공과 민간을 포함한 해당 지역사회의 지역사회보장 이해관계자를 대표할 수 있도록 하고(대표성의 원칙) 해당 시 · 군 · 구의 지역사회보장영역(보건 · 복지 · 고용 · 주거 등) 및 연계 분야의 이해관계자를 포괄해야 하며(포괄성의 원칙) 민주적인 절차와 방법에 의해 임명하거나 위촉되어야 한다(민주성의 원칙). 시 · 군 · 구 사회보장 관련 주요 구성주체인 공공부문대표 · 민간부문대표 · 이용자부문대표 등으로 구성하고, 실무협의체 간 의사소통 및 연계활성화 등을 위해 실무협의체 위원장을 대표협의체 위원으로 위촉한다.[11]
- **역할 및 기능**: 대표협의체는 심의 · 자문의 역할을 수행하며, 지역사회보장계획 수립 · 시행 · 평가에 관한 사항과 지역사회보장조사 및 지표에 관한 사항, 사회보장급여 제공에 관한 사항, 사회보장 추진에 관한 사항, 읍 · 면 · 동 단위 지역사회보장협의체 구성 및 운영에 관한 사항 등을 다룬다. 그 밖에 위원장이 필요하다고 인정하는 사항 등을 심의 · 자문하고 있다.

② 실무협의체

- **목적**: 실무협의체는 「사회보장급여법」 제41조 제4항에 따라 지역사회보장협의체 업무의 효율성을 높이기 위해 구성 · 운영된다.
- **구성**: 실무협의체 위원은 해당 시 · 군 · 구의 지역사회보장 주체를 모두 포함할 수 있도록 하며(포괄성의 원칙), 지역 내 사회보장 업무를 수행하는 기관 · 법인 · 단체 등의 실무자를 중심으로 구성한다(전문성의 원칙). 실무협의체 위원은 임명위원(시 · 군 · 구 소속 공무원 또는 협의체 구성원)과 위촉위원(민간 및 관련 공공기관 소속)으로 구분되는데, 민간부문 위원은 실무협의체 위원으로 역할을 함과 동시에 해당

11) 대표협의체는 위원장을 포함하여 10명 이상 40명 이하의 위원으로 성별을 고려하여 구성하고 대표협의체 위원장은 위원 중에서 호선하되, 공무원 위원과 민간위촉위원 각 1명을 공동위원장으로 선출하는 것이 민관협력 활성화 차원에서 바람직하다. 위원의 임기는 2년으로 하고 임기의 제한을 두지 않고 운영이 가능하나 위원장은 1회에 한하여 연임할 수 있다.

분야의 실무분과장으로서 소속분과를 운영하도록 권고하고 있다. 사회보장 업무를 담당하는 공무원은 사회복지, 보건의료, 주거, 고용 등 사회보장분야의 담당부서장 또는 해당분야 팀장을 임명직 위원으로 구성한다.[12]

- **역할 및 기능:** 실무협의체는 대표협의체 심의 · 자문사항의 사전 검토와 대표협의체 또는 실무협의체 위원장이 필요하다고 인정하는 사항을 검토하는 역할을 수행한다. 그 외 실무분과 역할 조정과 공동사업 개발 및 정책화, 사회보장사업 추진 및 개선을 위한 건의 역할을 수행한다.

③ 실무분과

- **목적:** 「사회보장급여법」 시행규칙 제6조 제5항에 따라 지역사회 내 사회보장 관련

대상별							
영유아	아동 · 청소년	여성	청년	노인 (어르신)	장애인	–	–

기능별												
소득 보장	보건 의료	고용 · 주거 (자활고용/ 주거환경)	문화 · 체육 (문화환경/ 교육문화)	복지 위기 가구 발굴	지역 사회 통합 돌봄	통합 사례 관리	자원 동원 · 배분	자살 예방	사회적 경제	마을	–

지역별					
○○동(○○권역) 분과	○○동(○○권역) 분과	○○동(○○권역) 분과	○○동(○○권역) 분과	–	–

그림 10-2 실무분과 구성예시

출처: 보건복지부(2023: 31).

12) 위원장 1명을 포함하여 10명 이상 40명 이하로 성별을 고려하여 구성한다. 실무협의체 위원장은 위원 중에서 호선하되, 민간협력의 취지를 고려하여 위촉직 민간위원 중에서 위원장을 선출함이 바람직하다. 위원의 임기는 대표협의체와 동일하다.

기관 · 법인 · 단체 · 시설 간 연계 · 협력 강화 및 실무협의체의 운영을 촉진하기 위해 실무분과를 구성 · 운영할 수 있다.

- **구성:** 실무분과는 변화하는 지역의 사회보장 여건과 새롭게 발생하는 문제 등에 대응하여 신설 · 폐지 · 변경이 유연할 수 있으며, 실무분과의 구성 및 운영은 지역사회보장협의체 활성화의 원동력이 되는 기반을 제공하므로 지역특성 및 여건에 맞는 실무분과를 반드시 구성해야 한다. 구성형태는 지역특성 및 여건에 맞게 대상별, 기능별, 지역별 등 다양한 형태로 가능하다. 실무분과의 운영에 관한 세부적인 사항은 시 · 군 · 구 조례로 정할 수 있으며 일반적으로 실무분과는 분야별로 분과장 1명 및 간사 1명을 포함하여 구성하도록 권고하고 있다.
- **역할 및 기능:** 실무분과는 사회보장서비스 제공 기관 · 단체 · 시설 간 연계 및 협력을 강화하고, 지역사회보장계획 모니터링을 통한 지역사회보장사업 건의와 특성화 사업 추진 역할을 수행한다.

④ 읍 · 면 · 동 지역사회보장협의체

- **추진배경:** 읍 · 면 · 동 단위로 도움이 필요한 이웃을 살피고, 알리고, 보살피는 지역복지공동체 조성을 위해 지역주민의 다양한 복지욕구와 문제해결을 위한 민관협력 네트워크의 필요성이 대두되었으며 이에 따라 민관협력을 통한 복지 사각지대 발굴 및 통합적 복지서비스 지원체계를 마련하고, 국민의 복지체감도 향상을 위해 구축한 기존의 민관협력체계를 보다 촘촘한 읍 · 면 · 동 단위 지역사회보장협의체로 확대 개편하게 되었다.
- **구성:** 읍 · 면 · 동 협의체는 위원장을 포함 10명 이상으로 지역특성에 맞게 구성 · 운영하며 성별을 고려하고 협의체 활성화와 운영효과성 제고를 위해 가급적 다양한 배경을 가진 주민이 참여할 수 있도록 한다. 아울러 복지 사각지대 발굴 및 모니터링에 협력을 얻기 위해 우체국 관계자, 교육 · 복지 관계자 등을 최대한 영입하도록 하고 있다.
- **역할 및 기능:** 읍 · 면 · 동 지역사회보장협의체는 관할 지역의 저소득 주민, 아동, 노인, 장애인 등 사회보장사업에 의한 도움을 필요로 하는 사람을 발굴하는 역할을

수행하며 아울러 복지대상자 지원 확대를 위한 지역자원 발굴에 관한 업무와 함께 읍·면·동 내의 복지문제해결을 위한 특화사업 추진 등의 역할을 수행한다.

4) 지역사회보장협의체의 기능

지역사회보장협의체는 민관협력 중심기구로서 지역사회 보호체계 구축 및 수요자 중심의 통합적 서비스 제공을 위해 정책심의를 위한 협치의 기능과 계획수립 및 실행을 위한 연계 기능, 그리고 기본사업 수행을 위한 통합서비스 지원 기능을 수행하고 있다. 이러한 주요 기능 속에 지역사회보장협의체의 세부 기능을 살펴보면 다음과 같다.

첫째, 협치 기능은 지역사회보장계획의 수립·과정·평가 등 지역사회보장의 주요 사항을 민간과 공공이 협력하여 심의·자문하고 개선이 필요한 사항을 시장·군수·구청장에게 건의하거나 개선점을 도출하는 내용 전반을 포함한다.

둘째, 연계 기능은 사회보장과 관련된 서비스를 제공하는 관계 기관·법인·단체·시설과 연계하고 협력을 강화하는 것이다.

셋째, 통합 기능은 협의체 내 각 분과 간 통합 및 조정역할을 수행하고 지역주민의 욕구를 반영한 통합적 서비스 제공체계를 지원하며 통합서비스 제공을 위해 기존의 보건복지뿐만 아니라 고용·주거·교육·문화·환경 등 다양한 영역과 연계하는 것을 말한다.

(1) 시·군·구 지역사회보장협의체의 기능

시·군·구 지역사회보장협의체는 「사회보장급여법」 제41조 제2항에 따라 지역사회보장 전반의 심의·자문 역할을 수행하고 있으며, 이를 세부적으로 살펴보면 다음과 같다.

① 지역사회보장계획 수립·시행·평가에 관한 사항 심의·자문

지역사회보장협의체는 「사회보장급여법」 제35~36조를 근거로 시·군·구의 지역사회보장계획의 수립·시행 및 평가에 관한 사항을 심의·자문하는 기능을 수행한다. 지역사회보장계획은 지역주민 욕구·자원 등 복지환경을 고려하여, 지역사회의 다양한 주체들의 참여를 통해 수립되는 것으로 사회보장사업의 우선순위 등을 결정하는 지역단위의 사회보장계획이다. 지역사회보장계획은「사회보장급여법」제35조에 근거하여 4년마다 중장기계획을 수립하고 이를 근거로 1년 주기로 **연차별 시행계획**을 수립하는 것으로 지역사회보장협의체는 계획수립 준비단계부터 참여하여 단계별 수립절차에 관한 적절성 검토를 통해 계획 확정을 위한 심의 · 자문 기능을 수행한다.

또한 지역사회보장계획의 **시행점검 모니터링**을 통해 연차별 시행계획의 추진과정을 점검함으로써 당초 계획대비 변경사항을 점검하고 정책 및 환경변화에 맞춰 계획변경이 적절한지 검토하여 목표달성도를 높일 수 있도록 수정계획을 심의 · 자문한다. 마지막으로 **평가단계**에서는 지역사회보장계획에 대한 책임성 강화와 지역사회보장 질적 수준 제고를 위해 계획대비 시행결과 및 목표달성도 그리고 민관협력 우수성 등을 평가함으로써 지역단위의 사회보장 수준을 높일 수 있도록 심의 · 자문하는 기능을 수행한다.

② 지역사회보장지표에 관한 사항 심의 · 자문

지역사회보장협의체는「사회보장급여법」제36조(지역사회보장계획의 내용)와 제45조(지역사회보장의 균형발전)에 근거하여 시 · 군 · 구의 지역사회보장조사 및 지역사회보장지표에 관한 사항을 심의 · 자문하는 기능을 수행한다. 지역사회보장지표는 10개 사회보장 영역[돌봄(아동), 돌봄(성인), 보호안전, 건강, 교육, 고용, 주거, 문화여가, 환경, 총괄(삶의 질 및 지역 인프라)]으로 구성되어 있으며, 지역사회보장 환경 및 수급요인을 종합적으로 고려하여 사회보장의 여건 · 투입 · 산출 · 영향 측면을 포괄하는 체계적인 지표로 개발되었다.

③ 시 · 군 · 구의 사회보장급여 제공에 관한 사항 심의 · 자문

지역사회보장협의체는 시 · 군 · 구 단위의 지역사회 복지 문제해결을 위해 사회보장급여 제공에 관한 사항을 심의하는 기능을 수행한다. 사회보장급여는 국가 또는 지자체가「사회보장기본법」제3조 제1항에 따라 제공하는 현금, 현물, 서비스 및 그 이용권을 말하는 것으로 지역의 생계급여 보장비용징수 대상자 감면에 관한 사항이나 장애인연금 부당이득금 환수제외 심의 등 지역주민에게 실질적인 도움을 주는 현금 · 서비스 등

을 포함하는 사회보장급여 제공에 관한 사항을 심의·자문한다.

④ 시·군·구의 사회보장 추진에 관한 사항 심의·자문

지역사회보장협의체는 시·군·구 차원의 사회보장사업 계획 및 시행에 관한 사항을 심의·자문한다. 사회보장은 출산, 양육, 실업, 노령, 장애, 질병, 빈곤 및 사망 등의 사회적 위험으로부터 국민을 보호하고 삶의 질을 향상시키는 데 필요한 소득·서비스를 보장하는 사회보험, 공공부조, 사회서비스를 말한다. 지역사회보장협의체는 중앙정부에서 추진하는 보편사업이 아닌 시·군·구 사회보장사업 추진에 관한 사항에 초점을 두어 지역사회 자원통합관리 기능 강화방안이나 민관협력 개선방안, 복지사각지대 발굴 홍보 및 인식개선 추진에 관한 사항 등을 심의·자문한다.

⑤ 읍·면·동 지역사회보장협의체 운영 지원 및 자문

지역사회보장협의체는 읍·면·동 지역사회보장협의체 운영에 대한 자문과 회의, 사업추진 등에 관한 모니터링 및 컨설팅, 그리고 읍·면·동 지역사회보장협의체에 대한 지원기반 마련 기능을 수행한다. 지역사회보장협의체에는 사회보장 영역별 다양한 분야의 전문가와 학계 등이 참여하고 있어 읍·면·동 협의체가 운영에 관한 전문분야의 자문 요청이 있을 경우 자문단을 구성하여 지원할 수 있다. 그리고 시·군·구 지역사회보장협의체 사무국에서는 각 읍·면·동의 실태조사 및 모니터링을 통해 회의 운영 및 사업 추진에 관한 컨설팅을 지원하고 위원의 역량강화를 위한 교육 및 워크숍 등을 지원할 수 있어야 한다.

⑥ 그 밖에 위원장이 필요하다고 인정하는 사항 심의·자문

지역사회보장협의체는 앞서 언급된 사항 외에 공동위원장이 필요하다고 인정하는 사항에 대한 기능을 수행할 수 있다. 그 예로 지역사회 역량강화를 위한 정책토론회나 세미나, 실무자 역량강화 사업 등의 시행 관련 사항을 심의·자문하는 기능을 수행한다.

⑦ 사회복지법인 외부추천이사 처리

지역사회보장협의체는 「사회복지사업법」 제18조 제2항에 근거하여 사회복지법인의 외부이사를 추천하는 일을 처리하고 있다.

(2) 읍 · 면 · 동 지역사회보장협의체의 기능

읍 · 면 · 동 지역사회보장협의체는 「사회보장급여법」 제41조 제7항에 따라 복지대상자 발굴 업무, 사회보장 자원 발굴 및 연계 업무, 지역사회 보호체계 구축 및 운영 업무(시 · 군 · 구 사회보장협의체와의 관계 정립 포함), 그 밖에 관할 지역 주민의 사회보장 증진을 위해 필요한 업무를 수행한다.

5) 지역사회보장협의체의 발전과제

지역사회보장협의체에는 지자체와 사회보장서비스 제공 기관 및 단체, 주민이 함께 참여하고 있으며, 각자의 역할을 강화함으로써 형식적 운영을 탈피하고 진정한 거버넌스 기구로서의 입지를 구축해야 한다. 이미 기존 행정논의, 조직개편 및 선행연구들을 통해 과거보다 진일보한 모습을 보이고 있지만 여전히 다음과 같은 발전과제를 안고 있다.

첫째, 협치기구로서의 위상을 재정립하여야 한다. 지역사회보장협의체는 법적 근거를 가지고 설치된 민관협력 거버넌스 기구로서 「사회보장급여법」에 협의체의 역할과 기능을 명확히 명시하고 있으며, 협의체의 원활한 운영을 위해 보건복지부에서는 매년 운영안내 지침을 개정하는 등 과거보다 그 위상이 높아졌다고 할 수 있다. 하지만 그럼에도 불구하고 여전히 형식적 거버넌스 기구로 운영되거나 지역의 사회보장영역을 총괄하기보다는 복지영역의 네트워크로 운영되는 경향도 있다. 이에 지역사회보장협의체가 고유의 기능에 충실하기 위해서 주민의 주도성 강화방안 마련과 함께 민관의 의사소통을 촉진하고 공공–민간을 아우르는 기관들 간의 협력과 연대성을 높일 수 있도록 다차원적인 정책적 관심이 요구된다.

둘째, 협의체 구성원들의 지역사회복지에 대한 인식이 강화되어야 한다. 협의체 구성원의 역할은 지역의 사회보장 증진을 위한 지역사회보장지표, 조사, 지역사회보장계획에 대한 심의자문의 역할로 민관협력을 통해 지역의 사회보장사업이 수요자 중심의 사업으로 추진될 수 있도록 사명감을 가지고 지역주민의 목소리에 귀를 기울여야 한다. 그러기 위해서는 협의체 구성원으로서 지역사회에 대해 관심을 가지고 사회보장 안전망 강화를 위한 전문적 역량이 발휘될 수 있도록 노력을 지속해야 할 것이다.

셋째, 협의체 구성원 및 지역사회의 참여를 통한 지역사회보장계획 이행이 요구된다. 지역사회보장협의체의 가장 큰 역할 중 하나는 지역사회보장계획에 대한 모니터링일 것이다. 지역사회보장 욕구조사 결과를 바탕으로 지역사회보장계획을 수립하는 과정에 참여하여 욕구에 기반한 수요자 중심의 정책과제가 나올 수 있도록 협의체 구성원들의 참여와 역량이 중요하다고 볼 수 있다. 이에 지자체는 협의체 운영을 지원하는 사무국의 설치와 역량 있는 민간 간사 확보 및 협의체 위원의 역할을 명확히 하여 지역사회보장협의체의 고유 기능을 수행할 수 있도록 해야 한다. 이를 통해 지자체가 수립한 지역사회보장계획이 성과목표에 맞춰 이행될 수 있도록 지역사회의 관심과 참여를 제고하고 협의체 구성원과 지역사회의 역량강화를 위해 노력해야 할 것이다.

넷째, 중앙–광역–시 · 군 · 구–읍 · 면 · 동 단위의 거버넌스 연계성 강화방안을 마련해야 한다. 시 · 군 · 구에서는 읍 · 면 · 동 지역사회보장협의체의 연계 활성화를 통해 주민참여 및 민관협력에 기반한 동 단위 지역보호체계를 구축함으로써 공공복지의 부족한 부분을 보완하고자 노력하고 있다. 하지만 현재 광역단위에서의 역할을 수행할 수 있는 주체 부재로 인해 광역자치단체 시도의 민관협력을 통한 지역의 균형발전을 위한 노력이 어떻게 이어지고 성과로 나타나는지를 점검할 수 없다. 지자체의 사회보장 안전망을 강화하기 위한 노력은 광역단위와 중앙정부까지 연결되지 않으면 복지전달체계 운영의 효과성을 떨어트릴 수 있으며, 민관협력을 통한 지역복지 거버넌스의 필요성 또한 의미가 퇴색될 수 있다. 이에 중앙과 광역 그리고 시 · 군 · 구와 읍 · 면 · 동에 이르기까지 주체별 역할을 명확히 하고 연계활성화를 통해 진정한 거버넌스가 실현될 수 있도록 하는 광역단위의 지역사회보장협의체 설치가 필요하겠다.

4. 지역사회보장계획[13)]

1) 개념 및 목적

지역사회보장계획이란 지역주민의 사회보장욕구 및 복지환경 등을 고려하여 중장기 관점에서 지방자치단체의 여건에 맞는 사회보장정책을 4년 단위로 수립하는 것을 의미한다.「사회보장급여법」제35조[14)]에 근거한 법정 계획으로 지역주민의 복리증진을 목적으로 하며 지역사회 복지수요와 자원 그리고 자체 사회보장사업 등을 포괄하는 중기 기본계획

13) 지역사회보장계획은「사회보장급여법」에 의해 수립되는 법정계획으로 보건복지부의 작성지침에 근거하여 진행됨에 따라 보건복지부 '제5기(2023~2026) 지역사회보장계획 수립 안내' 및 '2024 지역사회보장협의체 운영안내'의 해당 부분을 참조하여 정리하였다.

14)「사회보장급여법」제35조(지역사회보장에 관한 계획의 수립)

① 특별시장 · 광역시장 · 특별자치시장 · 도지사 · 특별자치도지사(이하 '시 · 도지사'라 한다) 및 시장 · 군수 · 구청장은 지역사회보장에 관한 계획(이하 '지역사회보장계획'이라 한다)을 4년마다 수립하고, 매년 지역사회보장계획에 따라 연차별 시행계획을 수립하여야 한다. 이 경우「사회보장기본법」제16조에 따른 사회보장에 관한 기본계획과 연계되도록 하여야 한다.

② 시장 · 군수 · 구청장은 해당 시(「제주특별자치도 설치 및 국제자유도시 조성을 위한 특별법」제10조 제2항에 따른 행정시를 포함한다. 이하 같다) · 군 · 구(자치구를 말한다. 이하 같다)의 지역사회보장계획(연차별 시행계획을 포함한다. 이하 이 조에서 같다)을 지역주민 등 이해관계인의 의견을 들은 후 수립하고, 제41조에 따른 지역사회보장협의체의 심의와 해당 시 · 군 · 구 의회의 보고(보고의 경우「제주특별자치도 설치 및 국제자유도시 조성을 위한 특별법」에 따른 행정시장은 제외한다)를 거쳐 시 · 도지사에게 제출하여야 한다.

③ 시 · 도지사(특별자치시장은 제외한다)는 제2항에 따라 제출받은 시 · 군 · 구의 지역사회보장계획을 지원하는 내용 등을 포함한 해당 특별시 · 광역시 · 도 · 특별자치도의 지역사회보장계획을 수립하여야 한다.

④ 특별자치시장은 지역주민 등 이해관계인의 의견을 들어 지역사회보장계획을 수립하여야 한다.

⑤ 시 · 도지사는 제3항 및 제4항에 따른 지역사회보장계획을 제40조에 따른 시 · 도사회보장위원회의 심의와 해당 시 · 도 의회의 보고를 거쳐 보건복지부장관에게 제출하여야 한다. 이 경우 보건복지부장관은 제출된 계획을 사회보장위원회에 보고하여야 한다.

⑥ 시 · 도지사 또는 시장 · 군수 · 구청장은 지역사회보장계획을 수립할 때 필요하다고 인정하는 경우에는 사회보장 관련 기관 · 법인 · 단체 · 시설에 자료 또는 정보의 제공과 협력을 요청할 수 있다.

⑦ 보장기관의 장은 지역사회보장계획의 수립 및 지원 등을 위하여 지역 내 사회보장 관련 실태와 지역주민의 사회보장에 관한 인식 등에 관하여 필요한 조사(이하 '지역사회보장조사'라 한다)를 실시할 수 있으며, 시 ·

이다.

지역사회보장계획은 자체 사업을 중심으로 사회보장 전략체계를 수립하고 지역사회보장발전을 위한 정책노력을 제시하여 지역사회보장 관련 지자체 정책의 이정표 역할을 하며, 시 · 군 · 구는 지역사회보장계획을 통해 지역 내 복지수요와 자원을 면밀하게 진단하여 사회보장 수준의 발전전략을 제시한다. 시 · 군 · 구 지역사회보장계획은 4년 단위 중기 지역사회보장계획을 기초하여 매년 연차별 시행계획을 수립하고 이를 중심으로 지역사회의 복지욕구 및 자원실태를 점검하고 반영한다.

2) 지역사회보장계획의 종류 및 시기

시 · 도지사 및 시장 · 군수 · 구청장은 계획 수립 시 「사회보장기본법」에 따른 사회보

표 10-6 지역사회보장계획의 종류

구분	계획의 종류	
수립주체별	① 시 · 도 지역사회보장계획	
	② 시 · 군 · 구 지역사회보장계획	
계획수준별	① 지역사회보장계획 (중장기계획, 4년 주기)	지역주민의 사회보장욕구와 지역 내 복지자원 등을 고려하여 지자체 실정에 부합하도록 수립하는 지역사회보장에 관한 4년 단위의 계획 • 1기: 2007년~2010년 • 2기: 2011년~2014년 • 3기: 2015년~2018년 • 4기: 2019년~2022년 • 5기: 2023년~2026년
	② 연차별 시행계획 (1년 주기)	중장기 계획에 따른 1년 단위의 연차별 시행계획

출처: 보건복지부(2023: 50).

도지사 및 시장 · 군수 · 구청장은 지역사회보장계획 수립 시 지역사회보장조사 결과를 반영할 수 있다.
⑧ 보건복지부장관 또는 시 · 도지사는 지역사회보장계획의 내용이 대통령령으로 정하는 사유에 해당하는 경우에는 시 · 도지사 또는 시장 · 군수 · 구청장에게 그 조정을 권고할 수 있다. 이 경우 보건복지부장관은 관계 중앙행정기관의 장의 의견을 들을 수 있다.
⑨ 지역사회보장계획의 수립 및 지역사회보장조사의 시기 · 방법 등에 필요한 사항은 대통령령으로 정한다.

장에 관한 중앙정부의 사회보장기본계획과 연계하도록 하였으며, 「지역보건법」에서는 지역보건의료계획 수립 시 사회보장기본계획 및 지역사회보장계획과 연계되도록 규정하고 있다. 지역사회보장계획은 수립주체에 따라 시 · 도 지역사회보장계획과 시 · 군 · 구 지역사회보장계획이 있고 계획수준별로 4년마다 시행되는 지역사회보장계획과 매년 시행되는 연차별 시행계획이 있다.

3) 지역사회보장계획 내용

「사회보장급여법」 제36조에서 규정하고 있는 시 · 군 · 구 지역사회보장계획에 포함되어야 하는 내용으로는, ① 지역사회보장 수요의 측정, 목표 및 추진전략, ② 지역사회보장의 목표를 점검할 수 있는 지표(이하 지역사회보장지표)의 설정 및 목표, ③ 지역사회보장의 분야별 추진전략, 중점 추진사업 및 연계협력 방안, ④ 지역사회보장 전달체계의 조직과 운영, ⑤ 사회보장급여의 사각지대 발굴 및 지원 방안, ⑥ 지역사회보장에 필요한 재원의 규모와 조달 방안, ⑦ 지역사회보장에 관련한 통계 수집 및 관리 방안, ⑧ 지역 내 부정수급 발생 현황 및 방지대책, ⑨ 그 밖에 대통령령으로 정하는 사항 등이다.

4) 지역사회보장계획 수립 · 시행 · 평가 절차

(1) 지역사회보장계획 수립의 기본 절차

시 · 군 · 구 지역사회보장계획의 수립과정은 '계획 수립 기획 → 지역사회보장조사 실시 → 지역사회보장계획(안) 마련 → 지역 의견수렴 → 보장협의체 심의 → 의회보고 → 시 · 도에 계획 제출 → 권고 · 조정사항 반영' 순으로 진행되고, 시 · 도 지역사회보장계획은 '지역사회보장조사 실시 → 지역사회보장계획(안) 마련 → 사회보장위원회 심의 → 보건복지부에 계획 제출 → 권고 · 조정사항 반영'의 단계를 거친다(〈표 10-7〉 참조).

지역사회보장계획 수립 절차 및 포함되는 정보에 대한 구체적 내용을 표로 설명하면 다음과 같다.

 **표 10-7** 지역사회보장계획 수립의 기본절차

구분	주요 내용
(1) 계획준비 단계 –계획 수립을 위한 기획	• 지역사회보장계획 수립을 위한 기획, 예산 확보 및 활용계획 등을 총괄하여, 계획 수립을 준비함 • 계획 수립 과정의 전반적 기획은 사회보장위원회(시 · 도) 또는 지역사회보장협의체(시 · 군 · 구)를 중심으로 지역 주체들이 논의해 나가는 것이 바람직함 • 계획 수립 주체 간의 역할을 명확하게 하고 시 · 도 및 시 · 군 · 구의 지원 방향, 논의 방식과 절차, 전문가의 참여 범주 등을 결정함 • 특히 사회보장위원회 · 지역사회보장협의체와 지자체 담당부서 중심으로 자체계획을 수립하되, 지역사회보장조사 등은 전문연구기관을 활용하는 방식으로 진행함 • 지역사회보장계획의 계획(안)의 작성을 담당하는 '지역사회보장계획수립 TF팀(이하 계획수립 TF팀)'을 구성 · 운영함
(2) 지역분석 단계 –지역사회보장 조사 실시	• 지역주민의 사회보장욕구와 활용 가능한 자원을 파악하는 지역의 사회보장 조사단계는 전문성이 요구되는 과정이므로, 지역의 전문연구기관이나 내 · 외부 전문가가 주도적인 역할을 하며, 시 · 도 및 시 · 군 · 구는 이에 필요한 사항을 지원함 • 시 · 도 및 시 · 군 · 구는 지역 관련하여 이미 확보된 기초자료를 제공함 • 지역사회보장조사의 원활한 수행을 위해 조사과정을 협조지원함(조사원 역할, 공문 발송 등) **【사회보장급여의 이용 · 제공 및 수급권자 발굴에 관한 법률】** **법 제35조(지역사회보장에 관한 계획의 수립)** ⑦ 보장기관의 장은 지역사회보장계획의 수립 및 지원 등을 위하여 지역 내 사회보장 관련 실태와 지역주민의 사회보장에 관한 인식 등에 관하여 필요한 조사(이하 '지역사회보장조사'라 한다)를 실시할 수 있으며, …… 지역사회보장계획 수립 시 지역사회보장조사 결과를 반영할 수 있다. **시행령 제21조(지역사회보장조사의 시기 · 방법 등)** ② 지역사회보장조사의 내용에는 다음 각 호의 사항 전부나 일부가 포함되어야 한다. 1. 성별, 연령, 가족사항 등 지역주민 또는 가구의 일반 특성에 관한 사항 2. 소득, 재산, 취업 등 지역주민 또는 가구의 경제활동 및 상태에 관한 사항 3. 주거, 교육, 건강, 돌봄 등 지역주민 또는 가구의 생활여건 및 사회보장급여 수급실태에 관한 사항 4. 사회보장급여의 이용 및 제공에 관한 지역주민의 인식과 욕구에 관한 사항

	5. 아동, 여성, 노인, 장애인 등 사회보장급여가 필요한 사람의 사회보장급여 이용 경험, 인지도 및 만족도에 관한 사항 6. 그 밖에 보건복지부장관이 지역주민의 사회보장 증진을 위하여 필요하다고 인정하는 사항 ③ 지역사회보장조사는 표본조사의 방법으로 실시하되, 통계자료조사, 문헌조사 등의 방법을 병행하여 실시할 수 있다. ④ 보장기관의 장은 지역사회보장조사를 사회보장에 관한 전문성과 인력 및 장비를 갖춘 기관 · 법인 · 단체 · 시설에 의뢰할 수 있다.
(3) 계획작성 단계 –지역사회 보장(계획안) 마련	• 계획(안)의 작성은 계획수립 TF팀을 중심으로 진행하며, 이 단계의 중요 사항은 다음과 같음 –지역사회보장계획의 목표와 추진전략 결정 –추진전략, 우선순위, 복지자원(예산), 복지욕구와의 적절한 비교 · 분석을 통해서 집중해야 할 중점추진사업 선정 –세부사업의 선정과 세부사업의 중기 및 연차별 계획 수립 –행정 · 재정계획 수립 **【사회보장급여의 이용 · 제공 및 수급권자 발굴에 관한 법률】** 법 제36조(지역사회보장계획의 내용) ① 시 · 군 · 구 지역사회보장계획은 다음 각 호의 사항을 포함하여야 한다. 1. 지역사회보장 수요의 측정, 목표 및 추진전략 2. 지역사회보장의 목표를 점검할 수 있는 지표(이하 '지역사회보장지표'라 한다)의 설정 및 목표 3. 지역사회보장의 분야별 추진전략, 중점 추진사업 및 연계협력 방안 4. 지역사회보장 전달체계의 조직과 운영 5. 사회보장급여의 사각지대 발굴 및 지원 방안 6. 지역사회보장에 필요한 재원의 규모와 조달 방안 7. 지역사회보장에 관련한 통계 수집 및 관리 방안 8. 그 밖에 대통령령으로 정하는 사항 ② 특별시 · 광역시 · 도 · 특별자치도 지역사회보장계획은 다음 각 호의 사항을 포함하여야 한다. 1. 시 · 군 · 구의 사회보장이 균형적이고 효과적으로 추진될 수 있도록 지원하기 위한 목표 및 전략 2. 지역사회보장지표의 설정 및 목표 3. 시 · 군 · 구에서 사회보장급여가 효과적으로 이용 및 제공될 수 있는 기반 구축 방안

	4. 시 · 군 · 구 사회보장급여 담당 인력의 양성 및 전문성 제고 방안 5. 지역사회보장에 관한 통계자료의 수집 및 관리 방안 6. 그 밖에 지역사회보장 추진에 필요한 사항 ③ 특별자치시 지역사회보장계획은 다음 각 호의 사항을 포함하여야 한다. 1. 제1항 각 호의 사항 2. 사회보장급여가 효과적으로 이용 및 제공될 수 있는 기반 구축 방안 3. 사회보장급여 담당 인력의 양성 및 전문성 제고 방안 4. 그 밖에 지역사회보장 추진에 필요한 사항
(4) 의견수렴 단계 –의견수렴 (공고 등)	• 지역사회보장계획의 지역성과 정당성을 확보하기 위해 지역주민의 의견을 수렴함 • 법률에서 정하고 있는 공고절차뿐만 아니라 공청회, 간담회, 공모 등 다양한 방식으로 의견을 수렴하여야 함 • 지역의 의견수렴은 계획의 홍보와 지역주민의 관심을 불러일으키는 계기가 되며, 주민 의견수렴을 통해 계획의 실행단계에서 지역주민의 참여를 활성화시키는 데 기여할 수 있도록 함 **【사회보장급여의 이용 · 제공 및 수급권자 발굴에 관한 법률】** **법 제35조(지역사회보장에 관한 계획의 수립)** ② 시장 · 군수 · 구청장은 해당 시 · 군 · 구의 지역사회보장계획을 지역주민 등 이해관계인의 의견을 들은 후 수립하고, …… 제출하여야 한다. **시행령 제20조(지역사회보장계획의 수립 절차 및 제출시기)** ② 특별자치시장 및 시장 · 군수 · 구청장은 지역사회보장계획안의 주요 내용을 20일 이상 공고하여 지역주민 등 이해관계인의 의견을 들은 후 …… 지역사회보장계획을 수립하여야 한다.
(5) 계획확정 단계 –심의 · 확정	• 사회보장위원회(시 · 도), 지역사회보장협의체(시 · 군 · 구)에서 지역사회보장계획을 심의하고 계획안을 확정하는 과정을 거침 **【사회보장급여의 이용 · 제공 및 수급권자 발굴에 관한 법률】** **법 제35조(지역사회보장에 관한 계획의 수립)** ② 시장 · 군수 · 구청장은 해당 시 · 군 · 구의 지역사회보장계획을 …… 지역사회보장협의체의 심의와 해당 시 · 군 · 구 의회의 보고를 거쳐 시 · 도지사에게 제출하여야 한다. ⑤ 시 · 도지사는 …… 지역사회보장계획을 …… 시 · 도사회보장위원회의 심의와 해당 시 · 도 의회의 보고를 거쳐 보건복지부장관에게 제출하여야 한다.

(6) 제출 단계 -보고	• 심의를 거쳐 확정된 지역사회보장계획을 지방의회에 보고함으로써 향후 계획의 내용과 예산 편성의 연계성을 제고함 • 최종 확정된 시 · 군 · 구 지역사회보장계획은 시장 · 군수 · 구청장에게 보고 후, 시 · 도지사에게 제출함 • 또한 최종 확정된 시 · 도 지역사회보장계획은 시 · 도지사에게 보고 후 보건복지부장관에게 제출함 **【사회보장급여의 이용 · 제공 및 수급권자 발굴에 관한 법률】** **법 제35조(지역사회보장에 관한 계획의 수립)** ② 시장 · 군수 · 구청장은 해당 시 · 군 · 구의 지역사회보장계획을 …… 지역사회보장협의체의 심의와 해당 시 · 군 · 구 의회의 보고를 거쳐 시 · 도지사에게 제출하여야 한다. * 보고의 경우 「제주특별자치도 설치 및 국제자유도시 조성을 위한 특별법」에 따른 행정시장은 제외 ⑤ 시 · 도지사는 …… 지역사회보장계획을 …… 시 · 도사회보장위원회의 심의와 해당 시 · 도 의회의 보고를 거쳐 보건복지부장관에게 제출하여야 한다.
(7) 권고 · 조정 사항 반영 -최종 단계	• 보건복지부장관 또는 시 · 도지사가 제시한 권고 · 조정 사항이 있는 경우, 이를 논의하여 지역사회보장계획에 반영하고 계획안을 수정하여 이를 확정함 **【사회보장급여의 이용 · 제공 및 수급권자 발굴에 관한 법률】** **법 제35조(지역사회보장에 관한 계획의 수립)** ⑧ 보건복지부장관 또는 시 · 도지사는 지역사회보장계획의 내용이 대통령령으로 정하는 사유에 해당하는 경우에는 시 · 도지사 또는 시장 · 군수 · 구청장에게 그 조정을 권고할 수 있다. **시행령 제22조(지역사회보장계획의 조정 권고)** 1. 법 제35조 제1항 전단에 따른 지역사회보장계획(이하 '지역사회보장계획'이라 한다)의 내용이 법령을 위반할 우려가 있는 경우 2. 지역사회보장계획의 내용이 「사회보장기본법」 제16조 제3항에 따라 확정된 사회보장에 관한 기본계획 또는 국가 또는 시 · 도의 사회보장시책에 부합되지 아니하는 경우 3. 지역사회보장계획의 내용이 지방자치단체의 행정구역과 주민생활권역 간의 차이를 반영하지 아니하는 경우 4. 지역사회보장계획의 내용이 둘 이상의 지방자치단체에 걸쳐 있는데도 해당 지방자치단체 간 협의를 거치지 아니한 경우

5. 지방자치단체 간 지역사회보장계획의 내용에 현저한 불균형이 있는 경우
6. 그 밖에 지역사회보장계획의 조정을 위하여 필요하다고 보건복지부장관이 인정하는 경우

출처: 보건복지부(2023: 50-53).

(2) 지역사회보장계획 시행 점검 모니터링

지역사회보장계획 시행과정에서는 연차별 투입과 추진상황을 계획 단계에서 설정된 것과 비교하여 당초 의도대로 집행되었는지를 판단하고, 그렇지 못한 경우 그 원인을 찾아 수정 · 보완하는 모니터링이 수행되어야 한다. 지역사회보장계획에 대한 모니터링은 추진현황 점검 및 평가결과를 반영한 후속조치를 통해 시행결과의 목표달성도를 제고하기 위한 목적으로 추진된다. 모니터링 내용은 지역사회보장계획 수립 이후 전체 계획의 수행결과를 확인하고 당초 계획했던 사업들이 어떻게 수행되고 있는지 점검하는 과정이다. 계획의 일정 준수, 관련 부서의 업무추진 지원 정도, 민간자원 개발 및 동원 노력, 예산의 확보 및 집행 등 이행과정에서 발생하는 추진상황 검토 등을 포함한다.

(3) 지역사회보장계획 시행결과 평가

지역의 특성과 욕구에 대한 분석을 기초로 한 합리적인 계획 수립과 그에 따른 사업 운영이 가능하도록 하고 지역사회보장계획에 대한 책임성 강화 및 지역사회보장 질적 수준 제고를 위해 지역사회보장계획 시행결과를 평가할 수 있다. 보건복지부는 시 · 도(광역자치단체) 평가를, 시 · 도는 시 · 군 · 구(기초자치단체) 평가를 진행하며 시 · 도와 시 · 군 · 구의 자체평가는 각 자치단체의 계획에 따라 자율적으로 실시한다. 평가결과는 다음 연도 연차별 시행계획 수립에 반영하고 우수사례를 발굴, 전국적으로 공유 · 확산하여 지역사업 및 민관협력 활성화를 도모하고 지역사회보장계획 부진 지자체에 대한 컨설팅을 지원하는 등으로 활용된다.

5) 지역사회보장계획의 발전과제

2005년부터 시행된 지역사회보장계획은 그간 꾸준히 보완되고 실행되어 왔으나 여전히 한계점이 있다. 지역사회보장계획은 지역사회 내 다양한 이해관계자가 참여하여 계획을 수립해야 하는 관계로, 계획 수립 TF 운영 및 모니터링 체계 구축에 있어 민관협력 거버넌스를 통한 계획 수립이 매우 중요하다. 또한 실효성 있는 지역사회보장계획이 되기 위해서는 중앙과 지자체 간 지역사회보장계획의 연계와 촘촘한 관리체계 마련이 필수적이기에 이를 위해 몇 가지를 제언하고자 한다.

첫째, **시·도–시·군·구 간 균형발전 지원계획을 강화해야** 한다. 지역사회보장계획은 지자체의 특수성을 기초로 하되 국가정책의 보편적 방향을 반영하여, 중앙 사회보장기본계획과 시·도 지역사회보장계획을 구체화하는 역할을 수행한다. 또한 「사회보장급여법」 제45조에 따라 지역사회보장 균형발전 지원계획을 수립하도록 하고 있으나 시·도의 시·군·구 간 사회보장 균형발전을 위한 계획수립 및 추진에 한계가 발생해 왔다. 이에 지역 내 균형발전을 강조하고 지역사회보장 인프라 등 관할 시·군·구 간 복지 격차 해소를 위한 시·도 지원역할을 제시하며, 시·군·구의 사회보장 인프라 구축 및 지원 등을 위한 균형발전 지원계획을 강화해야 할 것이다.

둘째, **민관협력 및 주민참여가 강화되어야** 한다. 지역사회보장계획이 실효성을 거두기 위해서는 지역사회 현실에 기반한 계획 수립과 실행력이 담보되어야 한다. 이를 위해서는 다양한 참여 주체와의 소통과 주민참여의 활성화가 필수적이며 이에 대한 다각도의 노력이 강구되어야 할 것이다.

셋째, **환경변화에 대응하는 지역사회보장계획 관리체계를 마련해야** 한다. 지역사회보장계획은 4년마다 계획을 수립하고 이를 바탕으로 주민의 의견수렴과 환경변화를 반영하여 연차별로 시행계획을 수립하도록 하고 있다. 또한 사회보장사업 등 환경변화가 있는 경우, 지역사회보장협의체의 심의를 통해 수정·보완하도록 하고 있지만 시의성을 확보할 수 있는 관리체계가 부족한 측면이 있다. 이에 자체 모니터링 등의 관리체계뿐만 아니라 추진전략 단위의 성과지표 관리를 통해 중장기 관점에서의 지역사회보장 변화를 파악하여 조율할 수 있는 관리체계가 마련되어야 할 것이다.

제 11 장

지역사회복지 실천현장

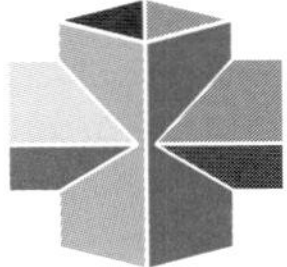

지역사회복지 실천현장은 대상자에게 직접적인 서비스를 제공하는 기관들과 직접 서비스를 제공하기보다는 직접 서비스기관을 지원하거나 여러 복지업무를 협의 · 조정하는 기능을 주로 수행하는 간접 서비스기관으로 구분해 볼 수 있다. 또한 직접 서비스기관은 이용방식에 따라 이용시설과 생활시설로 구분할 수 있고, 서비스 대상을 기준으로 특정 인구집단만을 대상으로 하느냐 포괄적인 인구집단을 대상으로 하느냐 등에 따라 구분되기도 한다. 여기에서는 다양한 사회복지실천 기관 가운데 다른 사회복지 분야에서 좀 더 심도 있게 다룰 만한 내용은 가급적 피하면서 주된 영향이 있다고 여겨지는 기관들을 중심으로 살펴보고 발전방안을 고민해 보고자 한다. 직접 서비스기관 중 사회복지관, 지역자활센터, 정신건강복지시설을, 협의 · 조정 · 지원기관으로 사회복지협의회, 사회복지공동모금회, 자원봉사센터를 소개한다.

1. 사회복지관

1) 개념정의

「사회복지사업법」 제2조 제5항에서는 "사회복지관이란 지역사회를 기반으로 일정한 시설과 전문인력을 갖추고 지역주민의 참여와 협력을 통하여 지역사회 복지문제를 예방하고 해결하기 위하여 종합적인 복지서비스를 제공하는 시설"이라고 정의하고 있다. 사회복지시설은 사회복지사업을 할 목적으로 설치된 시설(「사회복지사업법」 제2조 제4항)을 의미하며, 지역사회복지란 주민의 복지 증진과 삶의 질 향상을 위하여 지역사회 차원에서 전개하는 사회복지를 말한다.

다수의 사회복지시설이 「사회복지사업법」에 기반한 별도의 법률에 의해 그 설립근거와 운영을 규정하고 있다면 사회복지관은 「사회복지사업법」 본문에 명시되어 있는 시설로 사회복지시설의 모체의 성격을 갖는다고 할 수 있다.

2) 목적

사회복지관 운영 관련 업무처리 안내에 따르면 사회복지관은 사회복지서비스 욕구를 가지고 있는 모든 지역사회 주민을 대상으로 보호서비스, 재가복지서비스, 자립 능력 배양을 위한 교육훈련 등 그들이 필요로 하는 복지서비스를 제공하고, 가족기능 강화 및 주민 상호 간 연대감 조성을 통한 각종 지역사회 문제를 예방・치료하는 종합적 복지서비스 전달기구로서 지역사회 주민의 복지 증진을 위한 중심적 역할을 수행하여야 한다고 규정하고 있다.

3) 설치 및 운영의 근거

(1) 사회복지관의 설치 및 운영

① 국가나 지방자치단체는 사회복지시설을 설치 · 운영할 수 있다(「사회복지사업법」 제34조 제1항).

② 국가 또는 지방자치단체 외의 자가 시설을 설치 · 운영하려는 경우에는 보건복지부령으로 정하는 바에 따라 시장 · 군수 · 구청장에게 신고하여야 한다(동법 제34조 제2항).

③ 「사회복지사업법」 제34조 제1, 2항에 따른 시설 중 사회복지관은 지역사회의 특성과 지역주민의 복지욕구를 고려하여 서비스 제공 등 지역복지 증진을 위한 사업을 실시할 수 있다(동법 제34조의5 제1항).

(2) 임대단지 사회복지관의 법적 근거

① '복리시설'의 정의(「주택법」 제2조 제14호)

② 「공공주택특별법」에 의한 임대주택 적용의 특례(「주택건설기준 등에 관한 규정」 제7조 제6항)

(3) 세부지침

법률이나 시행규칙에 포함하지 않은 내용은 보건복지부가 매년 제공하는 '사회복지관 운영 관련 업무처리 안내'에 따른다.

4) 역사[1)]

사회복지발달사에 있어 사회복지관의 모체라고 할 수 있는 모델은 인보관운동이다. 인보관운동(Settlement Movement)은 도시빈민들이 밀집 거주하는 곳에서 활동가들이 지

1) 제2차 대한민국 평생교육 대토론회 자료집 중 최종복(2021)의 '사회복지관에서의 평생교육' 184-187에서 부분 발췌하였다.

역에 거주하며 지역사회의 문제를 해결하고, 주민들을 계량하기 위한 교육과 방과후 활동, 여성을 위한 직업훈련 등을 실시함으로써 사회변화를 일으킨 운동이다. 주민 참여를 강화하고 주체적 주민으로 성장시키기 위한 교육활동이 매우 중요한 실천이었다.

인보관운동의 기원은 영국의 런던 템즈(Thames)강 북안의 화이트 채플(white chapel) 지구의 비위생적인 빈민촌에서 출발하였는데, 환경 불결, 노점상 문제, 상습 절도, 정신적, 문화적 빈곤과 무기력 등 지역사회의 문제를 파악하고 이를 해결하기 위해 바넷(Cannon Barnett) 목사에 의해 주민 역량강화 사업에 초점을 두고 실시되었다. 인보관운동은 지역사회 내 교육사업을 기반으로 한 주민 역량강화와 빈곤문화 탈출을 위한 실천이었다. 이후 옥스퍼드(Oxford)대학교, 캠브리지(Cambridge)대학교 등에서 교수와 학생들의 참여로 확대되었고, 헌신적 활동을 한 아놀드 토인비(Arnold Toynbee)를 기리기 위해 인보관이 건립되었다. 이를 기념하여 토인비홀(Toynbee Hall)로 명명하게 되었다(한국사회복지관협회, 2015).

우리나라에서의 인보관운동은 외국 선교사 메리 놀스(Mary Knowles)에 의해 1906년 원산의 '반열방'이 최초로 시작되었다. 반열방은 6평 정도의 초가집에서 여성교육과 보건사업을 실시하였으며(김범수, 2012), 이후 1921년 서울 종로에 '태화여자관'이 메리 마이어스(Mary Myers)에 의해 설립되었다. 사회복지관이라는 명칭이 공식적으로 사용된 것은 1964년에 설립된 목포사회복지관부터였다.

이후 조금씩 늘어나던 사회복지관이 급격하게 양적 확산[2]이 이루어진 것은 1989년 「주택건설촉진법」 등에 의한 저소득층 영구임대아파트 건립과 맞물려지면서이다. 이때 관련법에 의해 영구임대아파트에는 일정 규모의 사회복지관을 의무적으로 설치하도록 함으로써 전국적으로 사회복지관의 수가 늘어나게 되었다.[3] 특히 빈곤한 주민들이 밀

2) 사회복지관 사업이 처음으로 「사회복지사업법」에 명시(1983년)되고, 이후 사회복지관 운영 국고보조사업 지침 수립(1986년), 「주택건설촉진법」에 근거한 사회복지관 설치 의무화, 사회복지관 설치 · 운영규정, 지방자치제 실시 등 사회복지관을 둘러싼 제도와 환경적 토대가 마련되어 1984년 26개소였던 사회복지관이 1999년에는 330개소로 확대되는 양적 성장이 이루어졌다(한국사회복지관협회, 2015).

3) 사회복지관 설립계획표에 따르면, 1987년부터 1992년까지 총 110개소를 추가로 건립하는 계획을 수립하였는데 1987년 33개소, 1988년 8개소, 1989년 15개소, 1990년 15개소, 1991년 19개소, 1992년 20개소이다(보건사회부, 1988).

집 거주하는 지역의 특성상 직접 서비스 및 보호사업, 재가복지사업이 활발하게 이루어졌고, 주민 다수가 경제적 어려움을 겪고 있어 빈곤문제, 가정문제 등에 대한 개입이 늘어났다. 또한 1997년에는 국가금융위기인 IMF로 인해 실직 및 실업이 확산되었고, 이들에 대한 개입을 위해 노숙인지원사업 및 자활지원사업이 본격적으로 확대되었다. 서울권역에서는 노숙인쉼터 희망의 집이 운영되었고, 길거리 상담 및 홈리스 실태조사, 실직가정지원사업 등이 이루어졌다.

2012년 「사회복지사업법」 개정을 통해 사회복지관의 사업은 그간의 5대 사업(가족기능강화, 지역사회 보호, 지역사회조직, 교육문화, 자활)에서 3대 기능(서비스 제공, 사례관리, 지역조직화)체제로 변경되었다. 무엇보다도 「사회복지사업법」에서 사례관리의 역할과 기능이 사회복지관 사업으로 명시(별표)되었으며, 전국 사회복지관의 사업 및 직제 구성이 3대 기능별 팀 구성으로 전면적인 변화를 가져왔다. 이후 2021년 12월 「사회복지사업법」 개정을 통해 사회복지관 3대 기능과 역할을 법령에 명확히 하였다.

- 1906년: 원산 인보관운동에서 사회복지관사업 태동
- 1921년: 서울에 최초로 태화여자관 설립
- 1926년: 원산 보혜여자관 설립
- 1930년: 서울 인보관 설치
- 1964년: 목포사회복지관 설립
- 1975년: 국제사회복지관연합회 회원국 가입
- 1976년: 한국사회복지관연합회 설립(22개 사회복지관)
- 1983년: 「사회복지사업법」 개정으로 사회복지관 운영 국고보조
- 1986년: 사회복지관 운영 · 국고보조사업지침 수립
- 1989년: 「주택건설촉진법」 등에 의해 저소득층 영구임대아파트 건립 시 일정 규모의 사회복지관 건립 의무화
- 1989년: 사회복지법인 한국사회복지관협회 설립
- 2004년: 「사회복지사업법 시행규칙」 사회복지관의 설치기준 신설
- 2005년: 국고보조사업에서 지방이양사업으로 전환

- 2012년: 「사회복지사업법」에 사회복지관의 설치에 관한 조항(제34조의5) 신설
- 2021년: 「사회복지사업법」 개정을 통한 사회복지관 사업 및 인적기준 마련 근거 규정
- 2022년: 「사회복지사업법 시행규칙」 개정[사회복지관의 인력기준(별표 3의2)신설]

5) 구성

(1) 직원의 배치

사회복지관에는 사무 분야와 법이 정하는 사업 분야로 이를 수행할 수 있는 직원을 각각 두거나 겸직할 수 있도록 하며, 사회복지관의 인력기준은 「사회복지사업법 시행규칙」 별표 3의2에 명시되어 있다.

(2) 운영위원회 설치

「사회복지사업법」 제36조에서 규정하고 있는 사회복지시설 운영위원회 설치에 관한 사항은 사회복지관에도 동일하게 적용된다. 사회복지시설 운영위원회의 설치목적은 사회복지시설 운영의 민주성, 투명성을 제고하고 시설 이용 · 생활자의 권익 향상 등을 위해 설치 · 운영한다.

사회복지시설 운영위원회의 구성과 관련한 내용은 「사회복지사업법」 제36조 제2항과 「사회복지사업법 시행규칙」 제24조 제1항에 명시되어 있다. 이에 따르면 사회복지관 운영위원회는 위원장 1인을 포함하여 5인 이상 15인 이하의 위원으로 구성하고, 위원장은 호선하며 위원의 임기는 3년으로 하되 연임할 수 있으며 보궐위원의 임기는 전임자의 잔여임기로 한다(동법 시행규칙 제24조 제4항).

운영위원회의 위원은, ① 시설의 장, ② 시설 거주자 대표, ③ 시설 거주자의 보호자 대표, ④ 시설 종사자의 대표, ⑤ 해당 시 · 군 · 구 소속의 사회복지업무를 담당하는 공무원, ⑥ 후원자 대표 또는 지역주민, ⑦ 공익단체에서 추천한 사람, ⑧ 그 밖에 시설의 운영 또는 사회복지에 관하여 전문적인 지식과 경험이 풍부한 사람 등 8개 범주에서 관할 시장 · 군수 · 구청장이 임명하거나 위촉하되(동법 제36조 제2항), 같은 범주에 해당하는 위원이 2인을 초과하면 안 된다(동법 시행규칙 제24조 제1항).

회의는 분기별 1회 이상 정기회의를 실시하고 재적위원의 1/3 이상이 요청할 경우 수시로 회의를 실시한다. 위원회 회의는 시설 이용자 및 종사자 등에게 공개를 원칙으로 하되, 개인정보보호 등 불가피한 경우 위원장이 비공개를 결정할 수 있다. 이 경우 비공개 사유는 공개하여야 한다.

6) 기능 및 사업 운영

(1) 기능과 사업

사회복지관은 지역사회의 특성과 지역주민의 복지욕구에 대한 조사결과를 바탕으로 해당 사회복지관의 실정에 적합한 사업내용을 자율적으로 정하되, 「사회복지사업법」 제34조의5 및 「사회복지사업법 시행규칙」 별표 3에서 정하고 있는 3대 기능(서비스 제공, 사례관리, 지역조직화)에 맞춰 균형있게 운영하여야 한다.

사회복지관의 기능과 사업에 대한 세부내용은 〈표 11-1〉과 같으며, 관장은 이 중에서 지역사회의 특성과 지역주민의 복지욕구를 고려한 사업을 선택하여 수행한다.

표 11-1 사회복지관의 사업

기능	사업분야	사업 및 내용
서비스 제공	① 가족기능 강화	1. 가족관계증진사업: 가족원 간의 의사소통을 원활히 하고 각자의 역할을 수행함으로써 이상적인 가족관계를 유지함과 동시에 가족의 능력을 개발 · 강화하는 사업 2. 가족기능보완사업: 사회구조 변화로 부족한 가족기능, 특히 부모의 역할을 보완하기 위하여 주로 아동 · 청소년을 대상으로 실시되는 사업 3. 가정문제해결 · 치료사업: 문제가 발생한 가족에 대한 진단 · 치료 · 사회복귀 지원사업 4. 부양가족지원사업: 보호대상 가족을 돌보는 가족원의 부양부담을 줄여주고 관련 정보를 공유하는 등 부양가족 대상 지원사업 5. 다문화가정, 북한이탈주민 등 지역 내 이용자의 특성을 반영한 사업

<table>
<tr><td rowspan="3">서비스 제공</td><td>② 지역사회 보호</td><td>1. 급식서비스: 지역사회에 거주하는 요보호 노인이나 결식아동 등을 위한 식사제공 서비스
2. 보건의료서비스: 노인, 장애인, 저소득층 등 재가복지 사업대상자들을 위한 보건 · 의료 관련 서비스
3. 경제적지원: 경제적으로 어려운 지역사회 주민들을 대상으로 생활에 필요한 현금 및 물품 등을 지원하는 사업
4. 일상생활 지원: 독립적인 생활 능력이 떨어지는 요보호 대상자들이 시설이 아닌 지역사회에 거주하기 위해서 필요한 기초적인 일상생활 지원 서비스
5. 정서서비스: 지역사회에 거주하는 독거노인이나 소년소녀가장 등 부양가족이 없는 요보호 대상자들을 위한 비물질적인 서비스
6. 일시보호서비스: 독립적인 생활이 불가능한 노인이나 장애인 또는 일시적인 보호가 필요한 실직자 · 노숙자 등을 위한 보호서비스
7. 재가복지봉사서비스: 가정에서 보호를 요하는 장애인, 노인, 소년 · 소녀가정, 한부모가족 등 가족기능이 취약한 저소득 소외계층과 국가유공자, 지역사회 내에서 재가복지봉사서비스를 원하는 사람에게 다양한 서비스 제공</td></tr>
<tr><td>③ 교육문화</td><td>1. 아동 · 청소년 사회교육: 주거환경이 열악하여 가정에서 학습하기 곤란하거나 경제적 이유 등으로 학원 등 다른 기관의 활용이 어려운 아동 · 청소년에게 필요한 경우 학습 내용 등에 대하여 지도하거나 각종 기능 교육
2. 성인기능교실: 기능습득을 목적으로 하는 성인사회교육사업
3. 노인여가 · 문화: 노인을 대상으로 제공되는 각종 사회교육 및 취미교실 운영사업
4. 문화복지사업: 일반주민을 위한 여가 · 오락프로그램, 문화 소외집단을 위한 문화프로그램, 그 밖에 각종 지역문화행사사업</td></tr>
<tr><td>④ 자활지원 등 기타</td><td>1. 직업기능훈련: 저소득층의 자립 능력 배양과 가계소득에 기여할 수 있는 기능훈련을 실시하여 창업 또는 취업을 지원하는 사업
2. 취업알선: 직업훈련 이수자 기타 취업희망자들을 대상으로 취업에 관한 정보제공 및 알선사업
3. 직업 능력 개발: 근로의욕 및 동기가 낮은 주민의 취업욕구 증대와 재취업을 위한 심리 · 사회적인 지원프로그램 실시사업
4. 그 밖의 특화사업</td></tr>
</table>

사례관리	① 사례발굴	지역 내 보호가 필요한 대상자 및 위기 개입대상자를 발굴하여 개입계획 수립
	② 사례개입	지역 내 보호가 필요한 대상자 및 위기 개입대상자의 문제와 욕구에 대한 맞춤형 서비스가 제공될 수 있도록 사례개입
	③ 서비스 연계	사례개입에 필요한 지역 내 민간 및 공공의 가용자원과 서비스에 대한 정보 제공 및 연계, 의뢰
지역 조직화	① 복지 네트워크 구축	지역 내 복지기관·시설들과 네트워크를 구축함으로써 복지서비스 공급의 효율성을 제고하고, 사회복지관이 지역복지의 중심으로서의 역할을 강화하는 사업 –지역사회연계사업, 지역욕구조사, 실습지도
	② 주민 조직화	주민이 지역사회 문제에 스스로 참여하고 공동체 의식을 갖도록 주민조직의 육성을 지원하고, 이러한 주민협력 강화에 필요한 주민의식을 높이기 위한 교육을 실시하는 사업 –주민복지 증진사업, 주민조직화 사업, 주민교육
	③ 자원개발 및 관리	지역주민의 다양한 욕구 충족 및 문제해결을 위해 필요한 인력, 재원 등을 발굴하여 연계 및 지원하는 사업 –자원봉사자 개발·관리, 후원자 개발·관리

(2) 운영의 기본원칙

사회복지관 운영 관련 업무처리 안내(2024)에 의하면, 사회복지관이 행하는 사회복지사업은 인도주의와 서비스를 필요로 하는 자의 존엄유지를 전제로 다음 각 호의 기본원칙에 따라 수행되어야 한다고 규정하고 있다.

① **지역성의 원칙**: 사회복지관은 지역사회의 특성과 지역주민의 문제나 욕구를 신속하게 파악하여 지역사회의 문제를 해결하기 위한 사업 계획을 수립하고 이에 따른 서비스를 제공하여야 하며, 지역주민의 적극적 참여를 유도하여 주민의 능동적 역할과 책임의식을 조성하여야 한다.

② **전문성의 원칙**: 사회복지관은 다양한 지역사회 문제에 대처하기 위해 일반적 프로그램과 특정한 문제를 해결할 수 있는 전문적 프로그램이 병행될 수 있도록 지식

과 기술을 보유한 전문인력이 사업을 수행하도록 하고, 이들 인력에 대한 지속적인 재교육 등을 통해 전문성을 증진토록 하여야 한다.

③ **책임성의 원칙**: 사회복지관은 서비스 이용자의 욕구를 충족하고 지역사회 문제를 해결함에 있어서 효과성을 극대화하기 위하여 최선의 노력을 기울여야 한다.

④ **자율성의 원칙**: 사회복지관은 다양한 복지서비스를 효율적으로 제공하기 위하여 사회복지관의 능력과 전문성이 최대한 발휘될 수 있도록 자율적으로 운영하여야 한다.

⑤ **통합성의 원칙**: 사회복지관은 사업을 수행함에 있어 지역 내 공공 및 민간복지기관 간에 연계성과 통합성을 강화시켜 지역사회복지 체계를 효율적이고 효과적으로 운영되도록 하여야 한다.

⑥ **자원활용의 원칙**: 사회복지관은 주민욕구의 다양성에 따라 다양한 기능인력과 재원을 필요로 하므로, 지역사회 내의 복지자원을 최대한 동원 · 활용하여야 한다.

⑦ **중립성의 원칙**: 사회복지관은 정치활동, 영리활동, 특정 종교활동 등에 이용되지 않게 중립성이 유지되어야 한다.

⑧ **투명성의 원칙**: 사회복지관은 자원을 효율적으로 이용하고 운영과정의 투명성을 유지하여야 한다.

(3) 사업의 대상

사회복지관은 모든 지역주민을 대상으로 사회복지서비스를 실시하되, 다음 각각의 주민에게 우선 제공하여야 한다.

①「국민기초생활보장법」에 의한 수급자 및 차상위계층
② 장애인, 노인, 한부모가족 및 다문화가족
③ 직업 및 취업 알선이 필요한 사람
④ 보호와 교육이 필요한 유아 · 아동 및 청소년
⑤ 기타 서비스 우선 제공의 필요가 있다고 인정되는 사람(「사회복지사업법」 제34조의5 제2항)

(4) 운영재정

사회복지관 운영경비는 「지방교부세법」 및 「지방재정법」 등에 의하여 지원한다. 다만, 다른 법령(사업지침 등)에 의하여 별도로 허가된 사업을 수행하는 경우 해당 법령에 의하여 지원하는 운영경비는 별개의 것으로 본다. 또 지방자치단체의 장은 지역주민에게 양질의 복지서비스를 제공하기 위하여 필요하다고 인정하는 경우 그 사업에 소요되는 운영경비를 별도로 지원할 수 있다. 아울러 사회복지관 운영주체(법인 등)도 자체재원을 확보하여 사회복지관 운영비를 추가로 지원할 수 있도록 노력하여야 한다. 운영경비의 집행은 지원조건 및 '사회복지법인 및 사회복지시설 재무 · 회계규칙'의 규정에 의한다.

7) 현황과 연구과제

(1) 현황

2024년 사회복지관 운영 관련 업무처리 안내에서 살펴본 전국의 사회복지관 수의 연도별 현황은 〈표 11-2〉와 같다. 한국사회복지관협회 홈페이지 자료에 따르면 2024년 10월 기준 사회복지관 수는 483개이고, 운영주체별 분포는 〈표 11-3〉과 같으며 전체의 69.8%가 사회복지법인에 의해 운영되고 있다.

표 11-2 연도별 사회복지관 수

구분	'05	'10	'11	'12	'13	'14	'15	'16	'17	'18	'19	'20	'21	'22	'23
개소수	391	425	433	437	439	442	452	459	464	463	468	475	475	476	482

출처: 보건복지부(2024).

표 11-3 운영주체 유형별 사회복지관 수

운영 주체	사회복지 법인	재단 법인	사단 법인	학교 법인	지자체 직영	시설관리 공단	의료 법인	협동 조합	계
개수	337	50	38	21	27	2	1	7	483

출처: 한국사회복지관협회 홈페이지(2024년 10월 기준).

(2) 연구과제

사회복지관은 한국 사회복지실천 과정에서 사회복지시설의 교두보 역할을 하였고, 최근에는 3대 기능체제로 전환하면서 사례관리와 지역조직화 활동이 강화되었으며, 지역사회 차원에서의 안전한 보호체계 마련과 지역사회 통합돌봄, 도시재생, 마을만들기 사업 등 지역복지정책과 연계된 활동이 확대되고 있다.

하지만 지역사회를 포괄하는 모든 대상층에 대한 개입은 점점 별도의 법령을 통해 신설되는 단일 복지시설과 비교 과정에서 정체성에 대한 문제제기가 발생하였고, 2005년 이후 지방이양으로 재정분권화의 영향을 직접적으로 받을 수밖에 없어 향후 다양한 운영상의 어려움을 겪게 될 개연성도 없지 않다. 이러한 사회복지관 현황과 문제점을 분석할 때 주되게 고려할 만한 이슈들을 열거해 보면 다음과 같다.

① 지역사회를 대상으로 하는 사회복지관에 대한 인식은 어떠한가? 사회복지관에 대한 역할과 기능이 정책상 진행되는 희망복지지원단, 동보장협의체, 마을만들기, 도시재생 사업들과 어떠한 구분이 가능하고 상호 협력적 발전이 가능할 것인가?

② 사회복지관은 유일하게 별도의 법령 없이 「사회복지사업법」에 명시된 사회복지시설로 사회복지관의 위상과 역할이 높아 보일 수 있다. 하지만 다른 측면에서는 별도의 법규 체계가 없어 구체적인 지원이나 보조, 운영에 대한 명확성 등이 부족하다. 독립적인 사회복지관 설립과 운영에 대한 구체적이고 체계적인 법령 마련에 대해 노력할 필요는 없는가? 현재의 「사회복지사업법」 및 동 시행규칙과 보건복지부의 업무지침 등에 근거하고 있는 법규 체계는 적절한가?

③ 업무나 대상의 중복 가능성이 큰 여타의 유관 사회복지시설 혹은 기관들과의 업무상 연계와 역할 분담은 적절히 이루어지고 있는가?

④ 현재 수행하고 있는 복지관의 제반 사업(서비스 제공, 사례관리, 지역조직화)들은 복지관 본연의 기능이나 목적을 완수하기에 충분하며, 지역사회의 특수성과 주민욕구를 적절히 반영하고 있는가?

⑤ 「사회복지사업법」에 의해 사례관리 기능을 명확히 명시한 시설이 사회복지관인데, 현재 공공기관과 사례관리 역할 수행에서 수평적 협력관계를 유지하고 있는가? 또

한 전문적 사례관리자 육성과 개발을 위한 노력은 적절히 이루어지고 있는가?

⑥ 복지관은 지역별로 균형 있게 설치되어 있는가? 만약 그렇지 못할 경우, 이러한 문제의 원인과 해소방안은 무엇인가?

⑦ 사회복지관은 지방이양된 사업인데 현재 지방자치단체의 재정지원은 적정수준이라 할 수 있는가? 그렇지 않다면 재정문제를 극복할 수 있는 현실적 방안은 무엇인가?

⑧ 지금의 인력기준은 적절한가? 사업별 인력을 확대하기 위한 방안은 무엇인가? 종사자의 전문적 역량은 어떠하며, 근로 환경과 처우수준 및 업무 만족도 등은 어떠한가?

⑨ 복지관 운영에 대한 지역사회의 참여도는 어느 정도인가? 서비스 이용자의 욕구 충족도나 서비스 만족도는 어떠한가?

2. 지역자활센터

1) 개념정의

지역자활센터는 근로 능력이 있는 저소득층에게 상담, 교육, 일자리 제공, 취 · 창업 지원 등의 체계적인 자활지원서비스를 제공함으로써 참여주민의 자립역량을 강화하고 자활의욕을 고취하여 탈빈곤을 도모하는 사회복지기관이다. 이러한 자활사업을 기초지방자치단체 단위에서 수행하는 체계가 지역자활센터이며, 넓은 의미로는 「국민기초생활보장법」 제15조의2에서 규정한 '한국자활복지개발원'과 제15조의10에서 규정한 '광역자활센터'도 자활지원 기관에 포함된다.

2) 설치 및 운영의 근거: 「국민기초생활보장법」

① 한국자활복지개발원의 설치와 사업 등: 법 제15조의2~3, 시행령 제21조의4

② 광역자활센터의 설치와 사업 등: 법 제15조의10, 시행규칙 제26조의2~5
③ 지역자활센터 설치와 사업 등: 법 제16조, 시행령 제22조, 시행규칙 제26조의6, 제27~30조

3) 역사

우리나라 자활사업의 시작은 1960년대 민간에서 시작된 빈민운동에서 그 뿌리를 찾을 수 있다. 1960년대 제조업 중심의 수출지향적인 한국경제는 저임금 노동력 확보가 국가성장의 주요한 관건이었고 이에 정부는 저곡가(低穀價) 정책을 통해 농촌에서 일자리를 잃은 영세 농민들의 도시로의 이동을 유도하면서 도시빈민층이 가속화되는 결과를 낳았다. 이들은 무허가 판자촌을 이루며 빈민지역을 형성했고 1960년대 후반 정부의 판자촌 강제철거와 집단 이주 정책에 대한 빈민들의 저항을 지원하기 위해 빈민운동가들이 대거 도시빈민지역으로 들어가면서 빈민운동이 본격화되었다.

이후 1980년대를 지나면서 빈민운동의 성격이 군부독재에 대한 저항과 사회체제 전반에 대한 변혁운동으로 변화하다가 1990년대에 이르러 도시빈민의 불안정한 고용조건과 불합리한 임금구조의 개선을 목적으로 한 생산공동체운동으로 변모하는 양상을 보였다.

자활사업이 새로운 전환기를 맞은 것은 1997년 외환위기로 인해 대량실업이 발생하고 공공근로의 민간위탁 사업이 실시되면서 전국의 많은 실업 관련 단체들이 자활생산공동체 운동에 참여하게 되면서였다. 이후 「국민기초생활보장법」의 제도화과정을 통해 실직자 및 근로빈곤층에게 일자리를 제공할 수 있는 법적 근거가 마련되었고, 1996년 자활시범사업으로 참여했던 5개의 자활후견기관(2006년 '지역자활센터'로 명칭 변경)은 2024년 현재 250개로 급증했으며, 근로취약계층에 대한 자활사업의 핵심 인프라로 지역자활센터가 그 역할을 수행하고 있다.

- 1995년: 한국보건사회연구원 '저소득층 실태변화와 정책과제－자활지원 중심' 연구를 통해 지역자활센터의 필요성 제기

- 1996년: 자활지원센터 시범사업 실시(전국 5개소)
- 2000년: 읍 · 면 · 동 50개소 확대지정(1999년, 20 → 70개소)
- 2000년: 10월, 「국민기초생활보장법」 시행(제정 1999. 9. 7), 근로능력자에 대해 근로유인을 위한 소득공제 실시, 조건부수급자 제도를 통한 자활사업 참여의무 부과, 가구별 종합자활지원계획을 수립하여 체계적인 자활지원
- 2004년: 광역자활센터 3개소(경기, 대구, 인천) 시범사업 실시(2004년 1월~2006년 12월)
- 2006년: 「국민기초생활보장법」 개정으로 '자활후견기관'을 '지역자활센터'로 명칭 변경
- 2008년: 중앙자활센터 설립 허가 및 운영, 광역자활센터 확대 설치(3개소)
- 2010년: 희망키움통장(IDA, 저소득층개인자산형성계좌) 사업 실시, 지역자활센터 5개소 추가 지정(전국 247개소 운영)
- 2012년: 지역자활센터 사례관리사업 실시(60개소), 광역자활센터(7개소) 법적 근거 마련, '자활공동체'에서 '자활기업'으로 명칭 변경
- 2019년: 한국자활복지개발원 출범(2019년 7월)
- 2020년: 청년저축계좌 도입(2020년 4월), 제2차 자활급여 기본계획, 제2차 기초생활보장 종합계획 수립(2020년 8월)
- 2021년: 조건부수급자 국민취업지원제도 연계 시행, 광역자활센터 확대 설치(15 → 16개소)
- 2022년: 자활장려금 별도지급 종료(생계급여 소득공제로 적용)
- 2023년: 제3차 자활급여 기본계획, 제3차 기초생활보장 종합계획 수립(2023년 10월)

4) 목적

자활(自活)의 사전적 의미는 자기 힘으로 스스로 살아간다는 것으로, 자활사업을 통해 근로 능력이 있는 저소득층이 스스로 자활할 수 있도록 자활 능력을 배양하고 기술 습득을 지원하며 근로기회를 제공하는 것을 목적으로 한다.

(1) 한국자활복지개발원

자활지원을 위한 조사 · 연구 및 프로그램 개발 · 평가, 민간자원 연계 등의 기능 수행 및 자활 관련 기관 간의 협력체계 구축 등의 지원업무를 전담하여 자활사업 지원체계의 전문성 및 효율성을 제고한다.

(2) 광역자활센터

시 · 도 단위의 자활기업 창업 지원, 시 · 도 단위의 수급자와 차상위자에 대한 취 · 창업 지원 및 지역특화형 자활프로그램 개발 · 보급 지원 등 기초단위에서 단편적으로 추진되고 있는 자활지원체계를 광역단위의 자활사업 인프라를 구축하여 종합적이고 효율적으로 자활사업을 추진함으로써, 그 효과성을 제고하고 활성화를 도모한다.

(3) 지역자활센터(기초)

지역자활센터는 근로 능력이 있는 저소득층에게 집중적이고 체계적인 자활지원서비스를 제공함으로써, 이들의 자활의욕을 고취하고 자립 능력 향상을 지원하는 등 기초수급자 및 차상위 계층의 자활촉진에 필요한 사업을 수행하는 핵심 인프라로서의 역할을 수행하도록 한다.

5) 설치 및 지정

(1) 한국자활복지개발원

① 「국민기초생활보장법」 제15조의2에 근거하여 법인으로 설치한다.

② 동법 시행령 제21조의4에 근거하여 정관을 작성하여 주된 사무소의 소재지에 설립등기를 함으로써 성립한다.

(2) 광역자활센터

① 동법 제15조의10에 근거하여 지역사회복지사업 및 자활지원사업의 수행 능력과 경험 등이 있는 사회복지법인 등 비영리법인과 단체를 신청받아 지정한다.

② 지정을 받고자 하는 자는 서류를 갖추어 관할 시 · 도지사를 거쳐 보건복지부장관에게 신청하고, 보건복지부는 서류심사와 필요시 현지조사 등을 통해 지정결정을 한다.

(3) 지역자활센터(기초)

① 동법 제16조에 근거하여 설치하며 지정대상은 광역자활센터와 동일하다.

② 지정을 받고자 하는 자는 서류를 갖추어 시장 · 군수 · 구청장 및 시 · 도지사를 거쳐 보건복지부장관에게 신청하고, 보건복지부는 서류심사와 필요시 현지조사 등을 통해 지정결정을 한다.

6) 기능 및 사업운영

(1) 지역자활센터(기초) 운영 기본원칙('지역자활센터 운영지침' 제3조 제2항)

① 참여주민 고유성과 존엄성

② 주민자발성과 민주적 운영

③ 독립성

④ 기준시설 확보

⑤ 전문가에 의한 사업수행

⑥ 교육 · 훈련

⑦ 사회적 가치 구현

⑧ 지역사회와의 연대 · 협력

⑨ 사업실행 평가

(2) 단위센터별 사업

① 한국자활복지개발원(동법 제15조의3)

(ㄱ) 자활지원을 위한 사업의 개발 및 평가

(ㄴ) 자활지원을 위한 조사 · 연구 · 교육 및 홍보

(ㄷ) 광역자활센터, 지역자활센터 및 자활기업의 기술 · 경영지도 및 평가

(ㄹ) 자활 관련 기관 간의 협력체계 및 정보 네트워크 구축 · 운영

(ㅁ) 취업 · 창업을 위한 자활촉진 프로그램 개발 및 지원

(ㅂ) 고용지원서비스의 연계 및 사회복지서비스의 지원 대상자 관리

(ㅅ) 수급자 및 차상위자의 자활촉진을 위한 교육 · 훈련, 자활 관련 기관의 종사자 및 참여자에 대한 교육 · 훈련 및 지원

(ㅇ) 국가 또는 지방자치단체로부터 위탁받은 자활 관련 사업

(ㅈ) 그 밖에 자활촉진에 필요한 사업으로서 보건복지부장관이 정하는 사업

② 광역자활센터(동법 제15조의10)

(ㄱ) 시 · 도 단위의 자활기업 창업 지원

(ㄴ) 시 · 도 단위의 수급자 및 차상위자에 대한 취업 · 창업 지원 및 알선

(ㄷ) 지역자활센터 종사자 및 참여자에 대한 교육훈련 및 지원

(ㄹ) 지역특화형 자활프로그램 개발 · 보급 및 사업개발 지원

(ㅁ) 제16조에 따른 지역자활센터 및 제18조에 따른 자활기업에 대한 기술 · 경영지도

(ㅂ) 그 밖에 자활촉진에 필요한 사업으로서 보건복지부장관이 정하는 사업

③ 지역자활센터(동법 제16조)

(ㄱ) 자활의욕 고취를 위한 교육

(ㄴ) 자활을 위한 정보제공, 상담, 직업교육 및 취업 알선

(ㄷ) 생업을 위한 자금융자 알선

(ㄹ) 자영창업 지원 및 기술 · 경영지도

(ㅁ) 제18조에 따른 자활기업의 설립 · 운영 지원

(ㅂ) 그 밖에 자활을 위한 각종 사업

7) 현황과 연구과제

(1) 현황

기초지자체 차원의 지역자활센터는 시 · 군 · 구에 1개소씩 설치를 목표로 2024년 기준 250개 기관을 지정 · 운영하고 있다. 시 · 도별, 규모별, 유형별 분포는 〈표 11-4〉 및 〈표

표 11-4 시 · 도별 지역자활센터 지정 현황

계	서울	부산	대구	인천	광주	대전	울산	세종	경기	강원	충북	충남	전북	전남	경북	경남	제주
250	30	18	10	11	9	5	5	2	33	18	12	14	17	23	19	20	4

출처: 한국지역자활센터협회 홈페이지.

표 11-5 규모별 및 유형별 지역자활센터 현황

구분	계	가형	나형	다형	라형	마형	바형
계	250	33	28	50	54	54	31
도시형	124	29	24	38	28	5	–
도농복합형	57	4	4	10	16	21	2
농촌형	69	–	–	2	10	28	29

출처: 보건복지부(2024).

11–5〉와 같다. 한편, 광역자활센터는 2024년 10월 말 기준 16개 시 · 도에 설치되어 있다.

(2) 연구과제

사회복지사업의 상당수가 지방이양사업으로 분류되었으나 지역자활센터의 사업은 여전히 국고보조사업으로 남아 있다. 이는 지방자치단체별로 상이한 재정여건과 무관하게 자활근로사업에 참여하는 빈곤취약계층에 대한 최소한의 급여수준과 참여권을 보장하기 위함으로 해석될 수 있다. 지역자활센터가 보다 발전적으로 저소득 주민의 자립을 도모하고 지역사회와 유기적으로 결합하기 위한 발전방안을 고민하며 떠올려 볼 수 있는 과제를 나열하면 다음과 같다.

① 지역자활센터를 통해 제공되는 일자리의 업무환경은 어떠하며 임금수준이나 고용안정성 등의 근무여건은 저소득층의 근로유인에 적합한가?
② 지역자활센터의 자활사업은 참여주민 및 지역사회의 특성을 반영하고 있는가?
③ 자활사업 참여경험으로 일반시장에의 취 · 창업 진입률은 어느 정도이며 성공가능성을 높이기 위해 필요한 지원은 어떤 것이 있는가?

④ 계량적 성과지표가 주를 이루는 지역자활센터 평가지표는 실제로 자활사업의 목적달성 정도를 담아내기에 충분한가?
⑤ 요즘 우리 사회 전반에 사회적 가치 평가에 대한 관심이 확대되고 있지만 활동을 계량화하여 사회적 가치로 제시하는 것은 쉽지 않은 일인데 자활사업에 대한 사회적 가치평가로 고려할 수 있는 요소는 무엇이 있는가?
⑥ 지역자활센터의 운영과 관련한 보건복지부와 고용노동부 사이의 협력체계는 어떠한가?
⑦ 최근 근로미약자의 참여유입이 증가하는 추세인데 이들에 대한 적절한 프로그램이 제공되고 있는가?
⑧ 자활근로사업에 기반을 두고 창업하는 자활기업의 경우 안정적 운영을 위한 지원은 충분한가?

3. 지역사회 정신건강복지시설

1) 개념정의

2016년 「정신건강증진 및 정신질환자 복지서비스 지원에 관한 법률」(이하 「정신건강복지법」)의 전면 개정으로 치료에서 지역사회의 사회복귀와 재활, 회복을 포괄하는 정신건강증진의 패러다임으로 전환을 맞이하면서 정신장애인들의 통합을 저해하고, 의료적 관점에서 배제되었던 복지서비스 제공을 위한 근거규정이 신설되었다.[4)]

정신건강증진 사업에 관한 법률상의 정의는 「정신건강복지법」 제3조 제2항에 언급된 바와 같이 정신건강 관련 교육·상담, 정신질환자의 예방·치료, 정신질환자의 재활, 정신건강에 영향을 미치는 사회복지·교육·주거·근로 환경의 개선 등을 통하여 국민

4) 서울시 지역사회 정신건강증진사업 관련 종사자 대상 성공사례 기법을 활용한 교육전이 결정요인 연구(김민성 외, 2020).

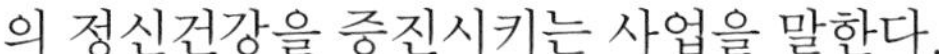

의 정신건강을 증진시키는 사업을 말한다.

아울러 동법에서 정신건강복지센터란 정신건강증진시설, 「사회복지사업법」에 따른 사회복지시설, 학교 및 사업장과 연계체계를 구축하여 지역사회에서의 정신건강증진사업 및 정신질환자 복지서비스 지원사업을 하는 기관 또는 단체로 규정하고 있고 정신건강증진시설이란 정신의료기관, 정신요양시설 및 정신재활시설을 포함하고 있다.[5)]

2) 설치 및 운영의 근거

(1) 관련시설 개념

'정신건강복지센터의 설치 및 운영'(「정신건강복지법」 제15조), '국가트라우마센터의 설치 · 운영'(동법 제15조의2) 및 '중독관리통합지원센터의 설치 및 운영'(동법 제15조의3)에 대한 개념 정의를 참고한다.

(2) 국가와 지방자치단체의 정신건강증진사업 등의 추진

보건복지부장관은 전국 단위의 정신건강증진사업 등의 수행 및 지방자치단체의 지역별 정신건강증진사업 등을 총괄 · 지원하고(제12조 제1항), 시 · 도지사는 관할구역에서의 정신건강증진사업 등 시 · 군 · 구 간 연계체계 구축 및 응급 정신의료서비스 제공 등 광역단위의 정신건강증진사업 등을 수행하며 시장 · 군수 · 구청장은 지역계획의 시행계획이나 지역보건의료계획의 시행계획에 따른 정신건강증진사업 등을 총괄 · 지원(제12조 제2항)한다.

(3) 정신건강복지센터 · 국가트라우마센터 · 중독관리통합지원센터의 설치 · 운영

「정신건강복지법」 제15조, 제15조의2, 제15조의3에 법적 근거를 두며 설치자는 국가 또는 지방자치단체(시 · 도지사, 시장 · 군수 · 구청장)이다.

5) 정신요양시설이란 정신질환자를 입소시켜 요양서비스를 제공하는 시설을 말하고(「정신건강복지법」 제3조6) 정신재활시설이란 정신질환자 또는 정신건강상 문제가 있는 사람 중 사회적응을 위한 각종 훈련과 생활을 지도하는 시설을 말한다(동법 제3조7).

3) 역사

- 1984년: 보건사회부 정신질환 종합대책 수립(무허가시설 양성화 시작)
- 1990년대 초반: 지역사회정신보건에 대한 정부의 관심 가시화
- 1995년: 「정신보건법」 제정, 서울시 지역사회 정신보건사업 실시(강남구)
- 1997년: 「정신보건법」 시행, 중앙 및 지방 정신보건심의위원회 구성, 보건국 정신보건과 신설
- 1998년: 정신보건발전 5개년 계획 수립, 모델형 정신보건센터 운영사업 4개소 시작(서울 성동, 서울 성북, 강원 춘천, 울산 남구)
- 2000년: 알코올상담센터 시범사업 4개소 시작
- 2002년: 아동청소년 정신보건사업 16개소 시작
- 2005년: 정신요양시설 및 정신재활시설 운영비 보조 지방이양
- 2008년: 기본형과 모델형 정신건강복지센터를 표준형으로 통합, 광역형 신설(표준형 148개소, 광역형 3개소)
- 2016년: 「정신건강복지법」 전부 개정(2016. 5. 29)
- 2017년: 「정신건강복지법」 시행(2017. 5. 30)
- 2018년: 「정신건강복지법」 국가트라우마센터 및 중독관리통합지원센터 설치운영 근거 신설
- 2020년: 정신건강복지센터 운영지원(기초 244개소, 광역형 16개소)
- 2022년: 중독관리통합지원센터 확충(50개소 → 58개소)
- 2023년: 제5차 자살예방기본계획 수립 · 발표(2023년 4월)

4) 목적

보건복지부 정신건강사업안내(2024)에 따르면 "정신건강 없이는 개인과 사회의 건강도 없다."라는 문제의식하에 전 국민의 전주기적 건강관리에 대한 국가의 책임을 강화하는 정책 방향성을 바탕으로 정신건강서비스 전달체계를 설명하고 있다. 급격한 사회

변화에 따른 국민의 정신건강수준 악화와 정신질환자의 약화된 지지체계 상황에서 보다 전문적이고 효과적인 정신건강증진사업을 자문 및 지원하기 위해 보건복지부에는 중앙정신건강복지사업지원단을, 각 시 · 도에는 지방정신건강복지지원단을 설치 · 운영하도록 하였다.

정신건강복지센터, 중독관리통합지원센터는 지역사회 중심의 통합적인 정신질환의 예방 · 치료, 중독관리 체계 구축, 정신질환자의 재활과 정신건강 친화적 환경조성으로 국민의 건강증진을 목적으로 설치 · 운영된다.

정신건강증진시설 중 정신재활시설은 정신의료기관에 입원하거나 정신요양시설에 입소하지 아니한 정신질환자 등이 지역사회에서 직업활동과 사회생활을 할 수 있도록 상담 · 교육 · 취업 · 여가 · 문화 · 거주 · 사회참여 등 각종 재활활동 및 복지서비스 제공에 그 목적이 있다.

5) 설치 및 구성

(1) 정신건강복지센터, 중독관리통합지원센터

① 국가 또는 지방자치단체가 설치할 수 있으며, 설치기준은 '광역정신건강복지센터'의 경우 시 · 도별 1개소, '기초정신건강복지센터' '중독관리통합지원센터'는 인구 20만 명당 1개소 설치 가능하다.

② 시 · 도지사 또는 시장 · 군수 · 구청장은 자치단체 또는 국 · 공립 정신의료기관에 정신건강복지센터 및 중독관리통합지원센터를 설치하여 직접 운영하거나 민간에 위탁하며 정신건강복지센터 및 중독관리통합지원센터 간 유기적 협력체계를 구축하여야 한다.

(2) 정신재활시설

① 「정신건강복지법」 제26조(정신재활시설의 설치 · 운영)에 법적 근거를 두고 있으며 국가 또는 지방자치단체는 정신재활시설을 설치 · 운영할 수 있고 필요한 경우 정신재활시설을 사회복지법인 또는 비영리법인에게 위탁하여 운영할 수 있다.

② 정신재활시설의 종류로는 생활시설, 재활훈련시설, 중독자재활시설, 생산품판매시설, 종합시설 등이 있으며 각 시설의 구체적인 종류와 사업은 시행규칙 제19조 별표 10에서 살펴볼 수 있다.

③ 입소·이용대상은 만 15세 이상으로 정신의료기관의 정기적인 치료를 받고 있는 조현병, 양극성장애, 알코올사용장애 등 정신질환자로서 사회적응훈련이 필요하고 자해 및 타해의 우려가 적은 자를 우선으로 한다. 국가 또는 지방자치단체가 설치·운영에 필요한 비용을 보조하는 시설은 「국민기초생활보장법」에 의한 수급권자를 다른 정신질환자에 우선하여 입소·이용하도록 하여야 한다.

6) 기능 및 사업운영

(1) 정신건강복지센터, 중독관리통합지원센터

① 지역사회 내 정신질환 예방, 정신질환자 발견·상담·정신재활훈련 및 사례관리, 정신건강증진시설 간 연계체계 구축 등 지역사회 정신건강사업의 기획·조정을 담당한다.

② 운영형태는 기초 또는 광역 지방자치단체가 직접 정신건강복지센터 및 중독관리통합지원센터를 설치하여 운영하는 직영형과 「정신건강복지법 시행령」의 기준에 부합하는 전문성을 갖춘 법인 등에 위탁하는 위탁형이 있다.

③ 광역정신건강복지센터, 광역형 중독관리통합지원센터는 시·도 정신건강 정책 수립 및 지원, 지역특화사업 개발 및 확산, 기초·중독센터 업무 지원, 사업 성과관리 등 세부사업에 대한 운영을 지원하는 역할을 담당하며 기초정신건강복지센터, 기초형 중독관리통합지원센터는 정신건강증진사업 서비스 제공 및 연계, 이용자관리, 지역특화 사업수행, 기초단위 성과관리 및 광역센터와의 유기적 협력 등의 역할을 주로 수행한다.

지역의 특성에 따라 추진되는 지역특화사업을 제외한 정신건강사업 안내지침에 명시되어 있는 수행단위별 필수사업에 대한 설명은 〈표 11-6〉과 같다.

표 11-6 수행단위별 주요 업무

구분	사업영역	세부사업
광역정신건강복지센터	광역단위 사업기획 및 운영업무	• 지역 정신건강 연구조사 및 확산 • 지역자원 연계 및 협력체계 구축 • 정신질환 · 정신건강 인식개선 등 홍보 · 캠페인
	기초 · 중독센터 지원업무	• 직원대상 교육 프로그램 운영 및 센터 교육과정 지원 • 지역 맞춤 프로그램 기획 · 개발 및 확산 • 센터 평가업무 및 컨설팅 지원
	지역사회 정신건강 위기대응사업	• 위기개입팀 운영 • 정신건강 위기대응 지역협의체 구성 · 운영 지원 • 정신건강위기상담전화(1577-0199) 운영
	재난정신건강서비스 지원업무	광역단위 재난심리지원 업무
기초정신건강복지센터	중증정신질환자 관리사업	• 정신질환자 조기발견 • 중증정신질환자 사례관리 • 보건복지부 정신질환자 치료비 지원사업 • 정신건강심사위원회 업무지원
	지역사회 정신건강 위기대응사업	• 정신건강 위기개입업무 • 정신건강 위기대응 지역협의체 구성 · 지원 • 정신건강위기상담전화(1577-0199) 운영
광역형 중독관리통합 지원센터	광역중독관리사업 기획 및 기반 조성	• 지역사회 중독 정신건강실태조사 및 연구조사 확산 • 중독사업 운영 매뉴얼 및 콘텐츠 기획 · 개발 및 확산 • 중독예방 인식개선 등 홍보 · 교육 · 캠페인 • 지역자원 연계 및 협력체계 구축
	기초중독센터 지원업무	• 중독관리통합지원센터 사업 운영지원 및 관리 • 중독 정신건강 인적자원 개발
기초형 중독관리통합 지원센터	중독문제 조기발견 및 개입사업	• 등록 전 대상자 상담 • 단기개입상담(SBIRT)[6]

6) 중독자 조기발견 및 단기치료(Screening Brief Intervention Referral Treatment: SBIRT)를 적용하여 단기개입 서비스를 통한 중독 고위험군 조기 중재 및 의뢰체계 구축을 목적으로 한다.

	중독질환자 관리사업	• 중독질환자 등록 및 사례관리 • 중독질환자 재활프로그램 • 가족지원사업 –사례관리서비스 –교육 및 프로그램

(2) 정신재활시설

① 정신질환자의 사회적 기능 회복을 위하여 입소 · 이용 또는 거주할 수 있는 시설이어야 하며 정신질환자 사회복귀 촉진을 위한 예방 · 치료 · 재활프로그램을 개발 · 보급하고 사업수행의 적정성, 효율성 등을 평가하여 발전적 개선방안을 강구해야 한다.

② 시 · 도지사 또는 시장 · 군수 · 구청장은 정신재활시설 운영 전반에 대한 지도 · 감독을 연 1회 이상 실시하여야 한다. 시장 · 군수 · 구청장은 시 · 도지사를 거쳐 이러한 지도감독의 결과를 다음 반기가 시작되는 달의 10일까지 보건복지부장관에게 보고하여야 한다.

③ 운영비 지원의 책임은 지방으로 이양되어, 국가가 정한 권고 기준에 따라 지원한다.

7) 현황과 연구과제

(1) 현황

보건복지부 자료에 의하면, 광역정신건강복지센터 17개소, 기초정신건강복지센터 246개소, 중독관리통합지원센터 60개소가 설치 · 운영되고 있으며, 정신건강증진시설로는 정신의료기관 2,109개소, 정신재활시설 356개소, 정신요양시설 59개소가 운영되고 있다.

표 11-7 정신건강증진 기관 · 시설 현황(2022년 기준)

구분	기관 수	주요기능
정신건강복지센터	263	• 지역사회 내 정신질환 예방, 정신질환자 발견 · 상담 • 정신 재활 훈련 및 사례관리 • 정신건강증진시설 간 연계체계 구축 등 지역사회 정신건강 사업 기획 · 조정(광역 17, 기초 246)
중독관리통합지원센터	60	중독 예방, 중독자 상담 · 재활 훈련 (광역형 6, 기초형 54)
정신재활시설	356	병원 또는 시설에서 치료 · 요양 후 사회복귀 촉진을 위한 훈련 실시
정신요양시설	59	만성 정신질환자 요양 · 보호
정신의료기관	2,109	정신질환자 진료, 지역사회 정신건강증진사업 지원
계	2,847	

출처: 보건복지부(2024).

(2) 연구과제

정신건강복지시설의 향후 발전방향과 함께 고려해야 할 주제를 열거해 보면 다음과 같다.

① 지역사회 정신건강증진사업에서 공공과 민간의 역할구분은 어떠하며 바람직한 역할분담 형태는 무엇인가?

② 정신건강복지센터와 정신재활시설 및 기타 유관기관들 사이에 서비스의 중복이나 누락을 초래하는 일은 없는가? 상호 협력요인들은 무엇이고 이를 촉진할 방법은 무엇이 있는가?

③ 현재의 지역사회 정신보건시설들의 서비스 접근성과 프로그램 효과성은 어떻게 평가할 수 있는가? 이런 서비스의 확대로 인하여 실제로 병원 병상의 수, 입원 정신장애인의 수, 그리고 재원기간 등은 실제로 감소되고 있는가?

④ 광역과 기초로 설치가 구분되어 있는 정신건강복지센터 및 중독관리통합지원센터의 경우 조직 고유의 기능이 원활히 이루어지고 있는가? 광역과 기초의 유기적 협

력체계가 갖추어져 있는가? 협력체계를 보다 촉진할 수 있는 요인은 무엇인가?

⑤ 지역사회 정신건강증진사업에 대한 이용자 참여는 어떠하며 참여를 촉진하는 요인과 저해하는 요인은 무엇인가?

⑥ 시설별 인력배치는 적절하며, 인력의 전문성은 긍정적으로 평가할 만한가? 인력양성 및 훈련체계는 적절한가? 각 시설 내 종사자 간 업무분장 상황은 어떠한가?

⑦ 최근 코로나19 및 이태원 참사 등으로 정신건강에 대한 사회적 관심이 제고되었는데 현행 정신건강서비스 전달체계가 지역사회에서 적절히 작동되고 있는가?

4. 사회복지협의회

1) 개념정의

'사회복지협의회'는 「사회복지사업법」 제33조, 동법 시행령 제12조에 의거하여 설립된 비영리 공익법인으로 민간 사회복지 증진을 위한 협의조정, 정책개발, 조사연구, 교육훈련, 자원봉사활동 및 정보화사업의 진흥 등을 위한 사업을 수행하는 법인이다. 「사회복지사업법」 제33조에 의하면 전국 단위의 '한국사회복지협의회'와 시 · 도 단위의 '시 · 도 사회복지협의회', 시 · 군 · 구 단위의 '시 · 군 · 구 사회복지협의회'가 각각 존재한다.

사회복지협의회는 민간 사회복지시설의 연합 조직체로서 지역사회복지의 대표적인 협의기구이며 지역사회 내 다양한 자원조직 체계와의 유기적인 연계를 통해 협의, 조정하여 주민들에 대한 서비스 제공뿐만 아니라 정책 개발과 제도 개선 등을 요구하는 대변의 역할을 수행한다. 아울러 지역사회 내 다양한 사회복지시설의 욕구를 파악하고 사회적 기능을 강화하기 위한 자원봉사활동 활성화, 나눔문화 확산 등 자원개발 및 관리를 포함한 지역사회복지 증진을 위해 연대하는 구심점 역할을 갖는다.

협의회는 순수한 민간 차원의 조직으로서, 직접적 서비스를 제공하는 조직이라기보다는 이러한 조직들 사이의 협의 · 조정을 추진하는 것을 주된 기능으로 한다는 점에서

3차적[7] 조직이라 볼 수 있다. 또한 전국 혹은 지방 차원에서 사회복지와 관련된 민간부문을 대표하면서 공공부문과는 협력적 파트너로서의 역할을 하는 조직이라고 볼 수 있다.

2) 설치 및 운영의 근거

① 사회복지법인 설립허가(「사회복지사업법」 제16조)

② 중앙, 시 · 도, 시 · 군 · 구 사회복지협의회의 설치 근거 및 설치 목적, 운영(동법 제33조)

③ 한국사회복지협의회 등의 업무(동법 시행령 제12조)

3) 역사

한국사회복지협의회는 1952년 한국사회사업연합회라는 명칭으로 최초 설립되었다. 당시 구호활동을 전개하고 있던 민간 사회사업 기관들의 단체인 한국사회사업연합회는 1959년 국제사회복지협의회(ICSW)에 가입하였고, 사회복지단체를 병합하여 사단법인 한국사회복지사업연합회로 변모하였다가 「사회복지사업법」 제정에 따라 현재의 사회복지법인 한국사회복지협의회로 변경하게 되었다. 이후 1983년 「사회복지사업법」 개정을 통해 법정단체로 규정되었다.

시 · 도 사회복지협의회는 1984년에 처음 조직되었는데 한국사회복지협의회의 정관에 따라 조직되어 활동하다가 1998년 개정된 「사회복지사업법」에 의해 독립된 법인단체로 인정되었다.

시 · 군 · 구 사회복지협의회는 1995년 원주시사회복지협의회가 가장 먼저 조직되었고, 1998년 제천시사회복지협의회, 1999년 부천시사회복지협의회가 창립되었다. 이후

7) 1차 조직(사회복지관, 노인복지관, 장애인복지관, 지역아동센터 등과 같은 단일 기관), 2차 조직(단일 기관들의 연합체, 동종업체의 연대조직, 사회복지관협회, 노인복지관협회 등), 3차 조직(이종 집단 간의 연대, 사회복지협의회, 지역사회보장협의체 등)

2003년 지역사회복지협의체(현 지역사회보장협의체)의 설치, 지역사회복지계획(현 지역사회보장계획)의 수립 등 「사회복지사업법」 개정에 따라 공공과 민간의 협력구조, 민관 거버넌스 구축을 위한 활동의 필요성 등이 강화되면서 사회복지협의회의 양적 확대가 이루어졌다. 특히 개정된 「사회복지사업법」(2003. 7. 30.)에 따라 시 · 군 · 구 사회복지협의회가 사회복지법인으로 등록이 가능해지면서 법적인 근거가 마련되어 사회복지시설 간 교류와 협력, 연계와 조정 등의 민간 협의기구로서의 역할을 수행하게 되었다.

4) 목적

「사회복지사업법」 제33조 제1항에 의하면 사회복지협의회의 설립 목적은, ① 사회복지에 관한 조사 · 연구 및 정책건의, ② 사회복지 관련 기관 · 단체 간의 연계 · 협력 · 조정, ③ 사회복지 소외계층 발굴 및 민간 사회복지 자원과의 연계 · 협력, ④ 대통령령으로 정하는 사회복지사업의 조성 등이다.

한국사회복지협의회 정관 제1장(총칙) 제1조에는 사회복지에 관한 조사연구와 각종 복지사업을 조성하고, 사회복지사업과 활동을 조직적으로 협의 · 조정하며, 사회복지에 대한 국민의 참여를 촉진시킴으로써 우리나라의 사회복지 증진과 발전에 기여함을 그 설립목적으로 표명하고 있다.

5) 구성

(1) 회원(「사회복지사업법 시행령」 제13조)

① 중앙협의회 회원은, (ㄱ) 시 · 도협의회의 장, (ㄴ) 사회복지법인 및 사회복지사업과 관련 있는 비영리법인의 대표자, (ㄷ) 경제계 · 언론계 · 종교계 · 법조계 · 문화계 · 교육계 및 보건의료계 등을 대표하는 자, (ㄹ) 기타 사회복지사업 수행에 필요하다고 인정되어 중앙협의회의 장이 추천하는 자 등이 될 수 있다.

② 시 · 도협의회 회원은, (ㄱ) 시 · 군 · 구협의회의 장, (ㄴ) 당해 지역에 주된 사무소가 있는 사회복지법인 및 사회복지사업과 관련 있는 비영리법인의 대표자, (ㄷ) 당해

지역의 경제계 · 언론계 · 종교계 · 법조계 · 문화계 · 교육계 및 보건의료계 등을 대표하는 자, (ㄹ) 그 밖에 지역사회의 복지발전을 위하여 시 · 도협의회의 장이 추천하는 자 등이 될 수 있다.

③ 시 · 군 · 구협의회 회원은, (ㄱ) 당해 지역에 주된 사무소가 있는 사회복지법인 및 사회복지 사업과 관련 있는 비영리법인의 임직원, (ㄴ) 당해 지역에 주된 사무소가 있는 사회복지시설의 종사자, (ㄷ) 당해 지역의 경제계 · 언론계 · 종교계 · 법조계 · 문화계 · 교육계 및 보건의료계 등에 종사하는 자, (ㄹ) 그 밖에 지역사회의 복지발전을 위하여 시 · 군 · 구협의회의 장이 추천하는 자 등이 될 수 있다.

(2) 임원(「사회복지사업법 시행령」 제14조)

① 중앙협의회, 시 · 도협의회, 시 · 군 · 구협의회는 임원으로 대표이사 1인을 포함한 15인 이상 30인 이하(시 · 군 · 구협의회의 경우에는 10인 이상 30인 이하)의 이사와 감사 2인을 둔다.

② 이사와 감사의 임기는 3년으로 하되, 각각 연임할 수 있다.

③ 임원의 선출 방법과 그 자격요건에 관하여 필요한 사항은 정관으로 정한다.

(3) 이사회(「사회복지사업법 시행령」 제15조)

① 각 협의회에 이사로 구성되는 이사회를 둔다.

② 이사회는 정관이 정하는 바에 따라 각 협의회의 업무에 관한 중요사항을 심의 · 의결한다.

6) 기능 및 사업운영

(1) 기능

① 사회복지기관 및 단체 간의 상호연계 및 협력체계를 구축하고 중복되는 사업을 조정하여 자원의 효율적 사용을 도모하는 기능을 한다. 대외적으로 민간부문 사회복지계를 대표하여 사회복지현장의 이슈나 동향 등에 대해 사회복지계의 입장을 대

변하고 협의조정하는 기능을 수행한다.

② 조사연구 및 정책 제안, 교육훈련, 정보제공 및 출판홍보사업과 고유 목적사업을 통한 사회복지 증진업무 등을 수행한다.

③ 지역사회의 사회보장욕구에 기반한 지역사회보장계획의 수립, 자원봉사활동 관리 및 활성화, 주민의 복지권리 옹호 활동 등을 통한 지역사회복지활동을 수행한다.

④ 복지 자원의 확보 및 분배, 국제교류 활동 등의 기능을 수행한다.

(2) 사업

사회복지에 관한 교육훈련 및 자료수집, 홍보 등 앞에서 언급한 기능을 수행하기 위한 각종 사업을 실시하며 자세한 내용은 「사회복지사업법 시행령」 제12조를 참고하기 바란다.

7) 현황과 연구과제

(1) 현황

2024년 6월 말 기준 전국 단위의 '한국사회복지협의회'와 17개 시 · 도협의회(세종특별자치시협의회 포함)가 구성되어 있고, 전국 228개 시 · 군 · 구 중 시 · 군 · 구협의회는 167개(73.2%)가 설립 운영되고 있다. 2024년 1월 개정된 「사회복지사업법」에 따라 2025년부터는 모든 시 · 군 · 구에 사회복지협의회가 설치된다.

(2) 연구과제

사회복지협의회가 민간 사회복지기관의 대표적 협의조정기구로서 보다 발전적으로 기능하기 위해 고려해 보아야 할 측면들을 대략 제시하면 다음과 같다.

① 지방자치제 시행으로 지역사회의 재정 및 정책 결정 권한이 확대되었는데 이 과정에서 사회복지협의회를 협의 과정의 동반자로 인식하고 참여를 보장하고 있는가?

② 사회복지협의회와 지역사회보장협의체 간의 협력적 네트워크가 원활하게 이루어

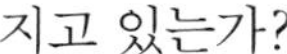

지고 있는가?

③ 협의회의 기능과 업무를 수행하기에 충분한 인력과 적절한 조직체계를 갖추고 있으며 종사자의 처우수준은 전문성을 담보할 만한가?

④ 중앙협의회와 시 · 도협의회, 시 · 군 · 구협의회는 적절하게 연계되고 협력하고 있는가?

⑤ 각 단위 협의회별 인력과 재정의 격차가 존재하는데 지역사회 필요에 충분히 부응하기 위한 재정확보 방안은 무엇인가?

⑥ 사회복지법인으로의 인지도와 신뢰수준은 어떠한가? 아울러 지역사회 내 다양한 시민사회단체들과의 협력관계는 어떠한가?

5. 사회복지공동모금회

1) 개념 및 의의

사회복지공동모금회는 「사회복지공동모금회법」에 근거하여 1998년 설립된 법정 전문 모금 · 배분기관으로, 동법 제1조에서는 "사회복지공동모금회의 공동모금을 통하여 사회복지에 관한 국민의 이해와 참여를 촉진하고 국민의 자발적인 성금으로 공동모금된 재원을 효율적이고 공정하게 관리 · 운용함으로써 사회복지 증진에 이바지함을 목적으로 한다."라고 명시되어 있다. 공동모금이 갖는 의미로는 산발적으로 진행되는 모금활동에 대한 개별 투입노력을 줄이고 민간자원을 효율적으로 동원하여 공공재원의 한계 보완, 지역사회 문제해결에 동참하는 활동을 통한 사회적 책임 공유, 사회복지발전을 위한 민관의 파트너십 형성, 재정동원이 필요하나 규모의 열악성 등으로 모금활동을 적극적으로 진행하지 못하는 기관들에 대한 재원배분의 기회로 활용될 수 있는 점 등을 들 수 있다.

2) 설치 및 운영의 근거

① 설치목적: 사회복지공동모금사업을 관장하기 위하여 사회복지공동모금회를 둔다(동법 제4조).

② 설치형태: 전국 단위의 '사회복지공동모금회'는 동법 제4조와 「사회복지사업법」 제2조 제3항에 따른 사회복지법인으로 하고, 정관을 작성하여 보건복지부장관의 인가를 받아 등기함으로써 설립되며 시 · 도 단위의 공동모금회는 동법 제14조의 규정에 따라 전국 단위 모금회의 지회 형태로 설립한다.

3) 역사

한국전쟁 이후 자선기금확보를 위해 모금행위가 산발적으로 이루어지자 이러한 기부금품의 강요에서 국민의 재산권을 보호하기 위해 1951년 11월 17일 「기부금품모집금지법」이 제정되었고 이를 통해 모금행위 허가제가 시행됨에 따라 재해구호 및 모금과 같은 긴급을 요하는 모금행위 이외의 사회복지재정을 위한 모금행위는 사실상 전개되지 못하였다. 공동모금제도의 도입은 1970년 1월 1일자로 공포된 「사회사업법」(법률 제2171호) 제정과 함께 한국사회복지협의회가 조직되고 1년 후인 1971년 11월 '한국사회복지공동모금회'가 설립되면서부터였다. 이때의 모금의 허가는 주무장관인 보건사회부장관과 「기부금품모집금지법」 제3조의 규정에 따라 내무부장관의 허가를 얻어야 했다. 하지만 그 당시 전 세계를 강타했던 오일쇼크로 인해 국내경제가 어려웠고 공동모금에 대한 국민들의 이해부족과 언론매체 및 사회단체의 비협조 등의 사유로 지속적으로 발전하지 못한 채 중단되었다.

1975년부터는 정부 주도하에 불우이웃을 돕기 위한 범국민적 운동을 통해 모금된 성금을 「사회복지기탁금관리규정」(보건사회부 훈령 제226호)에 의해 관리하였다. 이후 정부는 1980년에 「사회복지사업기금법」(법률 제3336호, 1980. 12. 31. 공포)을 제정, 이웃돕기성금, 장애자성금, 불우아동 결연후원금 등을 사회복지사업기금으로 통합하고 보건사회부가 직접 관리하게 하여 1981년부터는 관주도형의 불우이웃돕기 운동이 전개되었다.

이러한 관주도의 민간모금활동이 10여 년간 지속되다가 1992년 12월부터는 전국경제인연합회, 상공회의소, 한국신문협회, 한국방송협회, 대한적십자사 등 전국 규모의 20개 주요 민간 경제 · 사회단체를 중심으로 '이웃돕기운동추진협의회'를 결성하고 모금활동을 추진하게 되었다. 이들 단체의 구성과 캠페인 등 실제업무는 한국사회복지협의회가 맡아 진행하였고 홍보효과를 높이기 위하여 '사랑의 열매'를 만들어 배포한 것도 1992년부터이다. 이웃돕기성금의 중앙모금분은 '사회복지사업기금'으로 편입하고, 각 지방 모금분은 각 지방의 이웃돕기 성금으로 편입시킴으로써 민간에 의해 조성된 사회복지사업기금을 정부 및 지방자치단체가 관리 · 운용하였다.

이 과정에서 해당기금을 선심행정에 오용한다든지 정부가 마땅히 투입해야 할 공공부조성 사업에 집행하는 것에 대한 문제가 제기되기 시작하였다. 아울러 1994년 감사원의 감사 결과 일부 지자체에서 무리한 모금 실시와 목적 외 사용 내용이 확인됨에 따라 보건복지부는 민간이양을 전제로 한 공동모금법안 마련 작업을 착수하게 되었다. 1997년 3월에는 「사회복지공동모금법」이 제정되기에 이르렀으며 해당 법은 1998년 7월 1일부터 시행하게 되었다. 이 법에 따라 1998년 7월 이후, 공동모금회에 이웃돕기 성금의 적립금을 이관하고 중앙에는 전국 공동모금회와 시 · 도에 설치될 지역공동모금회를 각각 구성하게 되었다. 이후 1999년 「사회복지공동모금회법」이라는 대체입법이 제정되었고 1999년 4월 1일부터 시행하여 오늘에까지 이르고 있다.

사회복지공동모금회 설립 초반에는 연말모금 캠페인을 통한 모금활동이 주를 이뤘으며 2000년대 초반부터 기업사회공헌 활동이 확산되면서 기업기부금이 급속도로 성장하는 모습을 보인다. 2000년대 중반부터 복지민영화와 다원주의에 대한 목소리가 증가하면서 사회복지서비스 부분에서 국가와 민간 사이의 역할 및 기능 재조정이 진행되었고 '아너 소사이어티' '행복주식거래소' 등 새로운 모금방법을 개발하고 주요 타깃별로 모금방식을 세분화하는 등의 전략적인 활동을 전개하고 있다.[8)]

8) 백종만 외(2015)와 사회복지공동모금회(2017)의 내용을 토대로 작성하였다.

4) 목적

「사회복지공동모금회법」 제2조에 따르면, "사회복지공동모금"이란 사회복지사업이나 그 밖의 사회복지활동 지원에 필요한 재원을 조성하기 위하여 이 법에 따라 기부금품을 모집하는 것으로 정의하고 있다.

동법 제3조에 명시된 기본원칙으로는, ① 기부하는 자의 의사에 반하여 기부금품을 모집해서는 안 된다는 강제모금 금지의 원칙, ② 조성된 재원은 지역·단체·대상자 및 사업별로 복지수요가 공정하게 충족되도록 배분하고 관리·운용해야 한다는 공동모금 재원의 공정배분원칙, ③ 공동모금재원의 배분은 객관적인 기준에 따라 효율적으로 이루어지도록 하고 그 결과를 공개해야 한다는 공동모금재원 공개원칙이 있다. 「사회복지공동모금회법」에 근간하여 사회복지공동모금회가 표방하는 운영원리로는 참여와 권한의 분산, 자율성과 사회적 책무성, 투명성과 공개성, 신뢰와 협력이 있다.

5) 구성

임원의 구성 및 이사회 등에 관한 내용은 「사회복지공동모금회법」을 참고하기 바라며 여기에서는 분과실행위원회의 구성 및 지회에 관한 규정을 안내하고자 한다.

① **분과실행위원회**: 동법 제13조에서는 모금회의 기획·홍보·모금·배분업무에 관한 사항을 심의하기 위하여 해당 분야의 전문가와 시민대표 등으로 구성되는 기획분과실행위원회, 홍보분과실행위원회, 모금분과실행위원회, 배분분과실행위원회 등 분과실행위원회를 둔다고 규정하고 있다. 분과실행위원회는 위원장 1인을 포함하여 20인 이내의 위원으로 구성하되, 모금분과실행위원회 및 배분분과실행위원회는 각각 20인 이상의 위원으로 구성하도록 하였다.

② **지회**: 동법 제14조에 의하면 모금회에 지역 단위의 사회복지공동모금사업을 관장하기 위하여 특별시·광역시·특별자치시·도, 특별자치도에 사회복지공동모금 지회를 두도록 하고 있다.

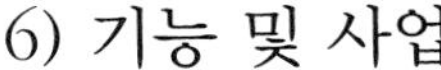

6) 기능 및 사업

(1) 기능

기부금모집을 통해 사회복지 재원을 조성하고 국민의 사회복지에 대한 이해 증진과 나눔문화를 확산하며 모금과 배분사업 수행을 통해 사회문제 해결에 기여한다. 조성된 사회복지 재원을 민간부문 사회복지사업에 지원하는 과정을 통해 지역사회의 변화하는 사회복지 수요에 대응함으로써 공공부문 사회복지를 보완하고 민간부문 사회복지에 재정적으로 기여하는 기능을 한다.

(2) 사업

동법 제5조에 따르면, ① 사회복지공동모금사업, ② 공동모금재원의 배분, ③ 공동모금재원의 운용 및 관리, ④ 사회복지공동모금에 관한 조사 · 연구 · 홍보 및 교육 · 훈련, ⑤ 사회복지공동모금지회의 운영, ⑥ 사회복지공동모금과 관련된 국제교류 및 협력증진사업, ⑦ 다른 기부금품 모집자와의 협력사업, ⑧ 그 밖에 모금회의 목적달성에 필요한 사업 등을 수행하도록 되어 있다. 이 가운데 지역사회복지현장과의 적합도가 높은 모금사업과 배분사업[9]을 중심으로 좀 더 설명하고자 한다.

① 모금사업

공동모금회의 기부금품 모집은 크게 연중 이루어지는 연중모금과 특정한 기간을 정하여 진행하는 연말집중모금으로 구분된다. 연중모금은 기부자들의 접근성을 높이기 위해 연중 다양한 기부방법을 통해 진행되며 연말집중모금 캠페인은 모금회의 가장 대표적인 모금활동으로 희망캠페인으로 불리며 매년 12월부터 다음해 1월까지 진행되는 이웃돕기 캠페인을 말한다. 사랑의 온도탑으로도 잘 알려진 희망캠페인은 모금 목표액의 1%가 달성될 때마다 온도가 1도씩 올라가며 온도계 모양을 통해 모금액을 확인할 수 있도록 하였다.

9) 모금사업과 배분사업에 관한 자세한 내용은 사랑의열매 홈페이지(https://chest.or.kr)를 통해 확인할 수 있다.

모금참여대상에 따라 개인기부와 기업기부로도 구분할 수 있다. 개인기부의 형태는 기부액수와 기부기간에 따라 '아너 소사이어티' '나눔리더' '나눔리더스클럽' '착한가게' '착한일터' '착한가정' 등이 있으며 부동산 · 증권 · 보험 등 현금 이외의 자산 또는 유산을 전문가의 도움을 받아 기부하는 '계획기부', ARS나 모바일 등을 통해 일시 및 수시로 이루어지는 일반수시기부 등이 있다. 현금뿐 아니라 현물기부를 통해서도 나눔활동에 동참할 수 있는데 중고물품을 제외한 유가증권, 식품, 생활용품, 도서, 가전, 의류잡화 등이 가능하다. 기업의 경우에는 기업사회공헌 성금기부나 현물기부를 통해 기부금품 모금에 참여할 수 있으며 기업의 사회적 책임(Corporate Social Responsibility: CSR)이 강조되는 사회적 추세에 따라 기업의 사회공헌활동 또한 활발해지고 있다.

② 배분사업

모금회의 정관에 따르면 배분을 위한 심사는 객관적 기준에 따라 공정하게 이루어져야 하고 전국적인 통일성과 지역적인 특수성이 조화를 이룰 수 있어야 하며 특정분야, 특정지역 및 특정기관에 편중되지 않도록 하는 등의 기본원칙을 제시하고 있다.

배분사업은 해당연도의 배분기준에 따라 자유주제 공모형태로 신청을 받아 배분하는 '신청사업', 모금회가 그 주제를 정하여 배분하는 사업 또는 배분대상자로부터 제안받은 내용 중에서 선정하여 배분하는 시범적이고 전문적인 사업을 포함하는 '기획사업', 재난구호 및 긴급구호 등 긴급히 지원해야 할 필요가 있는 분야에 배분하는 '긴급지원사업', 기부자가 기부금품의 배분지역 · 배분대상자 또는 사용용도를 지정한 기부에 대하여 지정취지에 따라 배분하는 '지정기탁사업' 등으로 종류가 구분된다. 이에 대한 보다 자세한 사항은 모금회의 배분안내 자료를 참조하기 바란다.

③ 재원의 사용

동법 제25조는 모금회가 관장하는 재원의 사용원칙을 규정하고 있는데, 공동모금재원은 사회복지사업이나 그 밖에 사회복지활동에 사용하도록 하고 있다. 각 회계연도에 조성된 공동모금재원은 당해 회계연도에 지출하는 것을 원칙으로 하되, 재난구호 및 긴급구호 등 긴급히 지원할 필요가 있을 때를 대비하여 매 회계연도의 공동모금재원의 일

부를 적립하는 경우는 예외로 한다. 한편, 기부금품 모집과 모금회의 관리 · 운영에 필요한 비용은 직전 회계연도 모금총액의 100분의 10 범위 내에서 이사회의 의결을 거쳐 사용할 수 있도록 하고 있다(동법 제25조 제4항).

7) 현황과 연구과제

(1) 현황

연간 모금규모는 매년 양적성장을 하고 있으며, 2023년의 총 모금액은 8,305억 원에 이른다. 〈표 11-9〉의 2023년 기부방법에 따른 모금현황을 살펴보면 현물보다 현금의 비율이 높으며 프로그램별 모금현황은 기업의 사회공헌 항목이 51.0%로 가장 큰 비중

표 11-8 연도별 모금실적 (단위: 억 원)

구분	2019년	2020년	2021년	2022년	2023년
합계	6,541	8,461	7,619	7,925	8,305
중앙	2,479	3,056	2,587	2,721	2,942
지회	4,062	5,405	5,032	5,204	5,363

출처: 사회복지공동모금회 홈페이지.

표 11-9 2023년 기부방법 및 프로그램별 모금현황

구분	금액(억 원)	비율(%)	구분	금액(억 원)	비율(%)
합계	8,305	100	합계	8,305	100
현금	6,017	72.5	CSR모금(기업사회공헌)	4,236	51.0
현물	2,288	27.5	착한일터	237	2.9
			착한가게	86	1.0
			아너 소사이어티	288	3.5
			나눔리더, 리더스클럽	30	0.4
			지역연계모금	2,197	26.4
			기타	1,231	14.8

출처: 사회복지공동모금회 홈페이지.

표 11-10 연도별 배분실적

(단위: 억 원)

구분	2019년	2020년	2021년	2022년	2023년
합계	5,958	7,261	7,104	7,334	7,446
신청사업	96	93	145	148	197
기획사업	1,178	1,122	1,093	1,098	1,108
긴급지원	169	167	166	165	152
지정기탁	4,515	5,879	5,339	5,551	5,556
복권기금사업	–	–	361	372	433

출처: 사회복지공동모금회 홈페이지.

을 차지하고 있음을 알 수 있다. 〈표 11-10〉에서 볼 수 있듯이 연도별 배분실적은 대체적으로 증가추세를 보이고 있고 배분사업별로 구분해 보면 지정기탁사업과 기획사업의 비중이 큼을 확인할 수 있다.

(2) 연구과제

우리나라 사회복지공동모금회의 발전과제 모색을 위해 살펴볼 만한 사항들을 열거해 보면 다음과 같다.

① 연말집중모금과 기업의 사회공헌을 통한 모금액의 비중이 상대적으로 큰데 연중모금을 강화할 필요는 없는가? 또한 모금사업의 안정화와 지속가능성을 담보하기 위한 개인기부자 확대방안은 무엇인가?

② 공동모금회의 운영과 배분시스템 전반의 공정성과 투명성은 확보되어 있는가?

③ 지역사회의 변화하는 다양한 욕구에 적절하게 대응하고 있는가? 이를 촉진할 수 있는 방안은 무엇인가?

④ 공동모금회의 공공부문과의 관계설정은 적절한가? 아울러 다양한 이해관계자와의 협력적 파트너십이 구축되어 있는가?

⑤ 직원의 규모는 적절하며 전문성은 확보되어 있는가?

⑥ 국민의 자발적 성금조성이 가능하기 위해서는 공동모금회에 대한 대중의 신뢰가 중요한데 모금회에 대한 사회구성원들의 인식 수준은 어떠하며, 신뢰 확보방안은 무엇인가?
⑦ 배분영역의 확장이 이루어지고 있는데 현재의 배분내용이 사회문제에 대한 적극적이고 예방적인 기능을 포함하고 있는가?

6. 자원봉사센터

1) 개념정의

자원봉사활동에 대한 사회적 관심이 높아진 1990년대 중반부터 우리 사회에 자원봉사활동에 관한 법적 기준을 마련하고자 하는 시도가 이루어졌다. 먼저 1996년 7월 「사회보장기본법 시행령」 제14조 '사회보장제도에 대한 민간의 참여조장'에 민간의 자원봉사 활성화 조항이 포함되었다. 또한 1997년 개정된 「사회복지사업법」 제9조 '사회복지 자원봉사활동의 지원 · 육성'에 관련 조항을 두어 국가 및 지방자치단체의 자원봉사활동 지원에 대한 책임을 규정하였다. 이후 10년가량 자원봉사활동을 뒷받침할 법령의 제정을 위한 논의가 이어진 끝에 2005년 8월 4일 법률 7669호로 「자원봉사활동 기본법」이 제정(시행 2006년 2월 5일)되었고 몇 번의 개정을 거쳐 현재에 이르고 있다(남기철, 2022).

이 법에 따라 일정한 법적 지위를 가지고 지역사회 혹은 전국 단위로 자원봉사활동을 조직화하는 일의 추진체계로 자원봉사센터를 꼽을 수 있다. 「자원봉사활동 기본법」 제3조의 용어 정의에 따르면, '자원봉사활동'이란 개인 또는 단체가 지역사회 · 국가 및 인류사회를 위하여 대가 없이 자발적으로 시간과 노력을 제공하는 행위를 말하고 '자원봉사센터'란 자원봉사활동의 개발 · 장려 · 연계 · 협력 등의 사업을 수행하기 위해 법령과 조례 등에 따라 설치된 기관 · 법인 · 단체 등을 말한다.

2) 설치 및 운영의 근거

① 자원봉사센터의 설치 및 운영: 「자원봉사활동 기본법」 제19조[10]

② 자원봉사센터 장의 자격요건 및 센터의 조직 및 운영: 동법 시행령 제14조, 제15조

3) 역사

'여성자원활동인력은행'이 설치(한국여성개발원)된 1984년부터 내무부의 자원봉사센터 설치지원이 시작되기 이전인 1994년까지는 우리나라 자원봉사 환경이 민간영역에서부터 무르익은 시기이다. 86아시안게임 및 88서울올림픽을 기점으로 자원봉사활동에 대한 사회적 관심의 촉발, 전문 자원봉사단체와 한국자원봉사단체협의회 설립(1994년), 사회복지자원봉사정보안내센터(한국사회복지협의회, 1994년)의 확산, 민간에 의해 설립 · 운영된 지역자원봉사센터의 등장 등이 그것이다. 1995년부터는 자원봉사센터의 본격적인 설치와 확산이 이루어지게 되는데 1995년 '5 · 31 교육개혁' 이후 중고등학교 학생의 자원봉사활동 참여가 의무화되고 1996년 1월 자원봉사센터 설치 · 운영지침의 시행과 함께 지역자원봉사센터를 정부 차원에서 설치 · 지원하게 되었다.

지금의 행정안전부와 지방자치단체 설치지원에 의해 설립된 자원봉사센터는 1996년 내무부의 시범사업으로 12개 시 · 도에 설치된 20개 자원봉사센터로부터 출발하였다. 지방교부세와 자치단체 자부담에 의해 설치되기 시작한 자원봉사센터는 2003년도까지 전국 광역시 · 도 및 시 · 군 · 구 단위에 247개소로 확장된다.

자원봉사활동 역량강화 지침이 마련되고 자원봉사센터 설치가 확산되는 과정에서 전국적으로 자원봉사활동에 관한 조례제정이 함께 이루어졌으며, 2005년 「자원봉사활동 기본법」이 제정됨에 따라 비로소 자원봉사센터의 법적 근거가 마련되었다.

10) 자원봉사센터는 근거법의 마련과 무관하게 1993년부터 설립되어 활동해 왔고, 1996년부터 행정자치부가 비영리민간단체 지원제도에 의거하여 지원해 왔으나, 늦게나마 이 법률이 제정됨으로써 향후 실질적 근거법으로서의 성격을 지니게 된 셈이다.

2007년 태안의 기적을 이루어 낸 허베이스피리트호 원유 유출 방재 봉사활동을 통해 자원봉사활동에 대한 국민적 관심이 모였고, 자원봉사진흥위원회와 정부 부처의 자원봉사추진체계가 갖추어지고 자원봉사진흥을 위한 국가기본계획[11]이 수립 · 시행되고 있다. 2010년 '한국중앙자원봉사센터' 설립과 함께 중앙–광역–기초의 자원봉사센터의 체계가 완성되었고, 개별적으로 이루어지던 전국의 자원봉사 정보를 한곳에 모아 다양한 자원봉사 정보검색 및 신청, 실적확인 등의 관리가 이루어지는 1365 자원봉사 포털이 개시되었으며, 그 밖에도 자원봉사자 보험료 지원 등 자원봉사자를 위한 보호와 지원체계 역시 법 제정 이후 2006년부터 제도화되었다(한국중앙자원봉사센터, 2014).

4) 목적

자원봉사활동을 체계적으로 활성화함으로써 시민역량을 강화하고 사회문제를 해결하며 더불어 살아가는 공동체 구축을 설립목적으로 하는 자원봉사센터는 앞서 언급한 「자원봉사활동 기본법」 제3조의 용어 정의에서 밝힌 바와 같이 자원봉사활동의 개발 · 장려 · 연계 · 협력 등의 사업을 수행하기 위해 설치되는 조직을 의미한다.

5) 설치 및 운영

「자원봉사활동 기본법」 제19조에 따르면, 국가기관 및 지방자치단체는 자원봉사센터를 설치할 수 있으며, 이 경우 자원봉사센터를 법인으로 하여 운영하거나 비영리 법인에 위탁하여 운영하여야 한다고 규정하고 있다(제1항). 그러나 자원봉사활동을 효율적으로 추진하기 위하여 필요하다고 인정할 경우에는 국가기관 및 지방자치단체가 운영할 수 있도록 하였다(제2항). 그리고 국가는 자원봉사센터의 설치 · 운영이 활성화될 수

11) 「자원봉사활동 기본법」에 따라 행정안전부를 주축으로 하여 정부는 관계부처 합동으로 자원봉사활동 진흥을 위한 국가기본계획을 5년 단위로 수립하여 발표하고 있으며 국가기본계획은 5년간 국가적 자원봉사 정책을 포괄하는 중장기 종합계획이다. 2023~2027년은 자원봉사진흥 제4차 국가기본계획에 해당한다.

 **표 11-11** 자원봉사센터 운영형태

운영형태	내용
직영형	국가기관 및 지방자치단체에서 직접 운영
위탁형	비영리법인 또는 공익법인에 위탁하여 운영
법인형	사단법인이나 재단법인 등 독립적인 법인을 설립하여 운영

출처: 행정안전부(2024).

있도록 적극 노력하여야 하며, 지방자치단체는 자원봉사센터의 운영에 필요한 경비를 지원할 수 있다고 규정하였다(제3항). 자원봉사센터의 운영형태는 크게 직영형, 위탁형, 법인형으로 구분할 수 있으며, 세부적으로는 〈표 11-11〉과 같이 분류된다.

6) 기능 및 사업

「자원봉사활동 기본법 시행령」 제15조는 자원봉사센터의 사업을 특별시 · 광역시 · 도 자원봉사센터와 시 · 군 · 자치구 지원봉사센터로 구분하여 규정하고 있다. 먼저 특별시 · 광역시 · 도 자원봉사센터는, ① 특별시 · 광역시 · 도 지역의 기관 · 단체들과의 상시협력체계 구축, ② 자원봉사 관리자 및 지도자의 교육훈련, ③ 자원봉사 프로그램의 개발 및 보급, ④ 자원봉사 조사 및 연구, ⑤ 자원봉사 정보자료실 운영, ⑥ 시 · 군 · 자치구 자원봉사센터 간의 정보 및 사업의 협력 · 조정 · 지원, ⑦ 그 밖에 특별시 · 광역시 · 도 지역의 자원봉사 진흥에 기여할 수 있는 사업(제4항) 등의 사업을 한다.

시 · 군 · 자치구 자원봉사센터는, ① 시 · 군 · 자치구 지역의 기관 · 단체들과의 상시협력체계 구축, ② 자원봉사자의 모집 및 교육 · 홍보, ③ 자원봉사 수요기관 및 단체에 자원봉사자 배치, ④ 자원봉사 프로그램의 개발 · 보급 및 시범운영, ⑤ 자원봉사 관련 정보의 수집 및 제공, ⑥ 그 밖에 시 · 군 · 자치구 지역의 자원봉사 진흥에 기여할 수 있는 사업 등을 수행한다(제5항). 아울러 각 지방자치단체는 자원봉사센터의 조직 및 운영 등에 관한 사항을 조례로 정하도록(제6항) 위임규정을 두고 있다.

7) 현황과 연구과제

(1) 현황

자원봉사센터 현황을 설치단위별로 보면, 2023년 12월 말 기준으로 중앙자원봉사센터 1개소, 광역시 · 도 자원봉사센터 17개소, 그리고 시 · 군 · 구 자원봉사센터 228개소로 총 246개소가 운영 중이고 연도별 자원봉사센터 운영형태는 〈표 11−12〉와 같다.

표 11−12 연도별 자원봉사센터 운영형태 (단위: 개소)

연도	계	직영	위탁	법인
2021년	245	114(46.5%)	37(15.1%)	94(38.4%)
2022년	245	114(46.5%)	37(15.1%)	94(38.4%)
2023년	246	113(45.9%)	36(14.6%)	97(39.4%)

출처: 행정안전부(2024).

(2) 연구과제

자원봉사활동의 확대와 우리나라 자원봉사센터의 활성화 방안 등을 고민하며 떠올릴 수 있는 질문들을 제시해 보면 다음과 같다.

① 자원봉사는 민간중심의 운동임에도 불구하고 앞의 표에서 확인할 수 있는 바와 같이 자원봉사센터의 운영형태는 여전히 직영방식이 가장 큰 비중을 차지하고 있는데 민간중심 운영체계로의 전환을 위한 방안은 무엇이 있는가?

② 사회재난과 자연재난의 예방과 극복에 자원봉사의 역할이 크다. 체계적인 재난현장의 자원봉사 운영과 대응역량 강화를 위해 어떤 지원이 필요한가?

③ 자원봉사활동의 성과와 사회적 가치는 어떻게 측정하고 표현할 수 있는가? 아울러 자원봉사활동에 대한 봉사시간 인증에 대한 인식이 지배적인데, 시간 인증을 너머 활동의 가치를 확산하기 위한 대안은 무엇인가?

④ 자원봉사센터 종사자의 수, 전문성, 처우 등은 어떠한가? 종사자에 대한 교육 및

훈련의 체계는 어떠한가?

⑤ 자원봉사센터 간의 유기적인 협력체계가 이루어져 있는가? 지역사회의 다른 중간 지원조직들과 원활한 협력관계를 형성하고 있는가?

⑥ 자원봉사자의 안전보장과 인권친화적 환경조성을 위해 어떤 노력이 필요한가?

⑦ 새로운 사회적 위험과 변화하는 시민의 참여욕구를 반영한 프로그램 개발이 적절히 이루어지고 있는가?

⑧ 교육정책이 변화하면서 학생들의 지역사회 봉사활동의 참여 기회가 줄어들었는데 새로운 학생봉사활동 활성화를 위한 대안과 정책은 무엇인가?

사회복지시설의 이해

사회복지시설의 법률상 정의는 「사회복지사업법」 제2조에 따른 사회복지사업을 할 목적으로 설치된 시설을 의미하며 보건복지부 사회복지시설관리안내(2024)에서 설명하고 있는 관련법별 시설의 종류는 다음과 같다.

소관부처	시설종류	세부종류		관련법
		생활시설	이용시설	
보건복지부	노인복지시설	• 노인주거복지시설 • 노인의료복지시설 • 학대피해노인전용쉼터	• 재가노인복지시설 • 노인여가복지시설 • 노인보호전문기관 • 노인일자리지원기관	「노인복지법」
	복합 노인복지시설	• 농어촌에 지역에 한해 「노인복지법」 제31조 노인 복지시설을 종합적으로 배치한 복합노인복지시설을 설치 · 운영 가능		「농어촌주민의 보건복지 증진을 위한 특별법」
	아동복지시설	• 아동양육시설 • 아동일시보호시설 • 아동보호치료시설 • 자립지원시설 • 공동생활가정 • 학대피해아동쉼터	• 아동상담소 • 아동전용시설 • 지역아동센터 • 아동보호전문기관 • 가정위탁지원센터 • 자립지원전담기관	「아동복지법」

	장애인복지 시설	• 장애유형별 거주시설 • 중증장애인 거주시설 • 장애영유아 거주시설 • 장애인단기 거주시설 • 장애인공동생활가정 • 피해장애인쉼터 • 피해장애아동쉼터	• 장애인지역사회재활 시설 • 장애인직업재활시설 • 장애인의료재활시설 • 장애인생산품판매 시설	「장애인복지법」
	어린이집		• 어린이집	「영유아보육법」
	정신건강증진 시설	• 정신요양시설 • 정신재활시설 중 생활시설	• 정신재활시설 중 이용시설	「정신건강증진 및 정신질환자 복지서비스 지원에 관한 법률」
보건 복지부	노숙인시설	• 노숙인자활시설 • 노숙인재활시설 • 노숙인요양시설	• 노숙인종합지원센터 • 노숙인일시보호시설 • 노숙인급식시설 • 노숙인진료시설 • 쪽방상담소	「노숙인 등의 복지 및 자립지원에 관한 법률」
	사회복지관		• 사회복지관	「사회복지사업법」
	지역자활센터		• 지역자활센터	「국민기초생활 보장법」
	다함께 돌봄센터		• 다함께돌봄센터 (학교돌봄터 포함)	「아동복지법」
질병 관리청	결핵 · 한센 시설	• 결핵 · 한센시설		「사회복지사업법」
여성 가족부	성매매피해 지원시설	• 일반지원시설 • 청소년지원시설 • 외국인지원시설 • 자립지원공동생활시설	• 자활지원센터 • 성매매피해상담소	「성매매방지 및 피해자 보호 등에 관한 법률」
	성폭력피해 보호시설	• 성폭력피해자보호시설	• 성폭력피해상담소	「성폭력방지 및 피해자 보호 등에 관한 법률」
	가정폭력보호 시설	• 가정폭력피해자보호시설 • 가정폭력상담소	• 긴급전화센터디지털	「가정폭력방지 및 피해자 보호 등에 관한 법률」
	한부모가족 복지시설	• 출산지원시설 • 양육지원시설 • 생활지원시설 • 일시지원시설	• 한부모가족복지 상담소	「한부모가족지원법」

	다문화가족 지원센터		• 다문화가족지원센터	「다문화가족지원법」
	건강가정지원 센터		• 건강가정지원센터	「건강가정기본법」
	청소년복지 시설	• 청소년쉼터 • 청소년자립지원관 • 청소년치료재활센터 • 청소년회복지원시설		「청소년복지지원법」

지역사회에서 쉽게 접하게 되는 노인복지관, 장애인복지관 등의 사회복지기관은 매년 보건복지부가 발행하는 관련 운영지침을 참고하기 바란다.

제 12 장

지역사회 돌봄과 지역사회복지

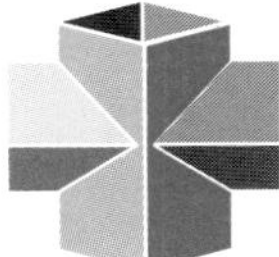

지역사회 돌봄 관련 개념은 사회복지실천론, 장애인복지론, 정신건강복지론, 노인복지론 또는 사례관리(케어매니지먼트) 등의 강의에서 자주 언급은 되고 있으나 별도의 장으로 집중해서 다루고 있는 교과목은 없다. 지역사회복지론 기존 교재들에서도 '재가복지'로 언급이 되고는 있으나 최근 들어 고령자 및 중증 장애인의 수명이 길어지고 이들을 위한 사회적 돌봄(social care) 모델이 중요 이슈가 되고 있어 이 책에서는 별도의 장으로 정리해 보고자 하였다. 결국 여러 논의에서 가장 핵심적인 내용은 '돌봄 욕구가 높은 주민들이 어떻게 계속 그 지역에 거주하며 생활을 지속할 수 있는가'하는 부분이라 하겠다.

이 장에서 논의되는 지역사회 돌봄은 다른 장들과 달리 주요 대상이 '독립적으로 생활이 힘든 중증 장애인이나 노인층 클라이언트'를 위한 지역사회 돌봄서비스에 대한 내용이다. 따라서 실천모델이나 지역사회보장계획, 주민조직화 등과는 다른 차원에서 지역사회를 중심으로 한 돌봄서비스들의 확대 및 최근 변화들에 대해 살펴보고자 한다. 주요 내용은 지역사회 돌봄의 등장 배경, 이론 및 관점들, 구체적인 돌봄서비스 및 향후 변화 방향에 대한 논의들이다. 또 공공 중심 사업의 한 예로 2019년 보건복지부 선도사업으로 실시된 '커뮤니티 케어' 시범사업 사례를 경기도 부천시 중심으로 살펴보겠다.

1. 지역사회 돌봄의 개념과 접근

1) 개념에 관한 논의

지역사회 돌봄은 다양한 명칭으로 불리고 있고 오랫동안 서로 다른 분야에서 다른 대상을 중심으로 존재해 왔다. 그 개념들 간 차이가 크지는 않으나 지역사회 돌봄에 대한 접근은 일부 차이가 있어 왔다. 일반적으로 지역사회 돌봄은 커뮤니티 케어(community care)라는 표현이 주로 사용되어 왔다. 이 장에서 언급되는 'care' 또는 '돌봄'은 일반적으로 독립적 생활이 어려운 자들에 대해 제공되는 사회 서비스들을 의미한다.

이 지역사회 돌봄 즉, '커뮤니티 케어'라는 표현은 얼핏 보면 'community'와 'care'라는 말이 합성되어 이루어진 표현으로 볼 수 있으나 오늘날 사회복지 및 보건 분야에서는 독립적 단어로 의미가 정립되고 있다. 표현이 갖는 포괄성이 강해 정확한 개념정의는 여전히 논쟁 중이나 반대되는 개념들은 명확하다. 요양시설 돌봄(nursing home care), 시설보호(institution care), 입원치료 (inpatient service), 양로(주거)시설 보호(residential care) 등이 지역사회 돌봄과는 대비되는 표현들로 생활시설 중심의 인바운드(in-bound) 서비스를 의미한다.

케어(care)라는 표현은 오래전부터 등장했으며 문맥에 따라 의료 분야에서는 치료(예: acute care, 급성기 치료), 간호학에서는 간호(adult care, 성인 간호) 등으로 불리고 있다. 국내에서는 아동복지 분야나 보육학 등에서 오래전부터 '케어'를 '돌봄'으로 번역해서 사용해 일반 대중에게는 '아동 돌봄' '아이 돌봄'은 이제 자연스러운 용어가 되었으나 노인 및 장애인 복지 분야에 이 '돌봄'이라는 용어가 본격적으로 등장한 것은 2010년 전후이다. 현재 교재들에서도 일부 사용되고 있는 케어(care)라는 표현은 우리나라 사회복지 분야에서는 주로 '보호'라는 말로 번역되어 사용되었고, 일부 교재에서는 조호(助護)라는 표현도 볼 수 있다. 또 질병 이후 회복이나 재활 관련 'long-term care'의 번역에는 '요양(療

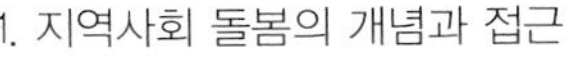

養)'이라는 표현이 사용되고 있다.

우리나라에서 '노인 돌봄'이라는 표현이 확대되기 시작한 것은 2008년 노인장기요양보험제도 도입 전후이다. 2000년대 초반 문헌들에는 'long-term care'를 '장기요양보호'라고 명명하였고(차흥봉 외, 2000), '요양'의 의미에 '보호'가 포함된다는 지적도 있어 제도 명칭에서는 '장기요양'으로 표현되었다. 이후 관련 논문들에서 '돌봄의 사회화'[1]라는 표현이 확대되어 '노인 돌봄'이 자연스럽게 사회과학 분야에서 증가하는 추세라 하겠다. 또 이 '돌봄'이라는 표현은 의료적 치료(medical care)와는 다른 사회적 케어(social care)와 비슷한 의미로 사용되면서, 오늘날에는 실제 '돌봄서비스'와 같은 의미로 이해되고 있음을 알 수 있다.

이때 돌봄서비스는 '돌봄 욕구가 있는 사람들에 대해 제공되는 여러 가지 유형의 서비스'를 의미하는데, 이 유형을 구분할 때 서비스가 제공되는 장(또는 클라이언트가 거주하는 공간)에 따라 재가 및 지역사회 돌봄과 시설 서비스 (residential care or institutional care)로 분류하기도 하며, 이 중 지역사회 돌봄은 영국에서는 'community care' 또는 'community-based care'라는 표현으로, 미국에서는 'Home and Community-Based Services(HCBS)'로 문헌에 주로 언급되고 있다(김찬우, 2005; Renwick D, 1996).

이 책에서는 지역사회 돌봄이란 **'지속적 돌봄이 필요한 사람의 욕구를 충족시켜 지역사회 내에서 자신의 개별성을 유지하며, 독립적으로 생활할 수 있도록 지원하는 서비스'**로 정의하고 논의해 보겠다. 실제 우리나라에서는 재가복지 사업이 이미 1980년대부터 시작되었고 이후 장애인복지, 정신건강복지 및 노인복지 분야에서 사용되어 왔던 개념이다.

다만 고령인구의 급격한 증가와 탈시설화로 인한 지역사회 거주 중증 장애인 및 정신장애인 인구 역시 크게 증가하면서 이 개념은 이제 사회복지 분야의 기본적 테마가 되었으며, 2000년대 중후반 이후 이에 대응하는 사회 서비스 역시 크게 확대되었다. 이 지역

1) 이 표현이 정확히 누구에 의해 시작되었는가는 알기 쉽지 않다. 이 표현은 장기요양보험 같은 공공 분야 개입의 필요성에 대한 용어로, 최근 증가하는 중증 노인이나 장애인 돌봄에 대한 문제는 개인이나 가정에서 해결해야 할 일부 가족의 문제가 아니라 사회문제이며 동시에 대상자의 기본 권리로서 인정하는 시각을 강조하는 표현이다.

사회 돌봄은 이념적으로는 '개인의 자율성을 강조하여 자신의 거주 공간에서 돌봄을 받는 경우 인간 중심 돌봄이 더 잘 실현된다.'라는 점, 또 복지재정적 측면에서는 정책적으로 '시설 거주 비용 절감 및 중앙정부에서 지방정부로의 책임 이전 등의 효율성이 강조되었다.'라는 점에서 앞으로도 지역사회 복지의 중요 이슈로 자리매김할 것으로 본다.

2) 지역사회 돌봄에 대한 이론 및 관점

(1) 탈시설화

탈시설화란 사회복지시설 내 장애인의 재활, 사회복귀, 자립생활을 위하여 적절한 사회복지서비스를 시설과 지역사회에서 제공하기 위한 방안으로 대두된 이념이다. 시설 유형별로 대상자를 입소시키는 시설 중심의 획일적인 '수용' 개념이 아니라 다양한 욕구를 가진 복지 수요자들에게 '서비스 선택권'을 주는 것으로서, 예컨대 주거환경의 경우 시설 위주만이 아니라 개인주택이나 공동생활가정(group home, 생활자들이 소규모로 지역사회에서 거주하는 공동주거시설) 등 다양한 주거 기능을 확충하여 생활자들이 각자에 맞는 환경을 찾도록 하자는 것이다(김용득, 2016).

이 개념을 살펴보기 위해서는 지역사회 돌봄과 관련된 미국과 영국의 배경을 알아볼 필요가 있겠다. 미국에서는 제2차 세계대전 이후 정신장애인의 장기 입원치료 및 시설보호가 크게 증가하면서 열악한 대규모 수용시설에 대한 사회적인 비판이 증대됨에 따라 1950년대부터 시설 내에서의 생활조건을 개선하기 위해 탈시설화 정책으로 선회하였다(김찬우, 2005). 1970년대 이후 장기간의 시설보호로 인한 시설병[2]의 예방과 시설거주자의 삶의 질 향상, 그리고 대규모 수용시설에 부적절하게 수용된 거주자를 시설이 아닌 지역사회에서 보호하고 서비스를 제공하기 위한 목적으로 탈시설화 정책이 본격적으로 추진되었다. 이러한 탈시설화 정책의 영향으로 시설 중심의 보호는 일대 전환을 가져와 낮병원, 자조집단, 중간 거주지시설, 재활프로그램 등 지역사회에 기반을 둔 다양한 형

2) 시설과 같은 분리된 공간에 장기 입소하면서 일반 사회활동 욕구가 상실되어 오히려 무력감이 증가하면서 퇴소나 퇴원이 더욱 어려워지는 현상을 말한다.

태의 서비스 프로그램이 등장하게 되었다.

영국 역시 1950년대부터 시작된 '시설로부터 지역사회'라는 새로운 접근과 실천을 통해 지역사회를 중심으로 노인 인구와 정신장애인의 보호를 위한 프로그램이 점차 확대되었으며, 새로운 치료제가 도입되면서 환자의 조기 퇴원과 정신병원의 폐쇄가 촉진되었다. 노인 돌봄 분야에서도 1993년「Community Care Act」제정에 근간이 된「그리피스 보고서」에서 지방정부는 지역사회 보호의 일차적인 책임을 가지고, 대인사회서비스의 직접적인 제공자가 아닌 계획, 조정, 구매자로서 역할을 수행하고, 주거보호에 대한 욕구를 사정해야 된다는 점을 강조하였다(김찬우, 2006).

이러한 탈시설화의 가장 큰 장점은 대규모 시설에서 제공되는 보호에 비해 보다 인간적이고 효과적인 지역사회에 기초를 둔 돌봄이라는 점이다. 또 이를 통한 장애인의 지역사회통합은 삶의 다양성과 선택의 권리를 보장해 줄 수 있으며 이것의 궁극적인 목적은 노인 및 장애인들의 삶의 질 향상과 사회보장권 보장에 있다. 다만 시설거주자의 거주지 강제 이전 문제, 퇴원 후의 지속적인 서비스의 미흡, 담당 사례관리자의 지속적 확보, 퇴원한 클라이언트에 대한 보호자의 부담 증대와 재입원화, 지방재정부담의 가중, 부랑인의 증가, 사회불안 확대 등의 문제점을 초래할 수도 있다는 점을 고려할 필요가 있다.

분명한 변화는 이 탈시설화의 흐름 속에서 병원이나 시설에서 생활하며 돌봄에 대처해 온 여러 유형의 중증 대상에게도 지역사회 돌봄서비스가 급속히 확대되었고, 실제 이용자의 삶과 권리, 자율성 등에 대한 관심도 크게 증가되었다는 점이라 하겠다.

(2) 정상화

탈시설화와 비슷하게 장애인복지의 시설 중심 접근을 비판하면서 출발된 이론으로 시설보호에 반대하면서 장애인도 비장애인과 마찬가지로 동일한 생활환경, 생활형태 및 주거권이 존중되어야 한다는 데 강조점을 두고 있는 이론이 정상화 이론이다. 즉, 장애를 가진 사람도 개인의 성장이나 발달과정에서의 경험이 존중되어야 하며, 인생 주기에서 누려야 하는 선택의 자유가 보장되어야 한다는 것이다(김용득, 2016). 이러한 이론을 근거로 시설복지서비스가 아닌 지역사회서비스가 강화되기 시작되었고, 장애인들의 사회적 역할 강화를 통해 모든 일상생활, 사회 · 문화적인 권리를 동등하게 누리고 완전한 사회참여를 이루어 내는 제도적 변화가 나타났다.

탈시설화는 시설 보호의 비인도주의적인 측면에서 출발하였지만 시설의 비용 측면을 보다 강조한 흐름으로서 시설유지에 따른 비합리적인 재정투입에 반대하여 복지예산 삭감의 정치적 이유를 제공했다는 견해가 있어 왔다(김용득, 2016). 하지만 정상화는 시설보호에 반대한다는 측면에서는 탈시설화와 동일하지만 재정투입의 대폭적인 증대를 통한 서비스 질의 향상을 주장하며 근본적으로 정상화를 위해서는 시설보호 경우보다 훨씬 많은 예산이 투입되어야 함을 강조하고 있다.

이처럼 정상화 접근과 맞물려 탈의료화, 탈시설화의 등장이 이루어졌고, 장애인 본인의 삶에 대한 자기의사결정권과 사회통합 이념의 두각으로 지역사회 거주 장애인의 자립생활에 대한 중요성이 근래 들어 더욱 부각되고 있다. 동시에 지역사회 돌봄을 위한 지역자원들의 활용 방안이 지역사회 복지에서 중요한 이슈가 되었다.

(3) 지역사회 지속거주

지역사회 돌봄과 관련된 앞의 두 접근은 주로 장애인이나 정신장애인에 초점을 두고 전개되었다면 고령인구 증가에 따라 지역사회 거주 생활에 관심을 두는 접근이 '지역사회 지속거주'이다. 지역사회 지속거주(Aging in Place: 이하 AIP)[3]의 개념은 사회복지학 분야를 넘어 여러 사회 및 응용공학 등의 다양한 분야에서 핵심적인 주제로 논의되어 오고 있다. 기본적 의미는 '**나이가 들어서도 자신이 생활하는 집 또는 지역에서 지속적으로 거주하는 것**'으로 정의될 수 있다. 보다 확장된 AIP 개념으로는 가능한 한 노인이 살아 온 지역사회에서 익숙한 사람들과 관계를 맺으면서 계속 살아가는 것으로 정의되기도 한다(이윤경 외, 2017). 물리적 공간인 집으로 범위를 축소하기보다 이웃이나 지역사회로 확대해 지역과의 상호작용에 초점을 두는 경향을 보인다. 즉, 집이라는 공간 이상

3) 국내에서 2010년대 이후 주로 등장하는 AIP 접근은 지역사회 지속거주, 지역사회 계속거주, 정주의식, 지속거주의향 등 다양하게 번역되어 사용되고 있으나(김수영 외, 2017), 이 책에서는 AIP를 '지역사회 지속거주'라는 용어로 번역하였고 AIP로도 표기하였다.

으로 이웃 환경, 지역사회공동체를 포함하는 개념으로서 '장소(Place)'를 활용하고 있다(Oswald, Jopp, Rott, & Wahl, 2011).

따라서 노인 개인이 다른 주거환경으로 옮기지 않고 익숙한 삶의 공간에서 안정적이고 독립적인 삶을 지속해서 유지하는 상황에 초점을 두고 있다. 이러한 지속적 거주를 위해서는 노후 신체 및 인지기능의 변화에 대한 거주 환경 조성과 돌봄서비스가 필요하다는 것을 강조한다는 점에서 AIP 개념은 정책당국과 대중에게 설득력 있는 접근이다. 특히 AIP를 넓은 의미로 노인이 현재 거주하고 있는 집을 포함한 지역사회 내에서 계속 거주하는 것으로 본다면 지역사회에서 가족 돌봄이나 공식적 돌봄서비스를 받으며 일상생활을 유지하는 것이 지역사회 지속거주에 포함된다.

최근의 여러 연구들은 노인이 친숙한 지역사회에서 이웃, 친구 등 사람들과 소통하거나 사회활동을 통해 심리적 안정감을 얻는 점에 주목하였다(김수영 외, 2015; 이승훈, 2017). 비록 고령과 장애가 있더라도 자신의 생활을 스스로 유지 및 통제할 수 있고, 정체감 및 삶의 지속성을 유지하면서 나이 들어갈 수 있다는 점에서 지역사회 지속거주의 중요성이 강조되며 이러한 지역사회 생활을 보장할 수 있도록 지역사회 복지 실천의 뒷받침이 정책적으로 지속되어야 하겠다.

2. 중증 노인 및 장애인을 위한 지역사회 돌봄서비스의 대상과 유형

1) 지역사회 돌봄서비스의 대상

노인 및 장애인을 위한 돌봄서비스 대상자는 그 중증도(서비스 필요도)를 파악하여 그에 적합한 서비스를 제공하는 것이 기본 원칙이다. 일반적으로 이러한 중증도를 파악하는 데 가장 많이 사용되는 척도가 일상생활 능력을 측정하는 ADL과 IADL이다. ADL은 '**기본적 일상생활동작**(Activities of Daily Living)'으로 주로 신체돌봄활동(personal care tasks)과 관련된 지표로 구성되어 있고, IADL은 '**도구적**(수단적) **일상생활동작**(Instrumental

Activities of Daily Living)'으로 주로 가사 및 사회활동(domestic tasks)과 관련된 지표로 구성되어 있다. IADL 지표 중 가장 많이 활용되는 동작은 집안일하기, 식사 준비하기, 교통수단 이용 등이다.[4] 이러한 지표는 개인의 의존성을 표시하는 것으로, 각국에서는 의존성의 수준에 따라 중증 돌봄 대상자를 선택하고 있다. 물론 이 중증도 파악을 전문가에 의한 전문적 지표 중심으로 결정할 것인가, 아니면 당사자의 서비스 욕구에 기초하여 결정할 것인가 하는 점은 해당 정책 분야나 국가별로 여전히 논쟁이 되고 있다.

2) 지역사회 돌봄서비스의 유형 및 범위

재가서비스 또는 지역사회 돌봄서비스는 자신의 지역에 거주하면서 필요한 돌봄을 제공받는 방법이다. 이는 다시 이용자가 집 밖으로 나와서 이루어지는 이용서비스(services used outside home)와 이용자 주택에 방문하여 제공되는 서비스(in-home service)로 구분된다. 전자는 낮, 야간 또는 단기간에만 체류하면서 서비스를 제공하는 주간보호센터, 야간보호센터, 단기보호시설 등을 포함하며, 이러한 기관에서 제공되는 교통서비스, 영양 및 급식서비스, 여가서비스, 재활이나 간호 등의 서비스가 포함된다. 후자는 방문형 서비스로, 방문간호, 방문재활, 방문영양지도, 방문보건교육, 방문식사배달, 방문요양, 방문가사지원 등 보건의료·복지서비스가 혼합되어 있다. 이 경우 돌봄 대상자에게 필요한 서비스가 적절히 제공되었는지, 서비스 질 확보의 이슈가 제기될 수 있다.

현재 OECD 국가들에서 나타나는 노인돌봄 및 보건복지 서비스의 범위를 시설 및 지역사회로 분류해 보면, 서비스의 특성과 제공 장소에 따라 [그림 12-1]과 같이 나눌 수 있다. [그림 12-1]의 명칭은 미국의 사례이나 대략 이러한 범주와 유형에서 많은 국가에서도 돌봄서비스가 제공되고 있다.

4) OECD는 ADL에는 제한이 없지만 IADL에만 제한이 있는 노인을 경증장애(moderate disability) 노인, 한 가지 이상의 ADL에 제한이 있는 노인은 중증장애(severe disability) 노인으로 구분하고 있다. 노인장기요양제도가 별도로 있는 국가들은 주로 ADL의 제한에 초점을 두고 제도를 운영하고 있으며 우리나라 노인장기요양제도에서도 등급판정에서 주로 ADL을 고려하여 대상자를 선정한다.

노인돌봄 서비스의 범위

Institutional Services(요양/양로시설)
- Skilled Nursing[5]
- Intermediate Nursing[6]
- Residential Care(양로 및 경증 노인 거주시설)
- Developmental Disability Centers(발달장애센터)

Medically Oriented Community-Based Services(의료적 특성의 재가요양)
- Adult Day Health Care[7]
- Home Health Care Aides[8]
- Hospice(호스피스)
- Rehabilitation Services(재활: 주간재활, 방문재활)
- Skilled Nursing Services(방문간호)
- Therapies(Physical, Speech, Occupational) (물리 · 언어 · 작업 치료)
- Diagnostic Centers(진단센터)
- Preventive Medical Services[9]

Socially Oriented Community-Based Services(사회적 특성의 재가 요양)
- Case Management
- Financial Management
- Information and Referral
- Homemaker Services[10]
- Personal Assistance(사회참여지원, 활동지원)
- Congregate Meals(급식서비스)
- Respite Services(단기보호 서비스)
- Senior Companion(정서지원)
- Social Day Care(여가)
- Transportation(교통)

Other Services(기타 의료/복지 서비스)
- Audiology and Hearing Aids(청력보조기)
- Dentistry(구강 서비스)
- Opthamology, Optometry, Eyeglasses(안과, 검안 및 안경 지원)
- Nonemergency Transportation
- Acupuncture or Oriental Medicine(침술 및 한의학 서비스)

그림 12-1 노인 돌봄서비스의 범위 및 유형*

출처: National Institute for Health and Aging, US 홈페이지; 김찬우(2006)에서 재인용.

* [그림 12-1]에서 제시되고 있는 서비스는 한국에 없는 서비스가 많아 영어 명칭을 그대로 사용하였으나 몇 가지 주요한 서비스를 번역해 보면 각주 5)~9)와 같다.

5) 전문요양시설로, 의료적 욕구가 강한 대상을 중심으로 하며 한국의 상황에서는 요양병원에 가깝다.

6) 요양시설을 말한다.

7) 주간요양보호로, 보다 더 의료적 서비스를 강화하고 미국의 의료급여(Medicaid)에서 재 정지원을 받는다는 측면에서 사회적 케어 특성의 senior day care와는 다르다. 한국의 '주야간보호센터'는 미국 의 adult day health care와 senior day care의 중간적 형태를 취하고 있다.

8) 방문간호(보조)서비스로, 한국의 방문요양과 방문간호의 중간적 내용과 수준을 갖는다.

9) 예방의료서비스를 말한다.

10) 가사지원서비스로, 이 서비스는 장기요양 서비스보다는 재가복지서비스에 가깝다.

일반적으로 지역사회 돌봄서비스([그림 12-1]의 가운데 community-based services)는 의료적 특성(medically-oriented care)과 사회복지적 특성(socially-oriented care)의 서비스들로 구분될 수 있다. 주요 제공인력으로 사회복지사나 간호사, 요양보호사, 영양사 및 레

표 12-1 한국의 노인장기요양보험제도와 중증장애인 활동지원서비스의 재가돌봄서비스 내용

1. 노인장기요양보험제도

※ 주요대상

65세 이상(또는 일부 노인성 질환으로 인정되는 경우 65세 미만도 포함)의 신체기능상 독립생활이 어려운 대상이 신청한 후 등급판정에서 서비스가 필요하다고 인정된 자

※ 재가요양 서비스 주요 내용

- 방문요양: 집을 방문한 요양보호사에 의해 이루어지는 목욕, 대소변, 옷 갈아입기, 세면, 식사보조 및 일부 가사지원, 병행 동행 등 서비스
- 주야간보호: 낮 또는 저녁 일정시간까지 센터를 방문하여(이동지원서비스 포함) 신변지원, 간호 및 재활, 여가프로그램을 지원받음
- 방문간호: 집을 방문한 간호사에 의해 이루어지는 건강관리 및 촉탁의 처방에 따른 서비스
- 방문목욕: 목욕 전용 차량에 의해 이루어지는 목욕 서비스
- 단기보호: 동거 수발가족의 단기간 부재시 단기적으로 입소하여 시설에 준하는 지원을 받는 서비스

2. 지역사회 중증장애인 활동지원서비스

※ 주요대상

소득기준 없이 만 6세 이상 만 65세 미만의 신체적 · 정신적 이유로 일상생활과 사회활동이 어려운 중증장애인이 있는 가구 중에서 활동보조가 필요하다고 인정된 자

※ 사업내용

- 신변처리 지원: 목욕, 대소변, 옷 갈아입기, 세면, 식사보조 등
- 가사지원 지원: 쇼핑, 청소, 식사 준비, 양육 보조 등
- 일상생활 지원: 금전관리, 시간관리, 일정관리 등
- 커뮤니케이션 보조: 낭독 보조, 대필 보조 등
- 이동 보조: 안내도우미 · 대리운전지원(시각장애인), 등 · 하교지원, 직장 출 · 퇴근지원, 야외 · 문화활동 지원 등
- 동료상담서비스: 장애인에 의한 복지상담, 서비스안내 등

출처: 국민건강보험공단 홈페이지, 국민연금공단 홈페이지.

크리에이션 담당자 등이며 집이나 지역사회를 중심으로 제공된다. 우리나라에서는 현재 의료적 특성의 돌봄서비스는 노인장기요양보험제도에서 일부 포함하고 있으며 전통적으로 사회복지관이나 노인복지관 또는 여러 재가 기관에서는 사회복지적 특성의 서비스가 주로 건강하거나 중증도가 낮은 노인들에게 제공되어 왔다.

현재 우리나라에서는 신체적 · 정신적 이유로 원활한 일상생활과 사회활동이 어려운 장애인 및 신체기능적으로 중증인 노인에게 각각 활동지원서비스와 장기요양서비스를 제공하고 있으며 그 주요 서비스 내용은 〈표 12-1〉과 같다. 노인장기요양의 경우는 2022년 기준 실제 이용자의 40%가 요양시설 서비스를 이용하고 있으나 이 책에서는 지역사회 돌봄서비스 내용만 다루었다. 실제 각 제도의 자세한 내용은 노인복지론이나 장애인복지론 교재에서 다루어진다.

3. 지역사회 돌봄 사례(부천시 지역사회 통합돌봄 시범사업)

보건복지부는 초고령사회의 돌봄수요 급증과 노인장기요양보험제도의 사각지대를 보완하고자 2018년 11월 지역사회 통합돌봄 기본계획을 발표하였고, 2019년 4월 16개 지자체를 선정하여 선도사업을 추진하였다.[11] 이후 2024년 「의료 · 요양 등 지역돌봄의 통합지원에 관한 법률」(약칭: 돌봄통합지원법)[12]이 제정됨에 따라 2026년 3월부터는 전국적으로 해당사업의 진행을 예고하고 있다. 이 책에서는 시범사업 지역 모델 중 부천시의 사례를 중심으로 '지역사회 통합돌봄 사업(가칭 커뮤니티 케어)'을 소개해 보고자 한다.[13]

11) 지역사회 통합돌봄 선도사업 추진기간은 2019. 6.~2021. 5. 2년간으로 제시되었었으나 사업수행과정에서 2022년 12월 말까지로 사업기간이 연장되었으며 2023년에 선도사업을 전국 확산모델로 적용하지 못한 채 또 다른 시범사업으로 노인의료돌봄통합지원사업을 시행 중에 있다.

12) 이 법은 노쇠, 장애, 질병, 사고 등으로 일상생활 수행에 어려움을 겪는 사람들이 살던 곳에서 계속하여 건강한 생활을 영위할 수 있도록 의료 · 요양 등 돌봄지원을 통합 · 연계하여 제공하는 데에 필요한 사항을 규정하여 국민의 건강하고 인간다운 생활을 유지하고 증진하는 데에 이바지함을 목적으로 한다.

13) 부천시 지역사회 통합돌봄 사업안내(2021. 12) 책자 내용 중 일부를 발췌하였다.

1) 사업의 주요 내용

(1) 사업대상

본 사업의 주요 대상은 '노화 · 사고 · 질환 · 장애 등으로 돌봄이 필요한 상태로 평소 살던 곳에서 지내기를 희망하는 자'이다. 다만 커뮤니티 케어 사업의 통합돌봄 대상유형은 〈표 12-2〉와 같이 5개로 구분된다. 부천시의 경우는 지역사회 통합돌봄 사업의 기본 대상인 노인, 장애인 및 정신장애인을 모두 포함하는 융합형으로 실시되었다. 각 대상별로 돌봄서비스 유형을 다섯 가지로 구분하였다.

표 12-2 지역사회 통합돌봄 대상유형

구분	유형명	대상자 유형특성
유형1	장기입원 지역복귀 유형	• 181일 이상 요양병원 장기입원자 중 지역복귀자(최근 1년 이내) –**노인**: 요양병원 입원자 중 65세 이상 대상자(의료경도, 선택입원군 등) –**장애인**: 요양병원 입원자 중 65세 미만 대상자(의료경도, 선택입원군 등) –**정신질환자**: 정신의료기관에 181일 이상 입원자(정신건강복지센터 의뢰 대상자 중 통합돌봄서비스 필요대상)
유형2	단기입원 지역복귀 유형	• 180일 이하 단기입원자(모든 의료기관) 중 지역복귀자(최근 1년 이내) –**노인**: 65세 이상 단기입원 대상자(기초수급자, 차상위계층) –**장애인**: 65세 미만 단기입원 장애인(기초수급자, 차상위계층) –**정신질환자**: 정신의료기관에 180일 이하 입원자(정신건강복지센터 의뢰 대상자 중 통합돌봄서비스 필요대상)
유형3	시설 입소자 및 대기자 지역복귀 유형	• 노인요양시설, 장애인거주시설 입소자(대기자) 중 지역복귀자 –**노인**: 65세 이상 요양시설 등 입소자(대기자) 중 지역복귀자* * 장기요양 시설급여 대상자 중 75세 이하 4~5등급 대상자, 대기자(수급자, 차상위) 우선 지원 –**장애인**: 65세 미만 장애인거주시설 입소자(대기자) 중 지역복귀자* * 장애인거주시설 → 그룹홈 전환 포함, 대기자(수급자, 차상위) 우선 지원

유형4	지역기반 통합건강돌봄 유형	• 낙상관리 필요자와 만성질환군 중 과소치료 및 다제약제관리 대상 (건강보험공단빅데이터 활용 실증사업 유형) –노인: 65세 이상 낙상관리필요군* 및 과소치료군** 대상자 * 골절 과거력이 있는 대상, 평형성 검사 이상자 ** 주상병(고혈압, 당뇨병) 대상 중 투약순응도 80% 이하 대상 –장애인: 65세 미만 장애인 중 다제약제관리군* 대상자 * 4개 이상 만성질환 보유자 중 다약제(10개 이상) 처방 대상자
유형5	돌봄 사각지대 대상자 유형	• 공통 유형에 속하지 않는 돌봄 사각지대 대상 –노인: 65세 이상 대상자 중 통합돌봄서비스 필요대상* * 장기요양등급외자, 활동지원 → 장기요양 전환대상 등 –정신질환자: 정신건강복지센터 의뢰 대상자 중 통합돌봄서비스 필요대상

(2) 서비스 제공 절차

본 사업의 기본적인 제공 절차는 〈표 12-3〉과 [그림 12-2]에서 보듯이 신청자를 발굴하여 필요도 조사 후 몇 차례 지역케어회의를 거쳐 복지, 보건, 돌봄 기관 및 관련 기관들의 연계를 통해 최종적으로 제공됨을 알 수 있다.

표 12-3 지역사회 통합돌봄 사업 흐름도

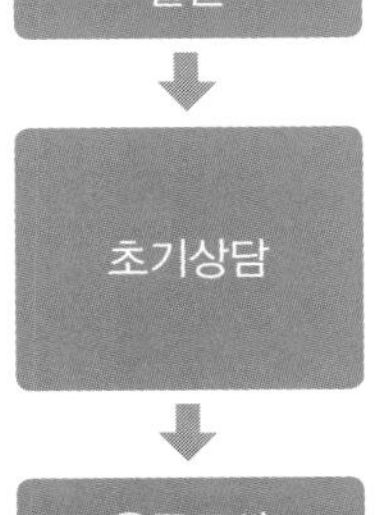

발굴	• 다양한 방법을 통해 통합돌봄이 필요한 대상자 발굴
↓ 초기상담	• 돌봄욕구 및 정책대상 여부 상담 –통합돌봄 필요도 평가도구 '성별평가' 활용 통합돌봄 대상자 선별 –기타 욕구 필요자는 해당사업의 업무 처리 적용
↓ 욕구조사 (사정)	• 보건의료 · 주거 · 요양돌봄 등 영역별 통합돌봄 욕구조사 –통합돌봄 필요도 평가도구 '심화평가' 활용
↓	

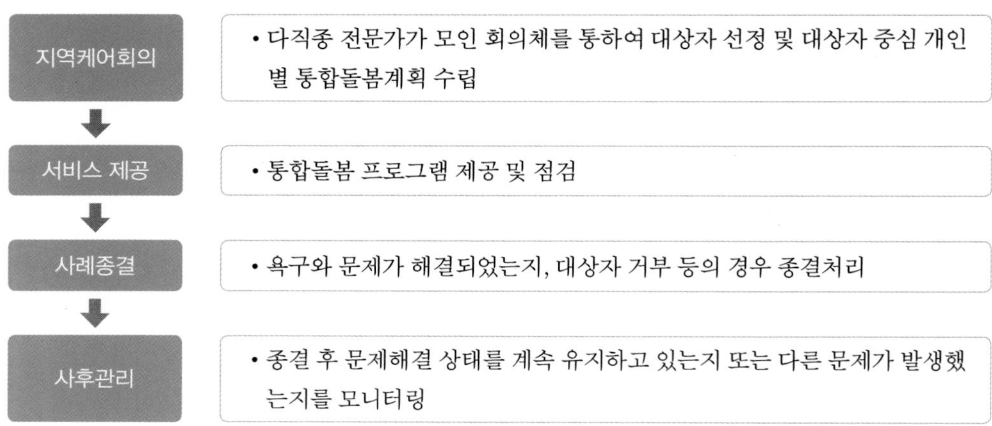

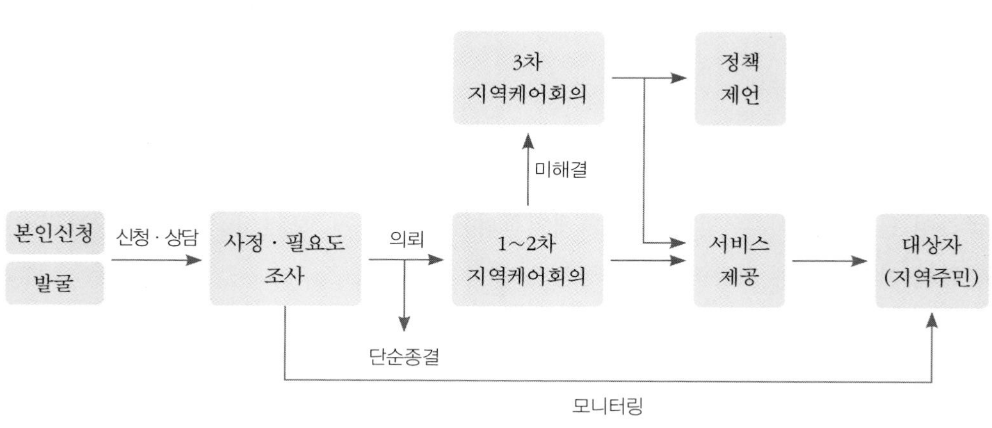

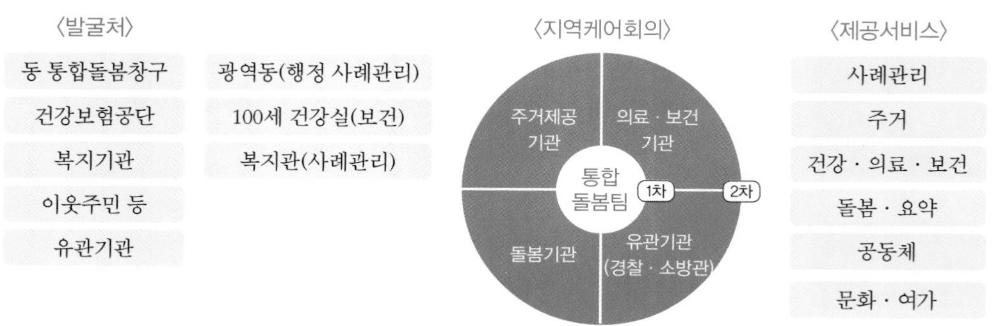

그림 12-2 지역사회 통합돌봄 사업의 제공 절차(부천시 사례 중심)

(3) 핵심 사업내용

표 12-4 선도사업 주요 프로그램

구분		사업내용
복지	주거	커뮤니티홈, 케어안심주택, 효자손 케어(주거환경개선), 통합돌봄형 도시재생 뉴딜사업 등
	요양 · 돌봄	재가의료급여 시범사업, 사회적 경제조직 활용 통합돌봄 제공사업(영양 · 일상생활 · 세탁 · 이동지원), 마을돌봄터 등
	서비스연계	IoT사업연계(돌봄플러그 등), 행복디자인, 돌봄가족지원, 지역리더, 정리수납 코디네이터 등
보건	보건 · 의료	방문진료, 방문약료, 거점경로당 주치의제 사업, 노인우울관리 지원사업 등

(4) 분야별 주요사업의 목적과 대상

① 요양 · 돌봄분야: 사회적경제조직 활용 통합돌봄 제공 사업

- 목적
  - 돌봄 대상자가 살던 곳에서 일상생활을 유지할 수 있도록 영양 · 일상생활 · 세탁 · 이동 · 청소 · 방역서비스 지원
  - 사회적 경제조직(지역자활센터)을 활용하여 취약계층에게 일자리 제공
- 서비스 대상 : 통합돌봄 대상자 중 서비스 필요도가 있는 자(지역케어회의에서 결정)
  - 신체적인 기능 제한으로 일상생활 지원 필요도가 높은 대상자
  - 정신영역의 어려움으로 일상생활 지원 필요도가 높은 대상자
  - 사회적인 관계 단절 및 정서 지원이 필요한 대상자

② 주거분야: 커뮤니티홈

- 목적
  - 즉시 지역복귀가 어려운 대상에게 안전한 주거환경 제공 및 신체 · 정서적 회복을 돕는 통합돌봄서비스를 함께 지원하여 안정적 지역복귀 도모

- 서비스 대상
  - 통합돌봄 대상자 중 퇴원예정자(퇴원은 하고 싶으나 집이 없어 퇴원하지 못하는 대상자 중 돌봄서비스가 필요한 대상자)
  - 통합돌봄 대상자 중 단기간 집수리 등으로 임시거주가 필요한 대상자
  - 통합돌봄 대상자 중 긴급히 주거 지원이 필요한 자
    (우선순위) ㉮ 기초생활수급자, 차상위계층 ㉯ 주거취약계층

③ 보건 · 의료분야: 어르신 방문약료 서비스 제공 프로그램

- 목적
  - 다제약물 복용 등 복약관리가 필요한 대상자에게 복약지도, 건강상담 등 맞춤형 방문약료 서비스를 제공하여 약제안전성 및 치료효과 제고
- 서비스 대상
  - 통합돌봄 대상자 중 다제약물복용자, 기타 복약상담 등이 필요한 대상자

④ 기타서비스: 스마트 통합돌봄사업

- 목적
  - 스마트 돌봄기술[AI스피커(정서지원), 가스잠그미(화재예방), 돌봄플러그,[14] 반려로봇]을 활용해 대상자 안전과 일상생활 편의를 지원하고, 상황에 따라 필요한 서비스를 연계하여 돌봄 욕구를 충족
- 서비스 대상
  - 영구임대아파트 거주 통합돌봄 대상자(시범사업으로 영구임대 단지로 한정)

2) 성과 및 문제점

다음 내용은 지역사회 통합돌봄 사업의 주요 성과와 향후 과제 중 특히 부천시의 사

14) 전력, 조도량으로 사용자의 활동상태를 실시간으로 모니터링하는 서비스이다.

회적 경제조직 활용 통합돌봄 제공사업을 중심으로 살펴본 내용이다(박혜준, 2022).

첫째, 돌봄 대상자에 대한 서비스 제공 및 연계과정에서 기존의 사회적 경제조직 인프라를 활용한 점은 지역사회 통합돌봄사업을 시행함에 있어 민관협력 시스템 구축을 가능하게 하였다. 재가돌봄서비스 실현을 위해서는 주거환경 지원, 일상생활 지원, 영양지원, 이동지원 등이 필수적이라고 할 수 있는데 이미 지역사회에는 지역자활센터가 저소득 취약계층을 대상으로 해당 내용의 자활근로사업(집수리사업단, 급식사업단, 청소사업단 등)을 운영하고 있어 이를 통합돌봄과 접목함으로써 돌봄사업 정착 비용을 절감하고 사업초기 시행착오를 최소화하는 등 사업의 안정적 정착에 큰 도움을 준 것으로 보인다. 나아가 저소득 취약계층인 자활근로사업 참여자가 지역사회의 돌봄이 필요한 계층에게 서비스 제공의 주체로서 기능할 수 있도록 한 점에서도 그 의미를 찾을 수 있을 것이다.

둘째, 저소득층 일자리 창출과 자활기업 활성화가 이루어진 점을 들 수 있다. 부천시는 돌봄 대상자가 지역사회에서 안정적으로 삶을 영위하기 위한 주된 요소로 일상생활 지원과 영양 지원에 주목하였고 이를 위해 지역자활센터 자활근로사업으로 지역통합돌봄사업단을 신설하고 영양 및 주거환경개선 등의 분야에서 자활기업과의 연계를 활성화하였다. 아울러 일상생활 지원 서비스제공자 교육지원은 부천종합재가센터, 케어팜은 도시농업협회에서 진행하는 등 본 사업을 구심점으로 하여 다양한 사회적 경제조직 간 협업 기회가 마련됨에 따라 지역사회 내에서 사회적 가치실현이라는 공동체적 기반 조성이 가능해진 점도 긍정적으로 평가할 수 있다.

반면, 실천 현장과 관련된 차원의 몇 가지 문제점도 지적되고 있다.

첫째, 서비스 제공인력의 안전확보에 대한 방안 마련이 필요하다. 서비스 제공인력이 가정방문을 하였다가 이용자의 긴급 위험 또는 사망을 직면하게 되는 경우가 있는데 사망상태에 대한 최초 목격자로서의 구체적 행동 가이드라인 제시가 부재하여 목격에 대한 정신적 충격을 호소하는 경우가 발생하고 있다. 지역사회 통합돌봄사업이 점차 확산될 가능성을 고려한다면 서비스 제공인력에 대한 신체적, 심리적 상해와 관련된 세부적인 논의와 대안 마련이 필요할 것이다.

둘째, 긴급상황 대처 시 책임주체의 명확화가 요구된다. 일상생활 지원 통합돌봄서비스 제공 중 이용자의 건강상태 악화로 갑작스럽게 긴급의료 상황대처가 요구될 때 보호자가 부재하거나 동거하지 않을 경우 이용자에 대한 긴급의료보호 책임주체의 모호성이 발생하게 된다. 동주민센터 담당공무원이 책임질 영역인지, 서비스 제공기관 사업담당자가 감당해야 할 역할인지, 서비스 제공인력이 부담해야 할 몫인지에 대한 혼란을 경험하게 된다. 따라서 긴급 시 보호자 역할 수행 및 서류요구, 발생비용 등에 대한 책임주체가 불명확하여 이에 대한 보다 세심한 방안 마련이 요구된다.

마지막으로 대상 확대에 대한 노력이다. 지역사회 통합돌봄사업이 지속 가능하고 시민들이 몸소 체감할 수 있는 정책으로 발전하기 위해서는 서비스 대상의 보편성, 서비스의 포괄성, 서비스 수준 및 단가의 적절성, 즉시 대응력 등의 요소별 검토가 요구되며 기존사업에 대한 점검을 바탕으로 대상 확대에 따른 인식개선 활동 및 특화사업에 대한 지속적 시도가 필요할 것이다.

4. 최근 경향 및 미래 방향

1) 중증자를 위한 지역사회 돌봄의 지속적 강조

한국에서의 '지역사회 돌봄'은 여전히 정책적으로 강조되는 듯하나, 실제 '시설입소 정도의 중증'에 대한 재가서비스의 수준은 여전히 낮다. 2022년 기준 국민건강보험공단이 지출한 노인장기요양 총급여는 11조 5,000만 원 정도인데 이 중 재가급여 7조 977억 원(62.0%), 시설급여 4조 3,465억 원(38.0%)이 지불되었다(국민건강보험공단, 2022). 수치상으로는 재가급여가 높지만 여전히 중증에 대한 재가요양 서비스 이용에는 어려움이 있다. 즉, 지역사회에서 가족이 재가 장기요양 서비스를 통해 돌봄을 제공하려고 하더라도 중증에 대한 현재 재가급여가 충분치 않고 동시에 특별한 재가급여 유형이 추가로 개발되어 확대되었다고 보기는 어려운 실정이다.

따라서 정책적으로 재가서비스 중심으로 지향한다고 할지라도 실제 수요자나 가족의 입장에서는 돌봄 부담에 따른 시설의 조기 입소화가 오히려 권장되는 경향이 강하다고 하겠다. 한국에서의 지역사회 보호성을 강조하기 위해서는, 첫째, 고비용의 시설 중심

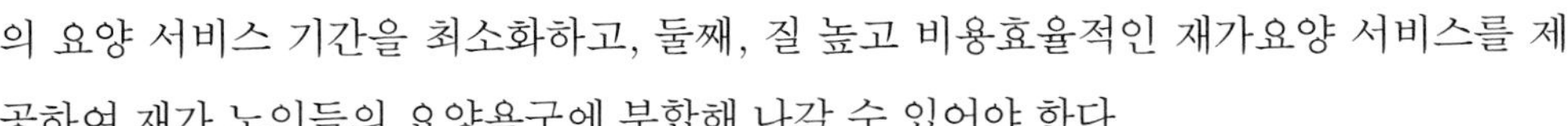
의 요양 서비스 기간을 최소화하고, 둘째, 질 높고 비용효율적인 재가요양 서비스를 제공하여 재가 노인들의 요양욕구에 부합해 나갈 수 있어야 한다.

2) 케이스/케어매니지먼트의 확대

지역사회 돌봄서비스가 여러 방향으로 확대되는 가운데도 아직 우리나라 지역돌봄사업에는 확실한 사례관리자나 케어매니저가 없다. 지역사회 통합돌봄사업의 확대 제한이나 재가 장기요양이용의 한계 발생은 이러한 케어매니지먼트 체계의 부재로 인한 부분이 크다(김찬우, 2013). 따라서 지역사회 돌봄 자체의 다음과 같은 문제점은 지역자원 연계나 돌봄서비스의 질 관리 부분에서 크게 부각되고 있다.

첫째, 지역자원 연계의 부재로 의료서비스, 기타 사회복지서비스 및 비공식수발 간의 의뢰, 정보제공 등이 전혀 작동하지 못해 지역사회 돌봄의 사각지대가 발생하여 요양시설에 입소하지 않은 지역 거주 노인들이나 장애인의 경우 본인들의 상태변화와 수발환경의 변화에 대한 심각한 문제가 발생하게 된다.

둘째, 서비스 질과 관련하여 지역사회 돌봄서비스의 질에 대한 모니터링이 전혀 이루어지지 않아 중점관리를 통해 요양시설의 입소를 늦추게 하는 AIP 접근의 목표가 전혀 고려되지 못하고 있는 실정이다. 돌봄서비스 모니터링이 작동되지 않아 이용자는 서비스 이용의 불만이나 정보제공 등에 대해 국민건강보험공단, 국민연금공단 또는 지방자치단체에 직접 접촉해야 하는 비효율적인 제도 운영이 이루어지고 있는 실정이다.

따라서 지역사회 거주 중증자 관리뿐 아니라 경증자에 대한 적절한 재활 지원을 통해 중증으로의 상태 변화를 늦추는 케이스/케어매니지먼트의 도입이 실행되어 클라이언트의 돌봄 욕구에 기초한 돌봄서비스의 지속성이 확보되어야 하겠다. 이를 통해 지역사회 지속거주를 통한 삶의 질 향상이 기대되는 지역사회 돌봄이 가능해질 것으로 보인다.

3) 서비스 소비자로의 당사자 권리 강화

앞서 언급되었듯이 지역사회 돌봄의 중요 목표는 중증장애인이나 노인이라 할지라도 자신의 모든 영역에서 가능한 한 자신의 선택권과 결정권에 의해 자신의 생각과 행동을 결정하고 이를 통해 일상생활을 영위하고 지역사회 활동에 참여하여 한 지역의 당당한 시민으로서 행복을 추구할 수 있도록 하는 데 있다. 즉, 신체기능 저하 및 장애를 가진 사람들이 가족, 가정, 그리고 지역사회 생활에서 자기의 역할을 유지할 능력을 최대한으로 하는 데 도움을 줄 수 있도록 모든 면에서 빈틈이 없는 일련의 서비스를 받을 권리를 누리는 것이다.

따라서 지역사회 돌봄서비스의 지속적 방향은 장애인의 경우 선택권과 자립생활을 지원하는 사회통합적인 방향으로 운영되어야 할 것이다. 시설의 중요성이 장애인에 비해 강조되는 측면이 있지만 노인 돌봄 분야 역시 중증 지역거주 노인의 서비스 선택권과 연속성을 보장하는 소비자 중심 패러다임의 강조를 돌봄 정책의 주요 방향으로 삼아야 할 것이다.

제 13 장

사회적 가치와 지역사회복지

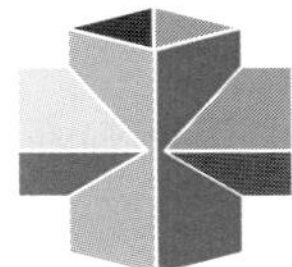

사회적 가치는 '사회적(social)' 지향, 사회문제의 해결과 공익의 추구, 활동의 주체로서 정부와 비영리기구 및 기업을 포괄하는 점 등 여러 측면에서 지역사회복지와 유사한 특징과 실천적 함의를 가진다. 사회적 가치와 지역사회복지는 우리가 그것을 추구하는 이유, 성취하고자 하는 사회의 특성, 그 목표를 달성하기 위해 활용하는 수단에서 많은 것을 공유한다.

이 장에서는 사회적 가치의 개념과 주요 특징, 목표와 필요성, 활동의 주체, 활동의 영역을 살펴보고, 지역사회복지와의 연결성을 살펴본다.

1. 사회적 가치에 주목하는 이유

사회적 가치를 논의할 때 자주 사용되는 접근법의 하나는 사회적 가치를 생산하는 주체와 그들의 활동에 초점을 맞추는 것이다. 예를 들어, 정부나 시장이 아닌 제3섹터에

속하는 비영리기관이 사회문제의 해결을 위한 사업을 수행하는 경우이다. 이때 사회적 가치는 비영리기구, 사회적 기업, 소셜벤처, 그리고 사회복지프로그램이 창출하는 가치(Barman, 2016; Mulgan, 2010)이다. 최근에는 기업의 목표와 활동을 사회적 가치의 잣대로 재단하는 시도가 활발히 이루어지고 있다. 2006년부터 2019년까지 국내종합일간지에 보도된 8,000건이 넘는 사회적 가치 관련 기사들을 분석한 결과 주로 기업의 사회공헌에 집중되었고 그러한 경향이 점차 강화되는 추세가 나타났다(김용희, 한창근, 2020). 이는 사회적 가치에 대한 언론과 대중의 관심과 이해가 기업이 수행하는 활동에 초점을 두는 경향이 있다는 것을 보여 준다.

다른 접근법은 사회적 가치를 경제적 가치(economic value)나 공공의 가치(public value)와 대조하는 것이다. 사회적 가치는 행위의 주체가 자신의 이익보다 사회구성원의 복리향상을 명시적인 목표로 한 활동이라는 측면에서 생산자나 소비자의 이익과 효용 증가를 의도한 활동에서 발생하는 경제적 가치와 구분된다. 그리고 사회적 가치와 구분되는 공공의 가치는 정부가 국민의 욕구를 충족하기 위하여 구성원들이 함께 책임지고 협력하는 공동성(collectivity)을 추구하는 것과 밀접하게 연관된다.

사회적 가치를 측정하는 것은 정의하는 것보다 더욱 어려운 과제이다. 그래서 사회적 가치를 평가하는 작업이 '측정할 수 없는 것을 측정하는 것'(Forbes, 1998)이라는 표현도 있다. 사회적 가치를 측정하기 어렵게 만드는 요인의 하나는 우선 개념정의가 이루어진다 해도 추상적으로 기술된 개념을 측정이 가능하도록 규정하여 기술하는 조작적 정의가 쉽지 않다는 것이다. 다음으로는 사회적 가치를 창출하는 것을 의도한 활동이 이루어졌을 때 그것이 활동의 주체가 아닌 이용자나 수혜자에게 얼마나 중요하고 유용한지를 평가할 수 있어야 하는데, 이들 당사자로부터 정보를 수집하기가 용이하지 않고 때로는 수혜자를 파악하기조차 어려울 수도 있다는 점이다.

사회적 가치의 개념과 실천은 정부와 비영리기관은 공익을 추구하고 기업은 이윤과 주주의 이익을 좇는다는 전통적인 구분을 흐리게 한다. 점점 많은 기업이 이익을 추구하면서 동시에 사회에 기여하는 목표와 활동을 강조하고 있기 때문이다. 사회적 가치 용어가 보편화되고 있는 현상은 기업과 시장이 공익 또는 공동체의 이익을 추구할 수 있는 효과적인 주체이자 수단이라는 견해가 확산되는 것과도 밀접한 관련이 있다. 가령

비영리기관들이 많은 빈민구호활동을 수행해 왔음에도 불구하고 빈곤문제의 해결은 여전히 요원한데, 시장과 기업이 이러한 사회문제의 타개에 유용한 역할을 할 수 있다는 것이다(Prahalad, 2004).

사회적 가치는 사회문제를 해결하고 공익을 추구하는 주체와 활동의 범위를 확장함으로써 많은 가능성과 기회를 제공할 수 있다. 이는 지역사회 차원에서의 다양한 문제해결과 역량강화를 추구하는 지역사회복지에도 적용된다. 그런데 한편으로는 사회적 가치의 개념이 무엇이고, 목표와 기능은 무엇이며, 그것을 어떻게 측정할 수 있는가라는 기본적인 질문이 여전히 제기된다.

2. 사회적 가치의 개념

1) 사회적 가치의 정의

'사회적'이란 국가 및 시장과 구분되는, 개인이나 집단 간 자율적이면서 자발적인 상호작용이 이루어지는 사회공동체의 특성을 가리킨다. 이때 사회적 가치는 여러 구성원들이 상호작용을 통해 인정하고 수용하는 어떤 가치이며, 그 내용은 사회마다 집단마다 상이할 수 있다. 사회적 가치를 구성하는 내용이 선택의 자유나 경쟁이 될 수도 있고 연대나 평등이 될 수도 있다.

또한 '사회적'이란 사회보장이나 사회복지의 경우에서와 같이 행동의 지향을 가리킨다. 개인이 타인과의 관계에 기반하여 삶을 영위한다는 관점을 기초로 자신만의 이익을 추구하는 것이 아니라 다른 사람의 후생 또는 복리를 증진한다는 의도에 기반하여 행동하는 것을 가리킨다.

그리고 '사회적'이란 개인의 삶과 공동체를 개선하기 위한 조직화된 노력을 가리키기도 한다. 이는 사회구성원으로서 개인의 삶이 자신의 능력과 태도만이 아니라 사회환경의 영향을 받을 수밖에 없고, 이에 따라 개인과 사회의 후생을 향상하기 위해서는 조직화된 집합적 노력이 필요함을 의미한다.

'가치'는 인간의 욕구나 관심의 대상 또는 목표가 되는 것이며, 무엇이 중요한지(what counts) 결정하고 판단하게 한다. 가치는 개인이나 집단마다 상이할 수 있고, 사회적 지위나 물질적 관심에 따라 결정되기도 한다. 동일한 대상이라도(예: 자동차, 그림, 여행) 누구는 화폐로 측정되고 시장에서 통용될 수 있는 가치를 중시하고, 다른 누구는 그 대상이 자신에게 주는 즐거움이나 거기에 담긴 의미를 중시할 수 있다.

사회적 가치 개념의 추상성과 다양성 때문에 이와 관련된 개념정의는 기관에 따라 다르게 나타난다.

우선 정부와 국제기구는 사회적 가치의 개념을 매우 광범위하게 설정한다. 대한민국 정부는 사회적 가치를 경제, 사회, 환경, 개인 및 조직, 사회공동체, 심지어 미래세대까지 아우르는 가치로 '공공의 이익과 공동체의 지속 가능한 발전에 기여하는 가치'로 정의하고 있다(관계부처합동, 2020). 사회구성원의 삶과 연관된 거의 모든 영역이 포함된다고 할 수 있다. 또한 「공공기관의 사회적 가치 실현에 관한 기본법(안)」에 의하면, 사회적 가치는 "사회적 · 경제적 · 환경적 · 문화적 영역에서 공공의 이익과 공동체 발전에 기여하는 가치"이다. 역시 사회적 가치의 개념이 매우 일반적이고 광범위한 영역을 포괄한다. 국제기구들은 '인권, 안전, 노동, 건강과 복지, 사회적 취약계층 지원, 상생협력, 지역경제, 일자리, 공동체 복원, 환경 지속성'을 공통적으로 제시하고 있어서 사회적 가치 개념이 폭넓게 정의되고 있음을 알 수 있다(윤수정, 2018). 국제기구는 다양한 국가, 문화, 사회들을 포용해야 하는 정체성을 가지므로 이러한 포괄적인 접근은 오히려 자연스럽다 할 수 있다.

2) 사회적 가치 개념의 주요 특징

사회적 가치의 개념과 내용은 한 사회가 중요하게 여기는 것이 무엇인가에 따라 달라지기 때문에 사회적으로 구성되고 결정된다(Jordan, 2008). 따라서 사회적 가치의 개념은 연구자, 지역사회, 국가마다 상이할 수 있다. 사회적 가치에 대한 정의는 다양하지만 여러 문헌에서 자주 언급되는 몇 가지 특징들이 있다.

첫째, 비화폐성이다. 즉, 화폐 가치만으로 판단할 수 없는 비화폐적 가치를 강조한다. 사회적 가치란 어떤 프로그램이나 기관의 활동에 따른 비재무적(non-financial) 영향을 가리키며, 비재무적 영향은 개인과 공동체의 안녕, 사회적 자본, 환경을 포함한다(Mulgan, 2010). 이의 연장선상에서 사회적 가치는 경제적 개념과 대비되는 '사회적' 또는 '사회경제적' 특성을 강조한다. 사회적 가치를 경제적 가치와 대조되는 사회가 지향해야 할 선(善)으로 보는 시각이 있고(이승규, 라준영, 2010), 소셜밸류 인터내셔널(Social Value International)은 경제적 가치와 사회적 가치가 공존하는 '사회경제적' 가치를 사회적 가치의 구성요소로 제시하고 있다. 사회적 가치가 경제적 가치를 넘어서 가치의 개념과 대상에 대한 논의를 확장시키고자 한다는 점은 분명하다.

둘째, 커뮤니티(community)의 강조이다. 사회적 가치는 행위의 주체나 행위의 결과와 관련하여 개인이나 기업을 넘어서는, 또는 개인이나 기업과 대비되는 '커뮤니티'를 강조한다. 이때 커뮤니티는 지역사회를 포함한 '공동체'로 보는 것이 보다 적합하다. 학술지에 게재된 사회적 가치 관련 문헌 249건을 분석한 연구에 따르면 이들 문헌에서 나타나는 대표적인 공통 키워드가 'community'(Kee, 2020)이었다. 이는 사회적 가치의 특성이 공동체와 밀접한 연관이 있음을 보여 준다. 이 분야의 선행연구들에 의하면 사회적 가치는 개인적인 관점을 넘어서서 사회 전반에 영향을 미치는 가치이고, 개인의 범위를 넘어서서 사회공동체가 공유하고 관심을 가지는 대상이다. 나아가 사회적 가치란 개인과 집단이 목표를 설정하는 기준이고, 공동체에서 무엇이 수용되고 수용되지 않는지, 무엇을 해야하고 하지 말아야 하는지, 무엇이 바람직하고 바람직하지 않는지를 정하는 사회 질서의 형태와 속성을 형성하는 기준이 된다(Tsirogianni & Sammut, 2014). 공동체 구성원들의 인식과 행동에도 영향을 미치는 것이다. 여기서 짚고 넘어가야 할 것은 '공동체'의 범위와 구성원이 누구인지 모호하다는 점이다. 사회적 가치에서 가리키는 공동체는 대체로 지역사회 활성화, 주민참여, 지역균형발전 등에서와 같이 지역사회 공동체라고 볼 수 있다(남궁근, 2019). 한편, 사회적 가치에서의 공동체라는 것은 지역사회를 넘어 국가, 심지어 세계와 인류의 공영을 대상으로 하는 공동체 지향적이자 인간지향적 활동이라고 기술되기도 한다(진희선, 2013). 사회적 가치는 논자에 따라 그 대상과 범위가 가변적이지만, 개인적인 관점을 넘어서서 커뮤니티에 주목한다는 공통점을 지닌다.

셋째, 사회적 약자에 대한 고려이다. 사회적 가치가 개인과 기업을 넘어서 공동체를 강조하게 된 맥락은 관련 논의가 사회구성원의 일부만 고려하는 것이 아닌 사회적 약자를 포함한 모두에게 영향을 주는 가치에 대한 고민으로부터 진행되었기 때문이다. '사회적 약자 계층은 인권, 안전부터 주민참여까지 다른 계층에 비하여 훨씬 취약하기 때문에 사회적 가치의 구성요소 및 실현 조건으로 사회적 약자 보호는 사회통합과 더불어 가장 중요'(남궁근, 2019)하다는 지적은 이러한 특성을 잘 보여 준다. 나아가 사회적 가치는 좁은 의미에서 '사회적 약자 보호'의 실현과 관련된다는 견해도 있다(임의영, 2009). 하지만 사회적 가치를 사회적 약자에만 초점을 맞추는 것으로 제한하기는 어렵다. 사회적 가치는 흔히 사회적 약자를 포함한 사회구성원 전체의 이익을 추구하기 때문이다. 사회적 약자의 고려라는 특징은 이들도 공익의 수혜에서 배제되지 않아야 한다는 점을 강조한다고 볼 수 있다.

3) 사회적 가치의 측정

사회적 가치를 측정하기 위한 수단으로 지표들을 지수나 점수로 정량화하는 방법과 이러한 정량지표를 화폐 가치로 변환하는 방법이 있다.

먼저, 사회적 가치 또는 소셜임팩트를 화폐단위로 측정하는 방법으로 **투자의 사회적 수익률**(Social Return On Investment: SORI)이 있다. 흔히 사회투자수익률로 불리는 방법으로, 투자액 대비 성과를 측정할 때 영리기업에서 사용하는 재무적 성과만이 아니라 사회적 성과를 포함한다. 가령, 노숙자를 위한 주거지원 사업의 사회적 성과로 주거지원 이외 공공부문의 복지예산 절감과 노숙자의 소득증대 그리고 해당 지역 상권 활성화와 세수 증가 등을 포함할 수 있다. 투자의 사회적 수익률이 사회적 가치나 소셜임팩트를 측정하는 유용한 방식이기는 하지만 무엇을 사회적 성과로 볼 것인가에 대한 합의와 대상으로 꼽힌 성과에 관한 데이터를 필요로 한다.

다음으로 비용편익분석(Cost Benefit Analysis: CBA)도 특정한 목적달성을 위해 드는 **비용과 그 비용을 투입하여 수행한 활동의 성과를 비교하는 방법**이다. 비용편익비율(B/C), 순현재가치(NPV), 내부수익률법(IRR)을 활용하여 특정 활동의 효과와 영향을 평가한다. 사회적 가치를 화폐단위로 측정하기 위해서는 회계기준에 부합하는 재무제표의 구성요소(자산, 부채, 수익, 비용)를 갖추고, 사회적 가치를 창출하는 활동이 무엇인지 구체적으로 명시할 필요가 있다(정도진 외, 2019).

또한 사회적 가치를 측정할 때 성과를 화폐 가치로 계산하지 않으면서 정량적 접근을 취하는 방법이 있다. 예를 들어, 사회적 기업의 사회적 가치를 측정하기 위하여, ① 취약계층의 고용 규모, ② 근로자의 4대보험 가입률, ③ 근로자의 임금 수준, ④ 지역사회 내 창업 및 일자리 창출을 비롯하여 그 외에 ⑤ 사회서비스 이용자 수, ⑥ 협동조합의 조합원 수 및 조합원의 출자금액, ⑦ 마을기업의 매출액 중 지역사회공헌액 비율, ⑧ 마을기업의 지역 자재와 원료의 조달 비중, ⑨ 마을기업의 지역주민 고용률, ⑩ 자활기업의 참여자 및 탈수급자 수와 같은 지표를 사용할 수 있다(임성은 외, 2018).

다음으로 사회적 가치나 사회적 성과를 계량화하지 않고 등급으로 표현하는 방법이 있다. 가령, 사회혁신조직의 국제네트워크를 제공하는 아쇼카는 사회혁신 성과를 평가할 때 점수가 아니라 '우수' '보통'과 같이 등급을 부여한다(신현상 외, 2020). 이러한 접근은 성과를 점수화하는 것이 적합한가, 그리고 점수의 차이가 실제 활동의 질이나 성과의 차이를 나타내는 데 적합한가에 대한 논란에서 비교적 자유롭다는 장점을 가진다.

그 외에도 사회적 가치를 평가할 때 참여자나 구성원의 소득 증가, 안전사고 감소, 이윤의 재투자, 지역사회 내 사회서비스의 제공 등과 같은 양적 지표, 그리고 지역사회에 대한 기여, 사회적 책임과 영향력 등에 관한 질적 지표를 사용하여 혼합적 접근을 취할 수도 있다(이명진, 천희주, 2018).

사회적 가치를 실현하려는 주체들은 공공기관, 비영리기구, 사회적 기업이나 일반기업을 불문하고 자신들이 사회적 가치 창출에 기여한 결과를 평가하고 공개하며 외부와 효과적으로 소통하기 위하여 자신들의 활동 성과를 측정할 수 있는 적절한 방법을 선택할 필요가 있다.

3. 사회적 가치의 목표

첫째, 사회적 가치가 시대적 화두의 하나로 등장한 배경에는 현대사회가 직면하고 있는 다양한 사회문제의 해결에 기여할 수 있다는 기대와 가능성이 있다. 여기에는 소득과 자산 등 경제적 양극화, 기회의 불평등, 젠더 · 국적 · 문화적 차이에 따른 차별, 기후변화와 생태계 위기 등의 사회문제가 정부나 공공부문만의 노력으로는 해결하기 어렵다는 인식이 깔려 있다. 사회적 가치는 국가, 시장, 시민사회가 공동체의 관점에서 사회와 인류가 당면한 문제의 해결을 위해 참여하고 협력하는 것이 필요함을 강조한다. 사회적 가치는 특히 커뮤니티와 공동체를 중시하는 개념이므로 자본주의가 발달하면서 파생된 여러 문제를 해결하기 위하여 공공과 민간 영역의 여러 주체들이 공동체 관점에서 문제에 접근해야 한다는 함의를 가진다(Kee, 2020). 공동체적 접근은 구성원들이 타인과 다른 집단에 대한 배려를 할 수 있도록 함으로써 기회의 불평등, 계급 간의 격차, 소득 불평등의 심화, 노동시장에서의 격차와 불안정성을 해결할 수 있는 유용한 방안이 될 수 있다.

둘째, 사회적 가치는 포용적 성장을 지향한다. 이는 경제적 합리성과 수익성만을 강조하지 않고 특정 집단만이 아닌 사회구성원 모두가 성장의 수혜를 받아야 함을 강조한다. 사회적 가치는 과거 경제적 합리성과 수익성만을 강조하는 경제성장 중심 접근의 한계를 극복하고자 나타난 개념으로서, 성장과 복지가 균형을 이루는 포용적 사회 그리고 특정 집단만이 이익을 취하는 것이 아닌 모든 사회구성원이 경제발전의 혜택을 받는 포용적 성장을 강조한다(김정인, 2018; 남궁근, 2019). 사회적 가치는 사회구성원 일부가 성장의 혜택을 독점하거나 특정 집단이 배제되지 않도록 하면서 공동체 구성원 모두의 이익을 증진하는 포용적 성장을 강조하는 개념이자 전략이다.

셋째, 사회적 가치는 '지속 가능한' 성장과 공동체의 발전을 강조한다. 생태계 위기가 심화되고 있는 상황에서 성장이 환경에 미치는 영향과 지속가능성을 고려하지 않는 성장은 의미가 없다고 바라볼 정도로 지속가능성은 사회적 가치의 중요한 구성요소로 간주된다(권청재, 2019; 윤수정, 2018; Wood & Leighton, 2010).

넷째, 사회적 가치는 사회구성원 간 연대성을 중시한다. 이는 성별, 연령, 국적, 지역, 직업, 소득과 자산 등 인구사회경제적 특성에 따른 특정 집단의 배제가 아닌 포용과 통합에 가치를 둔다는 것이다. 또한 커뮤니티에의 참여와 임파워먼트, 즉 구성원들이 공동체 또는 지역사회에 참여해서 해결이 필요한 문제를 제기하고 해결방안을 세우고 실

행하는 것, 그를 통해 소속감을 높이고 동질감과 연대성을 높이는 것을 목표로 한다.

지역사회복지는 지역사회 차원에서 사회문제의 해결과 예방, 사회를 구성하는 개개인의 삶의 질 향상을 추구한다. 이때 사회적 약자나 취약계층을 포함한 지역사회 구성원의 삶의 질 향상을 중시한다. 지역사회복지는 또한 구성원의 지역사회 참여와 역량 강화에 필요한 제도와 여건 조성을 중시한다. 지역사회복지는 지역사회 차원에서 사회적 위험에 대처하고 구성원의 사회참여와 자아실현을 돕는 노력과 제도들이 체계화되는 것과 구성원들의 문제해결 역량이 향상된 것을 가리킨다. 또 다른 측면에서 이는 지역사회가 경제적 · 사회적 안전과 보호(socioeconomic security), 신뢰와 협력 그리고 소통과 참여에 기반한 사회적 응집(social cohesion), 기회의 평등과 타인에 대한 배려에 기반한 사회적 포용(social inclusion), 개인이 가치 있다고 여기는 삶을 추구하도록 자율성과 역량을 발휘할 수 있는 사회구조를 가리키는 역능성(empowerment)을 보장하는 환경과 문화를 추구하고 실현하는 것을 가리킨다. 이러한 지역사회복지의 특성은 사회적 가치가 추구하는 바와 밀접히 연관될 수 있음을 보여 준다.

4. 사회적 가치와 지역사회복지의 주체

사회적 가치를 실현하는 주체는 정부, 공공기관, 국제기구, 사회적 기업과 협동조합, 기업 등 매우 다양하다.

1) 사회적 가치의 주체

(1) 공공기관

사회적 가치는 인간의 존엄성을 보호하기 위한 지향과 전략으로 해석될 수 있는데 국가 존재의 목적은 국민의 존엄성 보장이므로, 국가는 사회적 가치 구현의 책임을 가지며 사회적 가치의 주체가 된다.

정부와 공공기관은 공동체의 이익 추구와 공공성이 정체성의 핵심이다. 공공기관은 공동체에서 중요하게 여기는 가치를 파악하고 실현함으로써 사회적 가치의 실현을 수행하고 그것이 공공기관의 사회적 책임이라고 할 수 있다(박임수, 안이슬, 2019). 또한 공공기관은 사회적 가치를 강조함으로써 시민들의 참여와 주도성을 중시하고 장려하기도 한다(이명진, 천희주, 2018). 공공기관은 사회적 가치를 주목함으로써 공동체의 이익, 자신의 사회적 책무, 그리고 시민 참여의 중요성을 강조한다.

「공공기관의 사회적 가치 실현에 관한 기본법(안)」은 공공기관이 사회적 가치를 실현하는 주체로서 책임을 가진다는 점을 명확히 한다. 여기에서 '공공기관'은 중앙행정기관, 지방자치단체, 「공공기관의 운영에 관한 법률」에 따른 공공기관, 지방직영기업과 지방공사와 지방공단 등을 포함한다. 이 법안은 사회적 가치의 내용에 인간의 존엄성을 유지하는 기본 권리의 보호를 가장 먼저 내세우고 있는데, 이는 중앙정부와 지방자치단체의 존재 이유이기도 하다. 공공기관은 사업수행을 통하여 사회, 경제, 환경, 문화 등 모든 분야에서 공공의 이익을 추구하기 때문에 공공기관이 사회적 가치 실현에 기여하는 영역 역시 인권, 노동권, 근로 환경, 사회적 약자의 포용 등 매우 포괄적이다.

정부와 공공기관은 국내외를 막론하고 근래에 점점 더 사회적 가치의 실현에 중요한 주체로 자리매김해 왔다. 영국은 「공공서비스(사회적 가치)법」(2012)에서 공공기관이 공공서비스의 계약과 조달을 수행할 때 사회, 경제, 환경과 관련한 안녕을 고려할 것을 명시하였고, 유럽연합 역시 「사회적책임 조달 가이드라인」(2010)을 제정한 바 있다. 우리나라에서는 「사회적기업 육성법」(2012) 그리고 자립적이고 자치적인 협동조합 활동을 촉진하기 위한 「협동조합기본법」(2021)과 같이 사회적 가치 실현의 주요 주체를 육성하고 지원하기 위한 법과 지원제도를 시행하였다. 자발적인 참여와 자치 및 자립이 정체성의 핵심인 협동조합이나 사회적 기업의 지원을 법제화할 만큼 사회적 가치 실현에 대한 정부의 관심과 역할이 커졌음을 알 수 있다.

(2) 사회적 기업과 협동조합

사회적 기업과 협동조합은 사회적 가치를 실현하기 위한 대표적인 주체로 꼽힌다.

사회적 기업은 시민사회 주도성, 시민의 참여, 사회적 이윤분배, 지역사회 공헌의 네 가지 차원에서 사회적 가치의 실현에 기여한다(이명진, 천희주, 2018). 사회적 기업에 대한

정의는 다양하지만 공통적으로 많이 언급되는 부분은 기존의 일반적인 기업과 달리 이윤극대화가 아닌 사회적 가치를 최우선으로 한다는 점이다(OECD, 1999; 기영화, 2017). 그리고 사회적 기업은 흔히 취약계층이나 사회적으로 배제된 집단의 삶의 질을 향상시키고 사회통합에 기여하는 것으로 사회적 가치를 추구한다(유효선, 김생수, 2012). 서울시는 사회적 기업이 수행하는 주요 역할로, ① 지속 가능한 일자리 제공, ② 사회서비스에 대한 수요 충족, ③ 지역사회 통합 및 지역경제 활성화에 기여, ④ 윤리적 소비시장 확산을 제시한 바 있다. 여러 논의를 거쳐 2012년에 시행된 「사회적기업 육성법」은 사회적 기업이란 "취약계층에게 사회서비스 또는 일자리를 제공하거나 지역사회에 공헌함으로써 지역주민의 삶의 질을 높이는 등의 사회적 목적을 추구하면서 재화 및 서비스의 생산 · 판매 등 영업활동을 하는 기업"이라 정의한다. 여기에서 취약계층은 필요한 사회서비스를 시장가격으로 구매하기 어렵거나 취업이 곤란한 계층을 말한다. 사회적 기업의 주목적이 이윤추구가 아니라 이윤의 배분과 사회적 약자 보호라는 것이 분명하게 나타나 있다. 사회구성원으로서 시민들의 역할도 중요하다. 드푸르니(Defourny, 2001)에 따르면 사회적 기업의 사회적 가치 실현에서 핵심 요소는 시민들이 외부로부터 주어져서가 아니라 스스로 사회적 기업의 활동에 참여할 수 있는 것이라고 하여 시민의 자발적 참여가 중요하다는 것을 강조하였다.

협동조합은 전통적으로 시민의 자발적인 조직화를 바탕으로 사회문제를 해결하고 사회적 가치를 실현하는 주체로 여겨져 왔다. 협동조합은 사회적 기업과 더불어 사회적 경제의 핵심주체라 할 수 있다. 협동조합은 "공동으로 소유하고 민주적으로 운영되는 사업체를 통해 공통의 경제적 · 사회적 · 문화적 필요와 욕구를 충족시키고자 사람들이 자발적으로 결성한 자율적인 인적 결사체"이다(김의영 외, 2016: 55). 「협동조합 기본법」에서는 협동조합을 "재화 또는 용역의 구매 · 생산 · 판매 · 제공 등을 협동으로 영위함으로써 조합원의 권익을 향상하고 지역사회에 공헌하고자 하는 사업조직"으로 정의한다. 협동조합은 이윤추구보다 상호부조, 협력, 공생의 가치를 강조해 온 조직이며, 국제연합은 협동조합의 운영방식이 사회적 가치 실현을 위한 주요 주체라고 강조하였다(박명규, 2018). 그 밖에도 자활기업, 마을기업, 비영리법인 등 다양한 주체들이 사회적 경제를 통해 사회적 가치를 추구한다.

(3) 기업과 소셜벤처

민간부문의 조직은 영리추구 여부를 기준으로 크게 비영리 부문, 사회적 기업, 영리 부문으로 나눌 수 있다. 비영리 부문의 조직들은 애초에 공익성을 목표로 하고 사회적 기업은 사회적 경제 활동을 포함하여 사회적 가치를 실행하는 주요 주체인데, 최근에는 영리 부문에서도 점차 사회적 가치와 책임을 강조하는 기업들이 많아지고 있다. 전통적인 사회공헌(philanthropy)활동에서 나아가 고용증대, 지역 간 격차 해소, 기후위기와 환경문제와 같은 사회문제에 대응하는 **사회적 책임**(Corporate Social Responsibility)과 **공유가치창출**(Creating Shared Value)을 강조한다. 또한 사회문제의 해결을 위해 창의적인 비즈니스 모델과 투자를 통해 사회적 가치를 추구하면서 경제적 수익을 내는 기업이나 조직인 소셜벤처가 있다. 이들은 사회적 가치와 혁신성을 두 축으로 한다. 소셜벤처는 법적 기준이 없어서 지역이나 기관마다 그 정의가 상이했으나, 2021년 7월 「벤처기업육성에 관한 특별조치법」 일부개정안이 시행되면서 사회적 경제기업 유형의 하나로 자리매김하고 법적 기준도 마련되었다. 중소벤처기업부가 제시한 기준에 맞는 소셜벤처는 2020년 기준 1,509개이다.

2) 지역사회복지실천의 주체

지역사회복지, 더 나아가 사회복지를 실천하는 주체는 크게 공공부문과 민간부문으로 나눌 수 있다. 공공부문에는 중앙정부와 지방자치단체, 공공조직(「공공기관의 운영에 관한 법률」에 의한 기관 등)이 포함된다. 민간부문은 비영리단체가 활동하는 부문과 영리추구 활동이 이루어지는 부문을 구분할 수 있는데, 전자는 흔히 제3부문으로 후자는 제2부문으로도 불린다. 사회복지의 발달사를 보면 민간, 특히 제3부문이 빈곤이나 사회적 배제 등 어떤 현상을 사회문제로 인식하고 그것을 해결하기 위한 지역사회나 공동체의 노력을 이끌어 내는 데 큰 역할을 수행하고, 이후 공공부문이 점차로 해당 분야에서의 역할을 늘리면서 주도적인 주체로 되며, 그 기반에서 제2부문 역시 참여와 역할을 확대하는 방향으로 발전하였다.

사회복지의 주체로서 공공부문의 역할은 헌법과 법률에 명시되어 있다. 「헌법」 제34조

제2항을 보면 "국가는 사회보장 · 사회복지의 증진에 노력할 의무를 진다."로 명시되어 있다. 동시에 사회복지를 위한 국가의 의무를 구체화하고 사회복지제도 관련 법률을 지휘하는 역할을 하는 「사회보장기본법」 역시 "국가와 지방자치단체는 모든 국민의 인간다운 생활을 유지 · 증진하는 책임을 가진다."로 명시하고 있다. 구체적으로 국가와 지방자치단체는 사회변화에 선제적으로 대응하고, 지속 가능한 사회보장제도를 확립하며, 사회보장에 관한 책임과 역할을 분담하고, 필요한 재원을 조달하여야 한다(「사회보장기본법」 제5조). 국가와 지방자치단체가 사회복지 증진을 위해 수행하는 구체적인 활동은 보험의 방식으로 국민의 건강과 소득을 보장하는 '사회보험'(국민연금, 국민건강보험, 노인장기요양보험, 고용보험, 산업재해보상보험), 생활이 어려운 국민의 최저생활을 보장하고 자립을 지원하는 '공공부조'(국민기초생활보장, 긴급복지, 임대주택 등), 그리고 복지, 보건의료, 교육, 고용, 주거, 문화 등의 분야에서 상담, 재활, 돌봄, 정보의 제공, 관련 시설의 이용, 역량 개발, 사회참여 지원 등을 통하여 국민의 삶의 질이 향상되도록 지원하는 '사회서비스'로 구성된다. 많은 사회서비스는 정부가 제공하는 법정서비스이다. 공공부문의 사회복지 증진을 위한 제도와 활동은 대개 법률에 의거하여 실행되므로 관련 활동의 재원은 주로 일반조세와 사회보험료에 기반한다.

제3부문은 비영리부문이나 자발적 섹터와 동의어로 취급되기도 하는데, 우리나라에서는 특히 사회서비스의 제공에서 중요한 공급자 역할을 하고 있다. 시설보호, 재택보호, 양육돌봄, 상담, 사례관리 등 민간기관이면서 정부의 위탁으로 사회서비스를 제공하는 경우가 많다. 일부 사회복지관과 같이 정부에서 시설을 세우고 민간기관에 운영을 위탁하는 경우는 공공부문으로 간주된다.

개인, 법인, 민간단체 역시 사회복지의 공급과 향상을 위한 한 주체이다. 중앙정부와 지방자치단체는 이들의 참여를 장려하고, 상호협력체계를 만들고, 필요한 지원을 제공하여야 한다(「사회보장기본법」 제27조). 지역사회와 마을공동체의 강화와 구성원의 참여를 지원하는 것, 자원봉사나 기부 등 나눔을 활성화하는 것, 돌봄을 제공하는 가족구성원에 대한 지원 등이 이에 해당하는 사례들이다. 제2부문 역시 사회서비스의 공급자로서 역할이 커져 왔다. 비영리기관과 달리 영리부문 공급자는 사회복지 활동을 하면서 이윤을 추구한다. 공공부조의 일종인 자활사업을 수행하는 회사를 예로 들 수 있다. 국가와 지방자치단체로 대표되는 공공부문은 우리나라에서는 지난 반세기 동안 그리고 서구에서는 지난 한 세기 동안 사회복지가 활성화되고 확장되는 데 주도적 역할을 수행하였고, 이는 법률이 규정한 책임과 의무이기도 하다. 비영리기관으로 대표되는 제3부문은 정부 주도로 사회복지의 제도화가 이루어지기 전부터 사회복지를 위한 집단적이고 조직적인 활동의 주체로 활동하였고 여전히 중요한 주체이다. 영리기업과 사회적 기업을 포함하는 영리부문은 사회복지 공급과 창의적 접근의 주체로 그 역할이 늘고 있다.

5. 사회적 가치와 지역사회복지의 영역

사회적 가치는 공공의 이익과 공동체의 발전에 기여하는 가치로 정의되다 보니 그것의 실천 영역 역시 매우 포괄적이다. 선행연구들을 보면 사회적 가치는 사회구성원을 모두 포용하는 가치로 '인권, 안전, 노동, 건강 및 복지, 사회적 약자 보호와 사회통합, 상생협력, 일자리 창출, 지역사회 활성화, 지역경제에의 공헌, 지역균형발전, 환경보호, 주민참여와 투명성 강화'(남궁근, 2019), 또는 '복지, 안전, 봉사, 연대, 협력, 균형, 생태, 윤리, 인권, 공정'(윤수정, 2018) 등과 같이 포괄하는 범위가 매우 넓다.

「공공기관의 사회적 가치 실현에 관한 기본법(안)」은 사회적 가치의 개념과 내용이 집약되어 있다. 동법 제2조에 의하면 사회적 가치란 사회, 경제, 환경, 문화 등 모든 영역에서 공공의 이익과 공동체의 발전에 기여할 수 있는 가치로서 다음 각 목의 내용을 포괄한다.

가. 인간의 존엄성을 유지하는 기본 권리로서 인권의 보호
나. 재난과 사고로부터 안전한 근로 · 생활환경의 유지
다. 건강한 생활이 가능한 보건복지의 제공
라. 노동권의 보장과 근로조건의 향상
마. 사회적 약자에 대한 기회제공과 사회통합 증진
바. 협력업체와의 상생협력 및 공정거래

사. 품위 있는 삶을 누릴 수 있는 양질의 일자리 창출

아. 지역사회 활성화와 공동체 복원

자. 경제활동을 통한 이익이 지역에 순환되는 지역경제 공헌

차. 윤리적 생산과 유통을 포함한 기업의 자발적인 사회적 책임 이행

카. 환경의 지속가능성 보전

타. 시민적 권리로서 민주적 의사결정과 참여의 실현

파. 그 밖에 공동체의 이익실현과 공공성 강화

사회적 가치법은 사회적 가치가 구체적으로 어떤 목표를 가지고 어떤 활동을 통해 실행될 수 있는지 내용을 제시하고 있다. 반면에 그 범위가 매우 방대하고, 사회가 갖추어야 한다고 사회구성원들이 쉽게 동의할 수 있는 내용들의 집합이기도 하다. 그래서 시간과 공간을 넘어 비교적 광범위한 합의를 얻은 인간의 핵심 가치를 보편적 가치라고 한다면 사회적 가치는 보편성을 가진 가치로 볼 수 있다는 것이다(김경동, 2020). 하지만 사회경제적 안전, 사회적 응집성, 사회적 포용성, 자율성과 역능성을 포괄하는 사회의 질(Quality of Society)이나 빈곤종식부터 불평등 완화, 지속 가능한 공동체, 양질의 일자리, 목표달성을 위한 파트너십 등 17개의 목표로 구성된 UN의 지속 가능한 발전(Sustainable Development)과 같이 그 내용이 매우 포괄적이어서 다른 보편적 가치와 구분하고 실천적 함의를 찾기에 어려움을 겪을 수 있다.

한편, 지역사회복지를 포함한 사회복지 역시 개념, 법률, 제도, 선행연구 모두 그것이 포괄하는 영역이 광범위하고 다차원적이라는 것을 보여 준다. 지역사회복지는 '지역사회를 접근단위로 하여 사회구성원의 복지실현을 추구하는 사회적 노력'으로, 더 단순화하면 지역사회 차원의 사회복지로 규정될 수 있다. 사회복지에 대한 합의된 개념을 제시하기는 어렵지만, 사전적 개념을 기초로 '사회를 구성하는 개개인이 건강하고 행복하며 풍요로운 상태와 그를 이루기 위한 집합적 노력'으로 정의할 수 있다. 그 밖에 '함께 행복을 추구하기 위한 인간들의 상부상조 기능을 통한 공동체적 노력'(이봉주 외, 2023), '인간이 사회에 적응하지 못하는 문제를 해결하기 위한 조직적이고 사회적인 활동'(박광준, 2013)과 같이 정의되기도 한다. 사회복지는 빈곤, 불평등, 차별 등과 같은 사회문제를 해결하고 경제적 · 사회적 · 문화적 차원에서 개인의 삶의 질을 향상시키고자 하는 사회적 노력이므로 이러한 개념정의에서도 삶과 사회의 다양한 영역과 관련됨을 잘 알 수 있다.

「사회보장기본법」에 따르면 '사회보장'이란 출산, 양육, 실업, 노령, 장애, 질병, 빈곤 및 사망 등의 사회적 위험으로부터 모든 국민을 보호하고 국민 삶의 질을 향상시키는 데 필요한 소득과 서비스를 보장하는 제도라고 기술한다. 또한 사회보장은 생애주기에 걸쳐 보편적으로 충족되어야 하는 기본욕구와 사회적 위험에 의하여 발생하는 특수욕구를 동시에 고려하는 제도이기도 하다. 사회복지와 사회보장을 추구하기 위해서는 삶의 질과 관련된 다양한 영역에서의 문제해결과 욕구 충족이 필요하다는 것이 법규정을 통해 매우 잘 드러나 있다.

한두 가지의 기본적 욕구 결핍을 경험하는 개인이나 가구가 있고 복합적인 결핍을 경험하는 경우도 있다. 한 개인이나 가구의 경제 수준만 해도 소득뿐 아니라 주거, 부채 상태 등 여러 요인에 의해 결정되며, 개인이나 가구가 필요로 하는 경제적 자원이 반드시 같지도 않다. 사회복지 분야의 선행연구들은 기본적 욕구에 대한 단차원적 접근의 한계를 극복하기 위한 노력으로 역량 또는 실현 능력(capability), 사회적 배제(social exclusion), 박탈(deprivation) 등의 개념을 이용한 다양한 접근을 시도하였다.

사회에 따라 그 구성이 일부 달라질 수 있더라도 한 사회에서 인간이 유효한 '사회적 존재'로서 생활을 영위하기 위해서는 기본적으로 충족되어야 할 욕구가 있다. 구체적으로 적절한 수준의 식생활, 주거, 근로 환경, 의료, 교육, 안전한 아동기, 신체보호, 경제적 보장 등을 예로 들 수 있는데, 이들 매개적 욕구(intermediate needs)의 충족을 통해 인간의 기본적 욕구(basic needs)인 건강(health)과 자신의 삶에 대한 의사결정에서의 자율성(autonomy) 확보가 가능하다(Doyal & Gough, 1991). 즉, 인간의 기본적 욕구 충족은 다양한 차원에서 적절한 수준의 생활을 영위할 수 있어야 가능하다.

아마르티아 센(Amartya Kumar Sen)은 기존의 물질 중심이나 공리주의적 접근을 비판하면서 발전(development), 개인의 안녕, 사회정의를 반영하는 역량접근 방식을 제안하였다. 역량(capability)은 경제적 자원, 정신, 사회적 요소, 경제적 · 정치적 · 문화적 차원들 간의 연결에 주목하여 인간 안녕에 관련된 모든 차원을 포괄하는 개념이다(Robeyns,

2005). 인간의 안녕은 물질뿐만 아니라 가족관계, 친구, 신념, 건강 등 '비경제적' 요소들에 의해 영향을 받고 심지어 경제적 자원은 개인의 안녕에 직접적인 영향이 없는 경우도 있기 때문이다(Gasper, 2005). 역량접근이 취하는 다차원성은 인간의 삶과 욕구의 다양성에 기초한다.

사회적 배제의 접근은 사회, 경제, 정치, 문화, 지역, 성, 인종, 문화 영역에서의 제도적이고 집단적인 배제와 소외를 포괄한다. 개인은 이러한 다양한 영역에서 동시에 배제와 박탈을 겪을 수 있고, 다양한 영역에서의 배제는 서로 밀접하게 연결된다. 또한 사회적 배제는 소득이나 서비스를 넘어서 삶의 질과 권리의 경제 · 사회 · 문화적 요소들을 융합하는 폭넓은 개념이기도 하다. 국내 기존문헌에서는 기본적 욕구 및 사회복지와 관련된 주요 영역으로 경제적 상황(소득, 소비, 자산, 금융 등), 고용 및 노동 능력, 비화폐적 기본욕구(주거, 건강 · 의료, 교육 등), 사회적 관계망(가족 · 사회 · 대인 관계, 사회적 참여 등), 사회보장 등을 많이 포함하였다(박정민 외, 2015).

요약하면, 사회적 가치와 지역사회복지 모두 그 개념과 대상 영역이 다차원적이고 구성원들의 삶과 관련된 여러 영역에서의 문제해결과 욕구 충족을 추구한다는 것을 알 수 있다.

6. 사회적 가치가 지역사회복지에 주는 함의

사회적 가치의 개념과 특성이 지역사회복지에 주는 함의는 다음과 같다.

첫째, 상생하는 공동체와 커뮤니티의 추구라는 지향과 목표의 공통성이다. 인구구조가 급속도로 변화하고 과학기술이 발달하면서 노동과 생활의 형태가 개인 중심으로 바뀌고 있다. 사회경제적 양극화는 심화되고, 개인주의와 물질적 가치가 선호되며, 커뮤니티의 형성과 유지는 힘겨운 시대이다. 사회적 가치와 지역사회복지 모두 가능한 한 모든 사회구성원이 경제성장의 혜택과 기본 권리의 향유에서 소외되지 않는 상생하는 공동체를 지향한다. 이는 현대사회가 직면한 다양한 사회문제를 해결하기 위한 실용적 필요 때문이기도 하고, 개인의 자아실현은 건강하고 자유로운 공동체 속에서 가능하다는 공동체주의(communitarianism) 시각의 반영이기도 하다. 공동체의 강화를 위해서는 소속감, 규범과 가치의 공유, 변화를 위한 공동의 노력과 행동 등이 필요한데, 이는 사회적 약자를 포함한 구성원을 위한 자원배분의 공평성과 역량의 증대라는 목표로 이어진다.

둘째, 물질적 이익과 경제적 가치 추구를 최우선으로 하는 세태에 대한 문제의식의 공유이다. 한국의 경제발전 성과는 눈부시다. 명목 국내총생산(GDP) 규모는 세계 10위 안에 들고 1인당 GDP는 3만 달러를 상회한다. 유엔무역개발회의(UNCTAD)는 한국을 개발도상국 그룹에서 선진국 그룹으로 변경하였는데, 이는 기구의 설립 이후 최초의 사례로 꼽힌다(정책브리핑, 2021). 반면에 행복감 또는 삶의 만족도는 그에 훨씬 못 미친다. 유엔의 「2021년 세계행복보고서」에 의하면 한국의 국민행복지수는 10점 만점에 5.8점으로 세계 149개국 중 62위이다. OECD(2020)의 「더 나은 삶 지수(BLI)」에 따르면 전반적인 삶의 만족도가 27개국 중 26위에 머물렀고, 어려움에 처할 때 의지할 수 있는 사회적 지지의 수준은 41개국 중 40위로 보고되었다. 국가는 부유해졌으나 국민은 행복해지지 않았고, 소통의 수단은 크게 발전했으나 고립감은 높아졌다. 이러한 현상은 물질적 성장이나 경제적 안정과 더불어 비물질적 요인들(예: 사회적 관계, 사회적 신뢰, 관용과 포용, 자율성 등)이 개인의 삶의 질과 공동체의 질을 높이는 데 중요하다는 것을 가리킨다.

셋째, 정부와 공공기관, 비영리기관, 기업, 지역사회 등 다양한 주체 참여의 중요성과 상호보완성 그리고 협력의 필요성이다. 공공부문과 민간부문의 구분 또는 제1부문, 제2부문, 제3부문의 구분은 공공성과 영리추구 여부에 따라 분류되고, 전통적으로 공공부문은 공익성과 책임성을 추구하고 민간부문은 효율성을 중시하는 것으로 간주되었다. 사회적 가치의 실천 그리고 사회복지의 확장이 이루어지면서 이러한 기존의 구분과 대조가 더 이상 적합하지 않다. 모든 부문이 공익 추구와 책임성 그리고 효율성을 요구받는 것이다. 공공성만을 강조하던 공공부문에서 효과성과 효율성이 중요해지고, 민간부문에서는 효율성만이 아니라 사회적 책임이 중요해졌다(장용석, 황정윤, 2018). 공공기관 그리고 비영리기관은 물론 영리활동을 하는 기업도 사회문제의 해결이나 지속 가능한 발전과 같은 공익 추구의 주체로 간주되고 있다. 이러한 변화는 다양한 주체 간의 소통, 협력, 협치가 중요하고 필요하다는 것을 시사한다. 공동체의 이익을 추구하는 주체

가 다양해지는 것은 한편으로 우리가 직면한 사회문제의 해결 수단이 다양해지고 많아진다는 것을 의미한다.

이들의 공통점은 우리 사회가 안고 있는 사회문제를 해결하고 지속 가능한 성장을 이루기 위하여 공동체 그리고 커뮤니티의 강화가 필요하다는 것이다. 그를 실현하기 위하여 구성원의 참여(engagement)와 소통(communication)을 기반으로 협치(governance)와 혁신(innovation)이 필요하다. 그 결과는 사회경제적 보장과 안전, 사회적 신뢰의 회복, 사회적 포용성과 역능성이 높은 공동체의 형성이 된다. 사회적 가치와 지역사회복지는 우리가 그것을 추구하는 이유, 도달하고자 하는 사회의 모습, 그 목표를 달성하기 위해 활용하는 수단에서 많은 것을 공유한다.

제 14 장

지역사회복지운동과 지역화폐

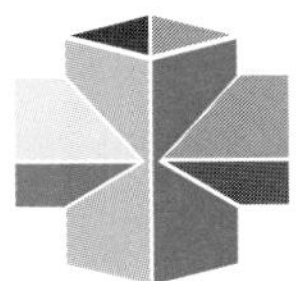

이 장에서는 지역사회복지운동의 개념 및 발전과정을 사회운동, 사회복지운동의 맥락에서 논의해 보고 향후 과제들도 고민해 본다. 또 지역화폐 운동을 중심으로 다양한 국내외 사례들을 살펴보고 특징 및 추후 방향들을 짚어 보기로 하겠다.

1. 지역사회복지운동의 의미와 성격

1) 사회운동의 의미와 성격

사회복지운동은 사회운동의 한 부문으로 볼 수 있으며 지역사회복지운동은 사회복지운동의 추진단위를 지역사회로 특정화한 개념으로 파악할 수 있다. 따라서 지역사회복지운동에 대해 말하기 위해서는 우선 사회운동의 의미부터 살펴보는 것이 필요하다.

사회운동은 사회나 어떤 집단의 변화를 가져오거나 혹은 변화에 저항하기 위해 상당한 지속성을 갖고 비교적 조직적 · 체계적으로 이루어지는 다중에 의한 운동이다(조돈문, 1995). 사회운동이란 개념과 용어가 처음 등장한 것은 19세기 유럽 대륙에서이다. 이 무렵 '사회운동'은 대체로 산업혁명 이후에 나타난 노동자계급의 이념적이고 반체제적 저항운동을 가리키는 개념이었다. 그러므로 사회운동의 '고전적' 개념은 기존 사회질서와 구조에 대한 근본적이고 포괄적 변화를 추구하는 대중적 또는 집단적 움직임을 뜻하는 혁명과 같은 개념으로 이해할 수 있다(다음백과사전, http://enc.daum.net).

서구사회에서는 대체로 1920~1930년대를 전후하여 사회운동이 차츰 지역화 · 이익집단화 · 소규모화하는 경향을 보인다. 이 시기 이후 각국에서 참정권이 보편화됨과 동시에 중앙정부가 본격적으로 사회복지의 생산과 전달자의 역할을 담당하게 됨으로써 사회운동은 사회 전체적 구조개혁보다는 국가적 혜택의 몫을 찾으려는 움직임으로 변하였다. 따라서 사회운동은 점차 '사회개혁(social reform)'적 성격을 띠게 되었다. 국가가 사회복지의 생산과 전달에 더 넓고 깊이 관여할수록 그 제도와 기구 그리고 절차는 점점 더 중앙집권화 · 전문화 · 관료화되어 왔다. 이런 경향에 대응해 오늘날의 사회운동은 반관료적이고 대중적이며 소수집단의 이익을 대변하는 성격을 가진 운동으로 변화하고 있고, 이런 사회운동의 경향을 '신사회운동' 또는 '새로운 사회운동'으로 부르고 있다.

구사회운동이 기존의 민중운동, 노동운동, 계급운동, 지역사회운동, 재야운동 등의 개념을 포괄하는 개념으로 사용된다면, **신사회운동**은 시민운동, 이슈중심운동, 지역시민운동 등을 포괄하는 개념으로 사용된다(최병두, 1994: 280-288). 기본적으로 구사회운동의 구조적 배경이 생산영역에서 발생하는 자본주의의 모순을 변혁하고자 한 것이라면, 신사회운동은 소비의 영역에서 발생하는 생활상의 문제를 반영하는 데에서 출발하고 있다. 이러한 소비의 영역에서의 대립과 신사회운동의 발전은 과거 노동자의 생활과는 달리 현재 노동자의 생활은 '자본과 대립되는 노동'이라는 측면뿐만 아니라 동시에 '생산과 소비를 동시에 수행하고 있는 자'로서 변모했기 때문이다.

구사회운동과 신사회운동은 〈표 14-1〉에서 보듯이 운동의 성격, 내용, 영역, 주체, 문제의 해결방식 등에서 차이점을 보이고 있다. 물론 근원적으로 사회운동의 출발점을 생산영역에서의 자본주의의 구조적 모순으로 본다면 신사회운동에서 관심을 갖는 소비영역의 문제 역시 생산 현장에서의 모순을 그대로 반영하고 있는 것으로 이해할 수 있다.

표 14-1 구사회운동과 신사회운동의 비교

	구사회운동	신사회운동
성격	구조적 문제분석에서 출발	생활의 문제에서 출발
기조	경제, 사회, 국가, 군사적 안정	생활의 질, 평등, 개인적 자아실현, 참여, 인간적 권리에 기초
활동내용	경제적 불평등과 정치적 억압을 벗어나기 위한 구조개혁과 좀 더 근본적인 사회 전체적 민주화를 추구, 이를 위해 민중의 정치세력화를 시도	정치적 목표보다는 시민사회 내적 목표, 즉 부정부패추방, 촌지 없애기, 의식개혁, 생활공동체운동을 지향, 점진적 제도개선
영역	생산영역(생산현장)	소비영역(생활현장)
계급성	계급운동	범(탈)계급적 운동
부문	노동운동, 농민운동	환경, 반핵, 인권, 소비자 여성운동, 전문직업인 운동, 지역주민, 청년운동
주체	노동자, 농민, 빈민 등 경제적 이해관계와 관련된 직접적 피해 당사자 중심	지식인, 화이트칼라, 자영업자 등의 중간층이나 학생, 주부, 노인 등의 노동시장, 주변층, 청년세대 중심
문제해결 방식	파업, 시위, 농성 (급진적 운동방식)	캠페인, 국민홍보, 강연회 (온건하고 합법적 운동방식)

출처: 대구사회연구소(1995: 289).

2) 사회복지운동의 의미와 성격

이 책에서는 『한국의 사회복지운동』(이영환, 2005)에서 다룬 내용을 중심으로 한국 사회복지운동의 형태와 의의에 대해서 알아보기로 한다.

사회복지운동은 사회복지의 발전을 목표로 하는 일종의 사회운동으로서 그 영역과 범주에 따라서 다양한 형태로 존재한다. 주체를 중심으로 보면 시민운동, 노동운동, 주민운동, 도시빈민운동뿐만 아니라 사회복지종사자 운동이나 복지당사자(장애인, 노인, 아동, 여성 등) 운동을 포괄한다. 다양한 주체에 의한 사회복지운동은 국가의 복지활동을 촉구하는 역할, 빈자와 시민대중을 위한 대변자의 역할, 정책과 행정에 대한 참여자, 감시자의 역할, 민간의 복지활동 영역을 확장하는 역할을 수행함으로써 궁극적으로 사회복지 증진에 기여한다는 점에서 의의를 가진다.

한국사회의 사회복지운동은 구사회운동(민중운동, 노동운동)의 성격을 가지는 운동부터 신사회운동(또는 시민사회운동)의 형태를 띤 것에 이르기까지 다양한 성격과 폭넓은 스펙트럼을 지닌 운동으로 존재한다. 우리나라에서 사회복지운동이 갖는 특성(성격)은 다음과 같이 정리할 수 있다(이영환, 2005).

첫째, 우리나라의 사회복지운동은 1980년대 후반 정치적 민주화와 함께 본격적으로 발전하기 시작하였으며, 1990년대의 지구화 진전 및 그로 인한 제반 사회적 모순들(비정규직과 신빈곤 등의 증가)과 더불어 성장하였다. 그중에서도 1997년 말 외환위기 발발은 복지운동의 증폭에도 중요한 계기로 작용하였다.

둘째, 사회복지운동의 주체가 다양하게 발전하였다는 점이다. 먼저, 농민운동은 1980년대 후반 의료보험 시정운동을 통해 사회복지운동을 촉발하는 데 기여하였고, 민주노총을 중심으로 하는 노동운동은 1990년대를 지나면서 운동의 주력으로 부각되었다. 시민운동은 1990년대 중반 이후 중요한 역할을 담당하게 되었다. 참여연대와 같은 전국적 차원의 시민운동은 공공부조나 국민연금, 의료보험 등 전국적 차원의 제도개혁 이슈들을 다루는 데 있어 중심적 역할을 하였고, 지역운동 차원의 복지운동들도 활발하게 전개되고 있다.

1990년대 중반 이후 본격화된 시민운동과 노동운동의 결합은 사회복지 전문성과 대중적 운동역량의 결합을 통해 복지운동의 핵심 동력을 형성한 것으로 평가할 수 있다. 장애인운동, 빈민운동, 여성운동 등의 당사자 운동은 자신들의 고유 과제를 중심으로 하면서 관련된 복지이슈에 적극적으로 대응하는 양상을 보여 주었다. 사회복지당사자운동 중에서 상대적으로 노인복지, 청소년복지, 아동복지 분야의 운동적 흐름이 약하게 나타나는데, 이는 곧 운동 주체의 형성이 지연되고 있기 때문으로 볼 수 있다.

열악한 상황에서 일하는 사회복지종사자와 전문가 운동도 점진적으로 발전하였다. 1980년대 후반 사회복지 전담공무원들이 먼저 조직화되어 권익옹호와 사회복지전달체계 개선 등의 활동을 전개하여 많은 성과를 거두면서 잠재력을 보여 주었다. 사회복지사들의 노동조합운동은 1980년대 후반 한차례 좌절을 겪으면서도 맥을 이어갔고, 2000년대 초반에는 산별노조 건설에 매진하였다. 관련 협회, 학회 등의 전문가들은 제도개선

표 14-2 사회복지운동의 분류

구분		운동 주체	운동 영역	사회복지 관련 부문
사회복지운동	신사회운동	중산층 등의 탈계급적 시민(주부, 학생, 노인, 전문가 등)	환경운동, 반핵운동, 인권운동, 소비자운동, 청년운동, 생활공동체운동, 지역공동체운동, 의식개혁운동 등	• 행정남용 방지 • 시민참여구조 확대 • 의정 감시활동 • 청소년 교육 • 지역사회조직 • 사회복지시설 내 인권유린 감시 • 시설운영에 대한 참여구조 확대, 시설사회화 촉진 • 여성 · 노인 · 아동 복지서비스 증진 • 시민상대 복지교육
	구사회운동	계급성에 근거한 세력(노동자, 농민, 빈민, 지식인 집단)	노동조합운동, 농민운동, 빈민운동	• 노동조합운동 • 저소득층의 생활보장운동 • 사회복지노동자 운동 노동조합건설 • 산재피해자 조직건설 및 지원 • 노동자 기금조성

출처: 이영환(2005).

운동에 참여하거나 혹은 사회복지사들을 위한 전문직 확립을 위해 노력하였다.

셋째, 사회복지 분야별로 전개된 운동은 명확히 구분되는 것은 아니지만, 사회보험과 같은 전국적 차원의 제도들은 시민운동이나 노동운동이 주로 담당하였고, 사회복지서비스는 지역운동이나 여성운동, 장애인 운동 등이 많은 관심을 기울였다. 노인이나 아동, 청소년 분야는 운동흐름이 약했던 반면, 「기초생활보장법」 제정운동과 같은 공공부조 분야는 빈민운동 등 각 부문 운동들이 공히 관심을 기울인 영역으로 볼 수 있다.

넷째, 운동의 전략과 전술 역시 다양하게 전개되고 있다. 제도개선을 위한 청원과 로비, 그리고 집회, 시위, 서명 등 다양한 사회행동 전술이 활용되고 있다. 특기할 만한 것은 공익소송과 같은 사법적 영역에서의 입법옹호 활동이 점차 보편화되기 시작했다는 점이다. 운동전략과 관련된 또 다른 발전으로, 선거국면을 활용하는 방식이 보편화되었다는 점을 들 수 있을 것이다. 2000년 총선시민연대의 낙천 및 낙선운동 성공 이후 사회복지영역에서도 각 지역 및 분야별로 총선과 대선, 그리고 지방선거 등의 기회에 후보자 초청토론회, 공약 발굴 및 채택운동 등이 조직적으로 전개되고 있다.

3) 지역사회복지운동의 의의와 주요활동

(1) 한국의 지역사회복지운동의 의의

지역사회복지운동은 지역사회의 변화 또는 임파워먼트를 통해 지역사회 주민의 욕구를 충족시키고 사회연대의식을 고취하여 지역사회공동체를 형성하고자 하는 운동이다. 우리나라에서 **지역사회복지운동**이 갖는 의의는 다음과 같다(오정수, 류진석, 2016).

첫째, 주민주체성과 역량을 강화하여 지역사회의 변화를 주도하는 **조직운동**이다. 문제해결의 주체로서 주민의 주체적 참여를 확대시키며 주민들 간에 연대의식과 문제해결 역량을 강화시키는 데 운동의 목표를 둔다.

둘째, 지역사회복지운동은 주민참여의 활성화를 통해서 주민들의 복지권리의식과 시민의식을 배양하는 **사회권 확립운동**이다. 특히 사회적 약자의 생존권 보장에 초점을 둔다.

셋째, 지역사회복지운동의 관심사가 주민들의 삶의 질과 관련된 생활영역의 **생활운동**으로서 의미를 갖는다. 복지운동은 지역공동체운동의 속성을 지니고 있기 때문에 단순히 복지적 요구가 아닌 삶의 질 전반을 높이려는 생활운동으로서 의미를 갖는다.

넷째, 지역사회복지운동은 지역사회의 다양한 자원을 활용하고 조직 간의 유기적 협력을 통해 활동이 이루어지는 **지역자원 동원운동**이다.

결론적으로 지역사회복지운동이란 집단적 활동을 통하여 지역사회 환경변화를 추구하는 거시적 실천이며, 전문가들에 의한 정책 결정보다는 지역주민들의 참여에 의한 정책결정으로 사회적 약자를 우선시하는 가치지향을 지니고, 이때 전문가들에게는 지역주민들과 함께하는 실천적 전문가로서의 활동이 요구된다(이인재, 2004).

(2) 주요 지역사회운동 사례

지역사회운동 활동은 현 시점에서도 계속 발생하고 시대에 따라 사라진 운동들도 많다. 지역사회운동의 현황에 대한 소개는 전국 각 지역에서 두드러지게 활동하고 있는 운동단체를 중심으로 이 책에서는 다음의 표로 주요 지역복지 운동단체의 활동을 정리하였다. 본인의 관심 지역사회에는 어떠한 운동이 어떠한 주제로 지금 발생하고 있는지 찾아보는 일은 독자에게 맡기겠다.

표 14-3 지역사회운동 및 사회복지운동의 사례

지역	명칭	설립시기	주요 특징
전국 단위	참여연대 사회복지위원회	1994. 9. 10.	• 정치/경제 권력 감시 및 시민과의 연대 • 국민생활최저선 확보운동, 사회권확보 • 경제민주화 • 보편적 복지확대를 위한 운동
	복지국가 소사이어티	2007. 7.	• 복지국가 관련 정책 연구사업 • 복지국가 아카데미, 교육 및 세미나
	복지국가청년 네트워크	2012. 11.	• 청년세대의 '복지국가' 의제 • 세대 간, 세대 내 연대를 통한 복지국가 담론
지역 중심	천안 '복지세상'	1998.6. 28.	• '복지세상을 열어가는 시민모임' • 당사자 위주의 주민조직화로 발전시킴 • 조직화를 통한 지역자원 연계 및 시민 참여 활성화
	서울 '관악사회복지'	1995. 12.	• 빈민운동 계승을 통한 지역주민주체의 활동 • 푸드뱅크, 해체가정결연, 지역사회복지학교 운동 등 • '햇살(청소년자원봉사모임)' '해오름(여성)' '꿈꾼이(사회인모임)' 등의 다양한 모임조직 및 활동
	경기복지시민연대	1999. 3.	• 예산분석을 통한 지역사회복지운동 • 사회복지정책 모니터링 및 정책개발 활동
	서울복지시민연대	2007. 11.	• 사회복지사 중심 공공복지 모니터링 및 개혁운동 • 국민기초생활보장 및 기초노령연금 지키기 공동행동

<table>
<tr><td rowspan="3">지역
민간
·
공공
연계</td><td>도시재생</td><td>2000년대 초</td><td>• 도시재생 및 재활성화
• 2013년「도시재생 활성화 및 지원에 관한 특별법」 제정에 영향, 이후 지역별 관련 활동</td></tr>
<tr><td>마을만들기</td><td>1980년대
출발
2000년대
지역조례제정</td><td>• 2000년대 크게 확산되어 지자체별로 조례가 제정되는 상황
• 주민참여를 통한 마을보유 자원의 최대 활용과 지속적인 마을개선 도모
• 물리적 개선 + 공동체의 회복</td></tr>
<tr><td>로컬푸드운동</td><td>2000년대
후반</td><td>• 글로벌 푸드의 폐해에 대응 및 지역경제 활성화를 통한 지역성 회복
• 현재 농림수산부 중심으로 저탄소 녹색성장 대책으로 재조명
• 민간 · 공공 파트너십을 통한 친환경농어업 장려</td></tr>
</table>

2. 지역화폐와 지역화폐운동

1) LETS의 의미

지역화폐는 Local Exchange Trading System으로, LETS[1]라고 불린다. 주로 일정 지역이나 일정한 공동체 단위에서 돈이 아닌 재화나 서비스를 교환하는 방식으로 이루어진다. 지역사회 차원에서 상호호혜와 사회적 관계를 증진하며 교류를 통한 협력과 공생의 공동체를 이루기 위한 운동으로 확대되고 있다. 주류 경제에서 이탈되거나 소외된 사람들을 위해 선택된 일종의 생존 수단으로서, 또는 전통적 상부상조의 전통을 현대적 필

1) 동일한 영문 약자를 사용하면서도 지역이나 연구자에 따라 사용하는 구체적 의미는 매우 다양하다. 이 연구가 인용한 있는 글에서 쓰이는 몇 가지 예를 들어보면 Local Exchange and Trading Systems, Local Exchange Trading Schemes, Local Economic Trading Systems, Local Exchange Transfer Systems, Local Employment Trading Systems 등과 같다.

요에 맞추어 적용한 시도로서, 혹은 생태주의적 관심을 실천하려는 녹색 시민운동의 하나로서 현대 사회에서 각광받고 있다(백종만 외, 2015).

서구에서 LETS는 일정 지역사회 내에서만 통용되는 화폐를 통해 회원들 사이에 각종 자원을 교환하게 하는 제도(system/scheme)로 출발하였다. 여기서 회원들은 현금 없이도 자신들이 필요한 것을 타인으로부터 제공받을 수 있으며, 타인에게 제공할 수도 있다. 이때 지역화폐는 명목상으로는 화폐이지만, 단지 재화와 서비스의 교환을 위한 매개일 뿐이다. 따라서 이 통화는 통상적 화폐와 달리 상품이 아니며 가치 보존의 수단이 되지도 않는다(김형용, 1999).

이 제도는 사회문화적 배경이나 경제발전 단계의 차이에도 불구하고 세계의 각국에서 지역사회 수준에서 이루어지고 있는 현대의 **내부적 교환제도**(domestic barter systems)로 파악하기도 한다(Liesch & Birch, 2000). 지역사회 단위로 민주적으로 조직된 비영리적 사업으로서, 이것의 주된 목적은 지역 내의 기술과 자원을 보다 충실하게 활용하고, 지역사회가 자생력을 지니고 자족적 상태를 유지할 수 있도록 하려는 것이다. 이렇게 볼 때 LETS는 지역사회개발에 기여하는 것이 될 수도 있고(김형용, 1999), 자본의 세계화에 대한 지방 차원의 대응 수단으로서 이해될 수도 있다(Ingleby, 1998).

이러한 LETS의 특성은 참여자들 사이에 호혜성이 실현된다는 점에서 자원봉사와는 다르며, 호혜성이 기록된다는 점에서 이웃 간의 상부상조와도 다르고, 또 LETS에 속한 누구에게도 빚을 갚을 수 있는 다자간 교환제도라는 점에서 개인 간 채무변제와도 다르다. 특히 이때의 교환은 반드시 당사자 간에 직접적으로만 이루어지는 것이 아니라, 순환적으로 이루어질 수 있다는 점에서 은행계좌와도 다른 특성을 지니고 있다(백종만 외, 2015).

LETS와 유사한 형태로서 **아워즈**(Hours)로 불리는 활동이 있다. 통상적으로 LETS가 회원들의 계정을 통해서 거래 내역을 관리하는 것과 달리, 아워즈는 한 시간 동안의 노동력 제공을 '1아워즈'(hours)로 표시하면서 시간의 길이에 따라 2아워즈, 1/2아워즈 등으로 구분되는 지역화폐를 유통시키는 방식을 취한다. 아워즈라고 칭하는 것은 교환의 가치가 사람이 투여하는 시간, 기술, 에너지에 의해 창출됨을 나타내기 위한 것이다(Ithaca-hours Homepage).

또 다른 형태로 타임달러(Time Dollar)[2)]가 있다. 이것은 일종의 자원봉사은행이다. 타임달러는 노인 등의 자원봉사활동에 메리트를 주고, 그 자원봉사의 가치를 시간으로 환산하여, 당사자들이 필요시에 이를 사용할 수 있도록 한 제도이다. 여기에서 시간이라 함은 형식적으로는 사람의 노동시간을 일컫는 것이고, 내용적으로는 다른 사람들이 필요로 하는 '도움'을 의미한다. LETS와 같이 경제적 목적보다는 호혜성을 전제로 한 자원봉사제도에 가깝다(김형용, 1999).

또 다른 유형으로 일본에서 유행하고 있는 에코머니(Eco-money)를 들 수 있다. 일본에서는 에코머니가 등장하기 이전에 유상 자원봉사활동의 대가로서 발행되는 '교류티켓'과 타임달러의 일본판이라고 할 수 있는 '시간예탁'이 활용되고 있었다. 에코머니는 보다 폭넓게 고령화 사회의 도래나 환경문제 등의 과제를 해결하는 커뮤니티 재생을 추구하는 것을 목적으로 하고 있다. 말하자면 다른 지역화폐의 이념을 기본개념 속에 포함시키면서도 생활자 한 사람 한 사람이 새로운 커뮤니티를 창조한다는 점에서 미래지향적 성격도 띠고 있는 것이다(강환세, 2004). 현재는 대략 100여 개의 에코머니가 유통되고 있다(두피디아 두산백과, www.doopedia.co.kr).

2) LETS의 사회적 효과와 한계

LETS는 참여자 개개인 및 지역사회에 대체로 경제적, 심리적 및 사회적 영역의 문제해결에 효과가 있는 것으로 파악되고 있다. 경제적 효과는 LETS가 주로 실업자나 불완전 취업자들에게 생산적 활동 참여의 기회를 준다는 점이다. 심리 · 사회적 효과란 인간관계의 지평을 넓히고, 삶의 질을 풍부하게 하는 기회가 되며, 관계형성의 능력을 키워주며, 자존감을 높여 준다는 점을 일컫는다(Liesch & Birch, 2000). 개인적으로뿐만 아니라 사회적으로 유익한 제도라는 점에 대해 특별히 이견을 제시하는 연구는 없는 것 같다.

다만, LETS가 몇 가지 한계를 지닌다는 지적은 있다. 이것을 통해서 동원할 수 있는 자원에는 한계가 있으며, 여기서 제공되는 서비스는 불충분할 수밖에 없고, 이 활동에

2) Time Bank로도 불린다.

는 체력이 많이 소모되는가 하면 인내력을 가지고 기다려야 하는 경우가 많다는 것이다. 이런 점들이 효율성을 앞세우는 시장과 권리로서 서비스를 제공받는 공공부문과 비교했을 때 LETS가 지니는 가장 큰 약점이라 할 수 있겠다. 게다가 LETS는 국가나 지방자치단체의 세수입의 증대에 기여하거나 자본의 증식에 기여할 수 없다는 기능적 한계도 지닌다(Liesch & Birch, 2000: 10). 요컨대 LETS는 본질적으로 유익한 것이긴 하나, 참여자의 욕구충족 수단으로서 충분치는 않다는 점을 시사하고 있다.

3) 국내 활동현황과 과제

서구에서와 마찬가지로 우리나라에서 지역화폐운동은 지역공동체운동에 초점을 맞추고 있다. 돈을 중심으로 하는 교환의 관계가 아닌 노동력 등 재화나 서비스를 통해 누구나 관계할 수 있으며 이를 통해 교류가 확산되고 상호 간의 이해가 증진될 수 있다고 본다. 공동체를 바탕으로 노동력과 시간을 통해 상호 교환과 교류를 강화하는 새로운 경제 시스템을 마을단위에 구축하는 운동이다. 지역사회 자립과 주민들 간의 네트워크를 회복하는 것에 가장 큰 목적을 갖고 있다(김동배, 김형용, 2001; 양정하, 2009).

(1) 우리나라 지역화폐 운동의 한계와 과제

경기도에서는 경기지역화폐를 국가 표준화폐와 동일한 카드 형태로 제작하여 보급하였다. 이는 경기도 청년배당과 산모건강지원사업의 바우처 지원방식의 일환이기도 한데, 경기도 청년배당 및 산모건강지원사업의 지역화폐 추진은 청년배당으로 총 생산유발효과를 1조 1,191억 원, 산모건강지원사업으로 1,819억 원으로 예상하고 있다(이상훈, 박누리, 2018).[3]

경기도 지역화폐사업의 추진 목적은 청년배당(1인당 100만 원, 17만 명)과 산모건강지

3) 경기도 지역화폐로 청년배당과 산모건강지원사업의 지역경제 파급효과는 총 생산유발효과 1조 3,010억 원, 부가가치유발효과 6,227억 원, 취업유발효과 7,861명으로 추정하고 있다. 청년배당사업의 생산유발효과는 2019년에 2,867억 원, 2020년 2,849억 원, 2021년 2,752억 원, 2022년 2,723억 원으로, 산모건강지원사업으로 부가가치유발효과는 918억 원, 취업유발효과는 1,292명으로 전망하고 있다(이상훈, 박누리, 2018).

원사업(1인당 50만 원, 8만 4,000명)을 통해 창출되는 지역경제 수익, 해당 사업에 참여하는 인력의 취업활동 지원, 동시에 이를 통한 유사사업의 확장과 참여인력의 확대 등 부가가치 유발에 있다. 이는 우리 사회가 갖고 있는 중요한 사회문제인 청년 실업과 저출산에 대한 해결방안과 관련하여 적극적인 지방정부의 개입 의지의 실천으로 볼 수 있다.

우리나라에서 지역화폐가 본격적으로 대두되기 시작한 것은 1997년인데 IMF와 같은 국가 경제 위기상황에서 국민 안정과 가정해체 예방 등 실업자 구제 대책으로 대단히 중요한 역할을 하였다. 자본축적의 수단으로 통화되는 화폐와는 다른 방식으로 민주적인 협의구조를 토대로 회원 간에 노동력과 서비스를 교환하는 적자와 부채의 개념이 없는 순환구조이다. 즉, 지역화폐의 장점으로는 자산을 내세우지 않고, 지역 내 합의된 지침과 통제, 제한 등이 명시되며, 공동체의 목적과 목표에 맞는 방식으로 공식적 통화로 연결될 수 있고, 지역공동체 활성화와 상호 간의 연결고리(연결망)를 강화하는 데 있다(김민정, 2011; 류기환, 2015). 하지만 지역화폐는 긍정적인 면에도 불구하고 다음과 같은 한계점을 가진다. 이를 선행연구(김민정, 2011; 류기환, 2015)를 토대로 구분하여 정리하면 다음과 같다.

첫째, 거래가 불편하다는 것이다. 화폐의 이름도 다양하고 방식도 다양하여 어떻게 가격을 매기고 화폐량, 화폐금액을 환산할 것인가 하는 기준이 다양하다는 것이다.[4]

둘째, 지역에 국한되어 있기 때문에 제공받을 재화나 서비스가 한정된다는 것이다. 이는 지역적 규모에서 자원의 유출을 막고 지역 내 노동력과 서비스가 교환되고 순환하는 과정의 필수불가결한 선택의 문제이다. 하지만 이용하는 입장에 있는 주민들에게는 필요한 물품이나 서비스를 바로 제공받지 못한다는 점에서 거래의 한계로 작용할 수밖

4) 지역화폐들 중 '두루'를 사용하는 한밭레츠는 지역주민 스스로 운영하는 구조로 재활용품, 농산물, 의료, 교육 등을 거래하며, 과천품앗이는 교육품앗이이다. '아리'라는 화폐가 통용되며 1시간에 1만 아리를 제공한다. 일정의 금액을 구로부터 지원받고 있고 차량정비, 집수리, 물물교환 등으로 확대되었다. 고잔품앗이는 물물교환과 가사품앗이로 '고잔머니'와 국가화폐를 병행하여 사용한다. 광명그루는 통장형으로 '1그루'가 1원이다. 대구 지역화폐 늘품은 '품'으로 거래하며 도시락배달, 물품판매 등으로 확보한다. 부천여성노동자회의 부천희망품앗이는 시장 봐 주기, 청소, 반찬, 빌려주기 등 삶의 영역에서 사용된다. '씨앗'을 가지고 물물교환하거나 장터에서 거래하는 방식, 원플러스 씨앗으로 현금과 씨앗을 병행하는 방식을 사용한다(김민정, 2011; 류기환, 2015).

에 없다. 자칫 폐쇄적 집단으로 이어져 특정한 권력과 통제가 규칙이 되어 교환과 순환에 장애로 작용할 수 있다.

셋째, 지역화폐 관리 업무는 막대한 부담이 따른다. 다수의 선행연구에서 제시된 실천 사례에서는 자체 사무국과 상근 인력이 필요(하지만 부재)하다는 것과 그 업무로는 홈페이지 관리, 계정 프로그램 관리, 후원금 및 사업비 지원 등 운영, 회원관리 및 프로그램 운영, 회원업체 창출, 인식 확산을 위한 캠페인 운동 등을 제기하고 있다. 회원 전체가 같이 할 수 없는 일이고 책임자와 관리자에 대한 배치가 필요하며 전산 프로그램의 개발과 운영 편의성 도모가 필요하다. 동시에 회원을 관리하고 지역화폐의 사용처와 노동력 활용 지점에 대한 평가 및 관리, 회계프로그램 운영 및 관련 자료의 보전 등 물리적 측면에서 공간도 필요하다.

(2) 우리나라 지역화폐 실천 사례

지역화폐의 유형 중 가치의 기준을 시간으로 환산하는 방식으로 대표적인 모델이 LETS, 타임뱅크 시스템이다. 수평적인 호혜를 기르고 상호관계를 중시하며 교환을 통해 자립적인 지역경제의 시스템을 구축하는 방식이다. 이 책에서는 최근 활동을 중심으로 주요 사례 4개를 소개하고자 한다. 자세한 설명은 해당 홈페이지나 관련 매체를 참조 바란다.

① 대전 한밭레츠

우리나라에서 운영되고 있는 LETS 중 대표적인 곳이 대전의 한밭레츠이다. 한밭레츠는 1999년에 시작되었으며 자본 중심이 아닌 사람 중심이 되어 함께 살아가는 방법을 찾기 위한 과정에서 출발했다. 한밭레츠에서는 지역 내에서 통용되는 지역화폐를 통해 회원들이 노동과 물품을 거래할 수 있는 교환제도인 '**지역품앗이**'를 중심으로 활동하는데 지역품앗이란 자신이 보유하고 있는 노동과 물품을 이를 필요로 하는 다른 사람에게 제공하고 자기 자신도 다른 사람으로부터 필요한 노동과 물품을 제공받을 수 있는 다자간 품앗이 제도를 의미한다.[5]

한밭레츠의 기본원리는 다음과 같다. 첫째, 화폐인 '두루'는 현금으로 사고팔 수 없다.

둘째, 한밭레츠 홈페이지를 이용하여 생산자와 소비자가 필요한 요구를 확인할 수 있고 직접적인 거래가 가능하다. 셋째, 전자결제 방식으로 '두루'의 거래가 이루어지며 가입과 동시에 기본적으로 일정액의 두루가 부여되고 사용할 때마다 두루가 차감되는 방식이다. 전체 거래액 중 최소 30%까지 두루로 결제하도록 유도하고 있다. 거래가 성사되면, 한밭레츠가 운영하는 등록소에 보고하고 등록소의 운영을 위해 거래액의 5%를 공제한다. 거래내역은 각 회원들에게 공지하며, 정산 후 개인계좌에 거래액을 이체한다.

2020년 전체 회원은 670가구이며 매월 거래건수는 500~800여 건으로 177,191,705원의 거래실적을 보이고 있다.[6] 총회 자료를 보면 2020년 거래실적이 줄어든 것으로 분석되고 있는데 이는 지역화폐가 대면을 중심으로 하는 사람관계를 핵심으로 하고 있다보니 코로나19의 영향을 크게 받은 것으로 보인다.

② 사랑고리은행

지역화폐의 또 다른 형태로 지역사회복지운동이 추구하는 공동체의 회복, 주민들 간의 신뢰관계와 상호호혜의 전통을 살려 내는 교환과 순환의 '타임뱅크'가 확대되고 있다. **타임뱅크**는 1980년 에드가 칸(Edgar S. Cahn) 박사에 의해 창안된 교환경제의 마을공동체 운동이다. "이제 쓸모없는 사람은 없다."라는 슬로건을 바탕으로 하는데, 이는 봉사자와 수혜자의 역할 구분에서 벗어나 모두가 이웃과 사회에 기여할 수 있는 쓸모 있는 존재의 인식으로부터 시작된다.

타임뱅크는 가장 간편한 지역 화폐제도로 물품의 거래가 없고 LETS와 마찬가지로 상호 신용에 의해 가치가 창출된다. 타임뱅크 참여자는 지역사회에 토대를 둔 비전문적인 서비스를 교환하고 한 시간 동안의 지역사회 봉사가 각 거래의 단위가 된다. 누군가를 도운 시간을 적립할 수 있고 도움이 필요할 때 적립된 시간을 사용할 수도 있으며 타인에게 기부할 수도 있다.

이 시간 시스템에 참여하는 사람들은 자신이 필요로 하는 욕구와 자신이 제공할 수

5) 자세한 내용은 한밭레츠 홈페이지(http://www.tjlets.or.kr)를 참조하기 바란다.

6) 제20차 한밭레츠 정기총회 자료집을 참조하였다.

있는 자산을 공유하고 필요한 사람들 간의 매칭을 통해 교환이 이루어진다. 이를 조정하고 연계할 코디네이터가 필요하며 최근에는 산업기술의 발달로 앱(예: 당근마켓)을 통한 교류와 교환의 장을 온라인으로 확대하는 방식도 개발되고 있다.

개인과 개인 간의 교환은 정해진 당사자와의 만남이 아니라 서로 필요한 사람들과의 거미줄 형태의 다방면의 연결고리를 갖는다. 각자의 연결고리를 이어가다 보면 마을 전체의 주민들이 서로 관계하고 교류할 수 있는 생태망이 확장된다. 이 고리의 형태를 착

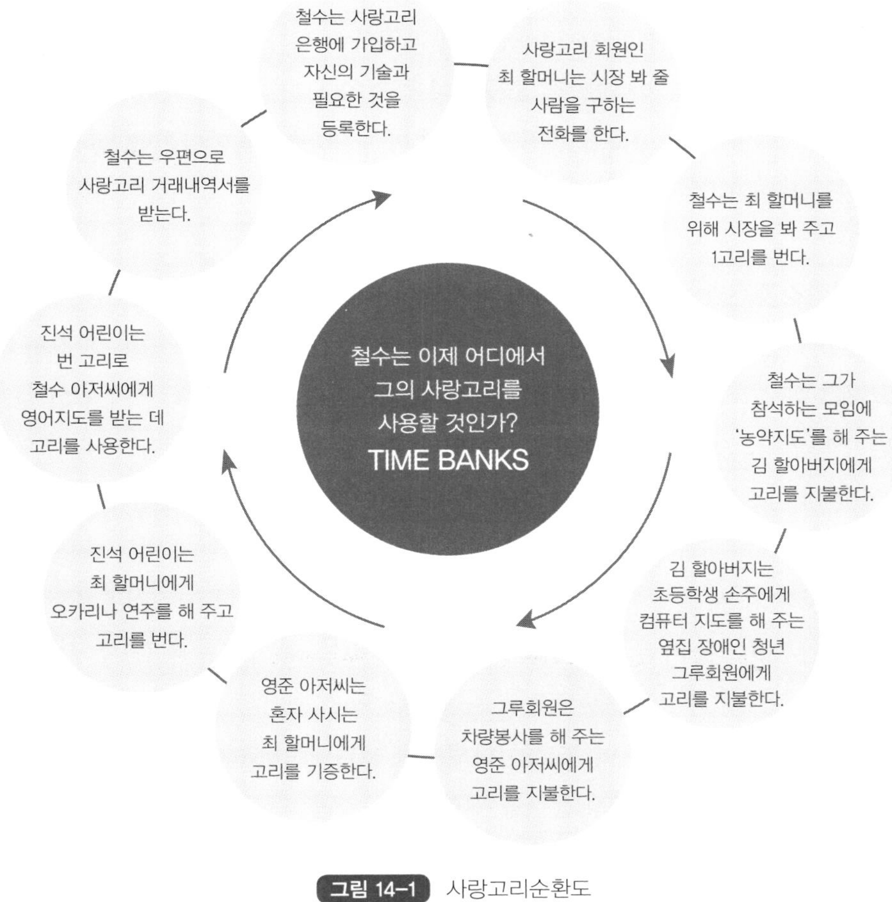

그림 14-1 사랑고리순환도

출처: 구미시니어클럽(www.gumisenior.or.kr).

안하여 우리나라에서 가장 먼저 타임뱅크를 실천한 곳이 구미의 사랑고리은행이다.

사랑고리은행은 경북 구미에서 김요나단 신부에 의해 2002년부터 운동으로 실천하고 있다. 구미 시니어클럽에서 사랑고리은행을 처음 시작해 구미요한선교센터의 가정간호와 재활봉사사업을 통해 간병서비스, 저소득 및 맞벌이 가정의 공부방 운영, 홀로계신 어르신을 대상으로 주말에 도시락을 제공하는 지역사회 보호사업, 노노 및 노소케어(전화봉사, 돌봄, 병원동행 등) 활동, 호스피스 운동 등으로 확대 실천해 오고 있다.

사랑고리의 운영목적으로는 우리나라의 품앗이 운동과 같이 지역 내 문제를 지역주민 스스로 해결하는 것에 있다. 남녀노소, 장애인이든 비장애인이든 자신이 가지고 있는 재능과 기술, 학식과 경험 등을 타인에게 제공하여 도와줌으로써 마을에서 필요한 서비스를 마을로부터 받고 나눌 수 있도록 하는 것이다. 연속적인 교환거래를 통해 만남이 증대되고 상호 간의 이해가 증진됨으로써 마을 내 공동체 의식을 키우고 사회자본을 확대하는 의미가 있다.

③ 사단법인 타임뱅크코리아

우리나라 타임뱅크 운동을 장애인의 재활과 지역사회 참여의 영역으로 확장하고 타임뱅크 제도화에 노력하고 있는 대표 단체이다. 2017년 서울시로부터 사단법인 설립을 허가받아 타임뱅크 이해 확산과 코디네이터 양성, 온라인 플랫폼 개발 등에 주력하고 있다. 구미의 사례를 토대로 서울 노원구를 비롯한 수도권, 지방까지 전국적인 실천 운동으로 확산하기 위한 기반을 강화하고 있다. 핵심가치로는 자산, 새로운 노동의 정의, 호혜성, 사회적 자본, 존중이며 사랑, 돌봄, 우애, 정의 등에 기반한 핵심경제를 복원하고 연대에 기초하여 소외됨 없이 전체 사회가 사회적인 대 가정을 추구하는 것을 목적으로 한다(타임뱅크코리아, http://www.timebanks.or.kr).

주요하게 추진하고 있는 사업으로는 타임뱅크 코디네이터 양성과정, 타임뱅크 플랫폼 번역 및 개발, 크라우드 펀딩 플랫폼 개발, 기타 출판 및 교육, 홍보활동이 있다. 타임뱅크 운동은 레츠와 달리 코디네이터가 중요하다. 역량 있는 코디네이터를 개발하고 실천적 지침과 운동의 가치, 이념을 정확히 알고 전달할 수 있는 인력 양성에 초점을 둔다. 각각의 봉사활동을 기록하고 저장, 유통하는 모바일 환경을 기반으로 온라인 솔루

션 시스템을 개발한다. 사회적 운동으로 확산되고 참여가 확대되도록 크라우드 펀딩 방식의 홍보활동과 미국, 영국, 중국 등 전 세계 다양한 실천 사례를 책으로 출판하여 국민적 이해의 범위를 확장하기 위해 노력하고 있다. 카페 프렌즈를 중심으로 장애인과 대학생, 지역주민의 연결고리를 형성하고 각자의 자산을 공유하고 나누도록 지원한다. 서울 서대문구 포방터길에 위치한 타임뱅크하우스 개소 이후 이 공간을 중심으로 만남의 시간이 확대되고 있으며 자산을 나누고 공유하는 사람들의 참여가 증가하고 있다.

④ 고강종합사회복지관, 타임뱅크를 활용한 커뮤니티 케어 사업

코로나19가 시작되고 나서 만남이 줄어들고 사회적 소외, 돌봄 사각지대에 대한 우려와 걱정이 넘쳐나는 시기에 주민들이 주민을 돌보는 관계와 협력의 마을공동체를 타임뱅크를 활용하여 실천한 사례이다.

2019년부터 본격적으로 마을을 중심으로 관계와 협력의 돌봄체계를 구축하기 위해 지역화폐를 매개로 실천이 시작되었다. 경기도 부천의 초기 지역화폐는 부천페이라는 카드에 표준화폐가 충전되는 방식의 실물화폐였다. 지역화폐가 가지는 지역성에 우선 초점화하였고 단기적으로는 타임뱅크 방식으로의 전환을 기초로 하였다.

본 사업은 마을 내 어르신 특히 홀로계신 어르신 및 장애인 등 거동이 불편한 주민을 대상으로 마을주민의 조직체를 구성(어르신, 주부, 청년, 중년 등 네 그룹)하여 가정방문을 통한 일상생활 확인과 필요욕구 파악, 건강체조, 1:1 어르신 건강관리 서비스, 나들이, 밑반찬 및 주거환경 개선 사업 등의 재가복지서비스를 제공한다. 주요한 실천으로는 네 그룹의 마을 활동가가 자신이 가지고 있는 재능과 기술을 중심으로 활동을 펼쳐 내며 이는 시간당 지역화폐를 제공하는 방식으로 노동력에 대한 교환 체계를 구축하였다.

본 사업은 찾아가는 케어매니저로 50명의 활동가를 구성하고 맞춤형 방문 운동관리, 통합사례관리, 지역 내 유관 병의원 및 의료협동조합과 연계한 건강 예방시스템 구축, 4개의 그룹단위별로 이루어지는 생활지킴이(주부), 여가지킴이(청년), 안전지킴이(중년), 교육문화지킴이(어르신) 활동이 세부적으로 추진되었다.

20여 명의 마을 주민이 100여 명의 어르신을 매주 정기적으로 가정방문하며 일상에서 어려움이나 투약관리, 건강상의 불편요소 점검, 송영서비스, 가정관리, 주거환경 개

목적	과정목표	성과목표
고강동 지역 내 요양시설 단기보호, 재가보호, 등급외자 어르신을 대상으로 1:1 어르신 건강관리 시스템 구축, 커뮤니티 이웃지킴이 조직, 기존 마을주민 조직체와의 유기적인 안전망 구축을 통해 안심하고 살아갈 마을환경을 제공한다. 또한 어르신, 주부, 청년, 중장년 등 주민 만남을 통해 세대 교류, 사회자본이 커지는 참여, 협력, 복지공동체를 형성하고자 한다.	• 찾아가는 방문 건강관리(케어매니저 3명, 1:10 활동) • 건강예방 전문가 네트워크(치매예방관리 교육 등) • 맞춤형 운동관리(노인운동전문가 3명, 1:10 활동) • 통합사례관리(10명, 맞춤형복지팀, 통합돌봄팀 연계)	어르신 건강관리 시스템 구축: 1:1 건강관리 체계
	• 생활지킴이(주부봉사단, 일상생활 지원), 10명 조직 • 여가지킴이(청년, 나들이 및 여가활동), 10명 조직 • 안전지킴이(중장년, 주거환경개선 및 수리), 10명 조직 • 교육문화지킴이(어르신, 원예, 공예, 문해교육 등), 10명 조직	커뮤니티 케어 이웃지킴이 조직: 4개 신규 통사단 조직
	• 공공기관 네트워크(부천시, 동주민센터, 협의체 등) • 병의원 네트워크(병원, 한의원, 약사, 간호사 등) • 노인전문기관 네트워크(노인복지관, 요양원, 재가노인센터 등) • 마을자생단체 네트워크(자치위원회, 동복지협의체, 통장 등)	커뮤니티 케어 마을안전망 체계 구축: 조직 간 네트워크, 협력 역할분장, 자원공유 연계
	• 커뮤니티 케어 사업평가회 • 커뮤니티 케어 성과보고회	커뮤니티 케어 이해, 성과 확산

그림 14-2 지역화폐(타임뱅크)를 활용한 돌봄공동체 운영 목적과 목표

출처: 고강종합사회복지관(2019).

선 등 자신들이 가진 재능을 나눔으로써 관계 확장과 코로나19와 같은 비상 상황에서도 만남이 중단되지 않고 마을에서의 교류와 관계는 지속적으로 이어질 수 있도록 하였다. 2023년에는 서비스를 받았던 어르신들이 나눌 수 있는 자산조사와 목록화, 그리고 작은 나눔의 실천 활동들을 이어나가고 있다.

참고문헌

감정기(2003). 품앗이형 장애자녀 보호체계에 관한 부모의 인식: Q-방법론적 분석. 사회복지학 정체성의 위기와 도전. 2003년 한국사회복지학회 추계학술대회 자료집.

감정기, 조추용(1998). 통영 · 거제지역 사회복지시설의 사회화에 관한 연구. 통영 · 거제지역 연구, 4(1), 269-308.

감정기, 진재문(2000). 사회복지시설의 사회화에 관한 경남지역 사례연구. 비판사회정책, (8), 43-86.

감정기, 최원규, 진재문(2002). 사회복지의 역사. 나남출판.

강환세(2004). 지역통화운동에 관한 사례연구: 사회감사 접근법을 중심으로. 경남대학교 사회복지학과 석사학위논문.

경기복지재단(2017). 주민조직화 전문가 양성을 위한 교재개발연구.

고강종합사회복지관(2019). 지역화폐를 활용한 지역복지공동체 사업: 요양등급 재가보호 및 등급외자를 중심으로.

고두갑(2003). 국고보조금과 지방의 재정행동. 한국지방재정논집, 8(2), 1-17.

고성철(2004). 국고보조금과 지방자치단체 사업평가의 연계 방안에 관한 연구: 중요국책사업에 대한 합동평가와의 연계를 중심으로. 한국지방재정학회 세미나자료집.

고수현, 김익균(2003). 지역사회복지론. 대학출판사.

관계부처합동(2020). 사회적 가치 실현을 위한 공공부문의 추진전략. https://www.korea.kr/archive/expDocView.do?docId=38779.

구선영(2005). 사회복지관 사회복지사들의 옹호활동에 영향을 미치는 변인에 관한 탐색적 연구. 서울여자대학교 석사학위논문.

구자행(2005). 시민운동과 자원봉사활동의 연계 · 협력. 한국자원봉사관리협회 4차포럼자료(2005. 4. 7.).

국민건강보험공단(2022). **노인장기요양보험 통계연보**. 국민건강보험공단.

국회예산정책처(2023). **2023 대한민국 지방재정**.

국회예산정책처(2024). **2024 대한민국 지방재정**.

권청재(2019). 국책연구기관 사회적 가치 평가 개선방안: 경제인문사회분야 국책연구기관을 중심으로. **사회적경제와 정책연구**, 9(1), 91-120.

기영화(2017). 사회적경제 차원의 사회적기업과 기업의 사회적 책임의 비교연구. **사회적경제와 정책연구**, 7(3), 79-108.

김경동(2020). 사회적 가치의 철학과 비전. 서상목 외 공저, **사회적 가치 시대를 연다**. 한국사회복지협의회.

김동배, 김형용(2001). 지역통화운동이 지역사회 공동체의식 강화에 미치는 영향에 관한 연구. **한국사회복지학회**, 45, 40-71.

김민성, 오현아, 김현, 이중수, 이해우(2020). 서울시 지역사회 정신건강증진사업 관련 종사자대상 성공사례기법을 활용한 교육전이 결정요인 연구. **정신건강**, 10, 6-26.

김민정(2011). 지역화폐운동의 성과와 한계: 한국사례를 중심으로. **기억과 전망**, 26, 116-148.

김범수(2012). **지역사회복지의 이해**. 학현사.

김병년(2008). 한국 사회복지사의 사회복지옹호활동에 관한 연구-복지태도와 정치효능감과의 관계를 중심으로-. 가톨릭대학교 석사학위논문.

김성이, 오정수, 전광현, 황성철(1997). **비교지역사회복지**. 한국사회복지관협회.

김수영, 문경주, 오찬옥(2015). 고령화 지역의 Aging in Place에 영향을 주는 조건분석을 통한 정책방향 탐색. **지역사회연구**, 23(2), 137-164.

김수영, 오찬옥, 문경주(2017). 거주지역의 물리적 환경특성에 대한 인식이 고령자의 정주의식에 미치는 영향에서의 삶의 만족도의 매개효과. **한국주거학회논문집**, 28(3), 35-43.

김영호(2005). 일본의 볼런티어활동 현황과 연구동향. **자원봉사 연구의 세계적 동향**. 한국자원봉사학회 창립기념 2005년 춘계학술대회 자료집.

김용득(2016). **장애인복지**. EM 커뮤니티.

김용득(2018). 탈시설과 지역사회중심 복지서비스 구축 어떻게 할 것인가: 자립과 상호의존을 융합하는 커뮤니티 케어. **보건사회연구**, 38(3), 492-520.

김용희, 한창근(2020). 사회적 가치' 이슈를 다룬 언론기사의 의미연결망 분석: 2006년부터 2019년까지 국내 중앙지 언론보도를 중심으로. **한국사회복지학**, 72(2), 201-229.

김우림(2021). **사회복지분야 지방자치단체 국고보조사업 분석**. 국회예산정책처

김의영, 구양미, 권현익, 안도경, 안상훈, 이준웅, 이옥연, 최인철, 한신갑(2016). 사회적 경제의 혼종성과 다양성. 푸른길.

김인(2014). 중국 도시 공간 재구성과 지배구조 변화: 단위와 사구 변화를 중심으로. 중소연구, 38(1), 121-139.

김정인(2018). 사회적 가치 실현을 위한 공직가치에 관한 시론적 연구: 포용적 성장을 중심으로. 한국인사행정학회보, 17(1), 57-83.

김종일(2004). 지역사회복지론. 현학사.

김주원(2016). 회복탄력성. 위즈덤하우스.

김찬우(2005). 미국 장기요양 제도의 변천과 케어매니지먼트 등장에 관한 연구. 사회복지연구, 26, 91-122.

김찬우(2006). OECD 국가의 통합적 장기요양체계에 대한 비교연구. 한국사회복지행정학, 8(2), 65-103.

김찬우(2013). 노인장기요양보험제도 실행에서의 한국형 케어매니지먼트 도입에 관한 고찰. 보건사회연구, 33(2), 219-242.

김태일, 김재홍, 현진권. (2001). 지방재정조정제도의 수평적 재정 형평화 효과. 한국지방재정논집, 6(2), 3-19.

김형용(1999). 한국 지역통화운동의 성격과 참여자의 공동체의식에 관한 연구. 연세대학교 대학원 사회복지학과 석사학위논문.

김혜란, 공계순, 박현선, 홍선미(2023). 사회복지실천론. 학지사.

남궁근(2019). 사회적 가치 실현을 위한 성과 거버넌스: 문재인 정부 국정과제의 성과평가를 중심으로. 한국행정연구, 28(3), 35-71.

남기철(2022). 자원봉사론. 학지사.

대구사회연구소(1995). 대구 · 경북사회의 이해. 한울아카데미.

류기환(2015). 지역화폐를 통한 지역경제 활성화 방안. 국제지역연구, 19(1), 103-126.

미내사클럽, 한국불교환경교육원(2000). 지역통화운동(LETS)의 활성화를 위한 워크샵 자료. 한국불교환경교육원.

박광준(2013). 사회복지의 사상과 역사. 양서원.

박명규(2018). 사회적 가치의 다차원적 구조. 박명규, 이재열, 최정규, 김홍중, 김병연, 강정한, 엄한진, 조형근, 이원재A, 이원재B, 장용석, 황정윤, 라준영, 윤제용, 한상진 공저. 사회적 가치와 사회혁신: 지속가능한 상생공동체를 위하여. 한울아카데미.

박임수, 안이슬(2019). 사회적 가치 분류체계 연구: 공기업(K-water)을 중심으로. 기업경영리뷰, 10(2), 333-350.

박정민, 이승호, 김윤지, 탁장한(2015). 소득빈곤선과 결핍지수의 정합도: 빈곤 여부와 국민기초생활보장 수급지위를 기준으로. 사회보장연구, 31(4), 83-107.

박혜준(2022). 지역사회 통합돌봄 사업과 자활사업 연계사례를 통해 본 민 · 관 파트너십의 경험과 과제, 월간복지동향, (279), 17-29.

백종만, 감정기, 김찬우(2015). 지역사회복지론. 나남.

보건복지부(2022). 제5기(2023-2026) 지역사회보장계획수립안내. 한국보건사회연구원 지역사회보장균형발전지원센터.

보건복지부(2023). 2024 지역사회보장협의체 운영 안내.

보건복지부(2024). 2024 사회복지시설 관리 안내.

보건복지부(2024). 2024년 복지관 운영관련 업무처리 안내.

보건복지부(2024). 2024년 자활사업 안내.

보건복지부(2024). 2024년 정신건강사업 안내.

부산복지개발원(2015). 사회복지관 주민조직화 매뉴얼연구

부천시(2021). 부천시 지역사회돌봄 사업안내.

사회복지공동모금회(2017). 사회복지공동모금회 20년, 사회적 영향력 및 성과분석. 사회복지공동모금회.

서울시복지재단(2005). 사회복지프로그램 매뉴얼 개발연구—지역사회조직화 실천방법.

서울시복지재단(2013). 복지관, 마을지향으로 일하기(증보판).

서울시복지재단(2020). 마을지향복지관 성과평가 연구.

신현상, 이호영, 김하은(2020). 사회혁신과 임팩트. 서상목 외 공저. 사회적 가치 시대를 연다. 한국사회복지협의회 출판부.

양정하(2009). 지역화폐운동의 성격과 과제. 지역사회, (61), 132-141.

오정수, 류진석(2016). 지역사회복지론. 학지사.

원세연(2021). 대한민국 달라진 국제 위상…지표로 살펴보니. 대한민국 정책브리핑. https://www.korea.kr/news/policyNewsView.do?newsId=148894061

유효선, 김생수(2012) 사회적 기업의 개념과 유형에 관한 고찰. 한국행정과 정책연구, 10(1), 23-45.

윤수정(2018). 사회적 가치 실현과 헌법. 공법학연구, 19(3), 197-222.

이명진, 천희주(2018). 사회적기업의 지역사회 내 사회적 가치 평가에 관한 탐색적 연구. 노동연

구, 36, 115-142.

이봉주, 김혜란, 구인회, 강상경, 홍백의, 안상훈, 박정민, 유조안, 하정화, 김수영, 한윤선(2023), 사회복지개론. 학지사.

이상훈, 박누리(2018). 경기도 지역화폐의 지역경제 파급효과: 청년배당 등 정책수당을 중심으로. 경기연구원.

이성, 정지웅(2002). 지역사회복지론. 학지사

이성호, 이성욱(2017). 중국 특색의 게이티드 커뮤니티?: 개혁개방 이후 중국의 게이티드 커뮤니티에 대한 비판적 재해석. 대한지리학회지, 52(5), 537-560.

이승규, 라준영(2010). 사회적 기업의 사회경제적 가치 측정: 사회투자수익률. 벤처경영연구, 13(3), 41-56.

이승훈(2017). AIP(Aging in Place)에 대한 주관적 기대와 의미: 농촌 지역의 노인들을 중심으로. 공공사회연구, 7(1), 135-163. doi.org/10.21286/jps.2017.02.7.1.135

이영환 (편). (2005). 한국의 사회복지운동. 인간과 복지.

이윤경, 강은나, 김세진, 변재관(2017). 노인의 지역사회 계속거주(Aging in Place)를 위한 장기요양제도 개편방안. 한국보건사회연구원.

이인재(2004). 한국지역사회복지실천론. 나눔의 집.

임성은, 문철우, 이은선, 윤길순, 김진희(2018). 사회적경제의 사회 · 경제적 가치 측정을 위한 통합지표 개발 연구. 한국보건사회연구원.

임연옥(2016). 친숙한 지역사회에서 존엄하게 늙어가는 것은 어떻게 가능할까?: 농촌과 도시 거주 노인 간 Aging in Place 모델과 경로 비교 분석. 노인복지연구, 71(3), 411-436.

임의영(2009). 사회적 형평성의 정의론적 논거 모색: "다원주의적 정의론"을 중심으로. 한국행정학보, 43(2), 1-18.

장용석, 황정윤(2018). 공공가치 융합시대의 사회혁신. 박명규, 이재열, 최정규, 김홍중, 김병연, 강정한, 엄한진, 조형근, 이원재A, 이원재B, 장용석, 황정윤, 라준영, 윤제용, 한상진 공저. 사회적 가치와 사회혁신: 지속가능한 상생공동체를 위하여. 한울아카데미.

전선영(2004). 사회복지교육과 사회복지가치 및 옹호관계에 관한 연구. 서울여자대학교 박사학위논문.

정도진, 박성환, 김종현, 강평경(2019). 공공기관의 사회적 가치 인식 및 측정사례연구. 회계저널, 28(6), 251-277.

정병수(2020). 아동인권옹호가의 역량모델에 관한 연구. 성균관대학교 박사학위논문.

조돈문 (편). (1995). 노동운동과 신사회운동의 연대 I. 한국노총중앙연구원.

진희선(2013), 한국 사회적기업에서의 사회적 가치와 그 구성요소에 대한 논의. 윤리연구, 91(0), 127-167.

차흥봉, 최성재, 이가옥, 윤현숙, 서혜경, 박경숙(2000). 고령화사회의 장기요양보호. 도서출판 소화.

최병두(1994). 한국지역사회운동의 발달과정과 전망. 한국공간환경연구회 엮음. 지역불균형연구. 한울.

최옥채(2001). 지역사회실천론. 아시아미디어리서치.

최옥채(2012). 사회복지사를 위한 조직화기술. 양서원.

최일섭, 류진석(2001). 지역사회복지론. 서울대출판부.

최종복(2017). 사회복지사의 지역사회조직사업 역할수행 척도 개발: 마을만들기 사업을 중심으로. 가톨릭대학교 대학원 박사학위논문

최종복(2021). 사회복지관에서의 평생교육. 제2차 대한민국 평생교육 대토론회 자료집.

한국사회복지관협회(2015). 사회복지관과 지역사회복지실천. 공동체.

한국주민운동교육원(2022). 주민운동현장사례연구. 플러스디자인.

한국주민운동정보교육원(2018). 주민운동의 힘, 조직화 CO방법론. 플러스디자인.

한국중앙자원봉사센터(2014). 자원봉사자와 함께한 센터 20년. 자원봉사센터 20주년 기념자료집.

한국지역사회복지학회 춘계학술대회 발표논문집(2017). 지방분권시대에 사회복지분권화 어떻게 할 것인가?. 한국지역사회복지학회.

한밭레츠(2021). 2021년 제20차 한밭레츠 정기총회 자료집.

행정안전부(2023). 2024 자원봉사 활성화를 위한 자원봉사센터 운영지침.

행정안전부(2024). 2024 자원봉사센터 현황.

행정안전부(2024). 2024년도 지방자치단체 예산 및 기금개요.

행정자치부, 보건복지부, 기획예산처, 빈부격차차별시정위원회(2005). 사회복지 전달체계 개선방안.

홍선미(2004). 사회복지사의 이데올로기 변화에 대한 역사적 분석. 한국사회복지학회 춘계학술대회 발표 자료집.

황익주, 정규호, 신명호, 신중진, 양영균(2016). 한국의 도시 지역공동체는 어떻게 형성되는가. 서울대학교출판문화원.

황주희(2022). 영국의 커뮤니티케어 정책 실현: 장애인을 위한 주택 공급 정책과 장애인주거환경 개선보조금의 활용. 국제사회보장리뷰, 23, 63-81.

Aday, L. A. (1997). Vulnerable population: A community-oriented perspective. *Family & Community Health, 19*(4), 1-18.

Alinsky, S. (1974). *Reveille for radicals.* Vintage.

Anderson, E. (1990). *Streetwise: Race, Class and Changes in an Urban Community*, University of Chicago Press.

Bachrach, K. M., & Zautra, A. J. (1985). Coping with a community stressor: The threat of a hazardous waste facility. *Journal of Health and Social Behavior, 26*(2), 127-141.

Baker, M. J. (1983). The necessity of conflict. *Women and Therapy, 2*(2-3), 3-9.

Barman, E. (2016). *Caring Capitalism: The Meaning and Measure of Social Value*. Cambridge University Press.

Barry, J., & Proops, J. (2000), *Citizenship, Sustainability and Environmental Research: Q Methodology and Local Exchange Trading Systems*. Edward Elgar.

Berg, B. (1998). *Qualitative Methods for the Social Sciences* (3rd ed.). Allyn & Bacon.

Blau, P. (1964). *Exchange and Power in Social Life.* Wiley

Boone, E. J. (1985). *Developing programs in adult education*. Prentice-Hall.

Borzaga, C., & Defourny, J. (2001). From third sector to social enterprise. *The emergence of social enterprise*, 1-28.

Brager, G., Specht, H., & Torczyner, J. (1987). *Community organizing* (2nd ed.). Colombia University Press.

Buckner, J. C. (1988). The development of an instrument to measure neighborhood cohesion, *American Journal of Community Psychology, 16*(6), 771-791.

Burch, H. (1996). *Basic social welfare policy and planning.* Haworth.

Burghart, S., & Fabricant, M. (1987). *Working under the safety net.* Sage.

Cahn, E. S. (2001). On LETS and time dollars. *International Journal of Community Currency Research, 5*(2), 1-4.

Caldwell, C. (2000). Why do people join local exchange trading systems. *International Journal of Community Currency Research, 4*(1), 1-16.

Calouste Gulbenkian Foundation (1968). *Community Work and Social Change, A report on training.* Longman.

Chambers, D., Wedel, K., & Rodwell, M. (1992). *Evaluating social programs*. Allyn & Bacon.

Chambon, A. (1999). Foucault's approach: Making the familiar visible. In A. Chambon, A. irving, and L. Epstein (Eds.), *Reading Foucault for Social Work* (pp. 51-81). Columbia University Press.

Chaskin, R. J. (1999). *Defining community capacity: A framework and implications from a comprehensive community initiative.* Chapin Hall Center for Children at the University of Chicago.

Cutchin, M. P. (2003). The process of mediated aging-in-place: A theoretically and empirically based model. *Social science & medicine,* 57(6), 1077-1090. doi.org/10.1016/S0277-9536(02)00486-0

Decker, S., & Van Winkle, B. (1996). *Life in the gang.* Cambridge University Press.

Delgado, M. (2000). *Community social work practice in an urban context.* Oxford University Press.

DiNitto, D. (1991). *Social welfare politics and public policy* (3rd ed.). Prentice-Hall.

Doel, M. (2012). *Social work: The basics.* Routledge.

Doolittle, R. J., & MacDonald, D. (1978). Communication and a sense of community in a metropolitan neighborhood: A factor analytic examination. *Communication Quarterly, 26*(3), 2-7.

Doyal, L., & Gough, I. (1991). *A Theory of Human Need.* Macmillan.

Dye. T. (1998). *Understanding public policy* (9th ed.). Prentice-Hall.

Eng, E., & Parker, E. (1994). Measuring community competence in the Mississippi Delta: The interface between program evaluation and empowerment. *Health Education Quarterly, 21*(2), 199-220.

Fellin, P. (1995). *The Community and Social Worker* (2nd ed.). Peacock.

Fisher, R., & Shragge, E. (2000). Challenging community organizing: Facing the 21st century. *Journal of Community Practice, 8*(3), 1-19.

Forbes, D. P. (1998) Measuring the unmeasurable: Empirical studies of nonprofit organization effectiveness from 1977 to 1997. *Nonprofit and voluntary sector quarterly, 27*(2), 183-202

Freire, P. (1970). *Pedagogy of the oppressed.* Continuum

French, J., & Craven, B. (1968). The bases of social power. In D. Cartwright and A. Zander (Eds.) *Group dynamics: Research and theory* (pp. 259-269). Harper & Row.

Gasper, D. (2005). Subjective and objective well-being in relation to economic inputs: Puzzles and responses. *Review of Social Economy, 63*(2), 177-206.

Gerth, H., & Mills, C. W. (1958). *From Max Weber: Essays in sociology.* Oxford University Press.

Glynn, T. J. (1986). Neighborhood and sense of community. *Journal of Community Psychology, 14,* 341-352.

Goodman, R. M., Speers, M. A., McLeroy, K., Fawcett, S., Kegler, M., Parker, E., Smith, S. R., Sterling, T. D., & Wallerstein, N. (1998). Identifying and defining the dimensions of community capacity to provide a basis for measurement. *Health Education & Review, 25*(3), 258-278.

Gran, E. (1998). Green domination in Norwegian Letsystems: Catalyst for growth or constraint on development?. *International Journal of Community Currency Research, 2,* 1-8.

Gutierrez, L., & Alvarez, A. (2002). Educating students for multi-cultural community, *Journal of Community Practice, 7*(1), 39-56.

Gutierrez, L., & Lewis, E, (1994). Community organizing with women of color: A feminist approach, *Journal of Community Practice, 1*(2). 23-44

Hardcastle, D. A., Powers, P. R., & Wenocur, S. (1997). *Community practice: Theories and skills for social workers.* Oxford Press

Hardcastle, D. A., Powers, P. R., & Wenocur, S. (2004). *Community practice: Theories and skills for social worker* (2nd ed.). Oxford Press

Hardina, D. (2002). *Analytical skills for community organization practice.* Columbia University Press

Hardina, D. (Ed.). (2000), *Innovative Approaches for Teaching Community Organization Skills in the Classroom.* The Haworth Press, Inc.

Harris, V. (2001). *Community work skills manual.* Association of Community Workers.

Heffernan, J. (1979). *Introduction to social welfare policy.* Peacock.

Herbenar, R. J. (1997) *Interest Group Politics in America* (3rd ed.). M. E. Sharpe.

Hillery, G. (1955) Definitions of community: Areas of agreement. *Rural Sociology, 20,* 111-123.

Hoffman, K. S., & Sallee, A. L. (1994). *Social Work Practice.* Allyn & Bacon.

Iglehart, A., & Becerra, R. (1995). *Social services and the ethnic community*. Allyn & Bacon.

Ingleby, J. (1998). Local Economic Trading Systems: Potentials for New Communities of Meaning: a brief exploration of eight LETSystems, with a focus on decision making. *International Journal of Community Currency Research, 2*(2), 1-24.

Israle, B. A., Checkoway, B., Schulz, A., & Zimmerman, M. (1994). Health education and community empowerment: Conceptualizing and measuring perceptions of individual, organizational, and community control. *Health Education Quarterly, 21*(2), 149-170.

Janis, I. (1982). *Groupthink: Psychological studies of policy decisions and fiascoes* (2nd ed.). Houghton Mifflin Company.

Johnson, A. K.(1994) Linking Professionalism and Community Organization: A Scholar/Advocate Approach, *Journal of Community Practice*, *1*(2), 65-86.

Jordan, B. (2008). *Welfare and well-being*. Policy Press.

Karger, J. H., & Midgley, J. (Eds.). (1994). *Controversial issues in social policy*. Allyn & Bacon.

Katz, M. (1996). *In the shadow of the poorhouse: A social history of welfare in America*. Basic Books.

Kaufman, S. R. (1994). The social construction of frailty: an anthropological perspective. *Journal of Aging Studies, 8*(1), 45-58.

Kee, Y. (2020). Major issues in the concept of social value. 사회적경제와 정책연구, 10(4), 1-25.

Kemp, S. (1995). Practice with communities, In C. Mayor and M. Matttaini(Eds.), *The foundation of social work practice*. NASW Press.

Kingsley, G. T., McNeely, J. B., & Gibson, J. O. (1997). *Community Building: Coming of Age*. The Urban Institut.

Kirby, S., & McKenna, K. (1989). *Methods from the margin*. Toronto: Garamond Press.

Kirst-Ashman, K. K., & Hull, G. H. (2001). *Generalist practice with organizations and communities* (2nd ed.). Brooks/Cole.

Kretzmann, J., & McKinght, J. (1993). *Building communities from the inside out*. ACTA.

Labonte, R. (1990). Empowerment: notes on professional and community dimensions. *Canadian review of social policy, 26*, 64-75.

Lauffer, A. (1984). *Strategic marketing for not-for-profit organizations*. Free Press.

Lee, M., & Green, G. (1999). A social constructivist framework for integrating cross-cultural issues in teaching clinical social work. *Journal of Social Work Education*, *35*(1), 21-37.

Levinson, D., & Christensen, K. (2003). *Encyclopedia of community: From the village to the virtual world* (Vol. 1). Sage.

Liesch, P. W., & Birch, D. (2000). Community-based LETSystems in Australia: Localised barter in a sophisticated Western economy. *International Journal of Community Currency Research, 4*(2), 1-12.

Lindblom, C. E. (1959). The Science of "Muddling Through." *Public Administration Review, 19*(2), 79-88. https://doi.org/10.2307/973677

MacNair, R. (1996). A research methodology for community practice. *Journal of Community Practice, 3*(2), 1-19.

Marti-Costa, S., & Serrano-Garcia, I. (1995). Needs assessment and community development: An ideological perspective. In J. Rothman, J. Erlich, & J. Tropman (Eds.), *Strategies of community intervention* (5th ed., pp. 257-67). F. E. Peacock.

Martin, J. (1995). Deinstitutionalization: What will it really cost. *Schizophrenia Digest.* http://www.mentalhealth.com/magl/p51-sc02.html

McMillan, D. W., & Chavis, D. M. (1986). Sense of community: A definition and theory. *Journal of Community Psychology, 14,* 6-23.

Meenaghan, T., Washington, R., & Ryan, R. (1982). *Macro practice in the human service.* Free Press.

Moffat, K. (1999). Surveillance and government of the welfare recipient. In A Chambon, A. Irving, & L. Epstein (Eds.) *Reading Foucault for Social Work* (pp. 219-45). Columbia University Press.

Mondros, J., & Wilson, S. (1994). *Organizing for power and empowerment.* Colombia University Press.

Morris, J. (1993). *Independent Lives: Community Care and Disabled People.* The Macmillan Press Ltd.

Mulgan, G. (2010). Measuring social value. *Stanford Social Innovation Review, 8*(3), 38-43.

Muller, C. M. (1992). Building social movement theory. In Morris, A.D., and Mueller, C. M., *Frontiers in social movement theory* (pp. 3-27). Yale University

Nagda, B. R. A., Kim, C. W., & Truelove, Y. (2004). Learning about difference, learning with others, learning to transgress. *Journal of social issues, 60*(1), 195-214.

Netting, E., Kettner, P., & McMurty, S. (1993). *Social work macro practice*. Longman.

OECD. (1999). *Social Enterprises*. OECD Publishing.

OECD. (2020). *Better Life Index*. https://doi.org/10.1787/data-00823-en

Oswald, F., Jopp, D., Rott, C., & Wahl, H. W. (2011). Is aging in place a resource for or risk to life satisfaction?. *The Gerontologist, 51*(2), 238-250. https://doi.org/10.1093/geront/gnq096

Parsons, R., Gutierrez, L., & Cox, E. O. (1998), Introduction. In L. Gutierrez, R. Parsons, & E. O. Cox (Eds.), *Empowerment in social work practice: A source book* (pp. 3-23).Brooks/Cole.

Parsons, T. (1971). *The system of modern societies*. Prentice-Hall.

Piven, F. F., & Cloward, R. (1971). *Regulating the poor*. Pantheon.

Prahalad, C. K. (2004). *The fortune at the bottom of the pyramid: Eradicating poverty through profits*. Wharton Publishing.

Puddifoot, J. E. (1995). Dimensions of community identity. *Journal of Community & Applied Social Psychology, 5*, 357-370.

Reeser, L. C., & Epstein, I. (1990). *Professionalization and activism in social work: The sixties, the eighties, and the future*. Columbia University Press.

Renwick, D. (1996). Community care and social services. *BMJ (Clinical research ed.)*, 313(7061), 869-872. https://doi.org/10.1136/bmj.313.7061.869

Riger, S. & Lavrakas, P. J. (1981). Community ties: Patterns of attachment and social interaction in urban neighborhood. *American Journal of Community Psychology, 9*, 55-66.

Roberts-DeGennaro, M. (1997). Conceptual frameworks of coalitions in an organizational context. *Journal of Community Practice, 4*(1). 91-107.

Robeyns, I. (2005). The capability approach: A theoretical survey. *Journal of Human Development, 6*(1), 93-117.

Ross, M. G. (1967), *Community Organization: Theory, Principles, and Practice*. Hapher & Row, Publishers.

Rothman, J. (1995). Approaches to community intervention. In F. Cox, J. Erlich, J. Rothman, & J. Tropman (Eds.), *Strategies of community organization* (5th ed., pp. 26-63). F. E.

Peacock.

Rothman, J. (2000). Collaborative Self-Help Community Development: When Is the Strategy Warranted. *Journal of Community Practice, 7*(2) 89-105.

Rothman, J., Erlich, J. L., & Tropman, J. E. (2001). *Strategies of Community Intervention* (6th ed.). F.E. Peacock

Royse, D., Thyer, B. A., Padgett, D. K., & Logan, T. K. (1996). *Program Evaulation* (2nd ed.). Nelson-Hall.

Royse, D., Thyer, B. A., Padgett, D. K., & Logan, T. K. (2001). *Program Evaulation* (3rd ed.). Wadsworth.

Rubin, A., & Babbie, E. (1997). *Research methods for social work*. Brooks/Cole.

Rubin, H. J. & Rubin, I. (1992). *Community organizing and development*. Merill Publishing Company.

Saleebey, D. (1997). *The Strengths perspective in social work practice*. Longman.

Schissel, B. (1997). Psychiatric Expansionism and Social Control: The Intersection of Community Care and State Policy. *Social Science Research, 26*, 399-418.

Schneider, R. L., & Lester, L. (2001). *Social Work Advocacy: A New Framework for Action*. Brooks/Cole.

Schulz, A. J., Israel, B. A., Zimmerman, M. A., & Checkoway, B. N. (1995). Empowerment as a multi-level construct: Perceived control at the individual, organizational and community levels. *Health Education Research, 10*(3), 309-327.

Seyfang, G. (1997). Examining local currency systems: a social audit approach. *International Journal of Community Currency Research, 1*(1), 1-29.

Sharkey, P. (2000). Community work and community care: Links in practice and in education. *Social Work Education, 19*(1), 7-17.

Sohng, S. S. L. (1998). Research as an empowerment strategy. In L. Guttierrez, R. Parsons, & E. O. Cox (Eds.), *Empowerment in social work practice: A source book* (pp 187-201). Brooks/Cole.

Stepney, P., & Ford, D. (2000). *Social work models, methods and theories: A framework for practice*. Russel House Publishing.

Swank, E., & Clapp, J. (1999). Some methodological concerns when estimating the size of organization activities. *Journal of community practice*, *6*(3), 49-69.

Tayler, S., & Roberts. H. (1985). *Theory and Practice of Community Social Worker.* Columbia University Press.

Tsirogianni, S., & Sammut, G. (2014). Transitivity analysis: A framework for the study of social values in the context of points of view. *British Journal of Social Psychology, 53*(3), 541-556.

Twelvetrees, A. (2002). *Community Work* (3rd ed.). Palgrave.

Venkatesh, S. (1997). The social organization of street gang activity in an urban ghetto, *Social Service Review*, 103, 82-111.

Wagner, D. (1994). Beyond the pathologizing of nonwork: Alternative activities in a stree community. *Social Work*, 39, 718-28.Warren, R. (1978). *The community in America* (3rd ed.). Rand McNally.

Warren, R. (1978). *The community in America* (3rd ed.). Rand McNally.

Weil, M., & Gamble, D. (1995). Community pracitice models. In R. L. Edwards (Ed.), *Encyclopedia of Social Work* (19th ed., pp 577-94). National Association of Social Workers.

Weil, M. (1996). Model development in community practice: An historical perspective. *Journal of Community Practice, 3*(3-4), 5-67.

Williams, C. C., Aldridge, T., Lee, R., Leyshon, A., Thrift, N., & Tooke, J. (2001). The role of the third sector in paving a 'third way': some lessons from Local Exchange and Trading Schemes (LETS) in the United Kingdom. *International Journal of community currency research, 5*(3), 1-11.

Williams, R. W. (1999). The contested terrain of environmental justice research: Community as a unit of analysis. *The Social Science Journal, 36*(2), 313-328.

Wood, C., & Leighton, D. (2010). *Measuring social value: The gap between policy and practice.* Demos.

Zimmerman, M. (1990). Taking aim on empowerment research: On the distinction between individual and psychological concepts. *American Journal of Community Psychology, 18*(1), 169-77.

Ithacahours Homepage. http://www.ithacahours.org/allabouthours.html

LETSlink LONDON. http://www.oneworld.org/letslinklondon/definition.htm

The QMethod Page. http://www.rz.unibw-muenchen.de/~p41bsmk/qmethod/

Womanshare Homepage. http://www.angelfire.com/ar2/womanshare/

구미시니어클럽. www.gumisenior.or.kr

두피디아 두산백과. www.doopedia.co.kr

사회복지공동모금회 홈페이지. www.chest.or.kr

자원봉사활동 기본법. www.law.go.kr

타임뱅크코리아. www.timebanks.or.kr

찾아보기

인명

내용

ㅈ

저자 소개

김찬우(Kim, Chan Woo)

서울대학교에서 학사를 마치고, 미시간대학교(University of Michigan)에서 MSW학위를 받았으며, 시애틀의 워싱턴주립대학교(University of Washington)에서 박사학위를 받았다. 2004년부터 가톨릭대학교에서 사회복지학과 교수로 재직 중이다. 노인장기요양보험제도 등급판정연구 관련 건강보험공단 자문위원, 한국노년학회 이사, 부천시 저출산고령대응위원회 부위원장으로 활동 중이다.

> 주요 저서 및 논문

『지역사회복지론: 이론 기술 현장』(개정판, 공저, 2015, 나남), 「노인수발보험제도 1차 시범사업 평가 · 판정체계 고찰」(2007), 「미국과 일본의 장기요양제도에 대한 비교 고찰: 오바마 법안과 아배 개혁을 중심으로」(2018), 「노인 돌봄 노동의 성격규정과 그 가치에 관한 고찰」(2019), 「일본 남성노인의 배우자 돌봄 경험에 관한 질적 연구」(2020), 「요양보호사의 조직몰입이 서비스 질에 미치는 영향에 대한 인간중심 돌봄의 조절효과」(2023)

박정민(Park, Jung Min)

서울대학교에서 학사와 석사 학위를 펜실베이니아대학교(University of Pennsylvania)에서 박사학위를 받았다. 일리노이대학교(University of Illinois at Urbana-Champaign)에서 종신교수로 재직하였고, 현재 서울대학교 사회복지학과 교수로 재직 중이다. 한국사회정책 및 한국사회복지학 편집위원장을 역임하였다. 연구분야는 빈곤, 가계부채, 주거, 사회적 배제와 포용을 포함한다.

> 주요 저서 및 논문

『The Oxford Handbook of Poverty and Child Development』(공저, Oxford University Press, 2012), 『분배적 정의와 한국사회의 통합』(공저, 율곡출판사, 2018), 『사회적 가치 패러다임』(공저, 박영사, 2023), 「소득빈곤선과 결핍지수의 정합도: 빈곤 여부와 국민

기초생활보장 수급지위를 기준으로」(2015),「소셜 빅데이터와 머신러닝을 활용한 가계부채 부실위험의 예측」(2021),「청년층의 삶의 질과 사회의 질에 대한 인식이 결혼 및 출산에 대한 태도에 미치는 영향」(2022),「채무조정을 통한 가계부채 상환 성공의 영향요인: 행정데이터와 생존분석을 이용하여」(2022),「한국사회 삶의 만족도의 연령-기간-코호트 효과 분석: 2006년-2021년의 변화를 중심으로」(2023)

박혜준(Park, Hye Jun)

가톨릭대학교에서 학사와 석사 학위를 받았고, 종합사회복지관을 거쳐 현재는 부천원미지역자활센터 센터장이자 가톨릭대학교 사회복지학과 겸임교수로 재직 중이다. 지역사회를 기반으로 한 다양한 네트워크에 참여하고 있으며, 제3기(2015~2018) 부천시지역사회보장계획 집필위원으로 활동하였다. 또한 부천시사회복지협의회 지방선거 사회복지 정책 제안(2018, 2022), 부천시사회복지협의회 사회복지 정책 연구사업(2018, 2019, 2020, 2022, 2023)에 참여한 바 있다. 현재 부천시사회복지협의회 사무처장, 부천시 지역사회보장협의체 대표협의체 위원, 부천시 지역사회통합돌봄협의체 위원, 국민건강보험공단 부천북부지사 장기요양등급판정위원회 위원, 부천여성청소년재단 이사, 부천시 사회복지사협회 운영위원 등으로서 활동하고 있다.

사회복지총서

지역사회복지론

Theories and Skills for Community Practice

2025년 3월 5일 1판 1쇄 인쇄
2025년 3월 10일 1판 1쇄 발행

지은이 • 김찬우 · 박정민 · 박혜준

펴낸이 • 김진환
펴낸곳 • (주)학지사
04031 서울특별시 마포구 양화로 15길 20 마인드월드빌딩
대표전화 • 02-330-5114 팩스 • 02-324-2345
등록번호 • 제313-2006-000265호

홈페이지 • http://www.hakjisa.co.kr
인스타그램 • https://www.instagram.com/hakjisabook

ISBN 978-89-997-3350-5 93330

정가 23,000원